O Método Jacarta

© Autonomia Literária, 2022.

Copyright © 2020 by Vincent Bevins

Este livro foi publicado originalmente sob o título de *The Jakarta Method: Washington's Anticommunist Crusade and the Mass Murder Program that Shaped Our World*, pela PublicAffairs.

Coordenação editorial

Cauê Seignemartin Ameni, Hugo Albuquerque e Manuela Beloni

Tradução: Gabriel Deslandes Carin

Capa: Rodrigo Côrrea/studiocisma

Revisão: Juliana Cunha e Ligia Magalhães Marinho (1ª edição) /
Pedro Silva (2ª edição)

Diagramação: Manuela Beloni (1ª edição) / Biana Fernandes (2ª edição)

Conselho editorial: Carlos Sávio Gomes (UFF-RJ), Edemilson Paraná (UFC/UNB), Esther Dweck (UFRJ), Jean Tible (USP), Leda Paulani (USP), Luiz Gonzaga de Mello Belluzzo (Unicamp-Facamp), Michel Lowy (CNRS, França) e Pedro Rossi (Unicamp) e Victor Marques (UFABC).

Dados Internacionais de Catalogação na Publicação (CIP)
(eDOC BRASIL, Belo Horizonte/MG)

B571m   Bevins, Vincent.
          O Método Jacarta: a cruzada anticomunista de Washington e o programa de assassinatos em massa que moldou o nosso mundo / Vincent Bevins ; tradutor Gabriel Carin Deslandes. – São Paulo, SP: Autonomia Literária, 2022.
          420 p. : 14 x 21 cm

          Título original: The Jakarta Method: Washington's Anticommunist Crusade and the Mass Murder Program that Shaped Our World
          ISBN 978-65-87233-81-9

          1. Estados Unidos – Agência Central de Inteligência – História. 2. Movimentos anticomunistas – Países em desenvolvimento – História. 3. Guerra Fria. I. Deslandes, Gabriel Carin. II. Título.
                                                                    CDD 327.73009

Elaborado por Maurício Amormino Júnior – CRB6/2422

Autonomia Literária

Rua Conselheiro Ramalho, 945

cep: 01325-001 São Paulo - SP

autonomialiteraria.com.br

Vincent Bevins

O Método Jacarta

A cruzada anticomunista e o
programa de assassinatos em massa
que moldou o nosso mundo

**Traduzido por
Gabriel Deslandes Carin**

SUMÁRIO

INTRODUÇÃO 9

**1 - UMA NOVA
ERA AMERICANA**............................... 17

**2 - INDONÉSIA
INDEPENDENTE** 45

**3 - PÉS PARA O FOGO,
POPE NO CÉU** 83

**4 - UMA ALIANÇA PARA
O PROGRESSO** 103

**5 - IDA E VOLTA
AO BRASIL**.. 121

**6 - O MOVIMENTO
30 DE SETEMBRO**............................... 147

7 - EXTERMÍNIO 177

**8 - AO REDOR
DO MUNDO**... 205

9 - JACARTA ESTÁ CHEGANDO 233

10 - DE VOLTA PARA O NORTE 269

11 - NÓS SOMOS OS CAMPEÕES 297

12 - ONDE ELES ESTÃO AGORA? E ONDE ESTAMOS NÓS? 311

APÊNDICE 1 328

APÊNDICE 2 330

APÊNDICE 3 334

APÊNDICE 4 335

APÊNDICE 5 336

AGRADECIMENTOS 341

NOTAS 345

SOBRE O AUTOR 395

Para Bu Cisca e Pak Hong Lan Oei

INTRODUÇÃO

Em maio de 1962, a jovem Ing Giok Tan entra em um barco velho e enferrujado em Jacarta, na Indonésia. Seu país – um dos maiores do mundo – estava sendo arrastado para a batalha global entre capitalismo e comunismo, e seus pais decidiram fugir das terríveis consequências que isso vinha causando a famílias como a dela. Eles embarcaram para o Brasil depois de ouvirem outros indonésios que já haviam feito o mesmo percurso dizerem que o país oferecia liberdade, oportunidades e uma trégua do conflito. Mesmo assim, a verdade é que eles não sabiam quase nada sobre o país. O Brasil era apenas uma ideia distante. Em um trajeto de 45 dias repleto de ansiedade e enjoo, eles passaram por Cingapura, cruzaram o Oceano Índico até as Ilhas Maurício, passaram por Moçambique, contornaram a África do Sul e atravessaram todo o Oceano Atlântico até chegarem a São Paulo, a maior cidade da América do Sul.

Se a família achou que podia escapar da violência da Guerra Fria, estava bastante enganada. Dois anos após sua chegada, os militares derrubaram a jovem democracia brasileira e estabeleceram uma ditadura violenta. Depois disso, os novos imigrantes indonésios no Brasil receberam mensagens de casa descrevendo as cenas mais chocantes que se possa imaginar, uma explosão de violência tão assustadora que, só de relatar a cena, muita gente já começava a surtar, duvidando da própria sanidade. E, no entanto, era tudo verdade. Na esteira desse massacre apocalíptico na Indonésia, uma jovem nação repleta de corpos mutilados emergiu como um dos aliados mais confiáveis de Washington e, em seguida, praticamente desapareceu da história.

O que aconteceu no Brasil em 1964 e na Indonésia em 1965 pode representar as duas vitórias mais importantes da Guerra Fria para o lado vencedor – ou seja, para os Estados Unidos e para o sistema econômico global vigente até hoje. Isso faz com que esses dois eventos estejam entre os mais importantes de um processo que fundamentalmente moldou a vida de quase todo mundo. Ambos os países eram independentes, se posicionavam de forma intermediária entre as superpotências capitalista e comunista do mundo, mas foram decisivamente lançados ao campo estadunidense em meados dos anos 1960.

Funcionários do governo em Washington e jornalistas em Nova York certamente compreenderam o quão significativos esses eventos foram naquele tempo. Sabiam que a Indonésia – hoje o quarto país mais populoso do mundo – consistia em um prêmio bem mais importante do que o Vietnã jamais poderia ter sido.[1] Em apenas alguns meses, o *establishment* da política externa dos Estados Unidos conseguiu lá aquilo que fracassou em dez sangrentos anos de guerra na Indochina.

E a ditadura no Brasil – hoje o quinto país mais populoso do mundo – cumpriu um papel crucial em empurrar o restante da América do Sul para o grupo de nações anticomunistas e apoiadoras de Washington. Em ambos os países, a União Soviética quase não se envolveu.

O mais chocante e mais importante neste livro é que ambos os eventos levaram à criação de uma monstruosa rede internacional de extermínio – isto é, o assassinato em massa sistemático de civis – em muitos outros países, que desempenhou um papel fundamental na construção do mundo em que nós vivemos hoje.

Exceto no caso dos próprios indonésios e dos especialistas no assunto, a maioria das pessoas sabe muito pouco a respeito da Indonésia e praticamente nada acerca do que aconteceu entre 1965 e 1966 naquele arquipélago. A Indonésia segue como uma grande lacuna em nosso conhecimento geral coletivo, mesmo entre pessoas que sabem razoavelmente sobre a Crise dos Mísseis de Cuba ou a Guerra da Coreia, ou Pol Pot, ou podem facilmente recitar alguns fatos básicos sobre o país mais populoso do mundo (China), o segundo mais populoso (Índia), ou mesmo o sexto e o sétimo (Paquistão e

Nigéria). Mesmo entre os jornalistas internacionais, são poucas as pessoas que sabem que a Indonésia é o país com a maior população muçulmana e, menos ainda, que abrigava em 1965 o maior Partido Comunista do mundo fora da União Soviética e da China.

A verdade sobre a violência em 1965 e 1966 permaneceu oculta por décadas. A ditadura então estabelecida mentiu ao mundo, e os sobreviventes foram presos ou permaneceram muito assustados para poder falar. É somente graças aos esforços de heroicos ativistas indonésios e pesquisadores dedicados mundo afora que podemos agora contar a história. Documentos desclassificados recentemente em Washington têm contribuído muito, ainda que parte do que ocorreu continue envolta em mistério.

A Indonésia, provavelmente, sumiu do mapa porque os eventos de 1965 e 1966 foram um sucesso total para Washington. Nenhum soldado estadunidense morreu, e ninguém nos Estados Unidos jamais esteve em perigo. Apesar de os líderes indonésios nas décadas de 1950 e 1960 cumprirem um papel internacional significativo, depois de 1966 o país parou de causar problemas. Depois de treze anos de trabalho como jornalista e correspondente estrangeiro, sei que países longínquos, estáveis e confiavelmente pró-Estados Unidos não chegam às manchetes. E pessoalmente, após examinar a documentação e passar tanto tempo com as pessoas que viveram esses eventos, vim a formar outra teoria profundamente perturbadora sobre por que tais episódios foram esquecidos. Temo que a verdade sobre o que aconteceu contradiga com muita força nossa ideia do que foi a Guerra Fria, do que significa ser americano ou de como a globalização aconteceu, que se tornou mais fácil simplesmente ignorá-la.

Este livro é para aqueles que não têm qualquer conhecimento especial da Indonésia, do Brasil, do Chile, da Guatemala, ou da Guerra Fria, embora eu espere que minhas entrevistas, pesquisas em arquivos e abordagem global possam ter trazido algumas descobertas possivelmente interessantes também aos especialistas. Acima de tudo, espero que esta história alcance as pessoas que almejam saber como a violência e a guerra contra o comunismo modificaram intimamente nossas vidas hoje – esteja você sentado no Rio de Janeiro, em Bali, em Nova York ou em Lagos.

Dois acontecimentos na minha própria vida me convenceram de que os eventos de meados dos anos 1960 ainda seguem entre nós. Que seus fantasmas, de certa forma, ainda assombram o mundo.

Em 2016, eu trabalhava em meu sexto e último ano como correspondente do *Los Angeles Times* no Brasil, e estava andando pelos corredores do Congresso, em Brasília. Os deputados da quarta maior democracia do mundo se preparavam para votar a destituição da presidente Dilma Rousseff, uma ex-guerrilheira de esquerda e a primeira mulher presidente do país. No final do corredor, reconheci um congressista de extrema-direita sem importância, mas bastante franco, chamado Jair Bolsonaro. Então, eu o abordei para uma rápida entrevista. Era amplamente conhecido naquele momento que os adversários políticos estavam tentando derrubar a presidente Dilma Rousseff por um tecnicismo, e que aqueles que organizaram sua derrubada eram bem mais culpados de corrupção do que ela.[2] Como eu era um jornalista estrangeiro, perguntei a Bolsonaro se ele se preocupava que a comunidade internacional pudesse duvidar da legitimidade do governo mais conservador que foi criado para substituí-la, tendo em vista os procedimentos questionáveis daquele dia. As respostas que ele me deu pareciam tão distantes da política *mainstream*, uma ressurreição tão completa dos fantasmas da Guerra Fria, que eu nem usei a entrevista. Ele disse: "O mundo vai comemorar o que fazemos hoje porque estamos impedindo que o Brasil se transforme em outra Coreia do Norte".

Isso era um absurdo. Dilma era uma liderança de centro-esquerda cujo governo havia sido, de alguma forma, bastante amigável com as grandes empresas.

Poucos momentos depois, Bolsonaro se aproximou do microfone na Câmara dos Deputados e fez uma declaração que abalou o país. Ele dedicou seu voto a favor do *impeachment* a Carlos Alberto Brilhante Ustra, coronel que supervisionou a tortura da própria Dilma durante a ditadura no Brasil. Tratava-se de uma provocação ultrajante, uma tentativa de reabilitar o regime militar anticomunista do país e de se tornar o símbolo nacional da oposição de extrema direita a tudo.[3]

Quando entrevistei Dilma Rousseff algumas semanas depois, enquanto ela esperava pela votação final que a tiraria do cargo, nossa conversa invariavelmente se voltou ao papel dos Estados Unidos nos assuntos brasileiros. Levando em conta as muitas vezes e formas pelas quais Washington interviera para derrubar governos na América do Sul, muitos de seus apoiadores se perguntaram se a CIA estava por trás disso também. Ela negou: era o resultado da dinâmica interna do Brasil.[4] Todavia, à sua maneira, isso é ainda pior: a ditadura do Brasil havia feito a transição para o tipo de democracia que poderia remover com segurança qualquer um – como Dilma Rousseff ou Lula – que as elites políticas ou econômicas considerassem uma ameaça a seus interesses, e podiam evocar os demônios da Guerra Fria para lutar por eles quando quisessem.

Sabemos agora até que ponto a jogada de Bolsonaro foi bem-sucedida. Quando ele foi eleito presidente, dois anos depois, eu estava no Rio. Imediatamente, eclodiram brigas nas ruas. Homens grandes e fortes começaram a berrar com mulheres tatuadas que usavam adesivos de apoio ao candidato rival, gritando: "Comunistas! Fora! Comunistas! Fora!".

Em 2017, fui na direção exatamente oposta àquela que Ing Giok Tan e sua família haviam ido tantos anos antes. Me mudei de São Paulo para Jacarta para cobrir o Sudeste Asiático para o *Washington Post*. Poucos meses após minha chegada, um grupo de acadêmicos e ativistas planejou uma breve conferência para discutir os eventos de 1965. Porém, algumas pessoas estavam espalhando a acusação nas redes sociais de que esta era, na verdade, uma reunião para ressuscitar o comunismo – ainda ilegal no país, mais de cinquenta anos depois –, e uma turba se direcionou para o evento aquela noite, não muito depois de eu ter ido embora. Grupos compostos em sua maioria por homens islâmicos, agora participantes comuns em manifestações agressivas nas ruas de Jacarta, cercaram o prédio e prenderam todo mundo dentro. Minha colega de quarto, Niken, uma jovem sindicalista de Java Central, foi mantida presa lá durante a noite toda, enquanto a multidão batia nas paredes, gritando: "Esmaguem os comunistas!" e "Queimem-os vivos!". Ela me mandou mensagens, apavorada, pedindo para eu divulgar o que estava acontecendo. Então, fiz isso pelo Twitter. Não demorou muito para que isso gerasse ameaças e acusações de que eu era comunista ou até mesmo membro do inexistente Partido Comunista da Indonésia. Eu havia me acostumado a receber exatamente esse tipo de mensagem na América do Sul. As semelhanças não eram coincidência. A paranoia em ambos os lugares pode ser atribuída a uma ruptura traumática ocorrida em meados dos anos 1960.

Entretanto, foi só depois que comecei a trabalhar neste livro, falando com especialistas, testemunhas e sobreviventes, que percebi que a importância desses dois eventos históricos era muito superior ao fato de que existe ainda um anticomunismo violento no Brasil, na Indonésia e em vários outros países, e que a Guerra Fria criou um mundo de regimes que enxergam qualquer reforma social como ameaça. Cheguei à conclusão de que o mundo inteiro, especialmente os países da Ásia, África e América Latina por onde Ing Giok navegou com sua família, foi remodelado pelas ondas que emanaram do Brasil e da Indonésia em 1964 e 1965.

Senti uma enorme responsabilidade moral de pesquisar tal história e contá-la direito. Em certo sentido, fazer isso é o resultado de mais de uma década de trabalho. Contudo, especificamente para este livro, visitei doze países e entrevistei mais de cem pessoas, em espanhol, português, inglês e indonésio. Examinei arquivos no mesmo número de línguas, conversei com historiadores de todo o mundo e trabalhei com assistentes de pesquisa de cinco países. Não contava com muitos recursos para escrever o livro, mas dei tudo o que tinha.

A violência ocorrida no Brasil, na Indonésia e em 21 outros países ao redor do mundo não foi acidental, um efeito secundário dos hprincipais acontecimentos da história mundial. As mortes não foram "a sangue frio e desprovidas de sentido" ou apenas erros trágicos que não mudaram nada.[5] Foi exatamente o oposto. A violência foi efetiva, parte fundamental de um processo maior. Sem uma visão completa da Guerra Fria e dos objetivos dos Estados Unidos em todo o mundo, os eventos são inacreditáveis, ininteligíveis ou muito difíceis de processar.

O memorável filme *O ato de matar*, de Joshua Oppenheimer – e sua sequência, *O peso do silêncio* – quebrou a caixa-preta em torno de 1965 na Indonésia e forçou os indonésios e o resto do mundo a dar atenção ao tema. O trabalho magistral de Oppenheimer recorre a uma abordagem de *close-up* extremo. Eu tomei propositadamente a abordagem oposta, afastando-me para o palco global, na tentativa de ser complementar. Espero que os espectadores desses filmes leiam este livro para ajustá-lo em seu contexto, e que os leitores assistam a esses filmes após terminarem o livro. Também tenho uma pequena dívida pessoal com Joshua por orientar minha pesquisa inicial, mas devo muito mais a indonésios e a outros historiadores, em especial a Baskara Wardaya, Febriana Firdaus e Bradley Simpson.

Para realmente contar a história desses eventos e suas repercussões – ou seja, a rede de extermínio global engendrada por eles –, decidi que era preciso tentar de alguma maneira contar a história mais ampla da Guerra Fria. Muitas vezes se esquece que o anticomunismo violento foi uma força global e que seus protagonistas trabalharam para além de fronteiras, aprendendo com sucessos e fracassos em outros lugares enquanto seu movimento ganhava força e acumulava vitórias. Para entender o que ocorreu, devemos entender tais colaborações internacionais.

Esta é também a história de alguns indivíduos, alguns dos Estados Unidos, outros da Indonésia e da América Latina, que viveram esses eventos e cujas vidas foram transformadas profundamente por eles. O foco que eu escolhi, e as conexões que identifiquei, foram ditados, em certa medida, pelas pessoas que tive a sorte de conhecer e por minha própria formação e habilidade com idiomas. Porém, a meu ver, a história delas é uma história da Guerra Fria tão válida quanto qualquer outra – e certamente maior do que qualquer história da Guerra Fria que se concentra prioritariamente nos brancos estadunidenses e europeus.[6]

A história que conto aqui se baseia em informações não oficiais, no consenso formado pelos historiadores mais experientes e em testemunhos avassaladores em primeira pessoa. Confio enormemente em minhas próprias entrevistas com sobreviventes e, é claro, não pude verificar cada uma das afirmações sobre suas próprias vidas, como quais coisas sentiram, o que estavam vestindo ou a data em que foram presos. No entanto, nenhum dos detalhes que incluo contradiz os fatos estabelecidos ou a história mais ampla já revelada pelos historiadores. Para contá-la com a maior precisão possível, para ser fiel às evidências e respeitoso com quem a viveu, descobri que tinha que ser feito de um certo modo. Primeiro, a história é verdadeiramente global; cada vida na Terra é tratada como igualmente importante, e nenhuma nação ou ator é visto, *a priori*, como mocinho ou bandido. Em segundo lugar, todos nós já ouvimos a máxima de que "a história é escrita pelos vencedores". Em geral, isso é, infelizmente, verdade. Contudo, essa história, por necessidade, vai confrontar essa tendência – muitas das pessoas em seu centro estão entre os maiores derrotados do século xx – e não podemos ter medo de deixar os fatos de suas vidas contradizerem as compreensões popularmente aceitas sobre a Guerra Fria no mundo anglófono, ainda que tais contradições possam ser bastante desconfortáveis para os vencedores. E, finalmente, evito especulações completamente, resistindo a qualquer impulso de tentar resolver os muitos mistérios não resolvidos por mim mesmo. É necessário aceitar que ainda há muito para sabermos.

Portanto, este livro não depende de adivinhação. Nos momentos em que meus colegas e eu tropeçamos naquilo que pareciam grandes coincidências – aparentemente grandes demais, talvez – ou conexões que não podíamos explicar, paramos por aí e as discutimos; não escolhemos unicamente nossa própria teoria sobre o que as causou.

E tropeçamos certamente em algumas conexões.

1 - UMA NOVA ERA AMERICANA

Os Estados Unidos, uma colônia de povoamento da Europa Ocidental na América do Norte, emergiram da Segunda Guerra Mundial como o Estado mais poderoso da Terra. Isso foi uma surpresa para a maioria dos estadunidenses e para grande parte do mundo.

Era um país jovem. Passaram-se somente cerca de cem anos desde que o governo estabelecido em ex-colônias britânicas havia terminado de incorporar antigos territórios franceses e espanhóis ao novo país, dando a seus líderes o domínio sobre a faixa central do continente. Em comparação, seus primos na Europa já conquistavam o mundo há quase cinco séculos. Eles navegaram ao redor do planeta, dividindo-o entre si.

Afirmar que os Estados Unidos são uma colônia de povoamento significa que a terra foi tomada por europeus brancos no decorrer de vários séculos, de uma forma diferente de como foi conquistada a maioria dos países da África e da Ásia. Os colonos brancos vieram para ficar, e a população nativa foi excluída, por definição, da nação que eles construíram. Para que o novo país branco e cristão tomasse forma, a população indígena teve que ser expulsa.

Como todo menino e menina estadunidense aprendem, houve um poderoso elemento de fanatismo religioso envolvido na fundação dos Estados Unidos. Os puritanos, um comprometido grupo de cristãos ingleses, não cruzaram o Atlântico para ganhar dinheiro para a Inglaterra. Eles procuraram um lugar para uma versão mais pura e disciplinada da sociedade calvinista que sonhavam construir. Um jeito de expor esse fato é alegar que eles queriam liberdade religiosa. Outro é que eles almejavam uma sociedade ainda mais homogênea, fundamentalista e teocrática do que a existente na Europa do século XVII.[7]

No fim dos anos 1700, as lideranças das colônias britânicas expulsaram a monarquia em uma guerra revolucionária e criaram um sistema notavelmente eficaz de autogoverno que existe hoje, de uma forma pouco modificada. Internacionalmente, o país passou a representar e defender ideais revolucionários e democráticos. Contudo, internamente, as coisas eram bem mais complicadas. Os Estados Unidos continuaram sendo uma sociedade de supremacia brutalmente branca. A consequência da expulsão *a priori* da população nativa foi o genocídio.

Em todas as Américas, do Canadá à Argentina, a colonização europeia matou entre 50 milhões e 70 milhões de indígenas, cerca de 90% da população nativa americana. Cientistas concluíram recentemente que a aniquilação desses povos foi tamanha que mudou a temperatura do planeta.[8] Nos novos Estados Unidos da América, a destruição dos povos nativos continuou muito após a declaração de independência do domínio britânico. Os cidadãos estadunidenses continuaram a comprar, vender, chicotear, torturar e ter como propriedade pessoas de ascendência africana até meados do século XIX. As mulheres só tiveram o direito de votar em todo o país em 1920. No entanto, puderam efetivamente fazê-lo enquanto os direitos de voto teoricamente concedidos aos americanos negros eram combatidos por campanhas de terror racistas e leis que pretendiam excluí-los da verdadeira cidadania. Quando os Estados Unidos entraram na Segunda Guerra Mundial, o país era o que hoje consideramos uma sociedade de *apartheid*.[9]

Nessa guerra, todavia, a angelical natureza estadunidense vieram à tona. Mas nem sempre era esse o caso. Nos anos 1930, alguns estadunidenses até simpatizaram com os nazistas, um partido autoritário hipermilitarista, genocida e orgulhosamente racista que governava a Alemanha. Em 1941, um senador do Missouri chamado Harry S. Truman disse: "Se virmos que a Alemanha está ganhando a guerra, devemos ajudar a Rússia; e se a Rússia estiver vencendo, devemos ajudar a Alemanha e, dessa forma, deixá-los matar o máximo possível".[10] Porém, quando os Estados Unidos entraram na Segunda Guerra Mundial, em uma aliança com britânicos, franceses e russos contra alemães e japoneses, suas tropas lutaram para libertar prisioneiros dos campos de extermínio e salvar da tirania as democracias enfraquecidas da Europa Ocidental. Além de 500 mil estadunidenses que perderam suas vidas tragicamente, uma geração de garotos estadunidenses retornou daquela guerra com o orgulho legítimo do que tinham feito – eles estiveram frente a frente com um sistema totalmente maligno, levantaram-se pelos valores sobre os quais seu país foi construído e foram vitoriosos.

O fim da Segunda Guerra Mundial foi o começo de uma nova ordem global. A Europa se enfraqueceu, e o planeta se despedaçou.

Três mundos

O segundo país mais poderoso do mundo em 1945, a União Soviética, também saiu vitorioso dessa guerra. Os soviéticos também estavam muito orgulhosos, mas sua população tinha sido devastada. O líder do Partido Nazista, Adolf Hitler, desprezava a ideologia esquerdista da União Soviética e comandou uma invasão brutal em seu território. Antes que os soviéticos finalmente os expulsassem de volta – em Stalingrado em 1943, provavelmente o ponto de virada na guerra, um ano antes de os estadunidenses desembarcarem na Europa –, eles já haviam sofrido perdas catastróficas. Quando o Exército Vermelho chegou a Berlim em 1945, ocupando nesse processo grande parte da Europa Central e Oriental, pelo menos 27 milhões de cidadãos soviéticos haviam morrido.[11]

A União Soviética era um país ainda mais jovem que os Estados Unidos. Foi fundada em 1917 por um pequeno grupo de intelectuais radicais inspirados pelo filósofo alemão Karl Marx, depois que uma revolução derrubou uma decrépita monarquia russa que governava um império composto, em grande parte, de camponeses pobres e considerado atrasado em comparação com os países capitalistas avançados da Europa Ocidental, por onde Marx – além de Vladimir Lênin, o primeiro líder soviético – acreditava realmente que a revolução socialista mundial deveria começar.

Esses revolucionários enfrentaram uma Guerra Civil de 1918 a 1920 e empregaram o que os próprios bolcheviques chamavam de "terror" para derrotar o Exército Branco, uma coalizão fraca de conservadores, nacionalistas russos e anticomunistas, também envolvidos em assassinatos em massa. Depois que Lênin morreu, em 1924, seu implacável sucessor, Joseph Stálin, coletivizou a produção agrícola à força, construiu uma economia centralmente planificada e usou a prisão e a execução para lidar com seus inimigos reais e imaginados. Milhões morreram na década de 1930 como resultado dessas medidas, incluindo alguns dos arquitetos originais da revolução, e Stálin mudou a ideologia oficial do movimento comunista internacional de um lado a outro, atendendo às suas próprias necessidades políticas. Porém, muito do pior disso tudo permaneceu em segredo. Ao contrário, a rápida industrialização da União Soviética e a subsequente derrota dos nazistas – bem como o fato de que foram os comunistas que tantas vezes resistiram ao fascismo e ao colonialismo mais cedo e com mais força em todo o mundo – deu a ela um prestígio global significativo em 1945.[12]

Os soviéticos se tornaram a segunda "superpotência" do mundo, mas eram muito mais fracos do que os Estados Unidos em todos os aspectos importantes. No final dos anos 1940, os Estados Unidos produziam metade dos bens manufaturados do mundo. Em 1950, a economia estadunidense era provavelmente tão grande quanto toda a Europa e a União Soviética combinadas.[13] Quanto ao poderio militar, a população soviética havia sido dizimada, e isso era especialmente verdadeiro para aqueles que poderiam ser convocados para lutar em qualquer guerra. Embora centenas de milhares de mulheres soviéticas tenham lutado bravamente contra os nazistas, o desequilíbrio de gênero em 1945 demonstra o tamanho da devastação. Naquele ano, havia somente sete homens para cada dez mulheres com idades entre 20 e 29 anos.[14] Os Estados Unidos contavam com um poder militar superior e demonstraram o desastre apocalíptico que poderia se desfraldar no ar quando foram lançadas as bombas atômicas sobre Hiroshima e Nagasaki.

É disso que estamos falando quando discutimos o "Primeiro Mundo" e o "Segundo Mundo" nos anos após 1945. O Primeiro Mundo era constituído dos países ricos da América do Norte, Europa Ocidental, Austrália e Japão, todos eles enriqueceram enquanto estavam engajados no colonialismo. Sua principal potência, os Estados Unidos, estava atrasada para esse jogo, ao menos, fora da América do Norte, mas certamente o disputou. Os jovens Estados Unidos assumiram o controle dos territórios da Louisiana, Flórida, Texas e o Sudoeste, fazendo guerra ou ameaçando atacá-los.[15] Então, Washington assumiu o Havaí depois que um grupo de empresários derrubou a rainha Liliuokalani em 1893, e tomou o controle de Cuba, Porto Rico e Filipinas na Guerra Hispano-Americana de 1898. As Filipinas, o segundo maior país do Sudeste Asiático, permaneceram uma colônia formal até 1945, enquanto Cuba passou para a esfera informal de influência dos Estados Unidos na região da América Central e do Caribe – onde os fuzileiros navais dos Estados Unidos intervieram em atordoantes vinte ocasiões, pelo menos, em 1920 – e Porto Rico permanece sob o limbo imperial até hoje.[16]

O "Segundo Mundo" era a União Soviética e os territórios europeus que o Exército Vermelho havia incorporado a seu campo. Desde a sua fundação, a União Soviética se alinhou publicamente à luta anticolonial mundial e não se engajou no imperialismo ultramarino, mas o mundo estava observando como Moscou exerceria influência sobre as nações ocupadas da Europa Central e Oriental.

E então havia o "Terceiro Mundo" – todos os demais países, a vasta maioria da população global. Esse termo foi cunhado no começo dos anos 1950, e todas as suas conotações originais eram positivas. Quando os líderes desses novos Estados-nações adotaram o termo, eles o falaram com orgulho; continha um sonho de um futuro melhor em que as massas oprimidas e escravizadas do mundo assumiriam o controle de seu próprio destino. O termo foi empregado no sentido de "Terceiro Estado" durante a Revolução Francesa, o povo comum revolucionário que derrubaria o Primeiro e o Segundo Estado da monarquia e do clero. "Terceiro" não significava terceira categoria, mas algo mais parecido com o terceiro e último ato no teatro: o Primeiro grupo de países brancos ricos teve seu estouro ao criar seu mundo, assim como fez o Segundo, mas esse era o novo movimento, pleno de energia e potencial, apenas esperando para ser liberado. Para grande parte do planeta, o Terceiro Mundo não era só uma categoria; era um movimento.[17]

Em 1950, mais de dois terços da população mundial vivia no Terceiro Mundo, e, com poucas exceções, esses povos viviam sob o controle do colonialismo europeu.[18] Alguns desses países conseguiram se libertar do domínio imperial no século XIX; outros alcançaram sua independência quando as forças fascistas recuaram no fim da Segunda Guerra Mundial; alguns tentaram fazê-lo em 1945 só para serem invadidos novamente pelos exércitos do Primeiro Mundo; e para muitos outros, a guerra mudou poucas coisas, e eles ainda não haviam se tornado livres. Todos eles herdaram economias que eram muito, mas muito mais pobres do que as do Primeiro Mundo. Séculos de escravidão e exploração brutal deixaram para se defender por conta própria e decidir como tentariam abrir um caminho para a independência e a prosperidade.

A versão simples da próxima parte desta história é que os países recém-independentes do Terceiro Mundo tiveram que se livrar dos contra-ataques imperiais e, em seguida, escolher se seguiriam o modelo capitalista favorecido pelos Estados Unidos e Europa Ocidental ou se tentariam construir o socialismo seguindo os passos da União Soviética, com esperanças de passar da pobreza para uma posição de importância global tão rapidamente quanto os russos. Porém, era mais complicado que isso. Em 1945, ainda era possível crer que eles poderiam manter relações amistosas com Washington e Moscou.

Um vietnamita chamado Ho Chi Minh, que já havia trabalhado como retocador de fotos em Paris e como padeiro nos Estados Unidos, abraçou o marxismo revolucionário depois que responsabilizou as potências capitalistas ocidentais por se negarem a reconhecer a soberania vietnamita na Conferência de Paz de Versalhes após a Primeira Guerra Mundial.[19] Ele se tornou um agente da Internacional Comunista antes de liderar o movimento de resistência Viet Minh contra a ocupação japonesa nos anos 1940. Contudo, quando ele chegou ao jardim de Ba Đình, no centro de Hanói, depois dos dois ataques nucleares no Japão pelos Estados Unidos, para declarar a independência vietnamita em 2 de setembro de 1945, disse as seguintes palavras: "'Todos os homens são criados iguais. Eles são dotados por seu Criador de certos direitos inalienáveis. Entre eles estão: à vida, à liberdade e à busca da felicidade.' Esta declaração imortal faz parte da Declaração de Independência dos Estados Unidos da América, de 1776. Em um sentido mais amplo, isso significa: Todos os povos da terra são iguais desde o nascimento, todos os povos têm o direito de viver, de serem felizes e livres".[20]

Ele estava celebrando os ideais revolucionários que os Pais Fundadores da América legaram aos Estados Unidos e nos quais seus líderes ainda acreditavam profundamente. Ele estava tentando dizer ao mundo que os vietnamitas apenas almejavam aquilo que qualquer outro povo queria, ou seja, o direito de governar a si próprios. Ele tentava também sobreviver em uma situação muito desesperadora. O Exército colonial francês estava voltando para afirmar seu domínio branco sobre a Indochina, e ele sabia que a última coisa de que precisava era o país mais poderoso da história da humanidade empenhado também em esmagar seu movimento de independência. Estava apelando diretamente aos valores declarados do povo estadunidense, assim como fizeram à época muitos outros esquerdistas do Terceiro Mundo.

Afinal, os Estados Unidos se aliaram à União Soviética contra Hitler. Para os homens poderosos da capital daquela nação, no entanto, as coisas estavam mudando muito rapidamente.

A cruzada anticomunista de Washington havia se iniciado, na verdade, bem antes da Segunda Guerra Mundial. Logo após a Revolução Russa, o presidente Woodrow Wilson escolheu se juntar às outras potências imperiais para ajudar as Forças Brancas a tentar retomar o controle dos revolucionários bolcheviques. Por duas razões. Primeiro, o núcleo da ideologia americana fundamental consiste no exato oposto do que é o comunismo.[21] Uma ênfase forte é colocada no indivíduo e não no coletivo, e uma ideia de liberdade que está fortemente ligada ao direito de possuir coisas. Afinal, essa havia sido a base para a cidadania plena no início da república americana: somente homens brancos com propriedades podiam votar. E, em segundo lugar, Moscou se apresentou como um rival geopolítico e ideológico, uma maneira alternativa de os povos pobres chegarem à modernidade sem copiar a experiência americana.[22]

Todavia, nos anos seguintes à Segunda Guerra Mundial, uma série de eventos trouxe o anticomunismo para o centro da política estadunidense, em uma forma nova e intensamente fanática.

O anticomunismo realmente existente

Tudo começou na Europa, em territórios devastados pela Segunda Guerra Mundial. As lideranças em Washington não gostaram quando os partidos comunistas venceram as primeiras eleições do pós-Guerra na França e na Itália.[23] Na Grécia, guerrilheiros liderados por comunistas que combateram os nazistas se recusaram a se desarmar ou reconhecer o governo estabelecido sob supervisão britânica, e deu-se início à guerra civil. Logo depois, o foco foi a Ásia Ocidental. Na Turquia, os vitoriosos soviéticos exigiram acesso às principais vias navegáveis, desencadeando uma pequena crise política. Na metade norte do Irã, que ficou sob controle soviético desde 1941 (por um acordo com os aliados ocidentais), o Partido

Tudeh, comandado pelos comunistas, havia se tornado o maior e mais bem organizado grupo político do país, e as minorias étnicas exigiam independência em relação ao Xá (ou rei) posto no poder pelos britânicos.

O presidente Truman tinha bem menos paciência com a União Soviética do que seu predecessor e procurava um jeito de confrontar Stálin. Grécia e Turquia ofereceram a ele essa solução. Em março de 1947, ele solicitou ao Congresso o fornecimento de apoio civil e militar a esses países em um discurso especial em que descreveu o que seria chamado de Doutrina Truman.

"A própria existência do Estado grego está hoje ameaçada pelas atividades terroristas de vários milhares de homens armados, liderados por comunistas", afirmou ele. "Acredito que deve ser política dos Estados Unidos apoiar os povos livres a resistirem às tentativas de subjugação por minorias armadas ou por pressões externas."[24]

O presidente da Comissão de Relações Exteriores do Senado, Arthur Vandenberg, deu alguns conselhos a Truman – para conseguir o que queria, era necessário a Casa Branca "assustar o povo americano" a respeito do comunismo. Truman seguiu tal conselho, que funcionou maravilhosamente bem. A retórica anticomunista apenas se intensificou, à medida que a natureza do sistema político estadunidense oferecia claros incentivos para sua escalada. Após a reeleição de Truman em 1948, só fazia sentido político para o derrotado Partido Republicano acusá-lo de ser "brando com o comunismo", ainda que ele não tenha sido nada disso.[25]

O tipo específico de anticomunismo que se formou nesses anos estava, em parte, baseado em juízos de valor: a crença generalizada nos Estados Unidos de que o comunismo era simplesmente um sistema ruim ou moralmente repugnante, mesmo quando eficaz. Porém, ela se baseava também em um conjunto de afirmações acerca da natureza do comunismo internacional liderado pelos soviéticos. Existia uma crença generalizada de que Stálin almejava invadir a Europa Ocidental. Era aceito como fato que os soviéticos exerciam pressão pela revolução mundo afora e que, sempre que os comunistas estavam presentes, ainda que em número reduzido, provavelmente tinham planos secretos para derrubar o governo. E havia a crença religiosa de que, em qualquer lugar que os comunistas atuassem, estavam agindo sob as ordens da União Soviética como parte de uma conspiração global monolítica para destruir o Ocidente. A maior parte dessas acusações era simplesmente falsa. Muito do restante foi exagerado.

O caso da Grécia, conflito utilizado por Truman essencialmente para iniciar a Guerra Fria, é um importante exemplo. Na verdade, Stálin instruiu os comunistas gregos a se retirarem e deixarem o governo apoiado pelos britânicos assumir o controle após a partida dos nazistas.[26] Os comunistas gregos se recusaram a seguir suas instruções. Lutar contra um governo de direita que queria aniquilá-los era, para eles, mais relevante do que qualquer lealdade à União Soviética. Da mesma maneira, o líder soviético orientou os comunistas italianos e franceses a abdicarem das armas (eles o fizeram) e pediu às forças comunistas da Iugoslávia que parassem de apoiar seus camaradas gregos, cedessem o controle de seu país e se fundissem com a Bulgária (o líder da Iugoslávia, Josip Tito, não o fez, provocando um racha tão grande que Stálin tentou matá-lo).[27] Os líderes do Partido Tudeh do Irã acreditavam que seu país estava maduro para a revolução após a Segunda Guerra Mundial, mas os soviéticos lhes disseram para não tentarem tal coisa, e, em 1946, a União Soviética já tinha decidido que não valia a pena investir na Turquia. O líder soviético não tinha planos de invadir a Europa Ocidental. É claro que Stálin não recuou nessas partes do mundo por alguma generosidade de espírito ou por seu respeito profundo pelo direito à autodeterminação nacional. Ele agiu assim porque havia feito um acordo com as potências ocidentais em Ialta e tinha muito medo de antagonizar os Estados Unidos ao violá-lo. Stálin se surpreendeu ao perceber que Washington agia como se ele tivesse hostilizado os Estados Unidos de qualquer jeito.[28]

O governo direitista grego obteve o apoio dos americanos, que de longe preferia um aliado britânico aos guerrilheiros de esquerda e empregou um novo produto químico denominado napalm, recentemente desenvolvido em um laboratório secreto em Harvard para esmagar os rebeldes que haviam lutado contra as forças de Hitler. A Força Aérea Real Helênica despejou o veneno químico sobre as verdes montanhas da região de Vitsi, perto da fronteira com a Albânia. Na Europa Ocidental, o lar ancestral de todos os líderes dos Estados Unidos até o momento, Washington introduziu o Plano Marshall, pacote de auxílio econômico brilhantemente projetado e magnificamente eficaz que colocou esses países ricos na rota de um redesenvolvimento capitalista ao estilo americano.[29]

Havia muitas correntes de socialismo, marxismo e comunismo no mundo, e mesmo partidos que eram teoricamente leais à União Soviética agiam de forma independente quando julgavam correto. E o marxismo como ideologia guia, inclusive na formulação marxista-leninista cimentada por Stálin, certamente não prescrevia que todo mundo em todos os lugares fizesse a revolução em todos os momentos. Na visão de mundo deles, não se alcançaria o socialismo apenas por querer.

Antes de o próprio Marx começar a escrever, já existia uma tradição de "socialistas utópicos". Um dos principais pontos do marxismo era rejeitar a ideia de que você poderia simplesmente querer que existisse o mundo que você bem desejasse, e Marx apresentou uma teoria na qual as sociedades avançam por meio do conflito entre as classes econômicas. No *Manifesto comunista*, Marx e Friedrich Engels elogiaram o capitalismo como uma força revolucionária, considerando que a emergência da burguesia libertou a humanidade dos laços do feudalismo e desencadeou poderes até então invisíveis. Ele previu que o modo de produção capitalista levaria ao crescimento de uma classe trabalhadora, que, nos países capitalistas avançados, derrubaria então esses senhores burgueses. De fato, não foi dessa forma que aconteceu na Europa, mas os soviéticos ainda acreditavam na teoria e na primazia do desenvolvimento das classes e das relações econômicas. Era necessário passar pelo capitalismo para chegar ao socialismo, dizia a teoria deles.

Muito antes da Revolução Russa, alguns partidos marxistas na Europa, como os social-democratas na Alemanha, abandonaram a via revolucionária e se comprometeram a promover os interesses da classe trabalhadora dentro dos sistemas eleitorais parlamentares. Mesmo entre os partidos explicitamente pró-soviéticos na nova Internacional Comunista ("Comintern"), ativa de 1919 a 1943, as aplicações da ideologia oficial variaram, e a maneira como eles realmente atuaram se baseou, em geral, em alguma combinação das possibilidades ofertadas por suas condições locais, a interpretação da ortodoxia marxista e suas preocupações geopolíticas.[30]

O caso de Mao Tsé-Tung na China é um exemplo importante. O Comintern forneceu treinamento a seu Partido Comunista e aos nacionalistas, liderados por Chiang Kai-shek, orientando-os a se organizarem segundo as diretrizes leninistas, o que significa que seriam estritamente disciplinados e governados pelo princípio do "centralismo democrático". Os comunistas chineses foram compelidos por Moscou a trabalharem diretamente com os nacionalistas em uma ampla "Frente Unida", um conceito desenvolvido pelo próprio Comintern.[31] Como a China era uma sociedade camponesa pobre, acreditava-se que o país estava longe do estado de desenvolvimento capitalista que tornaria a revolução possível.

As experiências de um antigo Partido Comunista inspiraram essa abordagem. Um holandês chamado Henk Sneevliet, o chefe local do Comintern, ajudou a fundar o primeiro Partido Comunista da Ásia fora do antigo Império Russo – o Partido Comunista Indonésio – e pensou que o partido chinês poderia aprender com o sucesso que os comunistas indonésios haviam tido trabalhando com o movimento de massa União Islâmica.[32] A função de Mao era apoiar os nacionalistas "burgueses" e exercer um papel secundário na construção de uma nação capitalista. Comunista leal, Mao obedeceu. Isso não deu muito certo para os comunistas chineses. Em 1927, Chiang os atacou. Dando início a um massacre em Xangai, tropas nacionalistas mataram mais de 1 milhão de pessoas, visando comunistas, lideranças camponesas e sindicalistas em todo o país em uma onda de "Terror Branco" nos anos seguintes.[33] Os comunistas chineses e os nacionalistas se aliaram novamente para lutar contra os ocupantes japoneses até o fim da Segunda Guerra Mundial, e, após isso, Stálin ordenou que os comunistas se retirassem de novo.[34]

Na Europa Oriental, Stálin adotou uma abordagem bem diferente, já que considerava essa região sua legítima esfera de influência, pois suas tropas a haviam tomado de Hitler, e uma importante proteção contra uma possível invasão do Ocidente. Após o anúncio da Doutrina Truman e o início do Plano Marshall, Moscou engendrou um golpe comunista na Tchecoslováquia. As potências ocidentais também não jogaram limpo no território que seus exércitos ocuparam. Depois que ficou claro que tantos italianos e franceses queriam votar livremente nos partidos comunistas, os Estados Unidos intervieram pesadamente na Europa Ocidental para assegurar que os esquerdistas não chegassem ao poder. Em Paris, o governo, que dependia fortemente da ajuda financeira estadunidense, destituiu todos os seus ministros comunistas em 1947.[35] Na Itália, os Estados Unidos canalizaram milhões de dólares para o Partido Democrata Cristão e gastaram outros milhões em propaganda anticomunista. Grandes estrelas como Frank Sinatra e Gary Cooper gravaram anúncios para a estação de rádio *Voz da América*, do governo dos Estados Unidos. Washington organizou uma gigantesca campanha com ítalo-americanos para enviarem cartas oficiais a amigos e parentes residentes em sua terra natal com mensagens sobre como "Uma vitória comunista arruinaria a Itália. Os Estados Unidos retirariam sua ajuda, e isso possivelmente resultaria em uma guerra mundial" e "Se as forças da verdadeira democracia perderem nas eleições italianas, o governo estadunidense não enviará mais dinheiro à Itália".[36] Os comunistas foram derrotados.

No fim dos anos 1940, toda a área que havia sido libertada pelo Exército Vermelho era composta de Estados comunistas com partido único, e toda a área controlada pelas potências ocidentais era capitalista com uma orientação pró-estadunidense, sem que importasse o desejo do povo em 1945.

Depois de um famoso discurso de Winston Churchill, muitos ocidentais passaram a dizer que os Estados socialistas da Europa Oriental estavam atrás de uma "Cortina de Ferro". O líder comunista italiano Palmiro Togliatti, cujo partido permaneceu popular por décadas, afirmou que os Estados Unidos eram uma nação liderada por "proprietários de escravos" ignorantes que agora queriam comprar nações inteiras da mesma maneira que compravam seres humanos.[37] Como um marxista-leninista, Stálin certamente acreditou que o comunismo acabaria por vencer, pois as leis da história tornariam isso inevitável. Contudo, por isso mesmo – e porque os soviéticos se enfraqueceram bastante em decorrência da guerra –, ele não tinha intenção de invadir a Europa Ocidental. Ele pensava que a próxima guerra mundial eclodiria entre as potências imperialistas ocidentais, bem como suas próprias teorias aparentavam indicar.[38]

Todavia, na China, Mao decidiu ignorar dessa vez as diretrizes de Stálin, continuando a travar uma guerra civil após o término da Segunda Guerra Mundial. Em 1949, ele enfim derrotou os nacionalistas, cuja venalidade, brutalidade e incompetência incomodavam há muito seus apoiadores em Washington. Como Ho Chi Minh em agosto de 1945, Mao teve também a ilusão de que poderia ter boas relações com os Estados Unidos. Estava errado, é claro.[39] Depois de sua vitória, a ascensão da "China Vermelha" levou a violentas recriminações dentro dos Estados Unidos.

Macarthismo global

O macarthismo leva esse nome por Joseph McCarthy, senador que liderou uma caça selvagem a comunistas dentro do governo estadunidense no começo dos anos 1950, mas é mais bem entendido como um processo iniciado antes que aquele homem bêbado começasse a ficar rotulando pessoas na frente de toda a nação, e suas consequências se estenderam para muito depois de ele ter sido exposto como mentiroso.[40] O Comitê de Atividades Antiamericanas (HUAC) deu início às atividades em 1938 e somente terminou em 1975. Os famosos julgamentos públicos não foram simplesmente "caça às bruxas", nos quais multidões perseguiram entidades inexistentes; de fato, havia comunistas nos Estados Unidos. Eles eram ativos em sindicatos, em Hollywood e em algumas partes do governo, e o Partido Comunista dos Estados Unidos havia atraído muitos membros negros e judeus. Eles nunca foram muito populares nos anos 1930, mas o que mudou após a Segunda Guerra Mundial foi que os comunistas não eram mais bem-vindos.

O macarthismo era um processo de cima para baixo, impulsionado principalmente pela presidência e pelo FBI. Em 1947, o diretor do FBI, J. Edgar Hoover, que foi intensamente influente em criar e disseminar o consenso anticomunista, dirigiu-se ao HUAC e deu voz a alguns dos pressupostos fundamentais desse *ethos*.[41] Ele disse que os comunistas planejavam organizar uma revolta militar no país, que culminaria com o extermínio das forças policiais e a tomada de todas as comunicações. Ele disse:

> Uma coisa é certa. O progresso americano que todos os bons cidadãos buscam, como proteção para idosos, casas para os veteranos, assistência infantil e muitos outros, está sendo implantado como fachada pelos comunistas para esconder seus verdadeiros objetivos e servir de armadilha para seguidores crédulos. [...] A força numérica dos membros registrados do partido é insignificante [...] para cada membro do partido, há dez outros prontos, dispostos e capazes de fazer o trabalho do partido. [...] Não há dúvida de onde repousa a lealdade de um verdadeiro comunista. Sua lealdade é para com a Rússia.[42]

Hoover apresentou uma mortal armadilha lógica. Se alguém o acusa de ser comunista, ou adjacente a comunistas, nenhuma defesa é possível. Se você está simplesmente promovendo uma reforma social moderada, bem, isso é exatamente o que um comunista faria para ocultar suas motivações reais. Se o número de comunistas for insignificante, é apenas mais uma prova de sua desonestidade, pois todos os seus camaradas estão espreitando nas sombras. E caso haja muitos de vocês, ou se você for aberta e orgulhosamente comunista, isso é tão ruim quanto.

Com o estopim do macarthismo, qualquer coisa que cheirasse a comunismo, mesmo que remotamente, foi expulsa da educada sociedade estadunidense. Um jovem ator chamado Ronald Reagan impôs um juramento de lealdade a todos os membros da Screen Actors Guild, o poderoso sindicato comandado por ele à época. Nos níveis importantes de governo, todos os que permaneceram eram anticomunistas fanáticos – o que significava que foram expurgados alguns dos especialistas mais inteligentes do Departamento de Estado, o serviço diplomático dos Estados Unidos. Por causa da "perda" da China para o comunismo, especialistas de longa data em Ásia foram particularmente acusados de abrigar simpatias pela esquerda.[43]

Como afirma um historiador brasileiro, os Estados Unidos não inventaram tal ideologia, mas, nos anos seguintes à Segunda Guerra Mundial, o país se transformou na "fortaleza do anticomunismo" global, gastando recursos consideráveis na promoção dessa causa e servindo de referência e fonte de legitimidade a movimentos com ideias semelhantes em todo o mundo.[44]

No fim dos anos 1940, as linhas que definiam o Primeiro e o Segundo Mundo se tornaram relativamente estáveis. No entanto, o que ainda seguia sob mudança era o futuro do Terceiro Mundo.

O axioma Jacarta

Depois da Doutrina Truman e do começo do macarthismo, não restava dúvida de que os comunistas e os governos comunistas eram inimigos de Washington. Não importa o que esperassem para 1945, Ho Chi Minh e Mao não seriam bem-vindos no cenário global. Por outro lado, não estava tão evidente o que os governantes americanos fariam com a onda crescente de movimentos radicais do Terceiro Mundo que se opunham ao imperialismo europeu e não eram comunistas, porém resistiam a formar uma aliança explícita com Washington contra Moscou. Este foi um fenômeno muito comum. Muitos líderes dos movimentos de independência do Terceiro Mundo associaram os Estados Unidos a seus aliados imperialistas da Europa Ocidental; outros viam a União Soviética como um amigo importante na luta contra o colonialismo. Mesmo se eles não quisessem ser dominados pelos soviéticos, desejavam tantos aliados quanto pudessem.

Em 1948, o resultado de uma pequena luta pelo poder nas antigas Índias Orientais Holandesas parecia oferecer uma solução. Na ilha de Java, as forças da independência lutaram contra um exército vindo da Holanda que tentava reconquistar suas colônias no Sudeste Asiático. Eles haviam perdido esse vasto arquipélago para os japoneses durante a Segunda Guerra Mundial e se recusaram a reconhecer o governo estabelecido pelos habitantes locais em 1945. Durante a guerra de independência, forças republicanas de direita entraram em confronto com comunistas dentro do movimento revolucionário em torno da cidade de Madiun, em Java Ocidental. Os comunistas foram derrotados, com o apoio do líder da independência Sukarno, e o chefe do Partido Comunista Indonésio foi assassinado naquilo que ficou conhecido como o Caso Madiun.[45] A gigante nação que Sukarno lideraria após a expulsão dos holandeses em 1949, agora chamada de Indonésia, foi vista como disposta o bastante a reprimir os levantes comunistas para ser uma vantagem para os Estados Unidos no longo prazo.

Sob Truman, o *establishment* da política externa estadunidense interpretou a nascente Indonésia de Sukarno como o caso axiomático de um movimento anticomunista e, portanto, o nome de sua capital, Jacarta, passou a significar esse princípio de tolerância para as nações neutras do Terceiro Mundo. Como disse o historiador da Guerra Fria Odd Arne Westad, Washington adotou o "Axioma de Jacarta".[46]

Essa posição não era tão estável, nem as ações reais dos Estados Unidos eram satisfatórias para os líderes do novo Terceiro Mundo. Um jovem congressista de Massachusetts, chamado John F. Kennedy, tinha a curiosidade, a ambição e o dinheiro para viajar mundo afora tentando ter uma ideia sobre seus atos, e o que ele conseguiu foi uma reprimenda.

Jack Kennedy, ou JFK, era uma ave rara na elite dos Estados Unidos. Ele era católico e era muito mais do que o "Primeiro Brâmane Irlandês" – foi o primeiro membro da realeza estadunidense a descender das massas de pessoas que haviam vindo para o país como imigrantes pobres e não como colonizadores.[47] Seu pai, Joseph Kennedy, lutou contra o preconceito e pela chance de construir uma imensa fortuna em finanças e bens imóveis, e, quando o jovem Jack partiu para lutar na Segunda Guerra Mundial, ele realizou em uma importante viagem pela Europa, transitou por grande parte da América do Sul e se formou em Harvard.

Joe Kennedy compreendeu uma verdade fundamental sobre o poder político nos Estados Unidos. Você pode comprá-lo. Ele gastou uma "quantia estonteante" na campanha de Jack para o Congresso em 1946, segundo um de seus primos. Ele contou a dois repórteres: "A política é como a guerra. São necessárias três coisas para vencer. A primeira é dinheiro, a segunda é dinheiro e a terceira é dinheiro". O assistente de Joe gostava de distribuir dinheiro em banheiros públicos, apenas para evitar riscos.[48] Jack, que tal qual seu pai era considerado um *playboy* por aqueles que o conheciam, venceu com facilidade. Porém, a política estadunidense não pode funcionar só com dinheiro – ele também precisava manter o apoio público. A natureza de seu eleitorado católico de classe trabalhadora o empurrou um pouco para a ala "liberal", em uma aliança com os apoiadores do New Deal de Franklin Delano Roosevelt.

Entretanto, Jack certamente não tinha tempo para os vermelhos. Durante sua primeira campanha, disse: "Chegou o momento em que devemos falar abertamente sobre a grande questão que o mundo enfrenta hoje. A questão é a Rússia soviética".[49] Ele via os sindicatos como egoístas e infiltrados por comunistas e deixou seus membros saberem disso em audiências no Congresso. E em 1954, quando uma comissão especial do Senado recomendou que Joseph McCarthy fosse condenado por violar as regras do Senado, John F. Kennedy foi o único democrata a não votar contra ele.[50] Contudo, talvez por ele ser muito viajado ou por ser irlandês e conhecer como era provir de um povo que havia sido oprimido em algum lugar, JFK via o Terceiro Mundo de maneira diferente da maioria das elites de Washington. Enquanto tantos outros viam qualquer desvio de uma aliança explícita com os Estados Unidos como uma subversão comunista da ordem global, JFK acreditava que as nações emergentes almejavam usufruir de seu direito de abrir seu próprio caminho e que isso era totalmente compreensível.

Em 1951, ele viajou ao Marrocos, ao Irã, ao Egito, à Indochina, à Malásia, à Birmânia, à Índia e ao Paquistão, e chegou à conclusão de que os Estados Unidos não haviam entendido a importância das "paixões nacionalistas [...] dirigidas principalmente contra as políticas coloniais do Ocidente".[51]

Depois, naquele ano, ele fez outra de suas longas viagens – dessa vez para Israel, Irã, Paquistão, Cingapura, Indochina Francesa, Coreia, Japão e Indonésia. Ele observou que os Estados Unidos "foram definitivamente associados às potências imperialistas da Europa". Washington necessitava desesperadamente se alinhar às nações emergentes, mas isso era difícil porque os americanos estavam "cada vez mais se tornando colonialistas nas mentes dessas populações".[52]

Refletindo sobre a situação no Vietnã, ele relatou que os Estados Unidos "se aliaram ao esforço desesperado de um regime francês para se agarrar aos remanescentes do Império". Ele disse: "Se algo me ocorreu como resultado de minha experiência no Oriente Médio e também no Extremo Oriente, é que o comunismo não pode ser enfrentado com eficiência somente pela força das armas".[53]

Todavia, foi na Índia que Jack e seu irmão Bobby realmente receberam uma lição de uma das novas classes de líderes do mundo. Jawaharlal Nehru, o primeiro primeiro-ministro indiano, como Gamal Abdel Nasser, que chegou ao poder no Egito em 1952, era favorável à construção de uma sociedade socialista. Ambos os líderes rejeitaram o modelo leninista e queriam traçar seu próprio caminho, mas, quando a pressão chegou, eles muitas vezes preferiram se alinhar aos soviéticos em vez dos americanos e seus aliados europeus. Mesmo que tivesse ciência das piores tragédias dos anos 1930 na União Soviética, seria difícil culpar Nehru por desconfiar das potências ocidentais. Durante a Segunda Guerra Mundial, as políticas britânicas criaram uma fome que tirou a vida de 4 milhões de pessoas.

O primeiro-ministro britânico Winston Churchill culpou os indianos pela fome que seu próprio governo causou, alegando que era culpa deles "se reproduzirem como coelhos" e perguntou por que Gandhi – que Churchill odiava – ainda não havia morrido.[54]

Quando Jack e dois irmãos mais novos jantaram com Nehru em 1951, o líder indiano foi arrogante, agindo de forma cansada, parecia nem um pouco impressionado pelos visitantes, e somente demonstrou interesse em sua irmã Pat, conforme relatou Bobby Kennedy. Quando JFK perguntou a Nehru sobre o Vietnã, o líder indiano condenou a guerra francesa como um exemplo de colonialismo arruinado e afirmou que os Estados Unidos estavam despejando sua ajuda em dinheiro em um "buraco sem fundo". Ele gentilmente ensinou os Kennedys, como se estivesse falando com crianças, e Bobby escreveu em suas anotações, em um tom exasperado, que Nehru lhes disse que o comunismo oferecia ao povo do Terceiro Mundo "algo pelo que morrer". Bobby continuou anotando os comentários de Nehru em seu diário: "Nós [americanos] temos apenas o *status quo* para oferecer a essas pessoas".[55]

Jones Sorridente e os Esquisitos de Wisner

À medida que os Estados Unidos despertavam para sua posição de poder global sem precedentes, seu governo tinha poucas formas de interagir com o restante do mundo. O presidente estava encarregado do Departamento de Guerra, ou Pentágono, que logo se tornaria o Departamento de Defesa. Existia o Departamento de Estado, o Ministério das Relações Exteriores e o serviço diplomático dos Estados Unidos, em operação desde 1789. Contudo, não havia qualquer serviço de espionagem dedicado – não existia qualquer instituição permanente envolvida na coleta de informações no exterior e autorizada para levar a cabo operações e ações secretas voltadas para mudar o curso dos acontecimentos mundo afora. Os americanos não tinham os séculos de experiência no comando de um império global tal qual os britânicos, ou ainda a experiência de espionagem autodefensiva que os soviéticos herdaram do Império Russo. Todavia, Washington criou muito rapidamente uma nova agência de inteligência, usando a vasta riqueza do país para financiá-la generosamente e contratar jovens que trabalharam no exterior durante a Segunda Guerra Mundial.

Uma das novas contratações mais relevantes era a de Frank Wisner. Ele contava uma mesma história toda vez em que tentava explicar por que fez o que fez pelo governo estadunidense. Wisner tinha voado para a Romênia em setembro de 1944 para trabalhar como chefe de estação do Escritório de Serviços Estratégicos (OSS), agência de espionagem temporária criada por Washington no curso da guerra. Uma vez lá, ele ouviu e acreditou que os soviéticos tramavam para tomar o controle do país, mas seus chefes em Washington estavam sem paciência para ouvir que seus aliados estavam tramando algo ruim. Em janeiro de 1945, Stálin ordenou que milhares de homens e mulheres de origem alemã fossem levados de volta para a União Soviética para serem "mobilizados para o trabalho". Wisner conhecia alguns deles pessoalmente. Quando a evacuação forçada começou, ele cavalgou freneticamente pela cidade, como ele próprio contou, a fim de salvá-los. Porém, ele fracassou. Milhares de pessoas foram conduzidas para vagões de carga e enviadas para campos de trabalhos forçados. Segundo sua família, essas cenas o perseguiriam pelo resto de sua conturbada vida.[56]

Wisner – às vezes chamado apenas de "Wiz" – nasceu em 1909, numa família rica, dona de muitas terras no Mississippi, um dos estados do sul dos Estados Unidos governados pelas Leis Jim Crow, que discriminavam os afro-americanos. Ele cresceu em uma família provinciana e privilegiada. Quando criança, nem mesmo vestia suas próprias roupas – ele se deitava, levantava os braços e as pernas, e sua empregada negra colocava sua camisa e calça para ele.[57] O livro favorito de Frank era *Kim*, de Rudyard Kipling, que tinha como pano de fundo de sua história o "Grande Jogo" entre os Impérios Britânico e Russo.[58] Wiz foi enviado à aristocrática Woodberry Forest School, na Virgínia. Ele levantava pesos desesperadamente para dar volume ao seu corpo magro e era intensamente competitivo. Na Universidade da Virgínia, foi convocado para se juntar aos Sevens, uma sociedade secreta tão barroca que só revelava os nomes de seus membros quando morriam. Era centrado, mas sabia curtir a vida, em especial em festas bem regadas a álcool. Wiz virou advogado em uma empresa de alto nível em Wall Street. Inquieto e movido por um profundo senso de propósito moral, se alistou na Marinha um ano antes de os japoneses atacarem os Estados Unidos em Pearl Harbor.[59]

O oss costumava contratar advogados corporativos das melhores escolas de elite, e Wisner se encaixava nesse critério. Entrou para o serviço de inteligência com o auxílio de um velho professor e deu início a essa vida tal qual um peixe na água. Na Romênia, ele não estava somente coletando informações e tentando salvar alemães. Estava se relacionando com a realeza, bebendo e dançando, morando em uma mansão e fazendo truques de mágica.[60] Ele também socializava com os agentes soviéticos mais experientes. Após deixar a Romênia, ficou claro que espiões russos haviam se infiltrado em toda a sua operação.[61]

Ao retornar a Wall Street depois da guerra, Wisner estava mais uma vez entediado e apático. Desse modo, ele aproveitou a oportunidade para servir seu país novamente e lutar contra os comunistas.[62] Ele assumiu uma nova organização de operações secretas chamada inofensivamente de Escritório de Coordenação de Política (opc) e começou suas atividades em Berlim.

Ao mesmo tempo, um homem muito diferente chamado Howard Palfrey Jones, que trabalhava no braço oposto do aparato de política externa estadunidense, chegou a Berlim na companhia de Allen Dulles, o antigo chefe do oss de Wisner. Jones era um diplomata e veterano que, desde cedo, testemunhou a brutalidade do nacional-socialismo alemão.

Em viagem à Alemanha em 1934, foi agredido por soldados porque não saudou a bandeira nazista da maneira correta.[63] Ele já era um homem adulto quando a Segunda Guerra Mundial começou e serviu na Alemanha. Imediatamente após a guerra, ele ingressou no Departamento de Estado. Ao contrário de Wisner, que era um cruzado fanático, Jones tinha uma abordagem completamente diferente do resto do mundo. Em vez de analisar cada situação em termos de uma luta global em preto e branco, ele buscou se envolver com profundidade nas complexidades de cada situação. E ele estava aproveitando bem seu tempo.

Em quase todas as fotos tiradas dele, Howard Palfrey Jones parece um grande idiota bem-humorado. Ele tem um sorriso largo no rosto, parecendo bem satisfeito por estar ali, seja entre dançarinos javaneses, seja esfregando os cotovelos com colegas diplomatas. Seus contemporâneos o descreviam em termos parecidos. Ele desfilaria pelo mundo em ternos brancos de "pele de tubarão", fazendo o possível para usar a língua local e fazer amizade com todos. Até aqueles que o viam como inimigo – isto é, os comunistas – o chamavam de Jones Sorridente e advertiam os camaradas para não se deixarem enganar por seu comportamento íntegro.[64]

Jones nasceu em uma família de classe média de Chicago, em 1899. A cidade era movimentada e caótica, e ele cresceu causando todo tipo de problemas com várias crianças – filhos de imigrantes da Polônia, Itália, Boêmia e Noruega – em sua vizinhança.[65]

Para os padrões globais, sua infância foi um sonho absoluto. Todavia, em comparação com gente como Wisner e Kennedy, ele era somente um cara normal. E quando pediram mais tarde para que descrevesse a experiência de que mais se orgulhava, ele foi direto para a época em que tentou enfrentar o racismo nos Estados Unidos. Após a faculdade na Universidade de Wisconsin, ele se tornou editor de jornal em Evansville, Indiana. O jornal descobriu que a Ku Klux Klan, organização brutal de supremacia branca, comandava uma rede de atividades criminosas e controlava a polícia. Os editores prepararam uma exposição, e uma alta patente da KKK telefonou para ameaçar diretamente Jones.

Ele publicou a história mesmo assim, e a Klan queimou cruzes por toda a cidade. Metade dos anunciantes abandonou o jornal.[66]

O Departamento de Estado era diferente dos aparelhos barra-pesada para os quais trabalhava Wisner. Contudo, ainda que em comparação com a maioria dos diplomatas de Estado, Jones era especialmente engajado e empático. Ele foi apelidado, talvez com um pouco de desdém, o mestre da "venda suave", o que significa que ele apresentava a posição oficial do governo dos Estados Unidos da maneira mais delicada possível. Para ele, a política externa precisava que se basear no conhecimento profundo daquilo que a população nativa desejava, e isso significava que nenhuma abordagem única poderia ser bem-sucedida. Ele, com certeza, acreditava que era aceitável que Washington tentasse mudar o mundo e perseguir seus próprios interesses. No entanto, como era possível fazer isso sem compreender cada cultura em seus termos próprios?

Em Berlim, durante 1948, tanto Jones como Wisner trabalhavam no grande problema da época na Alemanha – os assuntos financeiros em um país dividido. Wisner pressionou muito por uma postura de oposição a Moscou. Ele apoiou a criação de uma nova moeda nas áreas ocupadas pelo Ocidente. Em junho de 1948, os governos aliados decidiram emitir unilateralmente uma moeda para a Alemanha Ocidental, o marco alemão, pegando desprevenidos os soviéticos e provavelmente forçando, no longo prazo, a divisão do país em dois.[67]

Depois, Jones foi enviado para trabalhar em Taiwan, onde os nacionalistas de Chiang Kai-shek haviam estabelecido um governo. Por se recusarem a reconhecer o governo comunista de Mao no continente, o governo estadunidense reconheceu Taiwan como a China "real", ainda que a ilha tivesse sua própria população e identidade antes que eles chegassem. Taiwan não era democrática. Em fevereiro de 1947, o novo governo massacrou milhares de pessoas que se opunham ao regime nacionalista, iniciando outro período de Terror Branco e repressão intermitente de dissidentes – várias vezes justificada por motivos anticomunistas – que continuou por anos.[68]

Em 1951, o OPC de Wisner foi absorvido por um recém-formado órgão permanente chamado Agência Central de Inteligência, e seu cargo se tornou o de vice-diretor de planos. Wiz era o homem encarregado das operações clandestinas. Sua equipe – várias vezes chamada de "gangue de esquisitos" por outras partes de Washington – passou a buscar formas de lutar em segredo, como pudessem, a Guerra Fria ao redor do mundo.

Wisner era um verdadeiro sangue azul. Porém, a maioria das fileiras dos primeiros membros da CIA pertencia a estratos ainda mais elevados da sociedade americana. Muitos eram homens de Yale, do tipo que desprezaria outros homens de Yale caso eles não proviessem do internato certo ou não entrassem na sociedade secreta certa. Todavia, quando se tratava de anticomunismo, Wiz havia derrotado a maioria deles. Arthur Schlesinger Jr., sargento do OSS na Alemanha, afirmou: "Eu mesmo não era um grande admirador da União Soviética e certamente não tinha expectativas de relações harmoniosas depois da guerra, mas Frank era um tanto excessivo, até mesmo para mim".[69]

Os meninos da CIA e suas esposas construíram uma vida social animada em Washington, DC. Mais urbanos e liberais do que a maior parte das pessoas naquela cidade à época, organizaram jantares animados em suas casas em Georgetown. Convidavam agentes da CIA, oficiais de defesa e jornalistas influentes. Após a refeição, as mulheres se retiravam para um cômodo, enquanto os homens falavam de política em outro, tal qual era o estilo da época.[70] Também gostavam de se embebedar, assim como James Bond. Na verdade, eles confiavam no Serviço de Inteligência Secreta – o MI6 –, a agência britânica que havia acumulado tanto conhecimento em espionagem enquanto defendia o Império Britânico por séculos. E alguns deles amavam o próprio James Bond. Uma das figuras fundadoras da agência, Tracy Barnes, adorava o personagem criado por Ian Fleming em 1953 e distribuía cópias dos romances para sua família no Dia de Ação de Graças.[71]

Paul Nitze, o homem que escreveu o chamado projeto da Guerra Fria, descreveu os valores imperiais de alta classe aprendidos pelas crianças na Groton School, instituição privada que tinha por modelo escolas inglesas de elite e deu à CIA muitos de seus principais membros iniciais.

"Na história, todas as religiões honraram muito os membros que destruíram o inimigo. O Corão, a mitologia grega, o Antigo Testamento. Os meninos da Groton aprendiam isso", disse Nitze. "Eliminar o inimigo é a coisa certa a fazer. Claro, há certas restrições aos fins e meios. Se você voltar à cultura grega e ler Tucídides, existem limites para o que você pode fazer aos outros gregos, que fazem parte de sua cultura. Entretanto, não existem limites para o que você pode fazer com um persa. Ele é um bárbaro." Os comunistas, concluiu ele, "eram bárbaros".[72]

Desde o princípio, a CIA contou com duas divisões básicas. De um lado, havia a coleta de informações por meio de espionagem. Seu trabalho era similar ao fornecimento de um serviço de notícias privado para o presidente. Do outro lado, estava a ação secreta – as coisas difíceis, as tentativas ativas de mudar o mundo. Esse era o território de Frank Wisner.

Wiz começou construindo uma rede de espiões e agentes *stay-behind*[73] na Europa Ocidental, cujo trabalho consistia em agir no caso de uma invasão soviética.[74] Na Alemanha, a CIA não teve problemas em recrutar ex-nazistas, incluindo os que dirigiram esquadrões da morte, desde que fossem anticomunistas. Assim, Wisner buscou um modo de penetrar no território soviético. Ele recrutou refugiados ucranianos desesperados e sem teto, muitos dos quais lutaram ao lado dos nazistas, para adentrarem de paraquedas nos territórios comunistas e se revoltarem contra os russos. Nenhum deles sobreviveu.[75] Porém, isso não foi um impedimento para Wisner. A agência enviou centenas de agentes albaneses de volta à sua terra natal. Quase todos foram capturados ou mortos. Aparentemente, o governo alinhado com os soviéticos estava esperando por eles. E estava. Kim Philby, um agente britânico que trabalhava junto a Wisner e o resto da CIA, atuou permanentemente como um espião soviético. Quase todas as operações iniciais de Wisner já estavam comprometidas de alguma maneira e, mesmo sabendo disso, ele enviou mais homens para a Albânia. Eles foram capturados e levados a julgamento.

De forma lenta, mas segura, Wiz e os rapazes da CIA notaram que o território soviético real era, em sua maior parte, sólido como uma rocha. Eles certamente não conseguiriam penetrá-lo. Caso eles quisessem lutar contra o comunismo – e o fizeram, muito mal –, teriam que procurar outro lugar. O Terceiro Mundo ofereceu essa oportunidade. O problema que esses homens negligenciaram, de acordo com uma história consideravelmente simpática escrita pelo jornalista Evan Thomas, foi "o fato de que eles não sabiam praticamente nada a respeito do chamado mundo em desenvolvimento".[76]

2 - INDONÉSIA INDEPENDENTE

Uma nova vida para Francisca

Em 1951, Francisca regressou a seu país de origem. Aos 24 anos, ela e o novo marido se mudaram para o que era basicamente uma garagem no aeroporto da Força Aérea, a dezesseis quilômetros do centro da cidade. Isso era muito mais rústico do que aquilo a que ela estava acostumada, mas tinham um primo que os acomodou ali, e eles aceitaram. Todos os dias, ela acordava às seis da manhã, ia de bicicleta até a estação mais próxima, tomava um ônibus, saltava na parte de trás de um pequeno carro de seis assentos com motor de motocicleta e partia para o trabalho. Nessa época, havia pouco tráfego e quase nenhuma mulher muçulmana coberta com *hijab*, mas, por conta da umidade intensa e das temperaturas em torno de 32 °C, quase todos os dias do ano, o deslocamento em Jacarta era sempre uma tarefa difícil e suada.

Ela não se importava nem um pouco com isso. Como tantos outros indonésios, Francisca estava emocionada. Após centenas de anos de exploração e escravidão, ela tinha seu próprio país, que havia recém completado apenas um ano de idade.

Enquanto ela atravessava a cidade todos os dias, não pensava na vida confortável que havia abandonado. A única coisa com que ela se importava era que estava construindo a Indonésia do nada. "Temos que viver a vida ao máximo, fazer tudo o que pudermos", ela pensou. "Quando você trabalha por uma causa como esta, que é muito maior do que você, ela dificilmente parece um trabalho."[77]

Francisca Pattipilohy nasceu em 1926 e, tecnicamente, era da realeza. A Indonésia era governada por vários pequenos reinos (e alguns grandes), e sua família pertencia à classe alta de Ambon, uma pequena ilha tranquila e confortável cercada por areia branca e um oceano azul brilhante, 1500 milhas a nordeste de Jacarta. Essas aristocracias costumavam receber privilégios especiais dentro da estrutura colonial holandesa, mas seu pai optou por renunciar a eles e erguer sua vida como arquiteto na capital, que, até então, se chamava Batávia. A maior ilha de Java é um dos pedaços de terra mais densamente povoados do mundo, com uma constelação deslumbrante de cidades, muitas delas com milhares de anos de existência, mas Batávia nunca foi uma cidade importante para qualquer um dos reinos locais. Era um posto avançado do maior porto de pimenta de Banten quando a Companhia Holandesa das Índias Orientais, uma das mais importantes organizações para o desenvolvimento do capitalismo global e do colonialismo, a assumiu em 1619.[78] A megacidade existente agora era, em larga medida, uma construção holandesa e ainda parecia diferente do restante de Java.

O pai de Francisca prosperou como arquiteto e pôde adquirir uma casa bonita na cidade. Ele foi tão bem-sucedido que Francisca conseguiu frequentar uma escola colonial com crianças holandesas. Em casa, ela adorava passar o tempo na biblioteca do pai, lendo os livros infantis que ele comprava para a filha. Era a única menina na família, portanto ficava muito sozinha em casa. Quase todos os contos para crianças eram escritos em holandês, falando de crianças brancas na Holanda ou na Alemanha. Ela mergulhou tão fundo nos *Contos de fadas: irmãos Grimm*, livros sobre *cowboys* e índios e Hans Christian Andersen que realmente acreditou que eles faziam referência a seu próprio país. Até a adolescência, pensava que as águas do Reno fluíam por parte da Indonésia. Porém, ela não lia nada sobre os outros indonésios. Em casa, falava a língua colonial, o holandês, e um pouco do idioma que a família trouxe de Ambon. Sua família era protestante, como muitos indonésios nas "ilhas externas", e ela estudou em uma escola cristã particular próxima. Era muito inteligente e ferozmente curiosa. Quando falava a respeito da diversão em aprender algo novo, o tom de sua voz sempre aumentava com entusiasmo.

Ela também aprendeu muito rapidamente o que significava ser uma menina morena em uma colônia dirigida por brancos. Havia somente cinco alunos "nativos" em sua classe, e era óbvia a hierarquia de *status*. No entanto, foi num domingo fora da escola que a brutal realidade de sua condição se fez presente. Estava especialmente quente. Ela foi com uma amiga da escola e sua família holandesa à piscina local para passar o dia nadando. Enquanto entregavam os ingressos ao homem no portão, ele a deteve. Indonésios não eram permitidos. Sua relativa riqueza não importou, nem o fato de as outras meninas terem protestado. Ela era uma nativa.

Em 1942, quando tinha só 16 anos, os japoneses chegaram. Sob o imperador Hirohito, o Japão se tornara uma potência imperialista agressiva aliada dos nazistas e estava varrendo grande parte do sudeste da Ásia, instituindo governos de ocupação. A princípio, alguns indonésios os acolheram, incluindo os líderes do pequeno movimento de independência do país, que vinha fervilhando há décadas. Pelo menos, os japoneses eram asiáticos, pensavam. Sua vitória provou que os brancos não eram invencíveis, e eles talvez tratariam os locais melhor do que os holandeses. No dia seguinte à invasão, o pai de Francisca retornou para casa e anunciou à família: "Eles são nossos libertadores".[79]

Todavia, antes da maior parte do país, a jovem Francisca percebeu que isso era uma ilusão. Poucos dias depois, a família estava saindo para uma caminhada em seu calmo e arborizado bairro, chamado Menteng, quando um guarda japonês próximo começou a gritar com seu pai. Ele, é claro, não entendia japonês e não sabia que deveria se curvar. Então, ele não o fez. O guarda se aproximou e lhe deu uma pancada com força, na cara, na frente de toda a sua família. "Depois disso, odiamos os japoneses", Francisca diria mais tarde. "Nós soubemos seu verdadeiro propósito."

Outras pessoas ficaram em situação muito pior. Aos milhares, as mulheres indonésias foram forçadas à escravidão sexual, obrigadas a trabalhar como "mulheres de conforto" para as tropas de ocupação japonesas. Os holandeses foram colocados em campos de concentração. Francisca foi colocada em uma escola diferente.

A nova escola foi chocante por dois motivos. Primeiro, ela foi considerada igual aos demais alunos. Em segundo lugar, ela aprendeu a falar *bahasa* indonésio, que significa "a língua indonésia", uma versão do malaio que então havia se tornado a língua oficial da Indonésia.[80] Francisca sempre foi boa aluna em idiomas, mas aqui ela estava começando do zero. Entretanto, não estava sozinha. Só uma pequena minoria de indonésios o falava como sua primeira língua. Ele tinha sido usado por um tempo nos portos e no comércio, mas a maioria das pessoas espalhadas pelas 13 mil ilhas totalmente diversas do país não o sabiam.[81]

Logo após a partida dos japoneses em 1945, um homem chamado Sukarno declarou independência bem próximo à casa de Francisca.[82] Ele hesitou em fazê-lo. Então, três líderes jovens do movimento de independência, impacientes com sua decisão, sequestraram tanto ele como o líder da independência Hatta – esta foi considerada uma forma brusca, mas firmemente aceitável de forçar alguém naquela época –, até que Sukarno se comprometesse a proclamar a criação da Indonésia independente.

Talvez ele estivesse certo em estar um pouco preocupado. Não muito tempo após o discurso, o movimento de independência de Sukarno entrou em desespero. Assim como os franceses fizeram na Indochina, os holandeses voltaram, tentando reafirmar o domínio colonial. A Holanda chamou as tentativas de reconquista de "ações policiais", em uma terminologia que conseguia ser condescendente e eufemística, e elas foram brutais. Como os japoneses, os holandeses recorreram à violência em massa para deter o apoio à nova república. Os líderes da independência, uma mistura de nacionalistas, militantes de esquerda e grupos islâmicos, percorreram o arquipélago, fazendo alianças com reinos locais e expandindo sua resistência.[83]

Em meio a tudo isso, em 1947, Francisca foi para a Holanda estudar na pequena cidade universitária de Leiden. Ela frequentou o Instituto Real para os Países Orientais, fundado para receber pessoas vindas das possessões coloniais europeias. Logo em seguida, ela se envolveu na organização estudantil indonésia, como quase todo mundo fazia. Imediatamente, conheceu um homem chamado Zain, cinco anos mais velho que ela.

Ela não gostou dele no começo. Desde tenra idade, se considerou "uma espécie de feminista", com o propósito de nunca se casar. Ela havia visto que mesmo as mulheres mais inteligentes e bem-educadas das Índias Orientais Holandesas nunca colocaram em prática todas as coisas maravilhosas que aprenderam após se casarem. Ela desejava trabalhar. Zain era bonito, sem dúvida, até galante, mas era, talvez, um pouco autoconfiante demais, um pouco mandão quando pediu que ela assumisse o papel de tesoureira dentro da organização estudantil. Ela não deixaria ninguém pensar que estivesse impressionada com ele, como tantas outras garotas ficaram. Então, a princípio, um pouco timidamente, ela rejeitou seus avanços.

Todavia, ela então o conheceu. Eles passavam horas e horas conversando sobre história e a luta anticolonial, em como a infância dela havia sido injusta, sacudida pela dominação europeia. De que modo eles poderiam lutar para consertar as coisas. Isso foi emocionante. Ele era interessante, e ela parecia disposta a admitir isso. Eles passaram a trabalhar juntos incansavelmente, unidos por uma causa comum. Essa causa, é claro, era a independência.

Ironicamente, o contato direto com a Europa sempre foi importante para fomentar movimentos revolucionários no Terceiro Mundo. O movimento de independência da Indonésia tinha raízes na Holanda, e foi em Paris que Ho Chi Minh teve acesso à sua educação política. Ao estudar ou trabalhar nas capitais imperiais, os súditos coloniais por diversas vezes entraram em contato com ideias que nunca se permitiu que chegassem a seus territórios. Muito do colonialismo teve por base a lógica do "faça o que eu digo, não o que eu faço". Ou, na prática, "faça como os brancos dizem, não como os brancos fazem". Desse modo, enquanto os próprios europeus estendiam a educação a toda a sua população e seus intelectuais debatiam os méritos do socialismo e do marxismo, isso, em boa medida, era proibido nas colônias. Os nativos corriam o risco de absorver essas ideias. Por exemplo, no Congo, brutalmente controlado pelos belgas desde que o Rei Leopoldo II estabeleceu o Estado Livre do Congo em 1885 (e os Estados Unidos correram para ser o primeiro país do mundo a reconhecer essa colônia), as autoridades proibiram publicações de esquerda e revistas de estilo de vida liberal que circulavam livremente na Europa e ficavam assustadas até com o fato de negros trabalhadores viverem juntos em regiões urbanas. Isso não levaria à subversão ou, pior, ao bolchevismo? Os alunos congoleses aprenderam sobre a família real belga, mas não sobre o movimento americano pelos direitos civis, e a Revolução Francesa foi explicada com muito cuidado, para não fazer com que todo aquele episódio parecesse demasiadamente atraente nas edições africanas dos livros didáticos.

A justificativa dada pelas autoridades europeias no Congo era a seguinte: "Todos da nossa colônia são unânimes em afirmar que os negros ainda são crianças, tanto intelectual quanto moralmente".[84]

Para Francisca e Zain, que começaram a namorar a sério no fim dos anos 1940, a luta pela independência colonial estava intimamente ligada à esquerda. Então ela, uma defensora sincera da liberdade indonésia, caiu naturalmente nos círculos socialistas, uma vez que as duas lutas há muito andavam juntas. Nos anos 1930 e 1940, praticamente nenhum europeu apoiava a independência colonial, exceto os de esquerda. O Partido Comunista Indonésio, o Partai Komunis Indonesia (PKI), foi fundado em 1914 como Associação Social-Democrata das Índias com a ajuda de esquerdistas holandeses, trabalhou ao lado de Sukarno e dos grupos muçulmanos pró-independência nos anos 1920 e, em seguida, engajou-se ativamente no antifascismo durante a ocupação japonesa.[85]

Francisca ouviu um pouco a respeito do socialismo nos encontros estudantis e gostou daquilo que ouviu, mas não se envolveu muito em nenhuma das batalhas ideológicas mais intrincadas. Ela não participou de debates sobre o chamado "Caso Madiun" e os confrontos entre comunistas e as forças republicanas de Sukarno dentro do movimento revolucionário. Tomar partido foi muito mais fácil quando a Holanda lançou uma segunda tentativa de reconquista da Indonésia. Todos os estudantes com bolsas de estudos holandesas as devolveram em protesto, e Francisca se juntou a eles ao abandonar suas aulas. Então, no mesmo ano, ela aproveitou a oportunidade de participar do segundo Festival Mundial da Juventude e Estudantes em Budapeste, organizado pela Federação Mundial da Juventude Democrática. Ela sabia, é claro, que "democrático" nesse caso significava basicamente "socialista" e que a Hungria era aliada da União Soviética, mas nada disso tornava o projeto da viagem menos estimulante.

Nem todos os estudantes indonésios podiam pagar, mas ela tinha dinheiro para uma passagem. Entrou então no trem e cruzou aquilo que os americanos denominaram de "Cortina de Ferro". Ela não viu qualquer cortina. Para ela, a viagem foi uma maravilha, e ela observou pelas janelas enquanto a Alemanha pós-Guerra, depois a Áustria e a Hungria, passavam voando. A Europa estava em frangalhos; mas, ainda assim, Budapeste era encantadora. E lá ninguém a tratava como uma cidadã de segunda classe, como faziam em seu país natal. Contudo, nada a deixou preparada para o festival da juventude propriamente dito. Ela conheceu estudantes de esquerda de todo o mundo, de nações asiáticas, africanas e até mesmo dos Estados Unidos! Isso foi um verdadeiro choque para ela, já que ela de fato só havia visto americanos no cinema.

Ela começou a conversar com os alunos dos Estados Unidos e ficou ainda mais chocada ao ver um homem negro e uma mulher branca juntos. Ela não entendia tanto sobre política internacional, mas sabia tudo sobre o racismo nos Estados Unidos. Ela, então, perguntou a eles: "Como vocês vieram aqui juntos? Não é difícil para vocês? Não mantiveram vocês separados?".

Eles riram e balançaram a cabeça. "Bem, sim, mas conseguimos", afirmou a estadunidense.

Em seguida, ela se encontrou com estudantes da Coreia e do Congo. Entre a delegação congolesa, ela jura que conheceu um jovem charmoso de nome Lumumba, mas não sabia muito mais sobre ele à época.[86] Os estudantes apresentavam danças e performances culturais de todo o mundo. Eles foram uma demonstração de unidade internacional, assim como do orgulho sentido por cada nação. Depois, quando ela descreveu esse *show*, sua voz ficou tão alta que praticamente se tornou um assobio.

Em 1950, ela e Zain haviam fugido. Tiveram que escapar para Praga para se casarem, já que as autoridades holandesas teriam exigido que ela requisitasse a permissão de seu pai, e ele, por qualquer razão, ainda a estava negando – eles não se importavam muito com o motivo. A viagem foi mais uma pequena aventura, e eles puderam praticar seus conhecimentos linguísticos, pois a humilde cerimônia precisava ser em alemão. Sem problemas. Naquela época, Zain sabia inglês, indonésio, holandês e *batak* (a língua nativa de sua família na ilha de Sumatra), e Francisca era fluente em alemão, francês, indonésio, holandês e inglês, além de um pouco de *bahasa* Ambon.

O pai de Francisca depois procurou seu genro e concedeu a eles sua bênção. O mais importante é que ambos se estabeleceram rapidamente como membros produtivos de uma sociedade completamente nova. Ao retornar para uma Indonésia nova e independente, Francisca passou a trabalhar como bibliotecária – um emprego dos sonhos, já que ela poderia ficar cercada mais uma vez por livros. Não era difícil para ela alcançar uma posição. A nova república estava ávida por trabalhadores qualificados e contava ainda com bibliotecários holandeses para trabalhar junto a ela. Como resultado da negligência intencional dos holandeses, o povo indonésio havia sido gravemente privado de educação. Quando os holandeses se retiraram, só cerca de 5% dos 65 milhões de indonésios sabiam ler e escrever.[87]

Francisca comentou: "Creio que este foi um dos piores crimes do colonialismo. Após três séculos e meio de ocupação holandesa, quase não conhecemos nosso próprio povo e nossa própria cultura".

Enquanto isso, Zain começou a trabalhar como jornalista e conseguiu um emprego em um jornal chamado *Harian Rakyat*, ou *O Diário do Povo*, dirigido pelo Partido Comunista Indonésio, o PKI. Era um ótimo trabalho para Zain, e Francisca ficou muito contente por ele. Naquele tempo, pelo que ela sabia, não havia nada de estranho em trabalhar para um jornal comunista. Ela reconhecia que ele era próximo do Partido Comunista e provavelmente um membro dele, mas nada disso era relevante. Depois do conflito de 1948, o Partido Comunista se reorganizou e se integrou à nova nação. O PKI foi braço de uma revolução patriótica multipartidária e fazia parte da nova Indonésia de Sukarno.

Por causa de suas habilidades com idiomas, Zain recebeu uma função extremamente interessante no jornal. Passou a escrever sobre assuntos internacionais, traduzindo histórias do exterior para o público local. E, para alguém preocupado com a libertação do Terceiro Mundo e a luta contra o "imperialismo" – recorrendo à linguagem usada pelo jornal –, o começo dos anos 1950 foi uma época incrivelmente interessante.[88]

As tropas americanas estavam na Coreia, em uma guerra que poucas pessoas previram eclodir. Após os japoneses deixarem a Península Coreana, que haviam dominado de forma ainda mais brutal do que a Indonésia, o país foi dividido em dois. Durante o domínio japonês, o que restou do Partido Comunista Coreano (Stálin mandou executar muitos de seus líderes no fim dos anos 1930)[89] travou uma dura guerra de guerrilha contra os ocupantes na Coreia e na Manchúria, até que eles foram forçados ao exílio na Sibéria. Um desses comunistas, Kim Il-sung, assumiu o Norte em 1945.[90]

No Sul, as forças de ocupação americanas adotaram Syngman Rhee, um cristão e anticomunista que vivia nos Estados Unidos há décadas, e o impuseram como líder. Seu governo autoritário tinha como alvo os esquerdistas e massacrou dezenas de milhares de pessoas em Jeju, uma ilha que era controlada desde a guerra por "comitês populares" independentes, usando a ameaça do comunismo como justificativa.[91] Em 1950, a guerra estourou na fronteira. As tropas comunistas do Norte avançaram rumo a Seul rapidamente, levando os Estados Unidos a recorrerem à ONU para angariar forças para um contra-ataque. Por razões que não são claras, Stálin instruiu seu embaixador a ficar de fora da votação na ONU em vez de protestar, e os Estados Unidos venceram a votação com facilidade. As tropas americanas e das Nações Unidas empurraram a Coreia do Norte de volta às fronteiras originais, mas então seguiram para o Norte na tentativa de tomar todo o país. Os soviéticos ofereceram pouca ajuda, mas, para surpresa de Washington, o exausto e esfarrapado Exército Vermelho de Mao se mobilizou para apoiar os comunistas coreanos, em larga medida porque sentiam que deviam aos coreanos a ajuda que os insurgentes de Kim haviam oferecido a eles contra os japoneses na Manchúria. Durante os três anos de conflito, os Estados Unidos lançaram mais de 600 mil toneladas de bombas na Coreia – mais do que foi utilizado em todo o teatro do Pacífico na Segunda Guerra Mundial – e despejaram 30 mil toneladas de napalm sobre o terreno. Mais de 80% dos edifícios norte-coreanos foram destruídos, e a campanha de bombardeio matou cerca de 1 milhão de civis.[92]

Na Coreia, os rapazes da CIA também empregaram algumas das ferramentas que haviam experimentado na Europa Oriental. Durante a guerra, milhares de agentes coreanos e chineses recrutados foram enviados ao Norte. Mais uma vez, o resultado da infiltração foi um fracasso total. Mais tarde, documentos confidenciais da CIA concluíram que as operações "não eram somente ineficazes, mas provavelmente moralmente repreensíveis no número de vidas perdidas".[93] A CIA só descobriu mais tarde que todas as informações secretas que a agência reuniu durante a guerra foram fabricadas pela Coreia do Norte e serviços de segurança chineses.

Mais uma vez, as operações secretas bem-financiadas da CIA não conseguiram enfrentar soldados comunistas embrutecidos pelas batalhas, dedicados a alcançar a vitória. Entretanto, no Irã, onde não havia tal contingente, a jovem CIA encontrou sua primeira grande vitória.

Operação Ajax

No fim de 1952, Frank Wisner se encontrou com Monty Woodhouse, um espião inglês que trabalhava em Teerã. Os britânicos estavam com um problema e necessitavam de ajuda. Desde o fim da Segunda Guerra Mundial, eles acompanhavam a desconstrução formal de grande parte de seu império, mas certamente não esperavam que isso significasse que perderiam o controle também sobre os recursos naturais. No Irã, o novo primeiro-ministro Mohammad Mossadegh supervisionava a nacionalização da produção de petróleo. E ele já havia detectado o MI6 tentando derrubá-lo por essa razão.

Mossadegh e os iranianos tinham muitos motivos para se ressentirem dos britânicos. Durante seu período de glória imperial, o Irã sofreu com a fome que ceifou a vida de 2 milhões de pessoas. E após a Segunda Guerra Mundial, os britânicos estabeleceram um acordo em que obtinham o dobro da receita do petróleo em detrimento do Irã, enquanto os petroleiros locais moravam em barracos sem água corrente. Quando Mossadegh e o parlamento eleito do Irã manobraram em torno do Xá que os britânicos haviam estabelecido, Londres buscou uma maneira de recuperar aquilo que considerava seu. Os americanos, inclusive Wisner, temiam se envolver nos assuntos imperiais britânicos. Porém, seus aliados do outro lado do oceano apelaram para seu anticomunismo. Mossadegh legalizou o bem organizado Partido Tudeh, liderado pelos comunistas (junto a todos os demais partidos políticos), e os britânicos sugeriram aos americanos que, talvez, o Tudeh pudesse tomar o poder caso não tomassem cuidado, ou mesmo que os soviéticos poderiam invadir o Irã.

Renovações dentro da Casa Branca no começo de 1953 ajudaram bastante os defensores da política de mudança de regime. O presidente republicano recém-eleito Dwight Eisenhower nomeou John Foster Dulles para o cargo de secretário de Estado e indicou seu irmão mais novo, Allen Dulles, para comandar a CIA. Segundo o historiador James A. Bill, John Foster tinha duas obsessões no decorrer da vida: lutar contra o comunismo e proteger os direitos das corporações multinacionais. Elas convergiram no Irã. "As preocupações com o comunismo e a disponibilidade de petróleo estavam interconectadas. Juntos, eles iam conduzir os Estados Unidos a uma política de intervenção direta", escreveu Bill.[94]

Os irmãos Dulles e a CIA receberam luz verde. Kermit Roosevelt, neto do presidente Theodore Roosevelt, contratado por Wisner em 1950, assumiu o comando da missão, que decidiram apelidar de Operação Ajax. Ele dispunha de 1 milhão de dólares para gastar no Irã como bem quisesse, uma soma muito grande para o tipo de ajuda que desejava comprar. A CIA subornou todos os políticos possíveis e procurou um general disposto a assumir e instalar o Xá como ditador. Os agentes pagavam bandidos, homens fortes e artistas de circo para se rebelarem nas ruas. Quando o chefe da estação da CIA, Roger Goiran, argumentou que os Estados Unidos estavam cometendo um erro histórico ao se alinhar ao colonialismo britânico, Allen Dulles o chamou de volta a Washington.

A CIA criou cartazes e panfletos declarando que Mossadegh era comunista e inimigo do Islã. Eles pagaram jornalistas para escreverem que ele era judeu. A CIA contratou gângsteres para fingirem ser membros do Partido Tudeh e atacarem uma mesquita. Dois dos agentes iranianos de Roosevelt, que lidavam com alguns dos personagens contratados, em um dado momento, tentaram recusar outros trabalhos, alegando que o risco estava se tornando enorme. Porém, Roosevelt os convenceu afirmando que, caso recusassem, eles seriam assassinados.

De sua parte, o Xá não se convenceu de que nada disso era uma boa ideia. Em um certo momento, ele partiu para Roma, deixando os americanos que queriam torná-lo rei furiosos. Todavia, ele retornou ao palácio em agosto de 1953, fraudou eleições parlamentares e serviu tanto à CIA quanto às empresas internacionais do petróleo, como governante do país. Os soviéticos não correram para intervir no país em que supostamente eles eram tão poderosos. Em Washington, houve comemorações por toda parte, e Kermit Roosevelt foi proclamado um herói. Wisner enfim provou aos homens no andar de cima que sua gangue de esquisitos tinha uma utilidade real.[95]

Em 1954, a CIA concluiu outra operação bem-sucedida naquelas proximidades, nas Filipinas. A "Rebelião Huk", de viés de esquerda e iniciada sob ocupação japonesa, continuou após tanto os japoneses remanescentes como (oficialmente) os Estados Unidos devolverem o poder aos filipinos. Os guerrilheiros antiocupação "Huk" se opuseram ao novo presidente, um ex-colaborador ativo das potências do Eixo, e ao controle oligárquico da economia por proprietários feudais bastante poderosos. O conselheiro militar dos Estados Unidos, Edward Lansdale – que, mais tarde, inspiraria o personagem do coronel Edwin Barnum Hillendale em *Ugly American*, de Burdick e Lederer – escreveu em seu diário que os Huks "acreditam na justeza do que estão fazendo, ainda que alguns dos líderes estejam no lado comunista [...] Há uma situação ruim, que necessita de reforma. Suponho que a reclamação armada seja uma coisa natural".[96] Os Estados Unidos auxiliaram as Filipinas a planejarem e implementarem uma operação de contrainsurgência e fizeram progressos consideráveis, incluindo o uso de mais napalm.[97] Em uma guerra psicológica um pouco bizarra, Lansdale também colaborou estreitamente com Desmond FitzGerald – um recruta de Wisner na CIA – para criar um vampiro.

Como parte de uma série de operações psicológicas durante o combate aos guerrilheiros, os agentes da CIA espalharam o boato de que um *aswang*, um demônio sugador de sangue de uma lenda filipina, estava à solta e destruindo homens com a maldade em seus corações. Eles então pegaram um rebelde Huk que haviam matado, fizeram dois buracos em seu pescoço, drenaram seu sangue e o largaram caído na estrada.[98]

Depois de anos de conflitos, os Huks desistiram, e as Filipinas se acomodaram em uma estabilidade pró-estadunidense de tendência de direita que perduraria por décadas. Com privilégios especiais garantidos às corporações americanas, a condição lastimável do povo filipino descrita por Lansdale permaneceu inalterada por inteiro.

O *Diário do Povo*, é claro, noticiou os eventos no Irã e nas Filipinas.[99] Apesar de as atividades reais de Washington serem secretas naquele período, o jornal de Zain e a imprensa de esquerda global frequentemente conseguiam contar a história das intervenções de Washington de forma mais correta do que os jornais americanos, que, em grande parte, enxergavam como seu dever reproduzir a linha oficial transmitida a eles por Wisner e sua equipe.[100]

Zain, trabalhando tarde da noite em Jacarta todos os dias, ficava exausto nessa época, já que era uma das poucas pessoas que conseguia ler e traduzir todos os relatórios que chegavam. Raramente ficava em casa com Francisca porque voltava sempre correndo para a redação, trabalhando nos plantões da noite. *Harian Rakyat* – ou o *Diário do Povo* – sempre foi uma operação enxuta, de vinte a trinta pessoas trabalhando todo o tempo no centro de Jacarta.[101]

Para um jornal comunista em um ambiente pós-revolucionário violento, o *Diário do Povo* tinha uma leitura nitidamente alegre. Publicava cartuns zombando dos atrapalhados imperialistas ocidentais, obras originais de ficção publicadas diariamente, uma seção infantil e inserções educacionais com ensaios explicativos sobre figuras globais de esquerda, como Albert Einstein e Charlie Chaplin. Notícias internacionais, área de que Zain era supervisor, ocupavam uma grande parte da cobertura, e o jornal deu atenção especial aos eventos no restante do Terceiro Mundo.

Notícias da Amerika

O fim do Axioma de Jacarta foi em 1953; os países independentes não eram mais tolerados apenas por serem liderados por forças de esquerda. Com a derrubada de Mossadegh no Irã, a nova regra de Eisenhower era que os governos neutros poderiam ser inimigos em potencial, e Washington poderia decidir se e quando uma nação independente do Terceiro Mundo era insuficientemente anticomunista. Encorajados pelo sucesso em Teerã, Wiz e seus garotos voltaram sua atenção para a América Central, onde marcariam a vitória que serviria, na década seguinte, de modelo para intervenções secretas futuras.

Uma década antes, os guatemaltecos fizeram uma pequena revolução. Uma sequência de greves levou à queda de Jorge Ubico, um ditador pró-nazista que havia trabalhado de mãos dadas com a aristocracia latifundiária e corporações estrangeiras por duas décadas para manter os camponeses em um sistema de trabalho forçado – em outras palavras, escravidão. A esquerda, incluindo o Partido Comunista Guatemalteco, chamado Partido Guatemalteco del Trabajo, ou PGT, há muito estava envolvida na organização de trabalhadores que se opunham a ele. A revolução chegou em 1944, quando os Estados Unidos sob Franklin Delano Roosevelt eram aliados da União Soviética e muito ocupados lutando na Segunda Guerra Mundial. Talvez por essa razão, o novo governo não tenha soado os alarmes para os políticos estadunidenses.[102]

De 1944 a 1951, o popular professor Juan José Arévalo assumiu o controle da jovem democracia no maior país da América Central. Entretanto, foi a eleição de Jacobo Árbenz, que chegou ao poder em 1951, o que, de fato, chamou a atenção do Norte.

Árbenz foi um soldado de classe média que havia se tornado um grande proprietário de terras, e, se em algum momento teve ideias radicais, foram provavelmente graças à influência de sua esposa salvadorenha educada na Califórnia, María Vilanova, uma figura mais complexa e fascinante do que ele. Poliglota envolvida em campanhas sociais, chocada com a desigualdade, ela rejeitou a alta sociedade centro-americana, estudou intensamente e formou conexões com figuras de esquerda de toda a América Latina. Árbenz aceitou o pequeno mas bem organizado PGT como parte de sua coalizão governante. Todavia, a Guatemala votou contra as ações da União Soviética na ONU, e o novo presidente deixou claro em seu discurso de posse que seu objetivo era "converter a Guatemala com uma economia predominantemente feudal em um Estado capitalista moderno".[103]

Essa não foi uma tarefa fácil. Quando seu governo aprovou a reforma agrária em 1952, esse esforço esbarrou em interesses bem poderosos. O governo começou a recomprar grandes propriedades de terra não utilizadas e distribuí-las para os povos indígenas e camponeses. Procedimentos desse tipo eram vistos por economistas em todo o mundo não só como um modo de beneficiar pessoas comuns, mas de colocar o país como um todo no sistema produtivo e liberar as forças empresariais de mercado. Porém, a lei estipulava que a Guatemala faria pagamentos com base no valor oficial do terreno, e a United Fruit Company – empresa estadunidense que basicamente controlou por décadas a economia do país – depreciava criminosamente suas propriedades para evitar o pagamento de impostos.

A poderosa empresa uivou em protesto. A United Fruit era extremamente bem conectada com o governo Eisenhower e deu início a uma campanha de relações públicas nos Estados Unidos, denunciando Árbenz como um comunista, e trouxe jornalistas americanos em coletivas de imprensa, que obtiveram sucesso em publicar matérias duramente críticas em veículos como *Time*, US *News & World Report* e *Newsweek*.[104] A CIA solicitou de novo a Kermit Roosevelt que supervisionasse tais operações. Ele recusou dessa vez, alegando a seus superiores que golpes futuros não funcionariam a menos que o povo e o Exército do país "quisessem aquilo que queremos".[105] Frank Wisner escolheu Tracy Barnes para substitui-lo.

Washington promoveu três tentativas de golpe, e foi a terceira que funcionou.[106] Em novembro de 1953, Eisenhower removeu o embaixador na Cidade da Guatemala e enviou John Peurifoy, que, desde 1950, estava em Atenas e havia formado um governo de direita favorável a Washington e à monarquia grega. A esquerda de lá o chamava de "açougueiro da Grécia".[107]

Na Guatemala, os americanos fizeram o possível para criar um pretexto para a intervenção. A CIA plantou caixas de rifles com desenhos de foices e martelos comunistas para que pudessem ser "descobertos" como prova de infiltração soviética. Quando os militares guatemaltecos, incapazes de encontrar outros fornecedores, realmente compraram algumas armas (que se revelaram inúteis) da Tchecoslováquia, os meninos de Wisner estavam aliviados. Agora eles tinham sua desculpa. Em janeiro de 1954, Árbenz descobriu planos para a terceira tentativa de golpe e os publicou na imprensa guatemalteca. Os homens da CIA estavam tão confiantes que, mesmo assim, seguiram em frente, negando a ação à imprensa estadunidense. Eles organizaram uma pequena força rebelde em torno do general Carlos Castillo Armas, um homem de pouca expressão, desprezado até mesmo pelos oficiais conservadores do Exército guatemalteco. Eles começaram a transmitir notícias falsas, em estações de rádio controladas pelos Estados Unidos, de uma rebelião militar que marchava para a vitória e lançaram bombas na Cidade da Guatemala. Essa foi uma guerra psicológica e não uma invasão real – o grupo desorganizado ao longo da fronteira em Honduras e El Salvador não teve chance de entrar e derrotar os militares reais, e as bombas que os pilotos americanos despejaram sobre a capital foram apelidadas de *sulfatos*, ou laxantes de sulfato, já que o trabalho deles não era provocar danos, mas deixar Árbenz e todos em seu entorno com medo de sujar as calças.[108]

Miguel Ángel Albizures, de nove anos, ouviu as bombas explodirem próximo dele, e o choque causou uma sensação de medo profundo em seu cérebro. Ele tomava o café da manhã antes das aulas na capital, em um dos restaurantes públicos erguidos por Árbenz, quando tudo começou. Ele ficou em pânico – sim, tão chocado, com tanto medo que sentiu que poderia se cagar, exatamente como pretendia – e correu para se esconder debaixo dos bancos da Igreja Católica mais perto.[109]

Árbenz, percebendo que os Estados Unidos estavam determinados a expulsá-lo, começou a pensar em ceder. Seu governo se ofereceu freneticamente para dar à United Fruit o que ela queria. Contudo, era tarde demais para concessões. Os comunistas e alguns outros pediram a Árbenz que não entregasse o poder. Em vão, um médico argentino de 25 anos que residia na Cidade da Guatemala na época, chamado Ernesto "Che" Guevara, se ofereceu para ir ao *front* e depois tentou organizar milícias civis para defender a capital.

Em vez disso, o presidente renunciou em 27 de junho de 1954 e entregou o poder ao coronel Díaz, chefe das Forças Armadas. Díaz havia se encontrado com o embaixador Peurifoy e acreditava que seria um substituto aceitável para os Estados Unidos. Disse a Árbenz que tinha um entendimento com os americanos e que, caso assumisse o poder, eles poderiam ao menos evitar a perda do país para o odiado Castillo Armas, o que ajudou a persuadir o presidente a renunciar.[110]

Esse acordo não durou muito tempo. Poucos dias após Díaz assumir o poder, o chefe da estação da CIA John Doherty e seu vice, Enno Hobbing – ex-chefe do escritório da *Time* em Paris – o pressionaram. "Deixe-me explicar uma coisa para você", afirmou Hobbing. "Você cometeu um grande erro ao assumir o governo." Hobbing fez uma pausa e depois foi muito claro. "Coronel, você simplesmente não é conveniente para os requisitos da política externa estadunidense."

Díaz ficou chocado. Ele pediu para ouvir isso do próprio Peurifoy. Segundo Díaz, quando Peurifoy chegou, às quatro da manhã, ele deu apoio a Doherty e Hobbing. Também mostrou a Díaz uma longa lista de guatemaltecos que precisariam ser fuzilados imediatamente.

"Mas por quê?", questionou Díaz. "Porque eles são comunistas", respondeu Peurifoy.[111]

Castillo Armas, o favorito dos Estados Unidos, assumiu. A escravidão voltou para a Guatemala. Nos primeiros meses de seu governo,

Castillo Armas estabeleceu o Dia do Anticomunismo e prendeu e executou entre 3 e 5 mil apoiadores de Árbenz.[112]

Eisenhower estava exaltado. Apesar de Wisner ter ficado ansioso durante a operação, esse foi outro triunfo de sua abordagem. Depois que ele e Barnes se encontraram com o presidente, voltaram para a sala de estar de Barnes em Georgetown e "fizeram uma dancinha de comemoração".[113]

O Diário do Povo prestou muita atenção aos eventos no pequeno país, a meio mundo de distância. Dia após dia, a situação na Guatemala estava no topo da primeira página, e as manchetes eram claras e precisas: *"Amerika Menjerang Guatemala"* ("a América ameaça a Guatemala"), seguido de um extenso artigo explicativo – "Esta é a Guatemala", apresentando um mapa da longínqua região e, em seguida, referindo-se à "agressão americana".[114]

A imprensa estadunidense cobriu o assunto de forma diferente. O *New York Times* se referiu aos conspiradores golpistas como "rebeldes", enquanto chamava o governo Árbenz de "vermelho" ou uma "ameaça comunista" e dizia que o governo estadunidense estava "ajudando" a mediar as negociações de paz e não que havia organizado a coisa toda. A maioria dos historiadores atuais reconheceria rapidamente que este pequeno jornal comunista indonésio reportou os eventos com maior precisão do que o *New York Times*.[115]

Há uma razão para isso. Sydney Gruson, um empresário correspondente do *Times*, planejava lançar uma investigação a respeito das forças "rebeldes". Frank Wisner queria que ele parasse. Ele pediu a seu chefe, Allen Dulles, para falar com os chefes do *New York Times*, o que ele fez. Acreditando que estava realizando um ato patriótico, o editor do *Times*, Arthur Sulzberger, ordenou que Gruson ficasse longe.[116]

Também há uma razão pela qual Zain e seus colegas deram tamanha atenção à Guatemala. Uma matéria de primeira página no *Diário do Povo* em 26 de junho afirmava que o que ocorria na Guatemala "ameaça a paz mundial e pode ameaçar também a Indonésia".[117]

Um documento interno do Departamento de Estado, agora disponibilizado para o público, deveria afastar a ideia de que Washington via a Guatemala como uma "ameaça comunista" imediata. Segundo Louis J. Halle em uma nota ao diretor da equipe de planejamento de políticas, o risco não era que a Guatemala agisse agressivamente. O risco era que Árbenz se tornasse um exemplo que inspirasse seus vizinhos a copiá-lo. Diz a nota: "As evidências não indicam para nós qualquer perigo militar presente. Ainda que tenhamos lido referências públicas aos fatos de que a Guatemala está a três horas de voo dos campos petrolíferos do Texas e a duas horas de voo do Canal do Panamá, podemos nos tranquilizar, pois a capacidade da Guatemala para bombardeios é nula. O recente carregamento de armas não faz diferença para essa conclusão, nem os carregamentos repetidos..."

O risco real, disse Halle bem claramente, era que a "infecção" comunista poderia

> [...] espalhar-se pelo exemplo de independência em relação aos Estados Unidos que a Guatemala ofereceria aos nacionalistas de toda a América Latina. Poderia se espalhar por meio do exemplo de nacionalismo e reforma social. Por fim e acima de tudo, pode se espalhar pela disposição que os latino-americanos teriam de se identificar com a pequena Guatemala caso a questão fosse retratada por eles (como está sendo retratada), não como de sua própria segurança, mas como uma competição entre o Davi Guatemala e Tio Sam Golias. Este último, acho eu, consiste no perigo que mais temos a temer e contra o qual precisamos nos precaver.[118]

A questão da reforma agrária foi um caso exemplar e recorrente de "faça o que eu digo, não o que eu faço". Enquanto o general MacArthur governava o Japão logo após a Segunda Guerra Mundial, ele impulsionou um ambicioso programa de reforma agrária, e as autoridades americanas também supervisaram a redistribuição na Coreia do Sul durante esses anos. Em nações estratégicas controladas pelos

Estados Unidos, eles viram a necessidade de romper com o controle feudal da terra para construir economias capitalistas dinâmicas. Contudo, quando realizada por esquerdistas ou supostos rivais geopolíticos – ou quando ameaçava os interesses econômicos americanos –, a reforma agrária era recorrentemente caracterizada como uma infiltração comunista ou radicalismo perigoso.

Os irmãos Dulles haviam trabalhado em Wall Street e para a United Fruit Company. Até hoje, existe um debate sobre se a CIA planejou ou não os golpes no Irã e na Guatemala por motivos econômicos cínicos – para ajudar os parceiros de negócios e o capitalismo estadunidense em geral – ou se a agência se sentiu, de fato, ameaçada pelo "comunismo". É possível que haja mais de uma explicação. O líder do PGT, Partido Comunista da Guatemala, disse que "eles teriam nos derrubado mesmo se não plantássemos bananas".[119] As discussões de Wisner em casa com sua família indicaram que ele realmente sentia que o Tudeh iraniano e o PGT guatemalteco eram, de alguma maneira, um perigo para seu país.[120]

Entretanto, a motivação não tinha tanta importância para os milhões de pessoas na Ásia lendo acerca dos eventos, nem para os latino-americanos que os assistiam de perto. Independentemente de suas razões, os Estados Unidos passaram a ter uma reputação de intromissão frequente e violenta nos assuntos das nações independentes.

Esse jovem médico, Che Guevara, acreditava ter aprendido uma lição importante em 1954. Ele chegou à conclusão de que Washington jamais permitiria que reformas sociais moderadas, menos ainda um socialismo democrático, florescessem em seu quintal, e que qualquer movimento por mudança precisava estar armado, disciplinado e preparado para a agressão imperialista. Então com 26 anos, escreveu à mãe que Árbenz "não sabia como lidar com essa situação". O presidente guatemalteco, afirmou Che, "não pensou consigo mesmo que um povo em armas é um poder invencível. Ele poderia ter fornecido armas ao povo, mas não quis – e vemos agora o resultado". Che voou para a Cidade do México e começou a formular uma estratégia revolucionária mais radical com base no que acompanhou na Guatemala.[121]

De volta à Indonésia, Francisca, apesar de não acompanhar as notícias tão de perto quanto Zain, sentiu que a revolução indonésia estava longe de terminar. Eles se livraram do colonialismo branco havia somente cinco anos, pensou ela, e não existia garantia de que tal liberdade duraria. No entanto, ela estava geralmente ocupada trabalhando na biblioteca e tomando conta de sua primeira filha. Zain chegava tarde em casa, e eles ficavam sentados conversando a respeito dos livros que liam, especialmente literatura europeia, em vez de discutir o noticiário internacional. Zain ficava suficientemente cansado no trabalho. Ela reconhecia, contudo, que a situação deles era frágil e que as potências ocidentais não estavam inclinadas a simplesmente conceder liberdade aos povos do Terceiro Mundo. A brutal invasão francesa ao Vietnã foi mais uma prova disso. O presidente Sukarno estava sempre no rádio, usando suas consideráveis habilidades retóricas para frisar que os indonésios deveriam continuar lutando. Para a Indonésia, parecia que, tanto no Irã como na Guatemala, os nascentes movimentos democráticos tinham tentado afirmar uma nova independência na economia global, e a nova potência ocidental reagiu com violência e os empurrou de volta ao papel subserviente que sempre desempenharam. Sukarno gostava de chamar isso de "neocolonialismo", ou condições forçadas de controle imperial sem um governo formal. Moderno, ele amava neologismos e siglas e, mais tarde, cunhou o termo NEKOLIM – isto é, neocolonialismo, colonialismo e imperialismo – para denominar o inimigo que ele acreditava ser o adversário de todos.

Em 1954, após as forças surpreendentemente bem organizadas de Ho Chi Minh saírem vitoriosas na Batalha de Dien Bien Phu, os franceses enfim desistiram do Vietnã. Em Genebra, os Estados Unidos ajudaram a forjar a divisão daquele país, estipulando um referendo nacional que aconteceria para unir suas duas metades em 1956. Em Jacarta, Sukarno estava prestes a se encontrar com um desses novos representantes do Ocidente. Sempre alegre e ansioso, Howard Palfrey Jones aterrissou em julho.

Presiden Sukarno

Quando Smiling Jones chegou a Jacarta pela primeira vez, ficou encantado. Uma "metrópole fervilhante e eletrizante", ele a caracterizou. Reconheceu também, muito rapidamente, que os supostos inimigos da América operavam aqui. Foi enviado para ser chefe da Missão de Ajuda Econômica e notou que na Praça da Independência, onde Sukarno fizera sua famosa proclamação de 1945, agora em frente à chancelaria dos Estados Unidos, cada árvore estava coberta por um cartaz com a foice e o martelo. O mesmo acontecia em frente à sua casa, e, quando ele teve a oportunidade de dirigir na ilha de Java, recorrentemente encontrava seu carro passando sob arcos de bandeirolas com a foice e o martelo.

Ainda que Sukarno, o carismático primeiro presidente da Indonésia, fosse amigável com Washington e sempre tenha atuado em vários graus de oposição ao PKI, um partido minoritário entre muitos, a aparente ousadia do Partido Comunista – fazendo propaganda de forma tão aberta, em vez de se esconder nas sombras – era preocupante para os Estados Unidos.

Poucos dias após chegar, Pepper Martin, um veterano correspondente estrangeiro do US *News & World Report*, apontou em direção aos símbolos comunistas, virou-se para Jones e disse: "Parece que tudo acabou, exceto essas aclamações, não é?".[122] Jones aprenderia em breve que tudo estava longe de terminar. E quando ele encontrou Sukarno pela primeira vez, ficou pasmo com a forma como as coisas eram complicadas. O próprio Jones, como todo mundo no governo dos Estados Unidos, era anticomunista e acreditava que lutar contra esse sistema era seu trabalho. Porém, ele achava que o maior fracasso da diplomacia estadunidense na época era uma persistente incapacidade de entender as diferenças entre as nações do Terceiro Mundo e a natureza do nacionalismo asiático. Acreditava que, depois da Segunda Guerra

Mundial, os Estados Unidos estavam "demasiadamente envolvidos nas complexidades das relações íntimas com nossos aliados da guerra para ouvir o clamor de povos do outro lado do mundo". Ele escreveu: "Não compreendemos e fizemos poucas tentativas de compreender a revolução política, econômica e social que varria a Ásia".[123]

Ao contrário de muitos outros americanos, Jones se recusou a rejeitar as crenças e práticas dos habitantes locais, *a priori*, como retrógradas. Ele prestou muita atenção neles. Claro, ele viveu uma vida muito diferente dos indonésios. Os funcionários do Departamento de Estado viviam em mansões coloniais e tinham empregadas domésticas, cozinheiras e motoristas. Quase qualquer cidadão estadunidense no Terceiro Mundo seria considerado incrivelmente rico, mesmo que não trabalhasse para o Tio Sam.

Certa feita, uma das piscinas começou a vazar sem parar. O pessoal da embaixada local sabia o que fazer. Eles chamaram um *hadji*, um muçulmano que havia feito a peregrinação a Meca, que veio e meditou. Ele disse aos americanos que o local não havia sido submetido a um ritual sagrado. Sem hesitação ou ceticismo, Jones relatou que eles realizaram uma cerimônia de *slametan*, apaziguando os espíritos ao redor colocando uma cabeça de galo em cada canto da piscina. Nunca mais houve outro vazamento. Jones, um cientista cristão que viu sua mãe se recuperar milagrosamente por meio de orações, nunca duvidou que poderia haver forças em ação na Indonésia que a maioria dos americanos não compreenderia por completo.[124]

Ao interagir com outros funcionários do governo dos Estados Unidos, Jones os corrigia com orgulho quando rotulavam erradamente os asiáticos ou suas afiliações políticas. De forma mais crucial, ele acreditava que os americanos não conseguiam entender o que era o nacionalismo no contexto dos países emergentes e sua diferença em relação ao comunismo. O nacionalismo no Terceiro Mundo significava algo bem distinto do que havia significado na Alemanha uma década antes. Não se tratava de raça, religião ou mesmo fronteiras. Havia sido construído em oposição a séculos de colonialismo. Exasperado, Jones sempre enfatizou que, para os americanos, isso poderia parecer uma tendência antiocidental instintiva e que as nações jovens podem cometer erros precoces na formação de um governo. Todavia, os americanos não agiram da mesma maneira e exigiram o direito de cometer seus próprios erros?

Quando Jones enfim conheceu o *Presiden Sukarno* – como é chamado em indonésio –, ficou profundamente impressionado. Ele escreveu: "Encontrá-lo foi como, de repente, cair sob uma lâmpada solar, tal era a qualidade de seu magnetismo". Ele notou rapidamente os "enormes olhos castanhos brilhantes e um sorriso brilhante que transmitia um calor envolvente". Ele assistia, espantado, enquanto Sukarno falava de forma eloquente sobre "o mundo, a carne e o diabo: sobre estrelas de cinema e Malthus, Jean Jaures e Jefferson, folclore e filosofia", depois devorava uma imensa refeição e dançava por horas. Ainda mais impressionante para Jones, que viveu uma vida relativamente confortável, foi que este homem notável – mais ou menos da mesma idade de Jones – aprendeu a comer assim e mergulhou em conhecimento, enquanto permaneceu anos atrás das grades graças aos holandeses do governo colonial.[125] Ao longo desse caminho, ele aprendeu a falar alemão, inglês, francês, árabe e japonês, além de *bahasa* indonésio, javanês, sudanês, balinês e holandês.[126]

Quando Sukarno abriu a boca para falar qualquer uma dessas línguas, o país inteiro parou para ouvir, e Jones notou que isso havia subido à sua cabeça. Sukarno disse a ele certa vez, após ter sobrevivido a mais uma tentativa de assassinato: "Só consigo pensar em uma coisa depois de ontem... Alá deve aprovar o que estou fazendo. Caso contrário, eu teria sido morto há muito tempo".[127]

Sukarno nasceu em 1901 no leste de Java. Sua mãe era de Bali e, portanto, hindu; e seu pai, de uma classe média alta de funcionários públicos javaneses, era muçulmano, como a grande maioria da ilha. Na época, em Java, os muçulmanos podiam ser divididos em duas categorias. Existiam os *santri*, muçulmanos ortodoxos mais rigorosos e mais influenciados pela cultura religiosa árabe. Depois, havia os *abangan*, cujo Islã existia sobre um profundo poço de tradições javanesas místicas e animistas. Sukarno cresceu na última tradição.[128] Desde muito jovem, estava profundamente imerso na sabedoria do *wayang*, teatro de fantoche noturno que representava na Indonésia a mesma força que a poesia épica na Grécia clássica.

Ainda que não pertencesse à elite, Sukarno pôde estudar em boas escolas coloniais. Oficialmente, estudou arquitetura, mas, por conta própria, estudou filosofia política. Começou a se engajar em círculos nacionalistas indonésios, que acolheram uma variedade ampla de escolas de pensamento anticoloniais. *Sarekat Islam*, a União Islâmica, era uma organização nacionalista central na época; teve pensadores islâmicos conservadores, assim como muitos leais ao Partido Comunista. Então com o nome de Partido Comunista das Índias, o partido recorrentemente desobedecia às instruções de Moscou quando seus líderes julgavam adequado e viam a unidade muçulmana como uma força revolucionária anticolonial. Havia comunistas muçulmanos comprometidos que almejavam criar uma comunidade igualitária – em diversos graus, inspirada tanto por Marx quanto pelo Corão –, mas sentiam que os infiéis estrangeiros os estavam impedindo. E, para quase todos no país, o "socialismo" por definição implicava oposição à dominação estrangeira e apoio a uma Indonésia independente.[129]

Isso tornou os indonésios mais próximos. Em uma convenção do PKI em 24 de dezembro na sede do *Sarekat Islam*, as paredes foram decoradas com vermelho e verde (para a véspera de Natal), e tingiram um desenho de foice e martelo no estilo *batik* do javanês tradicional.[130]

Sukarno era, por natureza, um sincretista, mais interessado sempre em misturas, combinações e inclusão do que em disputas ideológicas incômodas. Em 1926, ele escreveu um artigo intitulado *Nacionalismo, Islã e marxismo*, em que se perguntava: "Esses três espíritos podem trabalhar juntos na situação colonial para se transformarem em um só grande espírito, o espírito de unidade?". A resposta natural para ele era sim. O capitalismo, como argumentou, era inimigo tanto do Islã quanto do marxismo, e convocou os adeptos do marxismo

– que ele disse não se tratar de um dogma imutável, mas sim uma força dinâmica que se adaptou a necessidades e situações diferentes – para lutar ao lado de muçulmanos e nacionalistas.[131]

No ano seguinte, fundou o Partido Nacionalista Indonésio (PNI), situado no meio das correntes que lutavam contra o domínio imperial holandês – com os comunistas à sua esquerda e os grupos muçulmanos à sua direita. A predileção natural de Sukarno pela inclusão era extremamente adequada àquele momento histórico. A Indonésia é um arquipélago cujas ilhas se espalham por mais de 2 milhões de quilômetros quadrados de mar e abrigam centenas de nacionalidades distintas, que falam mais de setecentas línguas. Nada os aproximou além das fronteiras artificiais impostas por uma potência estrangeira racista. A jovem nação precisava de um senso de identidade compartilhado mais do que qualquer outra coisa.

Sukarno foi o profeta dessa identidade. Em 1945, ele forneceu uma base apaixonada e engenhosa para o que significava ser indonésio quando apresentou a Pancasila, ou os cinco princípios. Eles eram e continuam a ser: (i) a crença em Deus, (ii) justiça e civilização, (iii) a unidade indonésia, (iv) a democracia e a (v) justiça social. Eles combinam, na prática, a afirmação ampla da religião (provavelmente significando o islamismo, o hinduísmo, o cristianismo ou o budismo), a independência revolucionária e a democracia social. Certamente, os comunistas não estavam excluídos, visto que a grande maioria deles eram muçulmanos *abangans* como Sukarno, ou hindus balineses, como sua mãe. Ainda que uma pequena minoria de comunistas de alto escalão não tivesse religião, eles ficaram felizes em legitimar a Pancasila alguns anos depois. Mais tarde, o presidente do PKI justificaria isso oferecendo uma versão muito nova do marxismo, afirmando que, na Indonésia, a crença generalizada em um Deus era um "fato objetivo" e que "os comunistas, como materialistas, devem aceitar esse fato objetivo".[132]

A República da Indonésia adotou um *slogan* nacional – *Bhinneka Tungal Ika*, que significa "unidade na diversidade" em javanês antigo, a língua falada pelo maior número de pessoas, a maioria das quais vive na ilha central. Pancasila, ou *Pantja Sila*, é derivada do sânscrito, usado nos dias pré-islâmicos no arquipélago de Nusantara, quando muitas das ilhas eram fortemente influenciadas por elementos culturais e religiosos originários do subcontinente indiano. ("Indonésia" por si só significa simplesmente "ilhas Índias" e deriva, como o nome "Índia", de Rio Indo).

Foi sob a supervisão de Sukarno que o jovem país optou por tornar o *bahasa* indonésio a língua oficial indonésia. Um líder com menos sabedoria poderia ter se inclinado a tornar seu javanês nativo a língua oficial, mas esta é uma língua difícil de aprender, o que poderia facilmente ser interpretado como um tipo de imposição chauvinista ou mesmo colonial da ilha mais poderosa. Em vez disso, a Indonésia escolheu uma língua fácil e aparentemente neutra, e a maior parte do país a aprendeu em uma ou duas gerações. Essa foi uma conquista significativa; os países próximos no Sudeste Asiático ainda não têm línguas verdadeiramente nacionais estabelecidas.[133]

Sukarno era um nacionalista do Terceiro Mundo, de tendência à esquerda, e era mais um visionário do que um administrador pragmático, como Howard Jones e o resto dos americanos descobririam em breve. Fiel à sua natureza conciliatória, ele estava comprometido em manter uma amizade tanto com os Estados Unidos quanto com Moscou e certamente não tentava provocar Washington.

Jones começou uma espécie de amizade com Sukarno, embora muitos de seus colegas americanos pensassem que estavam "perdendo" a Indonésia para o comunismo. Na verdade, ele surpreendeu muitos dos nativos, incluindo aqueles da esquerda mais radical, simplesmente os convidando para uma conversa. A essa altura, a esquerda automaticamente enxergava os Estados Unidos com suspeita – os dias das aberturas de Ho Chi Minh para Washington haviam terminado. Rapidamente, Jones chegou à conclusão que, para serem eficazes, os programas de ajuda que ele gerenciava não podiam parecer paternalistas, de forma alguma, ou ofender o orgulho ardente dos indonésios por sua independência. Quanto ao principal ponto dessa ajuda, ele foi bem franco com os indonésios – Washington não queria que a Indonésia entrasse no "bloco comunista".[134]

Sukarno era inquestionavelmente presidente, mas governar exigia manobras constantes dentro de um sistema parlamentar pesado. Ele liderava um governo de coalizão e, apesar de o PKI apoiar o acordo, existiam vários outros partidos que eram muito mais influentes, e o PKI não tinha representantes em seu gabinete.[135] Como de costume, Jones continuou a corrigir outros funcionários americanos que não compreendiam a Ásia em seus próprios termos. Ele entendeu quando o presidente indonésio lhe disse: "Sou nacionalista, mas não sou comunista". O Jones sorridente estava orgulhoso – e desanimado – por ser "o único estadunidense que estava convencido de que Sukarno não era comunista".[136]

Como líder de um país tão grande do Terceiro Mundo, Sukarno era relativamente conhecido em Washington. Porém, um ano após a chegada de Jones, Sukarno organizaria um evento que o lançaria no palco global e mudaria para sempre o significado da Revolução Indonésia.

Bandung

O termo "Terceiro Mundo" nasceu em 1951, na França, mas realmente só se consolidou em 1955, na Indonésia.

Como escreveu o historiador Christopher J. Lee, foi a *Konferensi Asia-Afrika*, realizada em Bandung em abril, que solidificou de fato a ideia do Terceiro Mundo.[137] Essa reunião marcante trouxe os povos do mundo colonizado a um movimento, que se opunha ao imperialismo europeu e era independente do poder dos Estados Unidos e da União Soviética.

Ela não aconteceu de forma automática; foi o resultado de esforços conjuntos de alguns dos novos líderes mundiais. Em 1954, a Indonésia se reuniu com Birmânia (Myanmar), Ceilão (Sri Lanka), Paquistão e Índia, liderada por Jawaharlal Nehru, o mesmo líder que deu uma palestra aos irmãos Kennedy durante o jantar.

Eles formaram o Grupo Colombo, em homenagem à capital do Sri Lanka, onde se conheceram, e iniciaram o planejamento de uma reunião maior. O primeiro-ministro da Indonésia propôs de início uma conferência em 1955, como uma resposta à fundação da SEATO, a cópia da OTAN patrocinada pelos Estados Unidos no Sudeste Asiático. Contudo, a lista de convidados logo se expandiu rapidamente, já que Nehru convidou a China (o que necessariamente excluía Taiwan), enquanto a África do Sul do *apartheid* e ambas as Coreias (tecnicamente ainda em guerra), bem como Israel (cuja presença poderia aborrecer as nações árabes), não foram convidadas.

Os povos que se reuniram na Conferência Afro-Asiática de Bandung representaram cerca da metade das Nações Unidas e 1,5 bilhão das 2,8 bilhões de pessoas do mundo naquela época. Como Sukarno declarou em seu discurso de abertura, proferido em explosões de inglês com sotaque perfeito, foi a "primeira conferência intercontinental de povos de cor na história da humanidade!".[138] Alguns dos países haviam conquistado recentemente a independência, enquanto outros ainda lutavam por isto. O Brasil, o maior país da América Latina, compareceu como um "observador" amigável de fora da Ásia e da África.

A própria existência da conferência alçou Sukarno e Nehru ao *status* de lideranças globais. Também catapultou Gamal Abdel Nasser para a relevância mundial. Ele havia tomado o poder no Egito, o maior país árabe do mundo, apenas três anos antes. Como Nehru, Nasser era secular, de viés esquerdista, e frisava seu direito de construir alianças com todos os países, o que incluía a União Soviética. Ao comparecer ao encontro, o ministro das Relações Exteriores de Mao, Zhou Enlai, buscou legitimar a comunista República Popular da China entre seus vizinhos e se posicionar ao lado do Terceiro Mundo.[139]

O conteúdo da reunião levou ao florescimento de organizações globais, algumas delas ativas até hoje. Eles foram inspirados pelo "Espírito de Bandung", que Sukarno apresentou ao longo de seu poderoso discurso de abertura com bastante clareza:

Estamos reunidos aqui hoje como resultado de sacrifícios. Sacrifícios feitos pelos nossos antepassados e pelas pessoas das nossas gerações e das gerações mais novas. Para mim, este salão está cheio não só de líderes das nações da Ásia e da África; também contém dentro de suas paredes o espírito imortal, indomável e invencível daqueles que nos precederam. Sua luta e seu sacrifício pavimentaram o caminho para este encontro dos mais altos representantes de nações independentes e soberanas de dois dos maiores continentes do globo. [...]

Todos nós, estou certo, estamos unidos por coisas mais importantes do que aquelas que nos dividem superficialmente. Estamos unidos, por exemplo, por uma aversão comum ao colonialismo em qualquer forma que apareça. Estamos unidos por uma aversão comum ao racismo. E estamos unidos por uma determinação comum de preservar e estabilizar a paz no mundo. [...]

Sukarno usava um terno branco costurado sob medida, óculos e um pequeno chapéu *peci*. Enquanto falava, os líderes mundiais sentados nas pequenas salas o aplaudiam e se inclinaram para assistir mais. Ele chamou a atenção deles enquanto direcionava suas habilidades retóricas legendárias contra o imperialismo ocidental:

Como é possível não estar interessado pelo colonialismo? Para nós, o colonialismo não é algo longínquo e distante. Nós o conhecemos em toda a sua crueldade. Vimos o imenso desperdício humano que causa, a pobreza que causa e a herança que deixa para trás quando, eventual e relutantemente, é expulso pela marcha inevitável da história. Meu povo e os povos de muitas nações da Ásia e da África sabem dessas coisas, já que nós as experimentamos. [...]

Sim, algumas partes de nossas nações ainda não são livres. É por isso que todos nós ainda não podemos sentir que se chegou ao fim da jornada. Nenhum povo pode se sentir livre enquanto parte de sua pátria não é livre. Como a paz, a liberdade é indivisível. Não existe meio livre, assim como não existe meio vivo. [...]

75

Quase todos na sala sabiam exatamente o que ele queria dizer. Quem estava na sala naquele dia passaria o restante de suas vidas descrevendo a energia convocada por ele na multidão. Ele continuou:

> E, peço a vocês, não pensem no colonialismo somente na forma clássica que nós, da Indonésia, e nossos irmãos em partes diferentes da Ásia e da África, havíamos conhecido. O colonialismo também tem sua roupagem moderna, na forma de controle econômico, controle intelectual, controle físico real por uma pequena, mas estrangeira, comunidade dentro de uma nação. É um inimigo hábil e determinado e aparece sob muitos disfarces. Não desiste facilmente de seu saqueio. Onde, quando e como quer que apareça, o colonialismo é uma coisa má e que precisa ser erradicada da Terra.

Sukarno e os organizadores do encontro haviam feito um grande trabalho para evitar antagonizar ou assustar o país mais poderoso da Terra com sua retórica abertamente anti-imperialista. Então, eles vasculharam seus livros de história americana e perguntaram aos americanos que conheciam, procurando uma forma de conectar a data da conferência aos Estados Unidos.[140] Eles encontraram um jeito. O presidente continuou:

> A batalha contra o colonialismo foi longa, e vocês sabiam que hoje é um famoso aniversário dessa batalha? No dia 18 de abril de 1775, apenas 180 anos atrás, Paul Revere cavalgou à meia-noite pelo interior da Nova Inglaterra, alertando sobre a aproximação das tropas britânicas e do início da Guerra da Independência Americana, a primeira guerra anticolonial bem-sucedida da história. Sobre essa cavalgada à meia-noite, o poeta Longfellow escreveu: "Um grito de rebeldia e não de medo, uma voz na escuridão, uma batida na porta e uma palavra que ecoará para sempre". Sim, deve ecoar para sempre.

Como Howard Jones entendeu, a Conferência de Bandung impulsionou um tipo de nacionalismo totalmente distinto do existente na Europa. Para líderes como Sukarno e Nehru, a ideia de "nação" não se baseava na raça ou na língua – na verdade, não poderia ser assim em territórios tão diversos como o deles –, mas é construída pela luta anticolonial e a busca por justiça social. Com Bandung, o Terceiro Mundo poderia estar unido por seus próprios objetivos comuns, como o antirracismo e a soberania econômica, como Sukarno acreditava. Eles também poderiam se juntar e se organizar coletivamente para obter melhores condições dentro do sistema econômico global, forçando os países ricos a reduzirem suas tarifas sobre produtos do Terceiro Mundo, enquanto os países recém-independentes poderiam usar as tarifas para a promoção de seu próprio desenvolvimento.[141] Após séculos de exploração, essas nações estavam muito, mas muito atrás do mundo rico, e agiriam com força para mudar isso.

Oficialmente, participaram 29 países, além de Estados presentes como observadores. Ambos os Estados vietnamitas participaram, já que, nesse momento, eles ainda estavam oficialmente em coexistência pacífica até o referendo de 1956 para reunificá-los. Estava lá Norodom Sihanouk do Camboja, como Sukarno, um forte defensor da independência em relação a Washington e Moscou. A República Síria, a Líbia, o Irã (sob o xá) e o Iraque (ainda uma monarquia) enviaram representantes, e veio junto o primeiro-ministro do Paquistão, Mohammed Ali. Momolu Dukuly assumiu o cargo pela Libéria, país fundado por ex-escravos americanos no século XIX.

O próprio Sukarno associava frequentemente a luta anticolonial ao embate contra o capitalismo mundial. Todavia, a Conferência de Bandung foi também um pequeno golpe para seus apoiadores no PKI, uma vez que o Partido Comunista da Indonésia era favorável a uma aliança direta com a União Soviética. Graças às suas habilidades com o idioma, o marido de Francisca, Zain, foi um dos jornalistas indonésios que teve a sorte de cobrir a conferência. Ele escreveu a respeito dela para o *Diário do Povo*, que exaltou o evento, a despeito desse leve desprezo.

"Viva a amizade e a cooperação entre os povos da África e da Ásia!", exclamou o jornal no dia de estreia, apresentando como ilustração da capa um homem, sua estrutura musculosa mantida junta às bandeiras do Terceiro Mundo, girando a roda da história. No dia seguinte, depois do discurso de abertura de Sukarno, o *Diário do Povo* publicou caricaturas de figuras representando Reino Unido, Estados Unidos, Holanda e França atordoados, sofrendo de uma dor de cabeça intensa, com um trocadilho levemente forçado embaixo. A conferência "Afro-Asiática" (AA), brincou o artigo de Zain, deixou as potências imperialistas desesperadas por Aspirina-Aspro (AA), pois assistir à unidade das jovens nações independentes fez suas cabeças latejarem.[142]

Dos Estados Unidos, o observador mais atento da conferência foi Richard Wright, o romancista e jornalista negro. O ex-comunista e autor de *Filho nativo* escreveu um livro inteiro acerca de sua experiência ali, que influenciou muito o pensamento anticolonial e antirracista. Como ele havia apurado sobre "um encontro de quase toda a raça humana vivendo no principal centro de gravidade geopolítica da Terra", uma conferência dos "desprezados, os insultados, os machucados, os despossuídos – em suma, os oprimidos da raça humana", conforme ele escreveu, teve que ir documentá-la.[143]

Antes de partir para Bandung, Wright falou aos americanos e europeus horrorizados com a ideia da conferência, certos de que uma reunião dessas nações somente poderia equivaler a "racismo reverso", ódio aos brancos inspirados pelos comunistas ou uma aliança global antibranca.[144] Até o próprio Wright era cético quanto à missão de Bandung até ver o legado do colonialismo e ouvir os discursos. Ele rapidamente notou que os residentes falavam com ele de forma completamente diferente quando não havia nenhum branco na sala. Wright conheceu um indonésio que havia trabalhado como engenheiro por três meses em Nova York, mas mal saía de seu apartamento, com tremendo medo de confrontações racistas na rua.[145] Wright então encontrou um livro de 1949 elaborado para ensinar indonésio aos funcionários coloniais e turistas – mas que não continha nenhuma palavra que permitisse uma conversa. Era basicamente uma lista de pedidos, todos marcados com pontos de exclamação.

> Jardineiro, varra o jardim!
> Essa vassoura está quebrada! Faça uma nova vassoura!
> Aqui estão as roupas sujas!

E então, em uma seção chamada "Segure o ladrão":

> Toda a prata se foi
> As gavetas da cômoda estão vazias [146]

Wright também percebeu como o anticomunismo era pequeno na Ásia, em comparação ao seu país natal, os Estados Unidos. Até o líder do Masjumi, o partido muçulmano que recebe financiamento da CIA, disse a ele que o "medo do comunismo" predominante no Ocidente dificultava a confiança nos líderes do Primeiro Mundo.

"Sempre teremos nossas dúvidas a respeito dos reais objetivos do Ocidente, dos quais tivemos bons motivos para suspeitar em nossa história passada", afirmou o líder do Masjumi. "Não é possível esperar nenhum sucesso de verdade de uma cooperação com bases tão frágeis", ou seja, uma parceria baseada puramente no desejo de Washington de encontrar alguém que se opusesse aos comunistas.

Nem tudo correu bem em Bandung. A Guerra Fria pairava sobre a conferência, e nem todos poderiam concordar sobre como se diferenciar das grandes potências. Nehru, por exemplo, resistiu às tentativas de países do Terceiro Mundo próximos do Ocidente, como Iraque, Irã e Turquia, de condenar como colonialismo os movimentos soviéticos na Ásia. Os delegados não chegaram a um acordo sobre como poderiam, na prática, dar apoio aos territórios ainda sob jugo colonial. No final, eles apresentaram dez princípios básicos que passariam a governar as relações entre os Estados do Terceiro Mundo:

1. Respeito pelos direitos humanos e pela Carta das Nações Unidas.
2. Respeito pela soberania e integridade territorial de todas as nações.
3. Reconhecimento da igualdade de todas as raças e da igualdade de todas as nações, grandes e pequenas.
4. Não intervenção: abstenção de ingerência em assuntos internos de outro país.
5. Respeito pelo direito de autodefesa de cada nação.
6. Abstenção de usar a defesa coletiva para servir aos interesses particulares de qualquer das grandes potências e abstenção de exercer pressão sobre outros países.
7. Abstenção de atos ou ameaças de agressão contra qualquer país.
8. Solução de todas as controvérsias internacionais por meios pacíficos.
9. Promoção de interesses mútuos e cooperação.
10. Respeito pela justiça e obrigações internacionais.

Mais famosa, a Conferência de Bandung sedimentou a estrutura do que se tornaria o Movimento Não Alinhado global, fundado em 1961 em Belgrado. Entretanto, na Ásia e na África, Bandung levou a mudanças que foram sentidas imediatamente. Surgiram coletivos, redes de comunicação e organizações internacionais. Nos dois continentes, os líderes deram início à transmissão no rádio da mensagem do "Espírito de Bandung" aos povos que ainda lutavam contra o colonialismo. De forma notável, Nasser apontou suas transmissões da Rádio Cairo para o sul, em direção à África Subsaariana e Oriental, com tal mensagem.[147] No Congo, as pessoas começaram a ouvir *La Voix de l'Afrique* do Egito e *All India Radio*, que fazia transmissões em suaíli, da mesma forma que um homem chamado Patrice Lumumba começava a formar o Mouvement National Congolais, movimento de independência com muito do "Espírito de Bandung", rejeitando as divisões étnicas e tentando construir a nação congolesa a partir da luta anticolonial.[148]

Em 1958, a primeira Conferência Asiático-Africana sobre Mulheres foi realizada em Colombo e lançou um movimento feminista transnacional terceiro-mundista. Para a Conferência Feminina do Cairo de 1961, a organizadora egípcia Bahia Karam escreveu em sua introdução às ações: "É a primeira vez na história moderna – isto é, na história feminina – que tal encontro de mulheres afro-asiáticas aconteceu. Foi, de fato, um grande prazer, um encorajamento encontrar delegadas de países africanos a quem os imperialistas nunca haviam permitido deixar as fronteiras de suas terras".[149] A imprensa no Egito, por exemplo, começou a se concentrar na vida das mulheres do Terceiro Mundo, incluindo a Indonésia, discutindo os "laços de irmandade e solidariedade entre as mulheres da África e da Ásia".[150]

E os países da Conferência de Bandung fundariam a Associação Jornalística Afro-Asiática, uma tentativa de pessoas do Terceiro Mundo de cobrir seus países sem depender dos homens brancos, enviados geralmente de países ricos para trabalhar como correspondentes estrangeiros, que haviam contado suas histórias por décadas, até séculos.

Na Indonésia, Sukarno tinha se firmado na mente do povo como o líder de um novo tipo de revolução. Completamente inspirada por ele, Francisca seria capaz de recitar de cor partes do discurso de abertura de Sukarno em Bandung muito tempo depois.

Em Washington, a atitude era muito distinta. A resposta foi a condescendência racista. Funcionários do Departamento de Estado chamaram a reunião de "Darktown Strutters Ball".[151][152]

Contudo, para Eisenhower, Wisner e os irmãos Dulles, o comportamento de Sukarno não era brincadeira. Para eles, a essa altura, o próprio neutralismo consistia em uma ofensa. Qualquer um que não estivesse ativamente contra a União Soviética deveria estar contra os Estados Unidos, não importando o quão alto ele tenha elogiado Paul Revere.

Agora senador, John F. Kennedy tornou muito pública sua oposição a essa abordagem em uma série de discursos proferidos nos anos seguintes a Bandung. Em um discurso que criticava duramente os franceses por tentarem segurar a Argélia pela força, disse que "o teste mais importante da política externa estadunidense hoje é como enfrentamos o desafio do imperialismo, o que fazemos para promover o desejo do homem de ser livre. Nesse teste, mais do que em qualquer outro, esta nação será julgada criticamente pelos milhões de independentes na Ásia e na África e ansiosamente observada pelos ainda esperançosos amantes da liberdade por trás da Cortina de Ferro".[153]

A estrela de JFK estava em ascensão, e esse tipo de posição era raro entre os políticos estadunidenses. O presidente Sukarno prestou atenção ao que ele dizia. Contudo, Kennedy estava na oposição. E mais um acontecimento em 1955, na Indonésia, alarmou ainda mais os anticomunistas no poder em Washington.

A CIA gastou 1 milhão de dólares tentando influenciar as eleições parlamentares de setembro daquele ano. Os parceiros escolhidos pela agência, os *Masjumi*, estavam solidamente à direita de Sukarno. Ainda assim, Sukarno e seus apoiadores foram bem.[154] Pior ainda para os americanos, o PKI ficou em quarto lugar, com 17% dos votos expressos. Tratava-se do melhor resultado eleitoral da história do Partido Comunista Indonésio.

3 - PÉS PARA O FOGO, POPE NO CÉU

Futebol com Sakono

Em março de 1956, o novo líder da União Soviética, Nikita Khrushchev, chocou o mundo comunista. Em um "discurso secreto" ao Partido Comunista, que depois se tornou público, ele apresentou uma denúncia longa e categórica de crimes cometidos por Stálin.[155] Afirmou que Stálin não estava preparado para a Segunda Guerra Mundial. Ele torturou seus próprios camaradas e os forçou a confessar crimes que nunca haviam cometido, como uma desculpa para mandar fuzilá-los e se manter agarrado ao poder.

Stálin havia morrido somente três anos antes. Quando ele partiu, tantas pessoas correram para seu cortejo fúnebre que algumas foram esmagadas – à época, muitos cidadãos da União Soviética e de outros países comunistas sentiam um afeto real pelo homem e uma identificação profunda com o projeto coletivista e socialista em geral.[156] Ouvi-lo ser atacado pelo líder do partido marxista-leninista mais importante do mundo foi um golpe inesperado para os comunistas de todo o mundo.

Certos esquerdistas, principalmente na Europa Ocidental, reagiram se distanciando por completo do projeto soviético. Outros, mais notavelmente Mao, acusaram Khrushchev de distorcer ou exagerar os crimes de Stálin em benefício próprio. Ele começou a considerar Khrushchev culpado do crime de "revisionismo" da doutrina marxista-leninista, a primeira rachadura de uma crescente divisão entre os dois países.[157] Sob seu novo líder, a União Soviética buscou a coexistência pacífica com o Ocidente, que havia esquentado para países não alinhados, e expandiu sua ajuda para os países do Terceiro Mundo, como Indonésia, Egito, Índia e Afeganistão.

Oficialmente, o PKI foi junto com Khrushchev rumo a um futuro pós-stalinista e mais moderado. No entanto, o mundo comunista estava na prática ainda mais dividido do que no começo da Guerra Fria. Confiantes na importância de seu país e crescendo em tamanho e força, os comunistas indonésios tinham mais certeza ainda do que antes de que não precisavam receber ordens do exterior.

Depois do fracasso da revolta de Madiun em 1948, o PKI havia se reorganizado sob a liderança de D. N. Aidit. Autoconfiante e sociável, Aidit nasceu na costa de Sumatra em uma família muçulmana devota e se tornou marxista durante a ocupação japonesa. Com Aidit como seu líder, o PKI se transformou em um movimento de massa, legal e ideologicamente flexível que renegou a luta armada, ignorava constantemente as orientações de Moscou, permaneceu perto de Sukarno e abraçou a política eleitoral. O partido tinha atitudes muito diferentes dos partidos comunistas russo ou chinês. O objetivo do PKI, tanto pública como privadamente, era formar uma "frente nacional unida" antifeudal com a burguesia local, não estando preocupado com a implantação do socialismo "até o final do século".[158]

Internacionalmente, o PKI estava comprometido com o anti-imperialismo; e localmente, os quadros do partido estavam fazendo crescer seu movimento ao vencer eleições democráticas.

À medida que 1956 avançava, o mundo comunista se dividia cada vez mais, quando Khrushchev mandou tanques à Hungria para esmagar um levante e reafirmar o controle soviético. A violência de outubro e novembro de 1956 foi um fiasco de relações públicas para Moscou. Também foi um grande fracasso pessoal para Frank Wisner. Embora os Estados Unidos negassem publicamente, a CIA vinha instigando os húngaros à revolta, e muitos o fizeram acreditando que iam receber apoio de Washington. Quando os irmãos Dulles decidiram contrariar esse curso de ação, aparentemente deixando os protestos esvaziarem, Wisner se sentiu pessoalmente traído.

Seu comportamento havia se tornado progressivamente errático. William Colby, um funcionário sênior da CIA em Roma, disse que, em 1956, "Wisner estava divagando e delirando, completamente fora de controle. Ele ficava dizendo, todas essas pessoas estão sendo mortas". Seu filho notou que ele parecia sobrecarregado de trabalho e bastante envolvido emocionalmente nos acontecimentos na Europa. Wiz começou a agir de uma maneira que as pessoas com quem ele trabalhava tinham dificuldade em entender. Pensaram que poderia ser por conta de uma doença causada por um prato ruim de amêijoas que ele havia comido na Grécia.[159]

Enquanto o comunismo do Segundo Mundo sofria de fissuras, o Terceiro Mundo estava ainda um pouco mais unido graças às trapalhadas do Primeiro Mundo. Após Nasser nacionalizar o Canal de Suez, a França e a Grã-Bretanha invadiram – contra a vontade de Washington – para reafirmar o controle da hidrovia e expulsar o líder egípcio. A eles se juntou o jovem Estado de Israel, cuja criação havia sido apoiada por Washington e Moscou. Porém, Israel teve que recuar por pressão estadunidense. Apesar da raiva de Eisenhower com o novo Estado judeu, Washington aumentou constantemente o apoio a Israel a partir de meados dos anos 1950 por conta da Guerra Fria. Foram as nascentes alianças entre a União Soviética e os regimes nacionalistas árabes radicais, agora sabemos, que formaram a base para uma crescente aliança Estados Unidos-Israel.[160]

Outra coisa aconteceu em 1956. Ou melhor, não aconteceu. A divisão entre o Vietná do Norte e o do Sul deveria ser resolvida por uma eleição que uniria o país sob um único governo. Porém, Ngo Dinh Diem, o líder católico do Vietná do Sul – país de maioria budista –, que os Estados Unidos haviam escolhido a dedo antes de ele se revelar incorrigivelmente corrupto e ditatorial, sabia que perderia feio para Ho Chi Minh. Assim, Diem decidiu cancelar o pleito. Washington concordou com a decisão, assim como quando Diem declarou que havia vencido com 98,2% dos votos uma eleição fraudulenta em 1955.[161] Daquele momento em diante, o governo norte-vietnamita e muitos comunistas do Sul acreditaram que tinham o direito de se opor diretamente ao regime de Diem apoiado pelos Estados Unidos.

Nesse mesmo ano turbulento, Sukarno viajou a Washington. Não está claro se o próprio líder indonésio tinha ciência disso, mas a visita não correu bem. A impressão que ele causou às pessoas mais poderosas do planeta não foi boa. Na Indonésia, os apetites sexuais de Sukarno eram famosos, mas chocaram os americanos. John Foster Dulles, um presbiteriano profundamente puritano, achou-o "nojento". Frank Wisner, que geralmente não levava seu trabalho para casa, confidenciou a seu filho que "Sukarno queria ter a certeza de que sua cama estava devidamente cheia e se a agência tinha a capacidade de satisfazer a luxúria do governante indonésio".[162]

Para piorar a situação, ele foi de Washington direto para Moscou e Pequim. Ele acreditava que esse era seu direito como líder mundial independente, é claro, mas esse não era o tipo de coisa tolerada pelo governo Eisenhower.

No outono de 1956, Wisner contou ao chefe da Divisão do Extremo Oriente da CIA, Al Ulmer: "Acho que chegou a hora de colocarmos os pés de Sukarno no fogo".[163]

Nas eleições do ano seguinte, o Partido Comunista Indonésio se saiu ainda melhor que em 1955. O PKI era a organização mais eficiente e profissional do país. Crucialmente, em um país afligido pela corrupção e pelo clientelismo, tinha a reputação de ser o mais limpo de todos os grandes partidos.[164] Seus líderes eram disciplinados e dedicados, e Howard Jones rapidamente viu que eles de fato cumpriram o que prometeram, em especial para os camponeses e pobres. Jones não foi o único no governo estadunidense que entendeu por que os comunistas continuavam vencendo. O vice-presidente da época, Richard Nixon, deu voz ao sentimento geral em Washington quando disse que "um governo democrático não era [provavelmente] o melhor tipo para a Indonésia" porque "os comunistas provavelmente não poderiam ser vencidos em campanhas eleitorais porque eles estavam muito bem organizados".[165] E o mais importante, Jones reconheceu que o PKI se interiorizava, oferecendo o tipo de programa que atendia diretamente às necessidades do povo. O partido estava "trabalhando duro e habilmente para conquistar os desprivilegiados", preocupou-se ele.[166]

Sakono Praptoyugono, filho de fazendeiros de uma vila em Java Central, lembra o impacto desses programas muito bem. Sakono – não confundir com Sukarno, o presidente – nasceu em 1946, na Regência de Purbalingga, sendo o sexto de sete filhos, na época em que os holandeses tentavam ainda esmagar o movimento de independência da Indonésia. Depois que foi estabelecida a Indonésia, seu pai recebeu um pouco de arroz do governo revolucionário, e sua família passou a trabalhar em um pequeno lote de terra. Enquanto seus pais eram camponeses que falavam só javanês, a jovem república possibilitou a Sakono a chance de estudar, o que ele começou a fazer com desenvoltura.[167]

Sakono poderia ser chamado de algo parecido com o aluno preferido do professor e protegido por ele. Era o tipo de criança que lia o jornal inteiro todos os dias e organizava aulas extras para ele e seus amigos depois da escola. Adorava estudar história e política e, aos nove anos, já acompanhava os discursos quase constantes de Sukarno no rádio – de quem era um grande fã – e os resultados das eleições nacionais.

Baixo e com olhos fortemente cintilantes, Sakono era o tipo de cara que desfiava fatos, citações e frases em línguas estrangeiras, sorridente o tempo todo e tão animado que nem percebia quando os outros queriam falar sobre outra coisa. Ele leu o *Diário do Povo*, ou *Harian Rakyat*, e iniciou um grupo de estudo extracurricular com um jovem membro do PKI, que estava empenhado em uma atividade de expansão constante em sua cidade.

O mais importante dos programas do PKI em sua região foi executado pela Aliança de Agricultores da Indonésia (BTI), que procurou fazer valer os direitos dos camponeses dentro da estrutura legal existente e exercer pressão por uma reforma agrária. Os integrantes do BTI afirmaram a Sakono e sua família que "a terra pertence àqueles que nela trabalham e não pode ser deles tirada" e, mais importante, eles buscaram e registraram propriedades, asseguraram que as leis fossem cumpridas e ajudaram a melhorar a eficiência agrícola.

Duas vezes por semana, Sakono e dois de seus amigos se reuniam por três horas com um homem chamado Sutrisno, um membro do partido, alto e descontraído, de cabelos castanhos cacheados. Eles estudavam política básica dentro da tradição marxista. Sakono aprendeu sobre o feudalismo e que a distribuição ineficiente de terras sob a qual sua família vivia seria mudada caso a Indonésia fizesse a transição para o socialismo. Eles estudaram os conceitos de neocolonialismo e imperialismo e aprenderam sobre os Estados Unidos capitalistas. Sutrisno contou a eles sobre Khrushchev e Mao e o debate "revisionista", mas afirmou que o PKI havia optado pelo caminho pacífico para o poder no contexto da revolução do presidente Sukarno. Sakono não tinha dinheiro para comprar edições de *Harian Rakyat*, o jornal para o qual Zain escrevia. Então, ele ia lê-lo de graça na casa do jornaleiro.

Como os adolescentes costumam fazer, Sakono ficou um tanto obcecado. Seu amor pela teoria da esquerda preencheu todas as partes de sua vida. Ele e seus amigos jogavam futebol no meio da cidade (não havia campo apropriado em sua pequena aldeia javanesa, é claro) e, enquanto chutavam a bola para a frente e para trás, ele disse a si mesmo que estava aprendendo importantes lições políticas. "O futebol era o esporte do povo porque era barato", ele se lembraria depois. "E o esporte constrói o espírito coletivo, ensina você a trabalhar com os outros, que você não pode realizar nada sozinho. Percebi que o futebol me ensinou que, se você tem algo que almeja realizar, é preciso cooperar".

O PKI reivindicava que sua organização estava de acordo com as linhas leninistas, mas não era realmente assim. Tratava-se de um "grande partido de massas", em sua própria terminologia, crescendo rápido demais para manter a disciplina hierárquica estrita defendida pelo próprio Lênin.[168] O partido contava com membros ativos, ou quadros, como o professor de Sakono, Sutrisno, que havia se comprometido a defender a ética partidária e dirigiu também uma série de organizações afiliadas, como o BTI, que se destinavam à participação civil em massa. A contraparte industrial do BTI era a SOBSI, a filiação dos membros do sindicato que incluía grande parte da classe trabalhadora indonésia, quer se importassem ou não com o marxismo. Além disso, existia a LEKRA, a organização cultural, que prestava um serviço essencial em pequenas cidades onde havia pouco o que fazer – promovia concertos, peças de teatro, danças e *shows* de comédia, que muitas vezes duravam a noite toda e proporcionavam o melhor (e talvez o único) entretenimento na cidade.[169] "Oh, todos iam", disse Sakono. "Não importava qual era sua linha política. Se estava acontecendo, você tinha que vir e assistir."

Em termos gerais, todas essas organizações afiliadas aos comunistas apoiaram o presidente Sukarno, ainda que não sem críticas. O Movimento das Mulheres da Indonésia, ou Gerwani, se opôs à prática tradicional da poligamia, que Sukarno abraçou publicamente enquanto presidente. Gerwani se transformou em uma das maiores organizações femininas do mundo. Organizou-se em linhas feministas, socialistas e nacionalistas, e teve como foco a oposição às restrições tradicionais impostas às mulheres, promovendo a educação das meninas e exigindo espaço na esfera pública para as mulheres.[170]

Na região de Sakono em Java Central, o Movimento das Mulheres se concentrava nas questões mais básicas. Uma jovem chamada Sumiyati, que ingressou na organização ainda adolescente em seu vilarejo em Jatinom, aprendeu a cantar, dançar, praticar esportes e, acima de tudo, defender "os ideais feministas e os direitos das mulheres de lutar para destruir as algemas que as prendiam e nossos direitos de aprender e sonhar". Sobre a questão da poligamia de um modo geral, o movimento foi inflexível em sua oposição. Quanto à poligamia específica de Sukarno, ela fez concessões.

"Nenhum homem é perfeito", aprendeu Sumiyati. "Este é um momento de transição e temos que lutar pelas mudanças que queremos ver. Avançamos passo a passo, não podemos esperar que o mundo gire tão facilmente quanto giramos a palma de nossas mãos."[171]

Em nenhum momento, o alegre e estudioso Sakono achou que seu esquerdismo o tornava um subversivo. Na verdade, ele era quase um *nerd*, um super entusiasmado jovem fã da revolução do país. "Os comunistas são os mocinhos", costumava pensar. Eles iam bem nas eleições e eram amigos de seu herói, o presidente Sukarno.

Em seus estudos, Sakono desenvolveu também uma compreensão sofisticada da relação entre as condições econômicas e a ideologia. "Veja, o Partido Comunista nos Estados Unidos nunca cresceu porque não tinha as raízes certas", concluiu. "Porém, temos muita injustiça e exploração na Indonésia. Há uma relação entre as condições materiais de nossa sociedade e a ideologia que floresce aqui. E a injustiça é um solo muito fértil para que suas raízes cresçam".

Em 1957, a esquerda indonésia já considerava Washington um obstáculo ao desenvolvimento do país, se não um completo inimigo. Contudo, rapidamente as coisas pioraram. Rebeliões contra o governo de Sukarno eclodiram nas "ilhas exteriores" a nordeste de Java e Bali, bem como na ilha de Sumatra. As rebeliões tinham motivação econômica e ideológica, exigindo maior controle sobre a renda de suas regiões, assim como a proibição do comunismo – o que agradou muito a Washington.

Como os rebeldes tinham ótimas armas, pessoas como Sakono e seu professor acreditavam que os Estados Unidos estavam prestando ajuda. "É a estratégia de *divide et impera*", disse ele, que significa "dividir para conquistar" em latim. "É a Guerra Fria", afirmou. "Deixe-me explicar – 'Guerra Fria' é o nome que deram ao processo pelo qual a América tenta dominar países como a Indonésia."

Bombas sobre Ambon

À medida que a esquerda indonésia tinha cada vez mais certeza de que Washington estava de alguma maneira por trás da crescente guerra civil, a aldeia de Sakono recebeu uma cópia de *Harian Rakyat* com um desenho na primeira página. A manchete acima da ilustração dizia "Dois sistemas – dois tipos de moral". À esquerda, a União Soviética estava lançando algo para o alto: o Sputnik, o primeiro satélite colocado em órbita pela humanidade, que havia sido uma ferramenta fabulosa de propaganda para o comunismo global o ano todo. À direita, os Estados Unidos estavam jogando algo do céu: bombas na Indonésia.[172]

Howard Jones trabalhava por um tempo em Washington enquanto tudo isso ocorria, até receber um tapinha metafórico no ombro. O presidente Eisenhower pediu a ele para que voltasse à Indonésia. Dessa vez, ele seria o embaixador dos Estados Unidos. Assim que chegou lá, teve que lidar com um governo cada vez mais desconfiado com os Estados Unidos.

Poucos dias após o Jones Sorridente apresentar suas credenciais em março de 1958, o ministro das Relações Exteriores de Sukarno pediu para conversar com ele. Subandrio, um diplomata magro, de óculos e atencioso que tentou angariar apoio internacional de Londres durante a luta pela independência da Indonésia, pediu ao novo embaixador estadunidense, da forma mais educada possível, que explicasse um estoque de armas que haviam sido lançadas por via aérea aos rebeldes. Havia metralhadoras, submetralhadoras STEN e bazucas, e as armas traziam a marca de um fabricante de Plymouth, no Michigan.

Jones disse que não sabia nada sobre isso e ressaltou que as armas americanas estavam disponíveis para compra no mercado aberto em todo o mundo.

Subandrio recuou, afirmando que não queria dar a entender que Washington estava armando aqueles interessados em separar a

Indonésia. Cuidadosa e articuladamente, todavia, ele se referia ao assunto várias vezes da maneira mais delicada possível. Subandrio estava tomando muito cuidado para não confrontar ou ofender o novo embaixador. Esse é o jeito do javanês de abordar tópicos delicados; a pessoa dança em torno do tema de forma sugestiva, mesmo entre amigos próximos. No caso, tratava-se de um representante da nação mais poderosa da Terra. Foi ficando claro aos poucos para Jones que o ministro das Relações Exteriores estava convencido de que os rebeldes estavam recebendo apoio externo, mas ele não dizia isso abertamente. Até que enfim, ele o fez. Subandrio disse que os indonésios acreditavam que alguém estava por trás da rebelião, mas não levou adiante sua acusação. Jones tinha ciência de que seus chefes simpatizavam com a rebelião – de fato, todos sabiam –, mas ele não tinha nada para admitir, e a reunião chegou ao fim.

Logo em seguida, Jones se encontrou com Hatta, o segundo revolucionário indonésio mais importante atrás de Sukarno. Como Subandrio, Hatta usava óculos e o chapéu *peci*, uma versão indonésia do fez, o barrete árabe – visual bastante popular entre os primeiros revolucionários da Indonésia. Os dois homens falaram a respeito da logística da rebelião, e Hatta deixou claro que compartilhava do compromisso de Washington de lutar contra o comunismo. Contudo, disse ele, essa rebelião era um assunto completamente diferente, e eles a consideravam uma ameaça à própria Indonésia. Eles finalizaram a reunião. No momento em que Jones se virava para ir embora, porém, Hatta repassou ao novo embaixador uma informação que tratava diretamente de suas preocupações.

"Do ponto de vista da América, vocês não poderiam desejar homem melhor como chefe do Estado-Maior do Exército Indonésio", afirmou Hatta, em referência ao General Nasution. "Do seu ponto de vista, Nasution é bom."

"O que você quer dizer com isso, Dr. Hatta?", respondeu Jones.

"Os comunistas me chamam de Inimigo Número Um", afirmou Hatta. "Eles chamam Nasution de Inimigo Número Dois."

Jones teve uma revelação. "Então o que aconteceu na Indonésia é isso... Os anticomunistas estão lutando contra os anticomunistas. O comunismo não é uma questão central nessa disputa." Estava correto. O Exército era, talvez, a força mais anticomunista do país, depois dos muçulmanos mais radicais. Alguns de seus generais mais importantes haviam até estudado nos Estados Unidos.[173]

À medida que a rebelião se arrastava, os manifestantes passaram a se reunir em frente à mansão de embaixador de Jones, convencidos de que os Estados Unidos estavam por trás dos rebeldes.[174] O *New York Times* apoiava Washington, criticando Sukarno e seu governo em um editorial de 9 de maio, por duvidarem das garantias de que os Estados Unidos nunca interviriam no conflito.[175] Jones lidou com os manifestantes da melhor forma possível. Todavia, a rebelião não acontecia na capital, onde as coisas seguiam majoritariamente confortáveis. A luta era violenta na parte ocidental, na grande ilha de Sumatra e nas ilhas menores a nordeste.

De forma crucial, aviões estavam sobrevoando Ambon, a ilha natal da família de Francisca, e despejando bombas inflamáveis sobre seus habitantes. Dia após dia, bombas caíram sobre navios militares e comerciais indonésios. Então, em 15 de maio, as explosões atingiram um mercado, matando tanto os clientes da manhã quanto os cristãos amboneses que frequentavam a igreja.[176]

Em 18 de maio de 1958, os indonésios conseguiram derrubar um dos aviões, e uma única figura flutuou vagarosamente em direção a um coqueiral. Seu paraquedas branco ficou preso nos galhos de uma palmeira alta, onde ele ficou agarrado por um momento – então caiu no chão e quebrou o quadril. Rapidamente, foi encontrado e capturado por soldados indonésios, que provavelmente o salvaram de ser morto no local por moradores furiosos.

Seu nome era Allen Lawrence Pope; era de Miami, Flórida, e era um agente da CIA.[177] Howard Jones não sabia disso, mas os meninos de Frank Wisner estavam apoiando ativamente os rebeldes desde

1957.[178] Os dois homens e suas diferentes abordagens para combater o comunismo entraram em conflito direto.

Após Wiz voltar de uma licença médica em 1957, ele avisou os irmãos Dulles que a rebelião seria um caso imprevisível e potencialmente explosivo. Eles ignoraram suas preocupações e deram a Wisner autorização para gastar 10 milhões de dólares para apoiar uma revolução na Indonésia. Os pilotos da CIA decolaram de Cingapura, um aliado emergente da Guerra Fria, com o propósito de destruir o governo da Indonésia ou fragmentar o país em pequenos pedaços. Eles optaram por não contar ao antecessor de Howard Jones, John Moore Allison, sobre a ação secreta, porque, conforme contou Wisner, os planos "poderiam provocar uma reação adversa do embaixador". Em vez disso, eles o transferiram para a Tchecoslováquia e escolheram como substituto o esquecido Jones.[179]

Jones foi trazido de volta para poder continuar sorrindo para os indonésios, enquanto outro braço de seu próprio governo lançava toneladas de explosivos nas pequenas ilhas tropicais. Jones reparou que o jornal indonésio *Bintang Timur* (*Eastern Star*) publicou um interessante desenho para ilustrar essa postura. Eles desenharam John Foster Dulles em um ringue de boxe. Em uma de suas luvas, eles escreveram "Jones Benevolente" e, na outra, "Pope Assassino".[180]

No decorrer da história da CIA, essa dinâmica muitas vezes se repetiu. A agência atuou nas costas dos diplomatas e especialistas do Departamento de Estado. Se a CIA fosse bem-sucedida, o Departamento de Estado seria forçado a apoiar o novo estado de coisas que a agência havia criado. Caso os agentes secretos fracassassem, eles simplesmente seguiriam em frente, deixando os diplomatas embaraçados limparem a bagunça.

Foi o que ocorreu com Jones. Por razão que ainda não compreendemos, Allen Pope carregava documentos de identificação quando foi capturado. Ele foi levado a julgamento e se tornou um símbolo muito potente do envolvimento dos Estados Unidos nas rebeliões e prova aparente de que os indonésios – sobretudo a esquerda – estiveram certos durante todo o tempo. Ainda assim, o embaixador Jones recebeu ordens para negar categoricamente que os Estados Unidos tinham controle sobre quaisquer missões que afetassem a soberania da Indonésia, incluindo a de Pope.

Não muito depois, foi permitido a Jones oferecer ao primeiro-ministro da Indonésia 35 mil toneladas de arroz se o governo "tomasse medidas positivas para conter a expansão comunista dentro do país".[181] Tomados em conjunto, era uma abordagem de "cenoura e castigo", só que com a vara bem mal escondida.

A operação de 1958 na Indonésia foi uma das maiores na história da CIA e foi inspirada no golpe bem-sucedido na Guatemala – em outras palavras, era exatamente aquilo com que se preocuparam quatro anos antes os redatores do *Diário do Povo*, como Zain, conforme relataram cuidadosamente os acontecimentos na América Central.[182]

Só que, dessa vez, falhou. O Exército indonésio reprimiu as rebeliões, aumentando muito seu poder dentro do país, e nenhuma outra missão militar dos americanos foi descoberta.

Sukarno, é óbvio, se sentiu profundamente traído. Ele colocou em termos muito pessoais. Ele afirmou: "Eu amo a América, mas sou um amante desapontado".[183]

Jones não gostou de ter sido colocado em apuros pelas operações da CIA de Wisner. Em uma reflexão mais tardia acerca do fracasso trágico e absurdo da operação, Jones voltou à natureza de seu país para encontrar uma explicação. "Os *policy makers* de Washington não conheciam todos os fatos nem tinham conhecimento de verdade sobre o interior da situação, mas partiram do pressuposto de que a questão principal era o comunismo", escreveu ele. "Essa era a fraqueza bem comum dos americanos – ver o conflito em preto e branco, uma herança, sem dúvida, de nossos ancestrais puritanos. Não havia cinzas na paisagem mundial. Havia bem ou mal, certo ou errado, herói ou vilão."[184]

Jones enfatizou que os indonésios só se voltaram para o Bloco Comunista em busca de ajuda econômica e militar após terem esgotado suas tentativas de obter o mesmo tipo de ajuda da América.[185] Em 1955, a União Soviética havia oferecido uma ajuda substancial, mas a Indonésia, perseguindo estritamente uma posição neutra, disse que não aceitaria nenhuma ajuda além da oferecida pelos americanos. O governo permaneceu hesitante mesmo assim, sem saber se deveria aceitar alguma coisa da União Soviética – até 1958, ano em que Allen Pope e outros agentes da CIA queimaram indonésios vivos, quando a aceitaram.

O manual elaborado pela equipe de Wisner para o Irã e a América Central fracassou terrivelmente para este país muito maior, que desempenhava um papel fundamental nos assuntos globais. Da forma mais verossímil possível, Washington foi apresentada na Ásia como uma agressora contra uma das principais potências neutras do mundo. Muito pouco disso foi noticiado nos Estados Unidos, mas as pessoas no Terceiro Mundo sabiam.

Frank Wisner começou a agir cada vez mais erraticamente no fim de 1958. Às vezes, ele parecia muito empolgado, falando muito rápido. Às vezes, seus olhos ficavam vidrados. De volta a Georgetown, ele foi a um psiquiatra. Para ele, foi prescrita uma dose generosa de psicanálise e foi submetido a terapia de choque.[186]

Junto ao adido militar estadunidense na Indonésia, Jones seguiu o conselho de Hatta. Enfatizou a Washington que os Estados Unidos deveriam dar apoio aos militares indonésios como estratégia anticomunista mais eficaz no longo prazo. A Indonésia não poderia ser simplesmente fragmentada em pedaços visando desacelerar o avanço do socialismo mundial. Logo, esta consistia em uma maneira de os Estados Unidos atuarem dentro das condições existentes. Essa mudança estratégica teria início em breve e seria bastante frutífera.

Entretanto, nos bastidores, os rapazes da CIA inventaram esquemas selvagens. Por outro lado, uma fachada da CIA chamada Congresso pela Liberdade Cultural, que financiou revistas literárias e de artes plásticas mundo afora, publicou e distribuiu livros na Indonésia, como *A revolução dos bichos*, de George Orwell, e a famosa coleção anticomunista *O Deus que falhou*.[187] E a CIA levou à discussão simplesmente assassinar Sukarno. A agência foi tão longe a ponto de identificar o "ativo" que o mataria, segundo Richard M. Bissell, o sucessor de Wisner como vice-diretor de planos.[188] Em vez disso, a CIA contratou atores pornográficos, incluindo um sósia de Sukarno bastante tosco, e produziu um filme adulto em uma tentativa bizarra de destruir sua reputação.

Os rapazes da agência sabiam que Sukarno costumava se envolver em casos extraconjugais. No entanto, todos na Indonésia também sabiam disso. As elites indonésias não se esquivavam das práticas de Sukarno da mesma maneira que o corpo de imprensa de Washington acobertava galanteadores como JFK. Alguns dos apoiadores de Sukarno viam sua promiscuidade como um sinal de seu poder e masculinidade. Outros, como Sumiyati e membros do Movimento de Mulheres Gerwani, enxergavam isso como um defeito embaraçoso. A CIA, porém, achou que essa era a grande chance de expô-lo. Assim, eles reuniram uma equipe de filmagem de Hollywood.[189]

Eles queriam espalhar o boato de que Sukarno havia dormido com uma bela aeromoça loira que trabalhava para a KGB e, portanto, era imoral e havia se comprometido. Para interpretar o presidente, os cineastas (isto é, Bing Crosby e seu irmão Larry) contrataram um ator de "aparência hispânica" e o colocaram em uma forte maquiagem para fazê-lo parecer um pouco mais indonésio. Também o queriam careca, pois expor Sukarno – que sempre usava um chapéu – assim poderia embaraçá-lo ainda mais. A ideia era destruir o afeto genuíno que os jovens Sakono, Francisca e milhões de outros indonésios sentiam pelo fundador de seu país.

O filme nunca foi lançado – não porque fosse imoral ou uma má ideia, mas porque a equipe não conseguiu montar um filme convincente o suficiente.[190]

Nova Guiné Ocidental

As relações entre a Indonésia e os Estados Unidos também entraram em queda livre após o fracasso de Allen Pope, e quem restou para salvá-las foi Jones. Com energia característica, Sukarno rapidamente começou a trabalhar para forjar uma amizade com o animado novo embaixador. Depois de somente alguns meses, em outubro de 1958, Jones e sua esposa convidaram o presidente para seu bangalô em Puncak, nas montanhas de Java Ocidental, para um almoço modesto. Para sua surpresa, Sukarno apareceu com oitenta seguranças e vinte motoristas e começou prontamente a encantar os dois fuzileiros navais americanos que acompanhavam Jones.

Festejaram com *satay* de frango e carne, legumes e mangostão, mamão papaia, manga e rambutão, e o presidente pediu um pouco de música e dança. Sukarno solicitou ritmos rápidos das Ilhas Molucas – ou seja, a música de Ambon e das ilhas vizinhas, aquelas que a CIA havia acabado de bombardear. Rapidamente, os americanos e indonésios estavam todos rodando, suando e balançando ao som de chaleiras, que todos batucavam com suas colheres e baionetas.[191]

A amizade que floresceu contribuiu para deixar para trás os ataques de 1958 – que todos sabiam que não eram culpa de Jones. Porém, essa não era a única questão que ameaçava o relacionamento entre os Estados Unidos e a Indonésia.

A descolonização estava longe de terminar no Sudeste Asiático. Quando os holandeses enfim cederam aos revolucionários em 1949, eles entregaram o controle da maior parte de seu território à jovem república. Todavia, eles não desistiram de sua reivindicação de um gigante pedaço de terra ao leste de Java e ao norte da Austrália – ou seja, a metade oeste da Nova Guiné, a segunda maior ilha do mundo. Do jeito que estava, a Indonésia já era um país incrivelmente diverso, mas a população de Papua (ou Nova Guiné) é visivelmente diferente física e culturalmente dos povos das outras ilhas. Eles têm pele mais escura, cabelos cacheados, e a administração colonial holandesa mal havia conseguido penetrar em seu território (os holandeses nunca controlaram a ilha inteira – a metade oriental, agora Papua-Nova Guiné, era controlada pela Austrália naquela época).

Para Sukarno, a questão era incrivelmente simples. Os holandeses não tinham absolutamente obrigação alguma de estar em qualquer lugar que não fosse em sua própria casa na Holanda. A Indonésia era uma república nacional democrática e multiétnica. A raça não importava, nem o nível de desenvolvimento econômico de Papua. Durante anos, seu governo em Jacarta tentou negociar com os holandeses, mas sem sucesso. Então, de 1954 a 1958, Sukarno defendeu o caso nas Nações Unidas. Domesticamente, isso significou organizar protestos e fomentar o máximo de pressão possível sobre a Holanda. Washington, não querendo alienar os holandeses, aliados importantes da Guerra Fria na Europa Ocidental, negligenciou o apoio à reivindicação da Indonésia.

Para os indonésios, era uma questão de orgulho nacional. Tão crucial que, no fim de 1957, o governo indonésio, frustrado por ter sido ignorado por sete anos, expulsou todos os cidadãos holandeses remanescentes no país.[192] Isso configuraria para sempre um golpe para a economia. Após somente oito anos da independência e do começo de um sistema de ensino público, a Indonésia não contava com um corpo de nativos necessários para a administração das empresas instaladas no decorrer de séculos de colonialismo.

Francisca recorda que, quando os holandeses foram embora, sua biblioteca e sua vida social pela primeira vez ficaram dominadas pela Indonésia. Seu país havia se transformado radicalmente em menos de duas décadas, de um país em que ela fazia parte de uma minoria de estudantes morenos sentados em uma sala de aula de brancos para outro país no qual administrava uma biblioteca inteiramente composta por outros indonésios. Esse era o mundo onde ela criaria seus filhos pequenos, e agora ela tinha três.

Ao dar nome a eles, ela e Zain misturaram as tradições locais com seus ideais internacionais. Chamaram o primeiro de Damaiati Nanita

– "*damai*" significa "paz" em *bahasa* indonésio. Para a segunda, Francisca quis dar o nome de Cândido, em homenagem à obra famosa de Voltaire, que ela devorou na Europa. Assim, denominaram a criança de Kandida Mirana. O segundo nome, escolhido por Zain, incluía "*mir*", a palavra russa para "paz" (a paz estava se tornando um tema). A terceira criança, o primeiro menino deles, adotou os tradicionais nomes cristãos Anthony e Paul da família de Francisca nas Ilhas Molucas. Em seguida, eles os expandiram para Anthony Paulmiro, para que novamente o nome de seu filho levasse *mir*, ou paz. Eles integravam um novo grupo de indonésios, o primeiro a nascer no país.

No entorno deles, em Jacarta, estava surgindo uma geração inteira que havia sido criada com os valores forjados em 1945. Estudantes, trabalhadores e pessoas do povo se reuniam contra o "imperialismo" em todas as suas facetas. Jones estava tendo que lidar com eles bem em frente à sua casa.

Benny Widyono, um estudante de economia bem resolvido, viu-se em uma dessas manifestações enquanto cursava a faculdade em Jacarta. Ele se juntou a uma multidão, que o levou para a Praça Lapangan Banteng (um nome novo – antes era Praça Waterloo) e ficou em choque com o movimento que acontecia ao seu redor. O povo estava se defendendo e clamando por independência completa. Eles não estavam perguntando às potências ocidentais. Eles estavam avisando a elas. Os pais de Benny, que ergueram tranquilamente seus negócios sob o domínio holandês e sofreram sob a ocupação japonesa, nunca poderiam imaginar que, após pouco mais de uma década, Benny estaria nas ruas, protestando abertamente contra o imperialismo em Jacarta.

Howard Jones viajou por todo o país, interpelando os indonésios se eles de fato se importavam com a questão da independência papuásia dos holandeses. A resposta foi inequívoca. Sim, eles realmente se importavam. Porém, isso não mudaria a posição de Washington. Ele conta que os habitantes locais o procuravam, uma e outra vez, e o questionavam, com genuína mistificação: "Nós simplesmente não entendemos a América. Vocês já foram uma colônia. Vocês sabem o que é colonialismo. Vocês lutaram, sangraram e morreram por sua liberdade. Como vocês podem apoiar o *status quo*?".

Depois de mais de uma década representando os Estados Unidos na Ásia, Jones não tinha resposta. O comportamento americano deu peso à acusação, como ele próprio notou, de "que nós mesmos havíamos nos transformado em uma potência imperial".[193]

4 - UMA ALIANÇA PARA O PROGRESSO

Benny

Benny Widyono nasceu em 1936 em Magelang, em Java Central, em uma família de ascendência chinesa. Imigrantes da China, sobretudo do sul, começaram séculos antes a morar nas ilhas do Sudeste Asiático. Muitas vezes, fugiam da fome ou de bandidos, à procura de trabalho ou, ao menos, refúgio em uma terra que sempre estava quente e onde era possível sempre coletar cocos das árvores quando estivessem com fome. Alguns chineses chegaram ao Sudeste Asiático já no século XI, e a imigração prosseguiu até muito mais recentemente.[194]

Em toda a região, alguns desses chineses étnicos viraram trabalhadores, lojistas ou proprietários de pequenos negócios. Outros ficaram realmente bastante ricos, passando para o topo da emergente classe empresarial. Sua posição na sociedade moderna do Sudeste Asiático era às vezes comparada, no sentido mais amplo, à dos judeus na Europa. Como os chineses étnicos eram imigrantes e não camponeses nem a realeza, sem um lugar oficial no antigo sistema feudal, eles tiveram que trabalhar um tanto mais e se viram obrigados a entrar em indústrias que, mais tarde, cresceriam exponencialmente na medida em que se desenvolvia o capitalismo. Eles experimentaram ondas periódicas de racismo – não só porque se percebia que possuíam uma riqueza indevida – que os empurraram para enclaves étnicos, inspirando ainda mais suspeitas.

Os membros da família de Benny não eram lojistas. Eram ricos. Seu pai cultivava tabaco, uma das safras mais importantes da Indonésia até hoje. Durante a ocupação japonesa, ele havia sido preso e torturado por enviar contribuições às forças nacionalistas de Chiang Kai-shek na China, deixando-o com uma deficiência vitalícia. Contudo, depois que os holandeses foram embora, os negócios passaram a crescer de novo para a família, e eles empregaram muitos trabalhadores. Enquanto crescia, o jovem Benny observava os javaneses carregando sacos enormes, maiores do que seus próprios corpos magrelos, para a frente e para fora dos campos noite adentro. Eles imploraram ao patrão por salários mais altos, mas ele não tinha incentivo para oferecer um aumento – ele era o único empregador na cidade e não existia um jeito real de trabalharem em outro lugar.

Benny tinha um rosto cálido e convidativo e sempre estava ansioso para rir do ridículo da vida. Porém, essas cenas ficaram grudadas nele. Ele partiu para estudar economia em Jacarta, com alguns dos principais acadêmicos do país. Começou a aprender sobre exploração e monopólios, acumulação e lucro. Então, em uma visita para casa durante as férias da faculdade, Benny teve uma interação com seu pai que provavelmente seria familiar para qualquer pessoa que já tenha mandado seus filhos para a faculdade, ou ido para a faculdade eles próprios.

Benny levou de volta suas novas ideias radicais para o pai. Ele o chamou de explorador.

"Ele quase me expulsou de casa!", recordaria Benny mais tarde, antes de cair na gargalhada. A ideia por trás do diploma de economia era que ele assumiria os negócios da família, e lá estava ele, com suas noções ultramodernas de esquerda, achando-se bom demais para isso. Todavia, ele e seu pai superaram essa pequena briga, e outro parente acabou assumindo os negócios da família, de modo que nenhum problema aconteceu.

Benny foi criado como católico, apesar de seu pai ser confucionista. Entretanto, Benny acreditava na fé de sua mãe e acabou em uma das escolas secundárias católicas de elite em Jacarta. Os estudantes eram todos ricos e, em sua maioria, anticomunistas. Alguns eram fortemente conservadores. Porém, quaisquer que fossem suas tendências políticas, quase todos eles apoiaram Sukarno e sua oposição ao imperialismo internacional. Na escola em Jacarta, até mesmo os estudantes de direita sentiam uma simpatia verdadeira pelo grande líder da revolução e estavam intensamente orgulhosos de sua jovem democracia.

Contudo, em 1959, quando Benny estava concluindo seus estudos na graduação, a natureza da democracia indonésia mudou: ela deu um grande passo para trás.

Poucos meses após as rebeliões regionais apoiadas pela CIA terem sido derrotadas, Sukarno declarou que o país estaria mudando para um sistema que ele vinha discutindo há alguns anos, chamado de "Democracia Guiada". Como ele afirmou, o sistema era uma resposta nacional à fraqueza da democracia liberal. O liberalismo e a democracia partidária, reclamava ele, eram uma importação ocidental que punha todos uns contra os outros, forçando cada um a lutar por seus próprios interesses egoístas. Esse não era o caminho indonésio, disse.[195] Ele almejava um processo de tomada de decisão baseado na assembleia tradicional de aldeia, na qual todos se reunissem e, depois de uma consideração cuidadosa, escolhessem um curso de ação. Cada partido seria representado no gabinete – chamado de gabinete *gotong royong*, segundo a prática tradicional da aldeia de promover o trabalho coletivo – e existiria um "Conselho Nacional" para representar grupos civis como trabalhadores, camponeses, intelectuais, grupos religiosos e empresários. A ideia era que as considerações das minorias nunca pudessem ser excluídas.

Entretanto, quando Sukarno declarou que o sistema seria implantado em julho de 1959, ele estava extrapolando seus poderes constitucionais. Ele consolidou a si mesmo como líder do governo, e os principais partidos – como o Masjumi (o partido muçulmano que havia recebido dinheiro da CIA em 1955 e depois apoiado as revoltas regionais) e o Partido Socialista – foram efetivamente excluídos do novo sistema. Eleições de estilo ocidental não ocorreriam mais sob a presidência de Sukarno.

Alguns em Washington usaram o deslize da Indonésia rumo a uma espécie de populismo iliberal como justificativa retroativa para sua oposição ao governo de Sukarno. No entanto, a mudança para a Democracia Guiada aconteceu após a CIA ter bombardeado o país e debatido o assassinato de seu líder. O Partido Comunista Indonésio (PKI), a *bête noire* de Washington no Sudeste Asiático, era o grupo político que mais desejava que o pleito continuasse.[196] O PKI não tinha interesse em dar fim às eleições na Indonésia por uma simples razão – estava se saindo cada vez melhor nelas. Em Cingapura, a inteligência britânica concluiu em 1958 que, se as votações fossem realizadas, o Partido Comunista teria chegado ao primeiro lugar.[197]

Eram os militares, a força mais anticomunista do país e então construindo uma parceria cada vez mais íntima com Washington após as recomendações do embaixador Jones, que forçaram o cancelamento da eleição planejada para 1959.[198] Os conflitos regionais aumentaram enormemente a influência do Exército na sociedade indonésia nos últimos dois anos. As Forças Armadas receberam poderes de emergência para lutar contra os rebeldes, e o prestígio das forças sob o comando do general Nasution ganhou um grande impulso após reprimirem efetivamente os ataques ao governo central.[199] À medida que a Democracia Guiada entrava em vigor, o Exército se tornava um dos poucos atores centrais na sociedade indonésia. Os militares estavam à direita do presidente, os comunistas à esquerda, e Sukarno propiciava um equilíbrio delicado ao jogar forças políticas umas contra as outras.

Washington seguiu o conselho de Howard Jones e se aproximou das Forças Armadas da Indonésia para a construção de uma frente anticomunista. Em 1953 e 1954, havia cerca de uma dúzia de oficiais indonésios treinando nos Estados Unidos, e esse número caiu para zero em 1958, o ano em que Allen Pope bombardeou Ambon. Em 1959, o zero virou 41 e, em 1962, havia mais de mil indonésios estudando operações, inteligência e logística, sobretudo na base do Exército de Fort Leavenworth.[200]

Essa nova abordagem se encaixou a um consenso crescente dentro dos Estados Unidos de que os militares deveriam receber mais poder e influência no Terceiro Mundo, mesmo que isso significasse minar a democracia. Nos anos 1950, um campo de estudo acadêmico denominado Teoria da Modernização começou a ganhar influência em Washington. Em sua abordagem básica, a Teoria da Modernização replicou a formulação marxista de que as sociedades progridem por estágios; mas o faz de uma forma altamente influenciada pelo ambiente social anticomunista e liberal surgido nos Estados Unidos. Os cientistas sociais que foram os pioneiros nesse campo propuseram que as sociedades "tradicionais" primitivas avançariam por meio de um conjunto específico de estágios, idealmente chegando a uma versão de sociedade "moderna" que pareceria muito com os Estados Unidos.[201]

Tecnocrática e resolutamente antipopulista, a Teoria da Modernização era pró-democrática quando possível, mas seus proponentes chegavam cada vez mais à conclusão de que talvez fosse melhor contar apenas com alguma elite determinada – digamos, generais amigos dos Estados Unidos, fornecendo a força crucial para o difícil salto para a "modernidade".

Em 1959, o Departamento de Estado concluiu um grande estudo orientado por essa lógica. A história recente da América Latina, aponta o estudo, "indica que o autoritarismo é necessário para conduzir sociedades atrasadas por meio de suas revoluções socioeconômicas. [...] A tendência ao autoritarismo militar se acelerará à medida que os problemas de desenvolvimento ficarem mais agudos". O Conselho de Segurança Nacional se reuniu para discutir o relatório com o presidente e apresentar suas conclusões com generosos elogios. Na Indonésia em especial, eles passaram a observar o Exército como eles próprios se enxergavam: como um baluarte contra o comunismo e uma força política e econômica modernizadora.[202]

Ao mesmo tempo, jovens indonésios foram trazidos para estudar em universidades nos Estados Unidos por meio de inúmeros programas de bolsas de estudo e financiamento. Como em outros programas semelhantes em todo o Terceiro Mundo, a ideia era mostrar aos jovens intelectuais como as coisas funcionavam nos Estados Unidos, o que os inspiraria a levar as ideias pró-americanas de volta para casa. Desde 1956, a Fundação Ford oferecia bolsas de estudo que traziam jovens economistas indonésios para os Estados Unidos.[203]

Em 1959, para sua surpresa, Benny recebeu uma bolsa para estudar nos Estados Unidos. Esse foi um incentivo muito bem-vindo, já que ele não tinha certeza acerca de seu futuro em casa e ainda se encontrava em uma pequena briga com sua família. Porém, ele não iria para a Califórnia, como gostaria. Ele recebeu uma bolsa de estudos para cursar a Universidade do Kansas, em Lawrence. Ele nunca tinha posto os pés fora da Indonésia antes.

Os Estados Unidos eram um pouco estranhos, escrevia ele em infinitas cartas para sua amada do colégio. Por alguma razão, ele teve que fazer uma aula de educação física como parte de seu mestrado em economia. Por um lado, os americanos comiam grandes quantidades de carne, com o que ele não se importava. Todavia, as pessoas no Kansas bebiam grandes copos de leite de vaca com a comida, algo que ele nunca entendeu. Sua vida era a de um típico estudante de graduação pobre, morando em dormitórios sujos e tentando se divertir o máximo possível entre as aulas e as pesquisas sem fim. Ele e os outros estudantes indonésios ansiavam por comida de seu país, mas não havia nada parecido no Kansas. Havia só um "restaurante chinês estúpido, estúpido", no estilo americano, na pequena cidade universitária, contou ele a seus amigos.

No entanto, Lawrence estava a somente quarenta minutos da base do Exército de Fort Leavenworth, onde os militares indonésios recebiam treinamento. E Washington os tratava muito bem. Para Benny e seus amigos estudantes falidos, parecia francamente que os militares estavam sendo servidos com vinhos e jantares pelo governo estadunidense. Eles tinham carros e dinheiro, então iam dirigir para encontrar os estudantes na cidade universitária, juntar o dinheiro do Tio Sam para comprar os melhores ingredientes e cozinhar um pequeno jantar indonésio nos dormitórios. Eram em sua maioria generais do Exército, alguns dos quais já haviam até lutado para esmagar as rebeliões regionais que a CIA havia apoiado. Os jovens acadêmicos e os rapazes do Exército não falavam muito de política, mas ficou claro para os estudantes de graduação que a ideia era "prepará-los para serem generais anti-Sukarno", nas palavras de Benny. "Eles foram todos bem treinados e americanizados, e muitos deles se tornaram anticomunistas lá no Kansas".

Os estudantes e chefes militares passavam a maior parte do tempo conversando sobre a comida e com saudades de casa. E se embebedando e indo para a cidade para se divertirem. Os rapazes indonésios adoravam se reunir e ir para Kansas City, onde poderiam visitar os clubes de *strip*. A Indonésia não é um país puritano, mas esse *show* era o tipo de coisa que não era possível assistir em casa.

Benny testemunhou também outro espetáculo distintamente americano: o processo político dos Estados Unidos se desenrolando, visto de dentro. Pouco depois de sua chegada, John F. Kennedy enfrentou Richard Nixon em uma disputa presidencial. Benny e seus amigos puderam assistir ao famoso debate que foi ao ar na televisão em 26 de setembro de 1960, no qual JFK, confiante e atraente, se mostrou perfeitamente adequado à televisão, enquanto Nixon, cansado e suado, se saiu muito mal. Porém, foi também a economia vacilante, a ansiedade quanto à União Soviética, a influência do candidato a vice-presidente Lyndon B. Johnson no sul e o apoio dos eleitores minoritários que ajudaram JFK a vencer. Apenas um pouco. Ele obteve só cerca de 110 mil votos a mais que Nixon, em um universo de 69 milhões de votos.[204]

Patrice, Jack, Fidel, Nelson, Nasution e Saddam

Depois do puritano Eisenhower, os Estados Unidos elegeram um presidente mulherengo, tal qual Sukarno. Os dois se encontrariam em breve e se dariam bem. Só que a eleição de Kennedy parecia anunciar mudanças sérias para a política externa estadunidense, principalmente em relação ao Terceiro Mundo. Como muitos indonésios, Sukarno via o jovem Jack como um raro aliado estadunidense na luta contra o colonialismo, já que havia lido as denúncias de JFK sobre o domínio colonial francês na Argélia.[205]

Como candidato, JFK concorreu com sólidas credenciais anticomunistas, é claro. Tratava-se dos Estados Unidos. Em seu discurso de posse, porém, ele fez também uma promessa ao Terceiro Mundo. "Para aquelas pessoas nas cabanas e aldeias no meio do mundo que lutam para romper os laços da miséria em massa, prometemos nossos melhores esforços para ajudá-los a se ajudarem, seja qual for o período necessário. Não porque os comunistas poderiam estar fazendo isso, não porque buscamos seus votos, mas porque é o certo", afirmou Kennedy. "Se uma sociedade livre não pode ajudar os muitos que são pobres, ela não pode salvar os poucos que são ricos. Às nossas repúblicas irmãs ao sul da nossa fronteira, oferecemos uma promessa especial, converter nossas boas palavras em boas ações, em uma nova aliança para o progresso."[206]

Entretanto, JFK não ia construir um governo dos Estados Unidos do zero. Ele herdaria o Estado como ele existia – e as operações da CIA já em andamento ao redor do globo. Em 17 de janeiro de 1961, três dias antes de ele tomar posse, enquanto ainda escrevia aquele discurso altivo, o mundo inteiro teve uma lembrança forte desse fato quando o jovem, enérgico e popular líder do Congo, Patrice Lumumba, foi executado.

Lumumba se tornou primeiro-ministro na esteira de um processo de descolonização que foi ainda mais caótico do que o da Indonésia na década anterior. O fim do controle belga deixou os poucos líderes da independência no Congo lutando para estabelecer um governo. Lumumba era dinâmico e conhecido pelos discursos agitados que cruzavam as ondas de rádio por todo o território. Quando sua nação conquistou a independência, ele foi comparado ao satélite Sputnik, e as pessoas comuns esperavam nada menos do que uma reviravolta cósmica.[207]

O afável Lumumba era mais um liberal clássico do que um esquerdista. Muitas vezes usando uma gravata borboleta, ele era um évolué, um membro da classe de congoleses que se vestia com esmero com trajes europeus. Era um nacionalista econômico, não um revolucionário internacionalista comprometido. Khrushchev observou que "Sr. Lumumba é tão comunista quanto eu sou católico".[208]

Contudo, poucos meses após sua eleição, o jovem político inexperiente cometeu um erro grave – pelo menos, levando em conta as regras da Guerra Fria global. Enquanto as forças belgas (e interesses de mineração) davam suporte a um movimento de secessão apoiado pelos brancos na província de Katanga, Lumumba solicitou ajuda às Nações Unidas. A ONU ofereceu nada além do que uma resolução com palavras duras, mas Lumumba estava desesperado e achava que merecia tropas. Então, em 14 de julho de 1960, ele enviou um telegrama a Moscou pedindo mais assistência, e a mensagem vazou imediatamente para a CIA.

Como David Van Reybrouck notou em sua aterradora história do Congo: "Seria difícil exagerar a importância dessa mudança. De uma só vez, esse telegrama abriu uma nova frente na Guerra Fria: a África". Lumumba e sua equipe se deram conta do impacto que esse telegrama teria? "Provavelmente não. Por mais inexperientes que fossem, eles estavam apenas tentando obter ajuda estrangeira para a resolução de um conflito relacionado à descolonização nacional."[209]

Esse não foi, todavia, o único erro de Lumumba. Ele cometeu outro grande em Washington, de acordo com uma história lendária dentro da Agência. Após uma série de reuniões frenéticas em Washington, ele fez um pedido pessoal. Como Sukarno quatro anos antes, ele queria ter uma troca com uma trabalhadora do sexo, dizia a história. Isso gerou "repulsa", aumentando o desgosto que as autoridades americanas já sentiam por ele. Em meados do século XX, homens negros nos Estados Unidos eram brutalmente torturados e assassinados por supostas transgressões sexuais envolvendo mulheres brancas, inclusive por simplesmente assobiar. Washington também não gostava do jeito como Lumumba falava de política. O subsecretário de Estado, C. Douglas Dillon, afirmou que "ele foi capturado por esse fervor que eu só posso descrever como messiânico".[210] O novo vice-diretor de planos da CIA, Richard M. Bissell, o chamou de "cachorro louco". Em 21 de julho, Allen Dulles disse que era seguro aceitar que ele tinha sido "comprado pelos comunistas".[211]

Em 25 de agosto, a Casa Branca deu a ordem, e a CIA traçou planos para matá-lo.[212]

Bissell pediu ao dr. Sidney Gottlieb, o cientista interno da CIA, para preparar um veneno.[213] Ele era o mesmo homem que supervisionou o MKUltra, programa que sequestrava negros pobres nos Estados Unidos e os drogava com LSD para ver se a agência poderia controlar suas mentes. A CIA fez planos para injetá-lo na comida ou pasta de dente de Lumumba.[214] Essa operação fracassou. A agência realizou então uma operação para atrair Lumumba para fora da proteção das Nações Unidas, onde ele poderia ser morto por rivais locais.[215] Ainda que, no fim das contas sem participação direta da agência, foi isso que aconteceu. Lumumba perdeu o reconhecimento da ONU em 22 de novembro e cinco dias depois fugiu da prisão domiciliar em Leopoldville. Tropas leais a Joseph Mobutu, o chefe do Estado-Maior do Exército apoiado pela CIA e ex-amigo de Lumumba, o sequestraram, para depois entregá-lo aos rebeldes apoiados pela Bélgica em Katanga. Trabalhando em conjunto com quatro belgas, as forças rebeldes de Katanga colocaram Lumumba na parte traseira de um carro e o desovaram perto de um poço raso. Eles atiraram nele três vezes e o jogaram no buraco.[216]

A morte de Lumumba ecoou em todo o mundo. Pessoas marcharam nas ruas de Oslo, Tel Aviv, Viena e Nova Delhi. Embaixadas belgas foram atacadas no Cairo, Varsóvia e Belgrado. Moscou nomeou uma universidade em sua homenagem. Mobutu assumiu o segundo maior país da África Subsaariana, organizou execuções públicas de seus rivais, erigiu uma ditadura e se tornou um dos aliados mais próximos de Washington na Guerra Fria na África.[217]

Porém, para Kennedy, foi a minúscula Cuba, a apenas 90 milhas da Flórida, que ocupou sua atenção durante os primeiros meses de sua presidência.

Quando as forças guerrilheiras de Fidel Castro derrubaram a ditadura de Batista em janeiro de 1959, seu movimento não era abertamente comunista nem alinhado com a União Soviética. Na verdade, ele estava acompanhado por Che Guevara, o marxista convicto que chegou à conclusão, enquanto assistia ao golpe guatemalteco em 1954, de que os Estados Unidos não eram confiáveis. O imperialismo capitalista, pensava Che, faria guerra com qualquer projeto socialista democrático e, portanto, a luta armada e um Estado rigidamente controlado eram as únicas opções abertas aos revolucionários do Terceiro Mundo. Porém, de início, Fidel esperava relações decentes com o Tio Sam, e alguns em Washington até saudaram sua vitória. Isso rapidamente desmoronou. Washington respondeu às reformas agrárias e nacionalizações de Castro impondo severas restrições ao comércio, o que levou Cuba a recorrer à União Soviética para suas importações tão necessárias de combustível.

Durante a campanha de JFK, ele atacou Eisenhower por ser fraco com Cuba.

A invasão da Baía dos Porcos, cujo planejamento começou antes de Kennedy assumir o cargo, representou um fiasco para os Estados Unidos e para JFK por dois motivos. O primeiro motivo foi o colapso burocrático. A CIA fracassou em comunicar as verdadeiras chances de sucesso ao presidente e não conseguiu chegar a um acordo claro quanto ao apoio que seus mercenários cubanos precisariam após desembarcarem na costa de Cuba e tentarem incitar um levante contra Castro. Os próprios preparativos criaram todos os tipos de problemas, antes mesmo do começo da invasão. A CIA cogitou suspender a operação, mas avisou ao presidente que os mercenários que estavam treinando na Guatemala criticariam publicamente Kennedy caso fossem desmobilizados.[218] E, na Guatemala, a presença dos cubanos levou a uma revolta militar contra a ditadura apoiada pelos estadunidenses, iniciando uma guerra brutal que estava lentamente se preparando para explodir desde o golpe de 1954. A segunda razão era que os Estados Unidos acreditavam que os cubanos realmente se levantariam para apoiar uma revolta anticomunista.

Em abril de 1961, três meses após a posse de JFK, ocorreu o contrário, e os soldados da fortuna foram imediatamente presos. Che Guevara pode não ter conseguido construir rapidamente um país socialista, esforçando-se reconhecidamente como ministro das Finanças; mas ele certamente não era ingênuo o bastante para deixar o país vulnerável ao mesmo tipo de método ianque que havia testemunhado em primeira mão na Guatemala.

É bem possível que as autoridades americanas pudessem ter derrubado Fidel, como derrubaram tantos outros governos na região no decorrer dos anos, se tivessem aplicado mais pressão ou desenvolvido por inteiro outra estratégia. Entretanto, o fracasso na Baía dos Porcos foi tão espetacular e tão óbvio que suas mãos ficaram atadas. Os Estados Unidos haviam disparado seu tiro e não podiam tentar nada tão publicamente de novo.

Por dias após a invasão, a "angústia e desânimo" de Kennedy ficaram evidentes para todos em seu entorno. O subsecretário de Estado Chester Bowles contou que Kennedy estava claramente "bastante destruído". O próprio Kennedy relatou que foi a pior experiência de sua vida.[219] Ele disse que se sentia culpado pessoalmente por aqueles que morreram na invasão. E foi uma humilhação nacional. Após a Baía dos Porcos, duas coisas mudaram para a presidência de JFK, que tinha começado com tanto idealismo. A partir de então, ele teria que lidar com a CIA que Wisner havia criado e com os problemas que ela tinha legado a ele, e agora governaria enquanto estava sendo acusado de ser brando com o comunismo.

Até Khrushchev ridicularizou Kennedy pelo fracasso em Cuba. Apesar de Castro não ser comunista, "você está no caminho certo para torná-lo um bom comunista", disse o líder soviético a JFK. Em particular, Khruschev afirmou aos aliados comunistas que temia que Kennedy não fosse páreo para o gigantesco complexo militar-industrial dos Estados Unidos e que o jovem presidente não pudesse manter sob controle as "forças sombrias" de seu país.[220]

Apenas quatro dias depois da invasão da Baía dos Porcos, quando JFK estava ainda montando sua equipe, o presidente Sukarno veio visitá-lo. Para o indonésio, eram óbvios os paralelos entre a Baía dos Porcos e o que a Indonésia tinha passado em 1958. Porém, sendo o homem javanês educado que era, não tocou no assunto. Por sua vez, a Casa Branca acatou o conselho da embaixada de Jones de cobrir Sukarno com pompa e circunstância, enquanto o serviço secreto atendia sua "demanda insaciável por garotas de programa" de Sukarno.[221] Mesmo não conseguindo fazer JFK ceder na questão da Nova Guiné Ocidental, Sukarno supostamente se impressionou com o homem. Kennedy, ao que parece, chamou Sukarno de "um asiático inescrutável".[222]

Logo após seu encontro com Sukarno, o jovem presidente mandou uma carta a Jones em Jacarta explicando claramente que havia se tornado o responsável pela presença estadunidense na Indonésia, incluindo "todas as outras agências dos Estados Unidos".[223] Essa era claramente parte de uma tentativa de arrancar o controle das relações exteriores da CIA depois do fiasco da Baía dos Porcos.

Em outras partes do Sudeste Asiático, as ações da agência foram sentidas de forma visceral. A conspiração secreta estadunidense foi exposta no Camboja, minando gravemente a credibilidade dos Estados Unidos na região. Por anos, Norodom Sihanouk protestou contra o anticomunismo de Eisenhower, crendo que os americanos estavam tentando se livrar dele por manter uma postura neutra. Suas alegações foram rejeitadas à época, consideradas forçadas ou absurdas. Só que ele estava certo. Em 1959, um agente da CIA foi instruído a se aproximar do ministro do Interior de Sihanouk a fim de organizar um golpe, que nunca obteve sucesso.[224]

O governo sul-vietnamita de Ngo Dinh Diem também tentou e não conseguiu organizar um golpe no Camboja, com a aprovação dos Estados Unidos. Após esse fracasso, Sihanouk recebeu uma caixa de presente. Talvez tenha sido uma tentativa de consertar as coisas. Em vez disso, ela explodiu quando sua equipe a abriu, matando dois homens.[225] O pacote-bomba, a terceira tentativa de destruir Sihanouk, foi rastreado até uma base estadunidense em Saigon, mas pode ter sido enviado sem o conhecimento dos Estados Unidos. Todavia – e essa dinâmica crucial se repete no curso da Guerra Fria –, o incidente não teria acontecido se os sul-vietnamitas pensassem que haveria a desaprovação de Washington. A ampla trama dos Estados Unidos levou, muitas vezes, a eventos que os americanos não previram especificamente. De toda forma, o relacionamento de Sihanouk com os americanos foi danificado, e sem reparos.[226]

A Casa Branca de Kennedy e, em particular, seu irmão Bobby ficaram obcecados em destruir Castro e encarregaram a CIA dessa tarefa. Robert McNamara, que serviu como secretário de Defesa entre 1961 e 1968, chamou mais tarde a abordagem dos Kennedy a Cuba de "histérica". Em uma festa, Desmond Fitzgerald, que ajudou a criar a campanha de terror vampiro nas Filipinas, disse a um amigo acerca de seu novo emprego na força-tarefa de Cuba: "Tudo que sei é que tenho que odiar Fidel".[227] A CIA já havia aprovado tentativas bizarras de dar cabo da vida de Fidel. Com Eisenhower, eles experimentaram charutos venenosos e tentaram fazer sua barba cair (aparentemente, pensavam que os cubanos o respeitariam menos caso estivesse barbeado). A agência contratou a máfia para assassinar Castro (Robert Maheu, o ex-agente do FBI que marcou aquele encontro com a máfia, era o mesmo *freelancer* da CIA que produziu a falsa fita de sexo de Sukarno).[228] Depois da Baía dos Porcos, a agência aprimorou essa tradição. Eles criaram uma roupa de mergulho contaminada com esporos, mas não conseguiram entregá-la ao líder cubano. Um plano girava em torno de uma concha do mar explodindo.[229] A estação da CIA em Miami se tornou a maior do mundo e oferecia recompensas em dinheiro pelos comunistas mortos. Edward Lansdale, o mesmo homem que criou vítimas de vampiros nas Filipinas, sugeriu pulverizar com agentes de guerra biológica os trabalhadores civis das plantações de açúcar em Cuba, bem como falsificar a Segunda Vinda de Cristo.[230]

Bobby Kennedy, considerado por Bowles "agressivo, dogmático e vicioso", estava disposto a empregar medidas ainda mais drásticas para modelar a América Latina àquilo que ele achasse adequado. Depois do assassinato do ditador dominicano Rafael Trujillo, os irmãos Kennedy debateram o mérito de enviar os fuzileiros navais. Como isso não pareceria bom, Bobby sugeriu que eles simplesmente explodissem o consulado estadunidense. Isso poderia fornecer a justificativa para a invasão.[231]

Kennedy lançou seu programa de cooperação econômica Aliança para o Progresso na América Latina, bem como o Corpo da Paz e a Agência para o Desenvolvimento Internacional. No entanto, o engajamento ativo de seu governo no combate ao comunismo acabou envolvendo prioritariamente militares locais. Seu governo abraçou de todo o coração a Teoria da Modernização e contratou como um dos conselheiros de JFK o economista W. W. Rostow, autor do apropriadamente intitulado *The Stages of Economic Growth: A Non-Communist Manifesto* ("Os estágios do crescimento econômico: um manifesto não comunista", em tradução livre). Sob Kennedy, a mais importante Aliança para o Progresso foi feita com as Forças Armadas em todo o mundo, e sua tarefa era conduzir seus países para mais perto de um sistema econômico ao estilo americano.

Bobby desempenhou um papel especial ao adotar a recomendação do Departamento de Estado de que os militares do Terceiro Mundo deveriam se concentrar na "contrainsurgência", além da construção da nação, ou seja, lutar em guerras contra inimigos internos e desempenhar um papel político mais amplo na sociedade em geral. Desde o princípio, as autoridades dos Estados Unidos consideraram a Indonésia um campo de teste crucial para tal visão.[232] O governo Kennedy forneceu níveis crescentes de assistência aos militares indonésios, servindo de contrapeso ao apoio que Sukarno então recebia dos soviéticos. Apesar da obsessão dos irmãos Kennedy por Cuba, em 1961, o Conselho de Segurança Nacional listou a Indonésia e a Nova Guiné Ocidental entre suas "prioridades de planejamento mais urgentes", pois era lá que eles acreditavam que Moscou e Washington estavam competindo por influência mais diretamente. Em poucos anos, a Indochina dominaria as manchetes internacionais, mas, até meados da década de 1960, a maioria das autoridades considerava a Indonésia muito mais relevante que o Vietnã ou o Laos.[233]

Após regressar de Washington à Indonésia, Sukarno não desistiu da questão da Nova Guiné Ocidental. No fim de 1961, proferiu um discurso intitulado "Tríplice Comando do Povo", ou *Trikora*, cobrando o desmantelamento do "Estado fantoche" holandês e apelando à mobilização de "todo o povo indonésio" para a reconquista do território. O general Nasution e outros líderes militares tinham medo de provocar uma guerra contra os holandeses, mas milícias de cidadãos organizados e a Marinha entraram em confronto com os navios holandeses. Como Jones havia dito a Washington, não se tratava de um pedaço de terra para Sukarno – tratava-se de completar sua revolução e a legitimidade de seu Estado, e os indonésios iriam à guerra por isso, se necessário. Exasperado porque seus aliados na Holanda estavam se mostrando tão teimosos e vendo isso como um pequeno preço a pagar para evitar perder a Indonésia completa para a órbita soviética, Kennedy enfim pressionou os holandeses para uma negociação para entregar o território.

Para a Indonésia, pelo menos, essa foi uma mudança em relação aos dias de Eisenhower e do método de Wisner. Em vez de tentar destruí-lo, Kennedy deu a Sukarno o que ele sabia que precisava. Ao mesmo tempo, o poder e a influência dos militares anticomunistas indonésios, em constante coordenação com as autoridades dos Estados Unidos em Washington, aumentaram continuamente. O envolvimento positivo de Kennedy assumiu a forma de um "Programa de Ação Cívica" (CAP) na Indonésia, que incluía o treinamento secreto de "pessoal e civis selecionados" e uma série de atividades anticomunistas cuja natureza, mais de cinquenta anos depois, é ainda classificada como segredo.[234] O CAP provou ser crucial na criação de um *negara dalam negara*, um "Estado dentro do Estado", liderado pelos generais. O processo havia começado quando os militares obtiveram poderes de emergência para lutar contra a CIA em 1958. Agora, os militares recebiam equipamento e treinamento dos Estados Unidos para se dedicarem à pesca, agricultura e construção, o que aumentou seus interesses econômicos e seu papel em todo o país.[235]

Na África, os Estados Unidos tomaram uma direção distinta. Com a ajuda da CIA, as autoridades sul-africanas brancas prenderam Nelson Mandela em 1962. Agentes norte-americanos também colocaram o Oriente Médio em um novo rumo em 1963. Fora da Indonésia, o maior partido comunista nos países de Bandung era o Partido Comunista Iraquiano (PCI), que havia crescido em oposição ao ditador Abd al-Karim Qasim. O PCI pensou em avançar para a revolução, e os soviéticos o desaconselharam. Porém, Washington apoiou um golpe bem-sucedido do anticomunista Partido Baath, que se mobilizou de imediato para esmagar o PCI. A CIA forneceu listas de comunistas e supostos comunistas ao novo regime, que massacrou um número incontável de pessoas. Um membro do Partido Baath chamado Saddam Hussein, de apenas 25 anos, participou do terror anticomunista apoiado pelos Estados Unidos que se seguiu ao golpe.[236] Alguns comunistas foram baleados em suas casas, enquanto outros foram levados à prisão; aqueles que sobreviveram à prisão disseram que Hussein tinha a reputação de ser o pior dos torturadores – eles oravam para ser interrogados em suas noites de folga. O novo regime do Baath anulou a reforma agrária aprovada por Qasim.[237]

No Kansas, os oficiais indonésios não paravam de chegar no país e frequentar a sala de jantar de Benny. Provavelmente, agora eles estudavam estratégias de contrainsurgência, além de absorver a ideologia anticomunista dos Estados Unidos de maneira mais geral. Contudo, não é disso que Benny se recorda daqueles dias. Todos eles tiveram uma grande noite antes de ele sair para fazer um PhD, casar-se e formar uma família. Entre o Missouri e o Kansas, há uma rua chamada State Line Road. Benny, seus amigos estudantes e os generais anticomunistas em treinamento foram até o Missouri para tomar alguns coquetéis. Os rapazes do Exército desejavam encontrar um clube específico de que viessem a gostar, um com nudez total. Todos ficaram bêbados, e os soldados conseguiram aquilo que buscavam.

5 - IDA E VOLTA
AO BRASIL

Espremido

Nos anos em que Benny estava no Kansas, a vida de indonésios descendentes de chineses como ele ficava cada vez mais difícil em sua terra natal. Eles sofreram por muito tempo com explosões intermitentes de racismo, mas, conforme os limites eram desenhados e redesenhados na Democracia Guiada de Sukarno, parecia haver cada vez menos espaço para eles. O primeiro grande golpe foi uma lei de 1959, aprovada quando Benny estava indo para o Kansas, que retirou alguns direitos econômicos dos cidadãos estrangeiros. Na prática, isso incluía a grande população de etnia chinesa do país. Não foi Sukarno quem pressionou para que isso acontecesse – foram os militares –, mas ele manteve a lei racista, um desvio dos valores fundadores da Indonésia. O Exército organizou também violentas revoltas antichinesas – para isso, não buscou a aprovação de Sukarno. Os militares usaram fundos americanos para planejar esses "pogroms".[238] A situação era assustadora.

Vários indonésios de ascendência chinesa começaram a procurar uma saída. Isso incluía a família Tan, que conhecemos brevemente na introdução. Tiong Bing e Twie Nio moravam em Jacarta, não muito longe da casa de Francisca. O pai da família, Tiong Bing, vinha de uma linhagem de fazendeiros, mas trabalhou como engenheiro na região majoritariamente chinesa ao norte de Jacarta, onde a vida havia ficado tensa. Muitos em sua comunidade se mudaram para a China, mas sua família estava procurando uma oportunidade diferente. As perspectivas no Canadá ou nos Estados Unidos eram sombrias. Eles tinham ouvido, entretanto, que alguns indonésios chineses haviam ido para o Brasil, que oferecia boas oportunidades e era relativamente livre da discriminação.[239] O fluxo de imigração se iniciou no começo dos anos 1960 e, como resultado, histórias do Brasil chegavam a Jacarta e aos Tans.

Dessa forma, a família decidiu embarcar com seus três filhos no *Tjitjalengka*, um grande e velho navio-hospital holandês que transportava prisioneiros de guerra durante a Segunda Guerra Mundial. Tiong Bing nunca obteve permissão para abandonar seu emprego de engenheiro, lembra sua filha Ing Giok. Ele simplesmente fugiu. Seus documentos de emigração podem até ter sido falsificados. "Vamos descobrir tudo depois de entrarmos no barco", disse ele às crianças. Não foi fácil manter três meninas saudáveis e alegres enquanto elas seguiam lentamente pelo globo. Ing Giok não parava de vomitar. Porém, seis semanas depois, eles chegaram ao porto de Santos, no estado de São Paulo.

A China dos anos 1960

Ing Giok era só uma garotinha quando viu o Brasil pela primeira vez, e era um lugar muito diferente do que estava acostumada. Talvez por essas razões, as características principais do país se destacaram mais para os americanos ou mesmo para os brasileiros.[240] Primeiro, ela percebeu com bastante rapidez que o Brasil é uma colônia de imigrantes da Europa Ocidental, com desigualdade extrema e uma hierarquia racial bem óbvia. Tudo isso ficou claro quando sua família se mudou para um apartamento no Brooklin, bairro de São Paulo que leva o nome do bairro de Nova York, e seus pais a colocaram em uma escola católica de classe média alta.

Lá, a maioria das crianças era branca. E estava claro que esses brancos governavam o país. Nas ruas do entorno, havia pessoas de pele escura ou negra, em sua maioria descendentes de escravizados, e obviamente tratados ainda como cidadãos de segunda classe. Ela fazia parte de um terceiro grupo, uma comunidade mais recente de imigrantes que era classificada em algum lugar entre brancos e negros – com permissão a ascender à classe média, mas tratados sempre com uma dose de ridículo. As crianças a chamavam de "japa": São Paulo tem uma grande comunidade japonesa, e ela era recorrentemente confundida com brasileiros de ascendência japonesa, que estavam em posições mais elevadas do que os negros na hierarquia racial. E ela sabia que havia uma quarta raça em algum lugar distante, embora ela tivesse pouco contato com eles: os povos indígenas do Brasil, de quem se falava como se mal fossem humanos.

Outras coisas eram novas para ela. O Brasil tinha somente uma língua, o português, que provinha da Europa. Os colonizadores brancos a trouxeram, e ela aniquilou todas as línguas locais. É claro que isso era muito diferente da Indonésia, que falava um furacão de línguas indígenas misturadas que praticamente expulsaram o holandês para longe antes de Ing Giok nascer. E havia somente uma religião, o cristianismo. Os colonizadores o trouxeram, e as tradições locais do Brasil eram praticadas somente na selva distante, em algum lugar onde ela sabia que não deveria ir. Era tudo muito diferente da Indonésia, que tinha cinco ou seis religiões, dependendo de como a conta é feita.

Era bastante óbvio aquilo que Ing Giok deveria fazer: estudar bastante, ascender para a parcela da sociedade ocupada pelos brancos e assumir o jeito deles de fazer as coisas. Ela era uma menina esperta e se saiu muito bem.

Até chegar, em 1962, a família Tan não sabia que o Brasil estava em uma crise política. Certamente, era como os Estados Unidos viam as coisas. De longe o maior país da América Latina e, por muito tempo, o mais importante aliado de Washington na região, o Brasil aparentemente estava se distanciando da órbita dos Estados Unidos. Isso incomodou não só os americanos, mas também grande parte da elite brasileira. Ao contrário da Indonésia, os funcionários de Washington não tiveram que se ajustar a uma cultura local tão diferente para então plantar as sementes de um movimento anticomunista. No Brasil, eles puderam trabalhar facilmente com forças políticas conservadoras oriundas da própria história brasileira.

Os portugueses chegaram a essa parte da América do Sul por volta de 1500, como tantas outras localidades do mundo colonial, ela recebeu o nome de uma de suas primeiras matérias-primas de exportação: o pau-brasil.[241] Esse pedaço imenso da América do Sul, com o dobro do tamanho da União Europeia, acabou tecnicamente nas mãos de portugueses em decorrência do Tratado de Tordesilhas de 1494 – ou, melhor, quando o Papa traçou uma linha arbitrária em um mapa muito mal desenhado para dividir o Novo Mundo entre Espanha e Portugal. A população indígena que caiu nos novos territórios designados aos portugueses vivia de modo distinto daquelas que vivem no México ou Peru nos dias modernos. Não existia um grande império com governo centralizado como o dos astecas ou incas, mas grupos menores e mais autossuficientes. Nos primeiros anos, os europeus fizeram tentativas de alianças com essas tribos, casando-se, lutando, perdendo batalhas, formando novas alianças e sendo capturados apenas para escaparem e mandarem relatos de canibalismo de volta para a Europa. Relatos em grande parte verdadeiros, ainda que sensacionalistas. O europeu mais famoso a relatar essa experiência sobreviveu só por ter chorado e implorado por sua vida, levando os nativos a acreditarem que não valia a pena comê-lo, muito por ele ser fraco e patético. Ele se tornou um escritor de *best-sellers*.[242] Enquanto os europeus subjugavam a população nativa, eles decidiram que os indígenas brasileiros, que morriam de doenças e da brutal escravidão, não ofereciam mão de obra gratuita o suficiente para a extração de recursos naturais para exportação.

Dessa forma, o Brasil importou quase 5 milhões de seres humanos da África, muito mais do que os Estados Unidos e, basicamente, a metade de todos os escravizados trazidos às Américas. Como aconteceu nos Estados Unidos, a escravidão no Brasil foi inimaginavelmente cruel. Além de chicote, tronco e colares de ferro cravejados de pregos para evitar fugas, os proprietários de escravizados colocavam máscaras de ferro que impediam os cativos de cometer suicídio pondo terra em suas próprias bocas.[243]

No que diz respeito a se tornar independente em relação à Europa, a maioria dos outros países latino-americanos expulsou a Espanha em revoluções violentas no começo do século XIX. No Brasil, porém, a família real portuguesa fugiu das forças invasoras de Napoleão e se estabeleceu no Rio de Janeiro em 1808, transferindo para as colônias a capital do império. Milhares de europeus fizeram o possível para manter uma corte real no Rio e estabeleceram uma monarquia local, que governou até 1889 e tem ainda alguma influência (não oficial) hoje.

Logo depois da libertação dos afrodescendentes brasileiros, em 1888, o maior país da América do Sul embarcou prontamente em uma política explícita de branqueamento. A ideia era trazer imigrantes brancos e "diluir" o sangue africano na população por meio da "miscigenação". Os escravizados recém-libertados eram intencionalmente abandonados na pobreza, em vez de serem pagos para trabalhar no sistema assalariado. Essa política foi o que também trouxe os colegas japoneses de Ing Giok a São Paulo. Os brasileiros consideravam os japoneses, que categorizaram como os "brancos da Ásia", os imigrantes asiáticos mais desejáveis.[244] Esse racismo permaneceu público e forte, com organizações culturais produzindo cartazes para "mostrar" que um japonês e uma brasileira produziriam descendentes "brancos".[245]

Relativamente mais conservador que seus vizinhos, o Brasil se voltou mais a Washington do que para a América Latina hispânica. Da queda da monarquia até meados do século XX, o Brasil manteve uma "relação especial" com Washington e desempenharia diversas vezes o papel de conciliador entre os Estados Unidos e a América Latina de língua espanhola. Em 1940, o Brasil se tornou a primeira nação latino-americana a assinar um acordo do Estado-Maior com oficiais militares americanos em Washington. O Departamento de Estado olhava o Brasil como a "chave para a América do Sul", graças a seu tamanho e riqueza mineral. Em 1949, foi fundada a Escola Superior de Guerra (ESG), inspirada no US National War College, onde alguns brasileiros haviam feito treinamento.[246]

Fora dos militares, esse relacionamento especial começou a desmoronar no início da Guerra Fria. O presidente Eurico Gaspar Dutra (no cargo de 1946 a 1951) fez tudo o que pôde para se juntar à campanha antissoviética de Washington, incluindo romper relações com Moscou e banir o Partido Comunista Brasileiro (PCB), o mais forte da América Latina.[247] Contudo, o presidente Dutra acreditava também que os Estados Unidos estavam atrapalhando o desenvolvimento econômico brasileiro. Os Estados Unidos, a única fonte de capital disponível para as gigantescas necessidades de investimento público do Brasil depois da Segunda Guerra Mundial, recusaram-se a oferecer os empréstimos requisitados pelo governo de Dutra, o que surpreendeu o aliado de Washington dos tempos de guerra. Os dois países brigaram também pelo custo do café, exportação brasileira extremamente importante. No entanto, a maior fonte de atrito entre os dois maiores países do hemisfério era o envolvimento corporativo dos Estados Unidos no setor de petróleo. Os parlamentares brasileiros queriam favorecer as empresas petrolíferas locais, enquanto Washington insistia que as companhias americanas pudessem operar no país. Em 1949, os brasileiros ficaram exasperados com a aparente indiferença gringa em relação à posição econômica do Brasil, e, em 1950, Dutra emitiu uma reprimenda pública quando educadamente recusou ajudar os Estados Unidos na Coreia.[248]

Quando Getúlio Vargas, força de longa data na política brasileira, retornou à presidência em 1951, as relações com os Estados Unidos só pioraram. Ele havia sido um ditador nos anos 1930 e 1940, mas se reinventou como um populista democraticamente eleito. Apesar de Vargas ter uma história de repressão feroz ao comunismo em seu próprio país, e o Brasil ter apoiado a amada declaração anticomunista de John Foster Dulles na Conferência de Caracas, pouco antes do golpe na Guatemala, ele também concluiu, após outra batalha por ajuda, que os Estados Unidos eram contrários ao desenvolvimento econômico brasileiro e anunciou que o país apoiaria as lutas coloniais pela liberdade na ONU (àquela altura da Guerra Fria, isso consistia em uma óbvia afronta à política de Washington).[249] Vargas propôs também um imposto sobre lucros excedentes que claramente afetaria os investidores estrangeiros e, em seguida, orientou a criação da Petrobras. A reação nos Estados Unidos a tudo isso foi previsivelmente hostil.[250] O *New York Times* contou que "analistas competentes" diziam que, como o Brasil nunca teria o dinheiro necessário para extrair seu próprio petróleo, de forma efetiva, "o que o governo fez foi enterrar mais fundo no solo qualquer reserva de petróleo que o Brasil tivesse".[251]

Não apenas por essas razões, a Escola Superior de Guerra passou a conspirar para remover Vargas, com o apoio dos Estados Unidos.[252] Porém, isso nunca aconteceu. Logo após um decreto para dobrar o salário-mínimo causar indignação entre a elite brasileira, tudo desabou por conta própria.

Carlos Lacerda, crítico mais proeminente do presidente Vargas no Brasil, foi atacado por pistoleiros enquanto caminhava por Copacabana; ele sobreviveu com um ferimento de bala no pé, enquanto um oficial militar que o acompanhava morreu. Logo se descobriu que a ordem para tal tentativa de assassinato poderia ter partido de alguém da força de guarda-costas do próprio presidente. Os militares agora definitivamente viriam atrás de Vargas, e eles seriam bem-sucedidos. Em vez de permitir que isso ocorresse, Vargas escreveu uma carta derradeira ao país e, em seguida, deu um tiro no peito em 24 de agosto de 1954, revirando a política para sempre no além-túmulo.

O vencedor da eleição seguinte, em 1955, Juscelino Kubitschek, era um centrista pró-Estados Unidos e nacionalista econômico. Entretanto, Washington o observava com suspeitas. Durante sua campanha, o Serviço de Informação dos Estados Unidos dobrou seu orçamento para "programas para educar os brasileiros sobre os perigos do comunismo e das organizações de fachada comunista".[253] As autoridades americanas também buscaram expor os laços entre o banido PCB e a União Soviética. O Partido Comunista endossou Kubitschek, ou "JK" (quase todos os presidentes brasileiros ganharam apelidos), o que lhe gerou ainda mais problemas – embora o PCB fosse ilegal, e JK tenha renegado seu apoio.

Como presidente, JK construiu coisas. Ele empreendeu um programa ambicioso de infraestrutura e construiu do zero a nova capital, Brasília, no centro do país. Mesmo assim, o governo Eisenhower se recusou a acordar um importante programa de assistência de longo prazo com o Brasil, especificamente porque não queria aumentar a popularidade de Kubitschek.[254]

Contudo, foi a ascensão do vice-presidente de JK, um jovem boêmio de esquerda chamado João Goulart, referido muitas vezes simplesmente pelo apelido de infância, "Jango", que realmente preocupou os americanos. Como ex-ministro do Trabalho de Vargas, Goulart apresentou o explosivo projeto de lei para dobrar o salário-mínimo em 1954. Ele era parte da elite política brasileira, um proprietário de terras milionário e católico devoto. As reformas propostas por Goulart, todavia, fizeram soar alarmes em Washington. Essa não era a pequena Cuba, pensaram eles. Era um dos maiores países do mundo. Se Jango não fosse detido, alertou o embaixador estadunidense Lincoln Gordon, o Brasil poderia se tornar "a China dos anos 1960".[255]

Ex-professor da Harvard Business School, Gordon havia trabalhado no Plano Marshall antes de absorver a Teoria da Modernização e ajudar a projetar a Aliança para o Progresso.[256] Ele era um velho amigo de Richard Bissell, recruta de Frank Wisner na CIA designado para assassinar Lumumba e retomar Cuba na Baía dos Porcos.[257] Quando Gordon chegou ao Brasil em 1962, reconheceu rapidamente que a hipermegalópole São Paulo era muito semelhante à sua cidade natal, Nova York, uma vez que "tinha uma classe de elite – quatrocentas famílias dominavam a vida social e econômica da cidade – mas também tinha uma grande classe de famílias de imigrantes, como a sua, lutando para realizar o Sonho Americano".[258] A democracia que o Brasil estabeleceu no pós-Segunda Guerra Mundial era bem limitada. Fazer greve era ilegal. Por conta de restrições de alfabetização, a maior parte da população (em sua maioria negros, brasileiros muito pobres) era impedida de votar; Jango e seus apoiadores desejavam mudar isso, da mesma forma que um crescente movimento pelos direitos civis nos Estados Unidos pressionava Washington para que revogasse as restrições racistas ao voto.

Goulart foi vice-presidente de JK, entre 1955 e 1960. Depois, em 1960, concorreu novamente à vice-presidência, dessa vez no governo de Jânio Quadros, um político provinciano e teatral apoiado pelo partido de direita UDN. Apesar de suas inclinações conservadoras, Quadros conseguiu alienar o governo Kennedy de cara. Ele admirava governos neutros, como Nasser no Egito e Nehru na Índia, mas nem queria ir tão longe a ponto de ser neutro. O Brasil permaneceria pró-Ocidente, disse ele, mas o país também deveria olhar mais para o Sul a fim de se tornar um líder do Terceiro Mundo. Ele certamente não queria se voltar resolutamente para o Oriente, mas almejava melhorar as relações econômicas com o mundo socialista. Para Kennedy, até isso era perigoso.[259]

Esse parecia um caso óbvio de "faça o que eu digo, não o que eu faço". Quadros perguntou: "Por que os Estados Unidos poderiam comercializar com a Rússia e seus satélites, mas insistem que o Brasil faça comércio somente com os Estados Unidos?".[260] Ele anunciou que participaria da próxima conferência de Países Não Alinhados em Belgrado, a reunião que surgiu da Conferência de Bandung de 1955 de Sukarno. Nunca chegou a fazê-lo. Em apenas poucos meses de seu mandato, Quadros concedeu a Che Guevara o Cruzeiro do Sul, a maior honraria brasileira para estrangeiros. Isso era pragmatismo, não ideologia – ele esperava que Havana pudesse ajudar a facilitar o comércio com os países socialistas. Carlos Lacerda, agora uma das pessoas mais influentes do país, começou a denunciar Quadros em todos os lugares possíveis. O presidente renunciou abruptamente.

Ele esperava que os militares e o amplo apoio popular o levassem de volta ao poder. Não aconteceu.[261]

O Brasil enviou outro representante à primeira reunião do Movimento dos Não Alinhados na Iugoslávia em setembro. Um grupo amplamente diverso de líderes políticos prometeu buscar a paz e o desenvolvimento enquanto estava em um caminho intermediário entre os polos de Washington e Moscou. Porém, João "Jango" Goulart, que se tornou presidente depois da renúncia de Quadros, tinha problemas mais urgentes. Jango e seu Partido Trabalhista Brasileiro sempre foram vistos com profunda suspeita pela elite e pelos militares, mas ele era considerado o número dois de Quadros. Entretanto, ver Jango como presidente era algo quase impensável. Lacerda, certos veículos da mídia (conservadora, em larga medida) e parte dos militares esperavam impedi-lo de tomar o poder. Todavia, em 7 de setembro de 1961, o sorridente homem de 43 anos, impecavelmente vestido em um terno azul, chegou para tomar posse como presidente.

Desde seu primeiro dia, ele praticamente não tinha capital político. Seu erro fatal, considerando a postura das elites, dos militares e dos Estados Unidos, foi tentar remediar esse fato conseguindo apoio entre setores antes negligenciados da população do Brasil e não entre seus pares políticos. Isso nunca havia sido feito com sucesso antes. Jango apoiou um conjunto de reformas, chamadas de "reformas da base", que mudariam consideravelmente a política brasileira. Eles estenderiam o direito de voto a todos os brasileiros, enquanto desenvolveriam um programa de alfabetização em todo o país. E Goulart apoiou a reforma agrária, apesar do fato de que ele era, como boa parte da classe política brasileira, na verdade, um latifundiário. Ele próprio sabia que isso era uma aposta. Sustentar esse tipo de programa significava contar com o apoio de movimentos populares, sindicatos e esquerda organizada.[262]

Goulart alienou também o Alto Comando militar com reformas que os afetariam mais diretamente. Ele não estava propondo apenas estender o voto aos analfabetos – também queria permitir que soldados de baixo escalão votassem. A legislação de então dizia que eles não podiam fazer isso durante o serviço. A ideia de que ele estava apelando diretamente para os escalões mais baixos deixou os oficiais de alta patente, que tendiam a ser mais conservadores que seus subordinados de esquerda, muito suspeitos. Se ele estava ignorando a autoridade deles sobre as patentes mais baixas, eles poderiam estar convencidos de que talvez Jango quisesse derrubar sua autoridade por completo. No Brasil, a ameaça de rebelião vinda de baixo aterrorizou as elites por cinco séculos, e elas sempre responderam – com sucesso – com violência.

A Casa Branca de Kennedy também não demorou muito a responder. Jango foi visitar Washington no início de 1962, e tudo parecia correr bem, ainda que ele não tenha conseguido nenhuma concessão de ajuda ou comércio. Entretanto, em 30 de julho, Kennedy teve uma reunião com o embaixador Gordon, que foi gravada. Os dois homens concordaram em gastar milhões em planos contra Goulart para as eleições daquele ano e em preparar o terreno para um golpe militar para, como disse Gordon, "expulsá-lo, se for o caso".

Gordon afirmou: "Acho que uma de nossas tarefas importantes é fortalecer a espinha dorsal dos militares. Para deixar claro, discretamente, que não somos necessariamente hostis a qualquer tipo de ação militar, se estiver claro que a ação militar é…"

"Contra a esquerda", concluiu Kennedy.[263]

Gordon: "Ele está entregando o maldito país aos…"

"Comunistas", disse Kennedy.

"Exatamente."

Depois da reunião de Gordon em julho com JFK, o dinheiro da CIA começou a entrar no Brasil. A agência enviou o agente Tim Hogan como "infiltrado", e ele passou a "organizar fazendeiros e trabalhadores".[264] O governo Kennedy deu início a uma avaliação de "contrainsurgência", de autoria do general William H. Draper Jr., que chegou à conclusão de que "todo esforço deve ser feito" para fornecer treinamento estadunidense ao Exército local.[265] Anos antes disso, Draper havia chegado à conclusão de que o Brasil era o modelo perfeito para o uso dos militares para lutar contra inimigos internos e modernizar as economias do Terceiro Mundo.[266] A Casa Branca enviou também Vernon Walters, um adido militar com estreitas ligações com os militares brasileiros, para representar publicamente Washington ao lado de Gordon.[267]

Não importava que Jango tivesse realmente se posicionado ao lado de Kennedy quando os Estados Unidos detectaram mísseis soviéticos em Cuba em 1962. Jango apoiou publicamente o bloqueio da pequena ilha e disse a Walters, em particular, que entenderia se os americanos bombardeassem o local.[268] Para Washington, ele representava a ameaça do comunismo em seu próprio hemisfério. Sob Kennedy, a atividade dos Estados Unidos no Brasil era diferente do que havia sido feito no Irã e na Guatemala nos anos 1950. Não houve intervenções grandiosas e barulhentas com a mão do Tio Sam obviamente puxando as cordas. Os Estados Unidos nutriram de forma cautelosa elementos anticomunistas poderosos e os informaram que teriam apoio caso agissem.

Também houve um grande afastamento em relação às promessas de JFK ao Terceiro Mundo e a intenção original por trás da Aliança para o Progresso. Esse programa agora era amplamente visto como uma cobertura imperfeita para a política tradicional dos Estados Unidos para a região, não só porque Washington continuava intervindo em todo o continente. Um dos melhores biógrafos de JFK colocou da seguinte forma,

> Como conciliar as profissões de autodeterminação – um princípio central da Aliança – com a realidade das intervenções secretas americanas em Cuba, Brasil, Guiana Britânica, Peru, Haiti, República Dominicana e todos os países que pareciam vulneráveis à subversão de esquerda? (E isso foi só o início: uma diretriz de Segurança Nacional de junho aprovada pelo presidente listava quatro outros países latino-americanos

"suficientemente ameaçados pela insurgência de inspiração comunista" – Equador, Colômbia, Guatemala e Venezuela...)[269]

No Brasil, a proposta mais polêmica de Goulart foi a reforma agrária, como havia acontecido na Guatemala no governo Árbenz. A casta rural do Brasil ficou horrorizada com a política; retiraram-se das negociações e puseram toda a sua energia para derrubar Jango. A inflação já estava fora de controle, mas as coisas pioraram muito para a economia quando toda a ajuda dos Estados Unidos secou, e os credores internacionais do Brasil suspenderam todos os novos empréstimos, enquanto Washington canalizava dinheiro a governadores estaduais comprometidos com um golpe de Estado no Brasil.[270] O Congresso brasileiro identificou uma frente apoiada pelos Estados Unidos canalizando milhões para políticos da oposição, e Jango a fechou, mas isso não impediu a desestabilização efetiva e continuada de seu governo.[271] Com os Estados Unidos agora liderando de fato uma greve do capital internacional, Jango lutou para financiar as funções básicas do Estado. Certamente, ele não obteve ajuda de Moscou; após a crise dos mísseis cubanos, os soviéticos não queriam causar mais problema algum no quintal de Washington.[272]

Em seguida, Carlos Lacerda, o homem que agiu para dar fim às presidências de Vargas e de Quadros, voltou a atuar. Em outubro de 1963, ele deu uma entrevista a Julian Hart, o correspondente brasileiro do *Los Angeles Times* (e, portanto, meu próprio antecessor), em que acusou Jango de tramar ele próprio um golpe, chamando-o de golpista, e pediu para Washington intervir.

Oficiais em Washington sabiam, como todo mundo, que se Jango estivesse caindo, seriam os militares que o deporiam. Assim como na Indonésia, as Forças Armadas no Brasil eram a força anticomunista mais confiável do país. Porém, sua fidelidade a essa ideologia era bem mais profunda do que no caso indonésio. Era ainda mais profunda do que a Guerra Fria. De certa maneira, os americanos não podiam esperar aliado melhor, e essa perfeita parceria anticomunista provém de uma poderosa lenda que remonta a 1935, quando um jovem presidente Vargas usou uma revolta de esquerda para reprimir os comunistas e construir uma ditadura.

A lenda da Intentona

O Partido Comunista Brasileiro foi fundado em 1922, em grande parte, por imigrantes e ex-anarquistas.[273] Quando eles imediatamente aderiram à recém-criada Internacional Comunista de Lênin, Moscou tinha pouca ideia do que fazer com eles. O Comintern classificou o Brasil como um grande país "semicolonial", na mesma categoria da China, e o deixou em banho-maria. À época, a diretriz que os brasileiros receberam dos soviéticos era formar uma frente única com a "burguesia" nacional contra o imperialismo, sem uma liderança comunista – do mesmo jeito que Mao recebeu a ordem de trabalhar com Chiang Kai-shek, com resultados mistos.[274]

O Partido Comunista do Brasil estava, a princípio, comprometido com essa linha. Contudo, ela operava também em um país onde conspirações militares eram rotina para todas as tendências políticas. Getúlio Vargas tomou o poder pela primeira vez em um golpe militar em 1930, e, após ele começar a se inspirar nos movimentos fascistas na Itália e na Espanha, um homem chamado Luís Carlos Prestes, um carismático tenente comunista, que certa vez já havia tentado uma fracassada revolta populista de esquerda, fundou a Aliança Nacional Libertadora (ANL).[275] A ANL se opunha ao fascismo e ao integralismo, que, no Brasil, era uma variante local do fascismo anticomunista raivosa de tipo católico. A Aliança incluía muitos apoiadores moderados de Vargas que queriam recuperá-lo da direita e recebeu também o apoio do próprio Partido Comunista.

Moscou não criou a ANL, nem ordenou que a Aliança agisse; na verdade, os soviéticos temiam que os brasileiros estivessem sendo imprudentes e aventureiros. Todavia, quando os líderes comunistas em Moscou perceberam que Prestes poderia lançar uma nova rebelião, não quiseram ficar de fora. Enviaram uma pequena equipe de consultoria, incluindo um especialista alemão em explosivos, e Victor Allen Barron, cidadão estadunidense e especialista em comunicações que tinha a missão de se comunicar com os líderes comunistas na Rússia.[276]

A maior parte dos civis do Partido Comunista e da ANL não sabia que havia preparativos para uma rebelião. E tudo começou por acidente, em Natal, no pobre Nordeste brasileiro, depois que soldados se enfureceram com a demissão de alguns colegas. O Partido Comunista pediu aos soldados para que aguardassem, mas sem sucesso. A revolta explodiu, e os rebeldes assumiram o controle da cidade por um tempo, confiscando carros e roubando bancos. Quando o levante chegou ao Recife, também no Nordeste, a resposta do governo foi um massacre, pois os militares sufocaram a insurreição e executaram os rebeldes de esquerda.

"Foi uma repressão brutal, tremenda! Eles mataram à esquerda e à direita, a torto e a direito. A vida de um comunista não valia dez réis de mel coado", frisou o tenente Lamartine Coutinho, recorrendo a uma antiga expressão portuguesa.

Então veio o ato final, em uma pequena praia próxima à curva de Copacabana, no Rio de Janeiro. O ataque começou na madrugada de 27 de novembro de 1935. Tropas militares lançaram uma granada em direção ao quartel, que explodiu na frente de um pilar. Depois, abriram fogo.

"Foi uma batalha horrível e feia!", contou um dos soldados atacados naquela manhã. "Tiros em todo lugar!". Porém, no término, somente dois soldados morreram em combate.

A ANL desperdiçou vidas humanas de forma imprudente – provavelmente dezenas em todo o país – e só conseguiu se render ao governo para ser usada como ele bem quisesse.[277]

Acontece que a história de um golpe comunista fracassado atendeu perfeitamente aos interesses das elites que pressionavam por uma mudança à direita na época. O poderoso jornal *O Globo* já havia publicado uma reportagem completamente falsa em junho, assinada pelo próprio dono, Roberto Marinho, de que os comunistas tinham recebido ordens para tomar o país "atirando em todos os oficiais não comunistas, de preferência na porta de suas casas ou mesmo depois de invadir seus domicílios".[278]

O governo Vargas utilizou o acontecimento real – desde então, denominado de forma um tanto incorreta como "Intentona Comunista" – para reprimir a esquerda e seus críticos em geral e depois como pretexto para consolidar os poderes ditatoriais. Vargas declarou estado de emergência, criou a "Comissão Nacional para a Repressão ao Comunismo", suspendeu as liberdades individuais e iniciou o cerco aos esquerdistas do país. Muitos dos líderes da Intentona foram executados, embora o popular Prestes permanecesse na prisão. As autoridades baniram livros da esquerda.[279]

A história da violenta subversão comunista atendeu às necessidades dos elementos de direita nas Forças Armadas e no governo de forma tão eficaz que criaram outro. Em 1937, um general "encontrou" um documento intitulado "Plano Cohen", uma conspiração judaico-comunista (capitalizando o antissemitismo da direita fascista) que incluía diretrizes para invadir as casas de brasileiros ricos e estuprá-los.[280] Vargas utilizou esse plano inteiramente falsificado para autorizar um novo golpe militar, promulgar uma nova constituição e assumir de pleno direito o controle de uma ditadura.[281]

A Intentona de 1935 serviu como uma lenda fundamental para as Forças Armadas e para um movimento anticomunista cada vez mais virulento que atingiu os militares e a sociedade em geral. Todos os anos, no dia 27 de novembro, os militares se reúnem em frente a uma estrutura memorial na Praia Vermelha, para comemorar a repressão contra a rebelião comunista. E um poderoso mito ganhou forma. Os militares passaram a contar a história de que novembro de 1935 não registrou um ataque convencional a quartéis militares. A narrativa se transformou na entrada sorrateira dos comunistas nos quartos dos oficiais para esfaqueá-los até a morte enquanto dormiam.

Essa parábola do comunista como mal único foi refutada muitas décadas depois por uma investigação histórica cuidadosa. Como afirma o historiador Rodrigo Patto Sá Motta, citando relatos de autópsia: "Ninguém morreu de punhalada naquela manhã... Afinal, seria curioso imaginar que profissionais das Forças Armadas brasileiras, sejam quais fossem suas convicções políticas, realizassem um levante militar com punhais!".[282]

Comunistas com facas em punho, prontos para esfaquear você durante o sono, tornaram-se uma metáfora comum no volumoso material anticomunista do Brasil nas décadas seguintes. Na imprensa, é possível também achar ilustrações que indicam que os comunistas são insetos que só podem ser "exterminados" com a liberdade, a família e a moralidade. O comunismo era chamado de praga, vírus ou câncer, termos que também eram lançados contra os comunistas à época na vizinha Argentina.[283] Na maioria das vezes, o comunismo era associado ao puro mal ou feitiçaria, desenhado com demônios ou bestas satânicas, como dragões, cobras e cabras. Muitas vezes, havia a implicação ou representação direta de perversão e desvio sexual.[284]

Lançar acusações falsas de comunismo também poderia ser lucrativo. Policiais, soldados e políticos de baixo nível "encontrariam" evidências de que certo cidadão era comunista, ganhando mais recursos para suas bases ou, muitas vezes, com propinas diretas. O partido político fascista Ação Integralista Brasileira (AIB) supostamente empregou táticas clássicas de extorsão em pequenos negócios, mas com um toque anticomunista. Na calada da noite, os membros do partido cobriam as paredes das lojas e casas com grafites aparentemente comunistas. Em seguida, eles apareciam poucos dias depois, pedindo doações aos proprietários para a AIB, para provar aos cidadãos preocupados do bairro que eles não eram de fato comunistas.[285]

Nos anos 1950 e no começo dos anos 1960, as Forças Armadas do Brasil estreitaram seus laços com Washington. Os Estados Unidos mantiveram suas maiores missões de serviço no Brasil, e oficiais brasileiros receberam designações extras para treinarem na escola de comando de Fort Leavenworth, ao lado de todos aqueles soldados da Indonésia.[286]

Para muitos elementos de direita do Brasil, especialmente nas Forças Armadas, toda a presidência de João Goulart havia sido um erro. Porém, em 1961, Jango cometeu um erro grave que perturbou ainda mais os militares. O anúncio de que o Brasil reataria as relações com a União Soviética veio poucos dias antes da comemoração anual da Intentona e foi visto como uma provocação. Não muito depois, um dos grupos armados de extrema-direita do país, o Movimento Anticomunista (MAC), cobriu o Rio de Janeiro com pichações, com *slogans* como "Morte aos traidores", "Vamos atirar, caros brasileiros, nas forças seculares de Moscou", e "Guerra até a morte do PCB", o ainda ilegal Partido Comunista do país.[287] Acredita-se fortemente que o MAC tenha recebido financiamento da CIA e promovido vários atentados, bem como disparado contra a União Nacional dos Estudantes.[288]

Outro grupo anticomunista, a Sociedade pela Defesa da Tradição, Família e Propriedade (TFP), fundada em 1960 em São Paulo, buscou conter a decadente ameaça do comunismo internacional obrigando suas brigadas de jovens a cortarem o cabelo curto e vestirem roupas modestas, evitarem assistir televisão e aprenderem a lutar karatê.[289] A TFP se via como internacional e logo estabeleceu filiais na América Latina, África do Sul e Estados Unidos.

Quanto ao atual Partido Comunista Brasileiro, ele havia se dividido em 1962. Sob a liderança de Luís Carlos Prestes, ainda influente décadas depois, o PCB concordou com a decisão de Khrushchev de se afastar do stalinismo e manteve o compromisso de trabalhar pacificamente dentro dos limites da democracia brasileira. Um grupo dissidente, mais inspirado por Mao e convencido da necessidade de uma revolução total, rejeitou esse "revisionismo" e formou o quase idêntico Partido Comunista do Brasil (PCdoB). Sob o governo de Jango, o PCB era, na verdade, muito mais moderado do que outros atores da esquerda na época, pois eles nem mesmo apoiavam a atualização da constituição.[290]

Todo esse fogo e enxofre anticomunista foi direcionado para se opor a um presidente que era, no máximo, um reformista liberal.

Todavia, Jango e suas reformas eram populares. Se ele eventualmente tivesse conseguido permitir que mais pessoas pudessem votar, o país teria mudado de maneiras bem perceptíveis para as elites. E essas mudanças foram apoiadas pelo pequeno número de comunistas do país, que existiam de fato. Se você se opusesse a qualquer coisa que os comunistas aprovassem e temesse as consequências que a reforma social teria em um país como o Brasil, poderia encontrar muitos motivos para se opor a Jango. Se você aceitasse todos os dogmas do anticomunismo fanático exposto por J. Edgar Hoover nos anos 1940 – e a elite brasileira e o governo dos Estados Unidos aceitaram –, sua oposição a ele fazia sentido.

A associação entre Jango e o comunismo clandestino não se escondia só na periferia da extrema-direita da sociedade brasileira. Uma charge de janeiro de 1964 em *O Globo*, o jornal publicado por aquele que ainda é o grupo de mídia mais importante do Brasil, foi publicado com o título "A campanha de alfabetização", em referência ao plano de Jango de ensinar mais pessoas a aprender a ler e escrever. À direita, estava sentado um homem sujo com roupas maltrapilhas, e seu rosto o semblante da ignorância. À esquerda, seu professor, apontando para ele e dando risada. Atrás do professor, saindo de sua roupa, está um longo rabo de diabo, com uma foice e um martelo estampados em sua ponta triangular.[291]

Três abaixo

No outono de 1963, o presidente John F. Kennedy ordenou a seu embaixador no Vietnã do Sul que facilitasse a remoção do presidente Diem. Como aliado, Diem agora estava gerando mais problemas para Washington que benefícios. A CIA repassou a ordem a um general local e, em 1º de novembro de 1963, Diem foi sequestrado junto com seu irmão, e os dois foram baleados e esfaqueados na parte traseira de um carro blindado pessoal. Na verdade, Kennedy não desejava que Diem fosse executado, mas ele sabia que era o responsável por sua morte, e o assassinato abalou e deixou o jovem presidente profundamente deprimido.[292]

Algumas semanas depois, o próprio Kennedy foi assassinado enquanto visitava Dallas. Os homens mais próximos a ele, cientes de que haviam tentado ativamente se livrar de Fidel e utilizavam métodos nada inocentes em todo o mundo, tentaram adivinhar quem o fizera. O próprio Bobby Kennedy suspeitou que o assassinato poderia ter sido obra da CIA, da máfia ou de Castro, tudo que significaria que ele próprio era parcialmente responsável. A primeira suspeita do vice-presidente Lyndon Johnson foi de que se tratava de uma retaliação pelo assassinato de Diem.[293] Johnson mal sabia que o governo estava tentando matar Fidel e, assim que assumiu a presidência, lutou para entender a rede de operações secretas que ele herdaria.[294]

Lyndon Baines Johnson era um cristão trabalhador do Texas e americano por completo. LBJ era liberal – provavelmente mais que Kennedy – e considerado o "Mestre do Senado", em que serviu como seu líder incrivelmente poderoso por seis anos.[295] Contudo, quando se tratava de política externa, ele era menos experiente. Ele não tinha o mesmo apreço que Kennedy pelas batalhas históricas entre o imperialismo e a revolução nacional no Terceiro Mundo. Segundo a biógrafa Doris Kearns Goodwin, que o conhecia bem, Johnson tinha uma crença americana bem comum de que o restante do mundo era basicamente igual aos Estados Unidos, mas um tanto atrasado. Ele acreditava na "aplicabilidade universal dos valores americanos, na existência de um consenso global", escreveu ela. Entretanto, LBJ não confiava em seu próprio domínio da política externa para desafiar os homens que herdou de Kennedy.[296] Por isso, ele frequentemente negligenciava as relações exteriores, obedecendo à sabedoria de tais conselheiros.

No Brasil, as operações secretas estavam bem encaminhadas. O agente da CIA Tim Hogan e o adido militar Vernon Walters já eram ativos no país. Eles usavam tanto o Exército como a economia contra o presidente. Apertavam os parafusos no entorno de Jango.

O influente periódico *Jornal do Brasil* publicou um editorial, "Basta!", que serviria de grito de guerra para os golpistas do país. "Antes de chegarmos à Revolução, dizemos BASTA! Dizemos isso enquanto houver Forças Armadas brasileiras organizadas, coesas e disciplinadas... BASTA! A hora chegou [...] Registramos a morte da falsa política de reconciliação de classe levada a cabo pela feitiçaria e feitiços do presidente [...] A paciência nacional tem seus limites."[297] No fim de novembro, poucos dias após a morte de Kennedy, Jango compareceu à celebração anual da derrota da lendária Intentona Comunista na Praia Vermelha, no Rio de Janeiro. Sua presença só serviu para irritar muitos dos conservadores mais aguerridos do país, que chegaram a boicotar a cerimônia e organizar outros eventos anticomunistas nas redondezas.

Em tal comemoração, em 27 de novembro de 1963, o general do Exército Jair Dantas Ribeiro fez um discurso conciso e sinistro. "No silêncio da noite, impulsionados por princípios nunca compreendidos, grupos extremistas decolaram em uma empreitada inglória", disse ele. "Sem bandeira e sem causa, sem ideais e sem destino, a ação desses aventureiros não encontrou eco no seio da nação, cuja estrutura cristã é totalmente imune ao ódio e ao extremismo." Falando com Jango na plateia, ele continuou:

> "Aqueles terroristas odientos de 1935, levantando o escudo comunista que significa ruína e rancor, difundindo sentimentos humanitários e populares que, na verdade, serviam apenas para acobertar propósitos subalternos e sede de mando, assassinando, à traição e na sombra da noite, companheiros e irmãos de armas, escreveram na História do Brasil uma página negra [...]. Não devemos, entretanto, suprimi-la: permaneça o exemplo de tentativa nula nestas plagas, de implantação de regime antidemocrático [...]Para todo o sempre ficará a lição de vigilância do Exército [...]".[298]

Para Ribeiro, as "pestes" eram comunistas. E os oficiais militares já estavam formulando suas próprias teorias a respeito das intenções de Jango. Agora muitos haviam se convencido de que, além de permitir o voto dos soldados de baixa patente, ele apelaria diretamente a eles, subvertendo a autoridade dos oficiais superiores.

As forças de direita no Brasil passaram a espalhar a ideia de que, na verdade, Jango planejava seu próprio golpe de esquerda. Eles o acusaram de que, para implementar suas reformas, ele fecharia o regime, aboliria o Congresso ou declararia uma nova constituição. Os principais jornais do país ajudaram a disseminar tal história. Se isso fosse verdade, tal qual eles pensavam, um golpe que o tirasse do poder na verdade salvaria a democracia. O embaixador dos Estados Unidos, Lincoln Gordon, compartilhava essa opinião. E como Jango era um presidente fraco, especulou Gordon, ele poderia mais tarde ser suplantado por forças até mais radicais – talvez comunistas – se não fosse parado naquele momento.[299]

Nos bastidores, os americanos estavam em coordenação com os militares. Em março, Gordon enviou um telegrama a Washington. Ele escreveu: "Minha conclusão ponderada é que Goulart agora está definitivamente engajado em uma campanha para assumir um poder ditatorial, aceitando a colaboração ativa do Partido Comunista Brasileiro e de outros revolucionários de esquerda radicais para esse fim. Caso ele obtenha sucesso, é mais do que provável que o Brasil esteja sob total controle comunista…"

Os americanos estavam de olho em um substituto brasileiro específico. Continuou Gordon:

> O desenvolvimento mais significativo é a cristalização de um grupo de resistência militar sob a liderança do General Humberto Castello [sic] Branco, chefe do Estado-Maior do Exército. Castelo Branco é um oficial altamente competente, discreto, honesto e profundamente respeitado. Castelo Branco prefere agir somente em caso de provocação inconstitucional óbvia, por exemplo, um movimento goulartista para

fechar o Congresso ou intervir em um dos estados da oposição (Guanabara ou São Paulo, os mais prováveis). Entretanto, ele reconhece (como eu) que Goulart pode evitar tal óbvia provocação, enquanto continua a se mover em direção a um fato consumado irreversível por meio de greves manipuladas, debilitação financeira dos estados e um plebiscito executivo – incluindo o voto de analfabetos...[300]

No passado, Castelo Branco havia treinado em Fort Leavenworth, no Kansas. Lá, ele conheceu Vernon Walters, o adido militar que Kennedy enviou ao Brasil. Após estudarem juntos no Kansas, Castelo Branco e Walters foram colegas de quarto, morando juntos em um pequeno hotel na Itália.[301]

Dadas as circunstâncias que levaram à sua posse, Jango não contava com quase nenhum apoio no Congresso e tinha poucos aliados na mídia brasileira, grande parte dela pertencente a algumas famílias poderosas de proprietários de terras. Para demonstrar o apoio público às suas reformas, ele organizou uma série de manifestações de rua. Em 13 de março de 1964, Jango se reuniu com outros líderes de esquerda para falar a quase 200 mil pessoas em frente à Central do Brasil, a icônica estação de trem do centro do Rio. Um Jango tenso subiu ao palco, clamou de novo pela reforma agrária e atacou os falsos democratas de direita por serem "antipovo, antissindical e antirreformas". Ele afirmou: "Encontrar-se com o povo nas ruas não é uma ameaça à democracia. Uma ameaça à democracia é quando você ataca o povo, explorando suas crenças cristãs; e as mistificações de uma indústria anticomunista – eles são uma ameaça à democracia". As câmeras pegaram alguns manifestantes carregando cartazes com *slogans* como "Abaixo os latifundiários", uma foto de Fidel e "Legalize o Partido Comunista", mais combustível para os conspiradores da direita.[302]

Os conservadores responderam com sua própria manifestação. Em 19 de março, a poucos quilômetros da nova casa da família Tan em São Paulo, a Marcha da Família com Deus pela Liberdade levou quase 500 mil pessoas para as ruas. A maioria vinha de famílias conservadoras e abastadas – ainda que alguns tivessem obrigado suas empregadas a vir –, e a presença de mulheres e crianças respeitáveis encorajava os intrigantes oficiais militares. Ing Giok Tan e sua família, que moravam a poucos quilômetros de distância, desconfiavam desse tipo de coisa e permaneciam distantes. Já o governo estadunidense, não. Deu apoio material e moral à marcha, que já estava bem arraigada às atitudes da elite brasileira local.[303]

O erro final e fatal de Jango, no que tange aos militares, veio logo após isso. Um grupo de 2 mil fuzileiros navais do Rio, partidários das reformas da base, fez uma pequena rebelião contra seus superiores, exigindo melhores condições de trabalho e um relaxamento de seu código disciplinar. Os rebeldes exibiram o clássico filme soviético pró-motim e anti-imperialista *O Encouraçado Potemkin*, que pouco fez para acalmar os nervos no alto comando militar.[304] A resposta inicial de Jango – nem apoiar o levante, nem mandar uma repressão imediata – serviu como prova derradeira aos militares de que o presidente apoiaria um levante de soldados de baixa patente e subverteria a hierarquia militar. Para agravar a situação, ele deu palestra para policiais militares no Automóvel Clube do Brasil no dia seguinte. Ele não falou nada radical, mas àquela altura era considerado uma afronta clara que ele se dirigisse diretamente para sargentos e oficiais de baixa patente.

O golpe contra Jango teve início em 31 de março de 1964, e muitos dos conspiradores estavam motivados pela crença de que os comunistas haviam construído algum tipo de plano revolucionário em torno de Goulart. Isso era inteiramente falso, mas também era inteiramente consistente com o anticomunismo fanático daquele tempo, desde as audiências de McCarthy e a mitologia em torno da Intentona. Onde quer que houvesse comunistas, não importa quão limitados em número e não importa quais fossem suas declarações, eles deveriam ter uma conspiração secreta e nefasta.

Dentro da mitologia do próprio anticomunismo no Brasil, isso provavelmente significava que os comunistas tinham algo profundamente perverso planejado. Muitos na elite acreditavam que os comunistas levavam a cabo uma violência com "prazer satânico" e que o desejo profundo deles era assassinar em massa os fiéis e entregá-los ao "inferno vermelho".[305]

Mesmo que o Alto Comando militar e Washington estivessem tramando um golpe durante semanas, ele teve um início prematuro. Um único general indignado, Olímpio Mourão Filho, o mesmo homem que havia criado em 1937 a falsa conspiração judaico-comunista conhecida como Plano Cohen, liderou uma marcha de soldados pessimamente equipados sobre o Rio, onde Jango residia. Goulart voou para Brasília, mas, quando ficou claro para ele que o Alto Comando estava decidido a removê-lo, ele fugiu para o Uruguai. Tanques rolaram e estacionaram em frente ao Congresso. Invocando um "Ato Institucional" sem fundamento legal, a junta militar declarou que os esquerdistas do Congresso Nacional haviam perdido todos os seus direitos legais.[306]

Quando o golpe começou, o Departamento de Estado dos Estados Unidos deu início à operação apelidada de *Brother Sam* e ofereceu aos conspiradores tanques, munições e porta-aviões.[307] Nada disso foi necessário. O Congresso brasileiro declarou a presidência "vaga", em clara violação da constituição. Então, após aquele primeiro Ato Institucional remover do cargo em torno de 40 de seus colegas de esquerda, 361 dos parlamentares restantes do Brasil votaram para instalar o general Castelo Branco como presidente. Quase toda a mídia brasileira apoiou o golpe.[308] A ajuda dos Estados Unidos foi posta de novo.[309]

Com a saída de Jango, os militares fizeram um discurso bem diferente no memorial de 1964 à Intentona de 1935. O general Pery Constant Beviláqua declarou: "A pátria está aqui! Aí está nesta bela bandeira! Ao contemplá-la, sentimos sua presença, seus heróis de novembro de 1935!".[310]

O embaixador Lincoln Gordon chamou o golpe de 1964 de "a mais decisiva vitória pela liberdade de meados do século XX".[311]

Como afirma o historiador brasileiro Marco Napolitano: "Assim como em um filme de Hollywood, houve um final feliz (para os conspiradores, claro). Os bandidos comunistas e seus simpatizantes foram depostos. Os mocinhos estavam no poder. E o melhor de tudo: isso foi alcançado sem que os Estados Unidos precisassem aparecer como um agente visível da conspiração".[312]

Isso era fantástico e novo. No Irã (1953) e na Guatemala (1954), na Indonésia (1958) e em Cuba (1961), quem estivesse prestando atenção sabia que Washington estava por trás das operações de mudança de regime. Esses sinais bastante óbvios da intervenção dos Estados Unidos não só mancharam a imagem de Washington em todo o mundo, mas enfraqueceram a eficácia dos Estados que instalaram quando essas operações eram bem-sucedidas. O governo da Guatemala desmoronou rapidamente após o golpe apoiado pela CIA, como aconteceu com o governo do Xá no Irã.

Essa conquista no Brasil em 1964 não foi possível somente graças às novas táticas que JFK botou em prática para construir alianças com os militares. Os Estados Unidos também tiveram sorte. E, o que é mais importante, o Brasil tinha sua própria tradição anticomunista bem arraigada, construída sobre cinco séculos de medo do negro, dos pobres e dos violentos e marginalizados, e com seus próprios mitos e ritos anuais incrivelmente eficazes.

Apesar do apoio da população, o legitimamente eleito Jango não havia montado uma contraofensiva. Ele provavelmente achava que esse golpe, como os outros na história brasileira, seria uma recomposição menor do sistema e que ele poderia se reagrupar e concorrer nas próximas eleições. Ele estava errado. O Brasil não realizaria outra eleição democrática por 25 anos. O compromisso de Washington com a modernização comandada pelos militares permaneceu forte no decorrer do governo Johnson, e o Brasil passou a ser um dos mais importantes aliados dos Estados Unidos na Guerra Fria. Na verdade, o maior país da América Latina desempenharia em seguida um papel crucial em arrastar outros países para o campo ocidental.

6 - O MOVIMENTO 30 DE SETEMBRO

O golpe na América Latina repercutiu em todo o mundo e chegou até a Indonésia. A imprensa *mainstream* da Indonésia cobriu o assunto; o mesmo acontecia com o comunista *Diário do Povo*. Uma nova publicação em inglês em Jacarta chamada *Jornalista Afro-Asiático* disse que a "junta militar" brasileira ajudou a promover uma "conspiração imperialista dos Estados Unidos".[313] É possível que esse artigo tenha sido traduzido por Francisca, que agora trabalhava lá.

No começo dos anos 1960, Francisca ficou mais envolvida que nunca na política. Não era apenas ela. O país havia girado à esquerda, e a sociedade em geral carregava energia revolucionária após os bombardeios levados a cabo pelos Estados Unidos e com o aquecimento da campanha pela Nova Guiné Ocidental. Contudo, foram as habilidades excepcionais de Francisca com idiomas que a levaram direto para o centro da história mundial.

Depois de uma década trabalhando na biblioteca e com os filhos já na escola, ela passou a dar aulas particulares de inglês a funcionários de embaixadas de todo o mundo. Ela começou com a esposa do chanceler húngaro; passou a lecionar também para funcionários da embaixada russa e, em seguida, para uma funcionária da República Democrática do Vietnã (chamada comumente de "Vietnã do Norte" no Ocidente naquela época). Ela dava aulas nas embaixadas ou nas residências luxuosas dos próprios embaixadores, no centro de Jacarta e no bairro nobre de Senopati, e, mais do que nunca, começava a conversar sobre a política internacional praticada por eles. Quando o governo de Castro mandou seu primeiro embaixador para a Indonésia, Benigno Arbesú Cadelo, ele também tomou lições com Francisca.

Por hábito, todos os novos clientes de Francisca vinham de países socialistas. Este era o círculo social ao qual ela e seu marido se integraram. Àquela altura, Zain era uma figura relativamente influente na esquerda.[314]

Por sua vez, Sukarno foi para Havana para visitar Fidel e Che. Ele indicou um amigo de confiança dos dias da revolução, A. M. Hanafi, para servir como embaixador, e a Indonésia e Cuba começaram a trabalhar em uma conferência "tricontinental", que viria a expandir a Conferência Afro-Asiática de 1955 para incluir a América Latina. Era a união de todo o Terceiro Mundo.

Novamente, Sukarno estava falando de uma unidade entre o marxismo, o islamismo e o nacionalismo, e a reuniu em um de seus acrônimos – NASAKOM, para *Nasionalisme*, *Agama* (religião) e *Komunisme*. Ele comentou sobre formar um gabinete da NASAKOM, mas a ala direita da política indonésia barrou os comunistas.[315] O chefe das Forças Armadas e encarregado de Washington, o general Nasution, contou ao embaixador Howard Jones em 1960 que os militares nunca permitiriam ao PKI participar do nível executivo do governo.[316]

Na realidade, as três forças políticas no país não eram o nacionalismo, a religião e o comunismo, mas sim o PKI, Sukarno e os militares. O presidente usaria sua influência pessoal para jogar os rivais uns contra os outros e manter um delicado equilíbrio. Ao contrário do Brasil, o anticomunismo fanático não contava com amplo apoio na sociedade indonésia. Apesar daquilo que diziam os líderes militares aos americanos em privado, eles não se opunham à esquerda em geral e, por diversas vezes, ecoaram a linguagem revolucionária de Sukarno em sua literatura e declarações públicas. Todo o país era, por definição, essencialmente anti-imperialista.

No começo de 1963, os países reunidos pela Conferência de Bandung fundaram a Associação de Jornalistas Afro-Asiáticos em uma conferência em Jacarta. Francisca foi convidada a servir como intérprete oficial no encontro, e ela ocupou o posto ao mesmo tempo que era fundado o *Jornalista Afro-Asiático*, publicado em Jacarta pela Fundação Lumumba (em homenagem ao líder congolês assassinado). Ela ficava ocupada traduzindo conteúdos de diversos idiomas e de uma larga variedade de países. O *Jornalista Afro-Asiático* publicava o que foi chamado de "jornalismo cosmopolita socialista" e considerava as lutas mundiais uma única luta interconectada. A revista era bem mais eclética e liberal que muitas das publicações dos países do socialismo realmente existente; os editores valorizaram o pluralismo cultural e a inovação artística, publicando caricaturas e personagens anti-imperialistas de uma ampla gama de colaboradores globais.[317]

Esse trabalho foi empolgante para Francisca – não só porque ela viajou o mundo, encontrando-se com líderes revolucionários em toda a África e Ásia. Parecia que os sonhos que ela nutria desde garotinha estavam prestes a se realizar. No fim de 1963, Jacarta serviu como anfitriã do GANEFO, ou os "Jogos das Novas Forças Emergentes" (caracteristicamente, Sukarno deu a eles um acrônimo). Tratava-se de uma Olimpíada do Terceiro Mundo, e seu *slogan* era "Avante! Não voltar atrás!". Originalmente, os jogos surgiram por causa de uma briga que estourou quando a Indonésia excluiu a República da China (Taiwan) e Israel dos Jogos Asiáticos de 1962. Em resposta, o Comitê Olímpico Internacional, liderado pelo Ocidente, suspendeu a Indonésia de seus jogos. Assim, ela decidiu organizar jogos anti-imperialistas, dos quais o COI não gostou nem um pouco. Contudo, os "Jogos das Novas Forças Emergentes" não marcaram Francisca por isso. Ela ficou impactada pelo resto da vida por assistir a um evento organizado inteiramente por pessoas do Terceiro Mundo e pelas apresentações atléticas e culturais realizadas em Jacarta naquela semana.

"Pela primeira vez na minha vida, me dei conta de que não vim de um povo inculto ou atrasado, e os demais povos da África e da Ásia também não. Sempre me disseram e até pensaram que nós éramos indonésios muito estúpidos, que não sabíamos o que estávamos fazendo, tentando construir um país sem nenhuma educação ou recursos", afirmou. Ela agora estava com quase 40 anos. "Nós praticamos nossos próprios esportes, dançávamos nossas próprias danças. Este foi de fato um despertar para nós. Senti que aquilo era o que o Ocidente havia tentado tanto conter, por séculos, e enfim nos foi revelado."[318]

Até o Partido Comunista de seu marido se sentia mais independente que nunca. Nos anos 1960, o PKI tinha se aproximado cada vez mais do bloco chinês na divisão sino-soviética, em parte porque era Pequim que apoiava mais a Indonésia em seus conflitos territoriais. Entretanto, tecnicamente, o PKI ainda estava comprometido ideologicamente com a linha antistalinista da União Soviética. Esses foram os anos em que Mao foi colocado de lado por conta do resultado do desastroso Grande Salto Adiante, lançado em 1958. Sob a suspeita de que os soviéticos estavam tentando contê-lo, ele havia ignorado seus conselheiros agrícolas, e lançou um programa agrícola radicalmente utópico. Milhões morreram na fome resultante, e os outros líderes do Partido Comunista Chinês puseram a culpa, corretamente, no presidente Mao. Ele foi forçado a renunciar ao Partido e à liderança nacional e, a partir de 1960, assistiu a Liu Shaoqi e Deng Xiaoping assumirem o controle da economia, reintroduzirem o capitalismo em pequena escala e reduzirem temporariamente Mao a uma figura ideológica.

Mais importante, o PKI não achava que precisava receber ordens de ninguém.[319] Era agora o terceiro maior partido comunista do mundo, o maior fora da China e da União Soviética, e sua estratégia de engajamento direto e não violento com as massas levou a resultados impressionantes. O PKI agora tinha 3 milhões de membros filiados. As organizações ligadas ao partido – incluindo SOBSI (Associação Central de Trabalhadores da Indonésia), LEKRA (Instituição Cultural do Povo), BTI (Aliança dos Agricultores), Pemuda Rakyat (Juventude do Povo) e Gerwani (Movimento das Mulheres) – tinham, ao menos, 20 milhões de membros. Era quase um quarto da população indonésia de 100 milhões de habitantes, incluindo crianças, e quase um terço dos eleitores adultos registrados do país eram filiados do PKI.[320] Eles operavam abertamente em todos os cantos do país. No entanto, a nível nacional, eles confiavam quase inteiramente em Sukarno e sua influência sobre a política. Eles não tinham outra escolha. Como meio de alcançar o poder, não tinham armas nem a urna eleitoral; eles haviam permanecido pacíficos desde a expulsão dos holandeses e privados das eleições por conta da Democracia Guiada (e pelo Exército apoiado pelos Estados Unidos, alarmado com as vitórias contínuas dos comunistas).[321]

Do outro lado da divisão política, os militares eram aliados de grupos muçulmanos e contavam cada vez mais com o apoio entusiasmado dos Estados Unidos. Os militares indonésios já haviam aumentado radicalmente sua influência durante a tentativa da CIA de desmembrar o país em 1958, e o "Programa de Ação Cívica" (CAP) de Kennedy e Johnson forneceu a eles recursos e treinamento para emergirem como uma força política e econômica a se recorrer. As linhas políticas eram claras para todo mundo que prestasse atenção: comunistas e Sukarno de um lado, Exército e o Ocidente do outro.

E Sukarno não sentia mais qualquer timidez no enfrentamento ao Ocidente. Sua revolução superou a CIA em 1958; ele fez com que Kennedy e a Holanda recuassem na Nova Guiné Ocidental. Com as intervenções no Brasil e a escalada de intervenções no Vietnã, aparentemente confirmando sua visão de Washington como um agressor imperialista, ele se sentiu ao lado certo da história. Dessa forma, superestimou sua força e enfrentou o Reino Unido enquanto os problemas cresciam em casa.

Konfrontasi

A Malaya, uma possessão colonial que cobre a península da Malásia da fronteira com a Tailândia até a ponta de Cingapura, foi um dos últimos e mais importantes territórios britânicos na Ásia. Quando Londres enfim descolonizou a região e criou o país, a Malásia, Sukarno se opôs duramente à forma como isso foi levado a cabo. Ele achava que os ingleses estavam empregando truques imperiais para enfraquecer as forças revolucionárias na Ásia. Estava majoritariamente certo. E Howard Jones sabia disso.[322]

Os britânicos não buscavam criar um país de maioria chinesa, já que grande parte da população da Malásia, sobretudo em Cingapura, era simpática ao comunismo. Como solução para esse "problema", Londres acrescentou suas possessões na metade superior da gigante ilha de Bornéu ao território que depois seria a Malásia e excluiu a ilha de Cingapura. Essa mudança combinaria os povos inteiramente distintos de Sarawak, Bornéu e Sabah na nova Malásia, o que diluiria a proporção de chineses étnicos a níveis considerados aceitáveis aos britânicos. A metade sul de Bornéu era parte da Indonésia – os indonésios compartilhavam uma longa fronteira com os territórios coloniais britânicos inseridos na Malásia apenas para diluir o poder da esquerda. Uma forma muito grosseira de entender isso é imaginar que, depois de a revolução varrer os Estados Unidos, o rei George III transformasse os protestantes na Irlanda do Norte em cidadãos canadenses, o que permitiria a ele fazer com que os leais à coroa ganhassem eleições continuamente ao norte da fronteira dos Estados Unidos. Essa divisão intencional e incompatibilidade de povos diferentes foi utilizada pelos britânicos de um modo bem mais conhecido na África e no Oriente Médio, com consequências que duram até hoje. O presidente Sukarno também não confiava em Lee Kuan Yew, o primeiro primeiro-ministro de Cingapura, uma vez que aquela pequena cidade-Estado havia cooperado com a CIA durante os ataques de 1958 à Indonésia.

Jones sabia o que o Reino Unido estava fazendo. Ele ficou, no entanto, chocado com a resposta de Sukarno. Após uma pequena rebelião ao norte de Bornéu o convencer de que os habitantes locais não concordavam em se tornar malaios, o presidente se pronunciou aberta e veementemente contra a criação da Malásia nesses termos. Para enorme desgosto das autoridades britânicas, Sukarno declarou no começo de 1963 que a formação da Malásia era "o produto do cérebro, do pensamento, dos objetivos, do esforço e da iniciativa do neocolonialismo". A abordagem de confrontação de Sukarno contou com o apoio entusiasmado do PKI, o apoio provisório dos militares e o apoio provável de boa parte da população.[323] O episódio ficou conhecido como *Konfrontasi* – "confronto" na Indonésia e na Malásia –, termo cunhado pelo ministro das Relações Exteriores, Subandrio.

Ele fez tais declarações quando seus assessores econômicos iam a Washington para negociar com funcionários do Fundo Monetário Internacional (FMI). A Indonésia estava sofrendo economicamente no início dos anos 1960 e travava discussões com os Estados Unidos. Havia dois problemas principais. Primeiro, Sukarno tinha dedicado grande parte dos recursos nacionais desde 1958 aos militares e a perseguir disputas pela Nova Guiné Ocidental e, agora, pela Malásia. Em segundo lugar, a Indonésia havia começado a reescrever as regras que geriam sua indústria petrolífera após a expulsão dos holandeses, o que preocupou bastante as autoridades americanas. O *New York Times* publicou um editorial advertindo que Sukarno era "inexoravelmente viciado em excessos nacionalistas" e acrescentando: "A forma como ele lida com as empresas de petróleo será um teste importante para suas intenções".[324]

O FMI exigiu o que equivalia a um programa de ajuste estrutural na Indonésia, com cortes de gastos, aumento na produção de matérias-primas para exportação, desvalorização da moeda, contração monetária e fim dos subsídios governamentais.[325] Os ministros de Sukarno concordaram com as demandas do FMI, e as políticas tiveram um impacto brusco, severo e generalizado sobre a população, que viu os preços dobrarem, triplicarem ou até quintuplicarem da noite para o dia. O PKI denunciou as medidas como um ataque aos pobres, mas o governo as levou adiante de qualquer maneira, sob o aparente compromisso em garantir o próximo pacote de ajuda de Washington.

A *Konfrontasi* lançou questionamento sobre todas essas delicadas negociações internacionais. As tropas indonésias passaram a se envolver em escaramuças de gato e rato na fronteira com a Malásia, na ilha de Bornéu. O governo estadunidense estava preocupado com sua aliança com os britânicos, cujo apoio queria manter no Vietnã.

Sukarno superestimou muito a influência que tinha ao forçar a questão com o Reino Unido e a ONU. Alguns de seus movimentos alienaram aliados do Movimento Não Alinhado que ele havia ajudado a fundar.[326] Mesmo muitos de seus amigos em outras nações do Terceiro Mundo acreditavam que ele estava cometendo um erro. Entretanto, para ele, a expansão da Malásia representava uma ameaça existencial à integridade territorial da Indonésia, e Sukarno estava longe de ter certeza de que a independência pós-colonial duraria. Ele havia vivido várias tentativas de assassinato; estava assistindo ao reinício da guerra no Vietnã; e apenas poucos anos antes, os Estados Unidos haviam despejado bombas por todo o país para tentar desmantelá-lo.

A esquerda indonésia sabia que os britânicos haviam usado seu "ramo especial", ou inteligência policial, para capturar, subornar e se infiltrar no movimento comunista malaio e garantir que a descolonização ocorresse conforme o planejado.[327] Com o Reino Unido dividindo a Malásia em uma óbvia tentativa de frear as forças do nacionalismo de esquerda – do qual Sukarno talvez fosse o proponente mais famoso do mundo – do outro lado de uma porosa fronteira no Bornéu indonésio, um pouco de mal-estar e de desconfiança era provavelmente inevitável.

Todavia, as autoridades americanas, em geral, só podiam ver reações como essa como uma paranoia irracional, uma visão compartilhada pelo teórico da modernização Lucian Pye, que chegou a ver o antiamericanismo nos Estados pós-coloniais como uma patologia psicológica.[328]

À medida que as tensões aumentaram no cenário internacional, as coisas se tornaram mais difíceis para os indonésios comuns. A crise econômica dificultou a aquisição de bens básicos, e a vida ficou confusa para quem não se envolveu na política de disputa.

Magdalena

Na aldeia de Purwokerto, Java Central, uma jovem quieta começou a sentir o aperto.[329]

Magdalena cresceu em uma família de camponeses problemáticos, sempre jogada de um lado ao outro graças a conflitos conjugais, doenças e pobreza. Como a maioria dos residentes de Java (com a notável exceção dos chineses étnicos), ela era muçulmana, mas nunca se aprofundou nos estudos do Corão. Na escola, ela adorava gamelão, estilo de música javanesa tradicional em que uma pequena orquestra de percussão toca peças meditativas, que podem aumentar e diminuir lentamente por horas. Mas ela se afastou rapidamente disso tudo. Aos 13 anos, largou a família e os estudos para trabalhar como empregada doméstica em uma casa próxima. Aos 15 anos, sua mãe ficou doente, e ela então voltou para casa e começou a vender o que podia aos vizinhos em troca de algum dinheiro: pedaços de madeira, saladas, comida cozida, mandioca frita, tudo o que podiam para sobreviver. E aos 16 anos, quando as opiniões a respeito da *Konfrontasi* dominaram as conversas na capital, e a economia continuou a afundar, seu pequeno negócio acabou.

Ela nunca havia estado em uma cidade grande, mas diziam que conseguir um emprego em Jacarta era mais fácil. Uma tia dela tinha alguns contatos na capital e disse que poderia ajudá-la a se estabelecer lá. Então, ela pegou o trem e viajou um dia inteiro, indo lentamente para oeste nos trilhos originalmente instalados pelos holandeses cem anos antes, e chegou a Jacarta, sozinha. Ao passar pelo Monumento Nacional, ela se maravilhou com seu tamanho – cerca de dez vezes mais alto do que qualquer edifício que ela já tinha visto.

As conversas sobre expectativas de emprego se confirmaram. Quase imediatamente, ela começou a trabalhar em uma fábrica de camisetas. Seu novo empregador a colocou em um pequeno apartamento anexo ao escritório da empresa, compartilhado com todas as outras garotas. De manhã, ela vestiu o uniforme e esperou. Pouco depois das seis, ela e todas as outras meninas se amontoaram em um grande caminhão, que as levou de sua pequena casa em Jatinegara, a leste de Jacarta, e dirigiu de manhã até Duren Tiga ao sul, enquanto passava em alta velocidade pela cidade. Eles trabalhavam das sete às quatro, e o salário não era ruim. Os homens lavavam o tecido, e as mulheres o cortavam no formato correto. Em outro lugar, outra pessoa colocava os tecidos todos juntos.

As condições eram boas, pensou Magdalena. E, imediatamente, ela soube que era por causa da SOBSI, a rede sindical associada ao PKI que reunia a maioria dos trabalhadores do país. Como todo mundo, ela se sindicalizou e, após alguns meses, conseguiu uma função administrativa menor em seu sindicato local, sem muitas funções reais. Ela vinha, cortava o tecido e voltava para casa.

Essa foi a sua primeira, bem pequena, introdução à política indonésia. Ela mal entendia os *slogans* revolucionários ou jargão ideológico que vinham através do rádio no trabalho. Ela se lembra de ter ouvido a palavra "NASAKOM" uma vez e não ter a menor ideia do que significava. Não sabia nada a respeito do Partido Comunista ou se tinha algo a ver com seu trabalho. A SOBSI fazia parte do processo, ela sabia disso, e isso a ajudava bastante.

"Eles nos deram apoio, nos protegeram, e sua estratégia funcionou", afirmou ela. "Realmente deu certo. Isso é o que sabíamos."

Quando saía do trabalho, ela geralmente ficava cansada demais, e era um pouco jovem e solitária demais para se aventurar na cidade grande. Mantinha a cabeça baixa e só observava. Ela não falava de política depois do trabalho. Ficava por aí e batia papo com sua melhor amiga em Jacarta, Siti, talvez fofocando sobre os meninos, discutindo quais garotas tinham namorados ou maridos. Embora sempre tenha ficado solteira, ela aprendeu cedo, crescendo em casa, que era considerada bem bonita. Namorar era algo que ela poderia tentar mais adiante. Por enquanto, ela estava trabalhando para levantar algumas economias para uma vida um pouco mais segura.

As notícias de rádio iam e vinham, e ela seguiu trabalhando. Se ela ouviu as palavras "Lyndon Johnson" no fim de 1963, não sabia o que significavam.

Porém, a morte de John F. Kennedy realmente significou muito para a Indonésia.

O fim do Método Jones

A Indonésia foi um lugar onde Lyndon Johnson adotou uma abordagem diferente de seu antecessor. Ele tinha bem menos tempo para Sukarno. Apenas três dias antes de morrer, Jack Kennedy reiterou seu claro, embora um tanto cínico, compromisso com a estratégia de envolvimento contínuo com Sukarno – a mesma estratégia que o Jones Sorridente vinha defendendo há muito tempo. Segundo o assessor da Casa Branca, Michael Forrestal, ele afirmou que "a Indonésia é uma nação de 100 milhões com talvez mais recursos do que qualquer outra nação da Ásia. Não faz sentido algum para os Estados Unidos sair do nosso caminho para alienar permanentemente esse grande grupo de pessoas sentadas sobre esses recursos, a não ser que haja algum motivo muito, mas muito persuasivo". *Konfrontasi* não era suficiente para Kennedy abandonar Sukarno e Jones.[330]

Johnson não estava interessado em um envolvimento direto com a Indonésia e não queria gastar capital político promovendo políticas para a Ásia que não eram populares no Congresso. Kennedy conheceu Sukarno, entendeu a Indonésia e se importou com o assunto. JFK havia concordado com Jones que uma visita a Jacarta poderia ter amenizado a coisa toda. É claro, o programa militar de contrainsurgência que Kennedy implementou ainda seguia em andamento. Contudo, Johnson não ia lutar qualquer batalha política por aqueles 100 milhões de pessoas e pelos recursos sob seus pés.

Howard Jones se lembra melancolicamente da mudança: "Considerando-se como o líder não só das novas nações asiático-africanas, mas de todas as 'novas forças emergentes', tenho certeza de que [Sukarno] sentiu que um entendimento, se não uma aliança entre ele próprio e o homem considerado o líder do mundo ocidental, era possível. Ele estava sendo cortejado por Khrushchev e Mao. Por que, então, o líder do outro bloco mundial não deveria estar igualmente interessado em trabalhar com ele?".

Jones acreditava que Sukarno recuaria na Malásia, desde que isso não representasse uma humilhação nacional, e ele disse a Kennedy que uma visita presidencial à Indonésia era provavelmente o que era preciso. Kennedy concordou e planejou vir.[331] Porém, alguns meses após a morte de JFK, Jones pediu ao recém-empossado Johnson para assinar uma determinação oficial de que a ajuda contínua à Indonésia era do interesse nacional dos Estados Unidos. Johnson recusou. "O presidente Kennedy, sabia eu, teria assinado a determinação praticamente como uma questão de rotina. Foi decepcionante", relembra Jones. Em dezembro, um dos assessores deixados por Kennedy, Robert McNamara, passou a sugerir uma drástica redução da ajuda. "Assim começou uma mudança de ênfase na política estadunidense para uma linha mais dura", escreveu o embaixador.[332] Esse também foi o fim da abordagem do Jones Sorridente visando unir os dois países, estratégia que ele havia desenvolvido por quase uma década.

Johnson fez um acordo com os britânicos. Em troca de seu apoio no Vietnã, onde as coisas estavam também começando a escalar, Washington os apoiaria na criação da Malásia.[333]

Sukarno notou uma mudança na forma como o país mais poderoso do mundo o tratava. Ele chegou a especular que JFK foi morto para impedi-lo de visitar a Indonésia e cimentar uma aliança entre Washington e Jacarta.[334]

O debate sobre se a Indonésia merecia ou não mais assistência correu Washington. E Sukarno estava assistindo. Em resposta a essa discussão, o presidente indonésio fez um discurso em março de 1964, exatamente quando os generais do Brasil finalizavam seus preparativos para os planos apoiados pelos Estados Unidos. Mesmo que ele expressasse gratidão pela ajuda que era oferecida sem amarras políticas, uma linha, entregue em inglês, previsivelmente chegou às manchetes – e viajou rapidamente de volta a Washington. Quando alguém oferece ajuda que vem com demandas políticas, ele disse que sua mensagem era: "Vá para o inferno com sua ajuda!".

Como Jones contou: "Agora ele realmente tinha se ferrado".[335]

Qualquer boa vontade que houvesse para com Sukarno em Washington começou a se dissipar. Nos meses seguintes, todas as ajudas diretas ao governo nacional cessaram por completo. Na verdade, um programa continuou. Os Estados Unidos continuaram a despejar dinheiro diretamente nas Forças Armadas, e os conselheiros militares continuaram a trabalhar em colaboração estreita com o Alto Comando do Exército indonésio.

Sukarno havia ficado publicamente mais antiamericano e com mais entusiasmo que nunca. A União Soviética não se interessava em apoiar o Konfrontasi, o que fez com que a Indonésia estreitasse laços com os países socialistas asiáticos. Internamente, uma campanha antiamericana se intensificou, com os comunistas frequentemente liderando o ataque. O governo instituiu uma proibição de fato aos filmes americanos, apesar de Sukarno sempre os ter amado. Protestos eclodiram contra cidadãos e empresas americanos, embora Jones, por conta própria, mantivesse relações cordiais com o governo.[336]

Então houve outra explosão, muito mais próxima do que a do Brasil, cujas ondas rapidamente alcançaram as costas de Java. No Golfo de Tonkin, um contratorpedeiro americano chamado Maddox estava em águas vietnamitas, violando o limite internacional de doze milhas, tentando interceptar as comunicações norte-vietnamitas. Em 2 de agosto, três barcos-patrulha vietnamitas se aproximaram do Maddox, e os americanos abriram fogo, matando quatro marinheiros. Os vietnamitas revidaram e fugiram. Em 3 de agosto, Johnson disse que as patrulhas no Golfo de Tonkin iam continuar, alertando contra "novas ações militares não provocadas". Em 4 de agosto, nada aconteceu. Porém, as embarcações americanas pensaram que algo estava ocorrendo e passaram a "atirar em suas próprias sombras".[337] Esse segundo confronto inexistente foi usado como pretexto para a

"Resolução do Golfo de Tonkin", que deu a Johnson autoridade para dar início a uma guerra total no Vietnã.

Três dias depois, Sukarno estabeleceu relações com o governo de Ho Chi Minh no Vietnã do Norte de forma desafiadora. "Acho que sua política asiática está errada", disse ele a Howard Jones diretamente. "Não é popular entre os asiáticos em geral. Para eles, parece que vocês estão interferindo nos assuntos das nações asiáticas. Por que vocês precisam se envolver?". É desnecessário afirmar que essa posição foi considerada escandalosa em Washington, mas a maioria dos indonésios concordou com Sukarno. Para pessoas como Francisca, Sakono e Magdalena, os vietnamitas estavam lutando pela independência nacional.[338]

Em 17 de agosto, Sukarno fez outro discurso inflamado e declarou um "ano vivendo perigosamente". Ele falou de um "eixo Jacarta-Phnom Penh-Hanói-Pequim-Pyongyang forjado pelo curso da história" e atacou de forma sutil os generais do Exército por lucrarem com as empresas estatais que controlavam. Alguns meses depois, em retaliação raivosa à adesão da Malásia ao Conselho de Segurança da ONU, Sukarno decidiu retirar a Indonésia da ONU em protesto. Ele acusou também a CIA de tentar assassiná-lo.[339]

Howard Jones fez planos de deixar Jacarta e ir para Honolulu, onde assumiria o comando do Centro Ocidente-Oriente da Universidade do Havaí. Enquanto finalizava seus preparativos, ele continuou a fazer apelos de última hora aos homens que ocupariam seu posto, argumentando que a diplomacia pessoal com Sukarno oferecia a melhor chance de reverter aquela tendência em Jacarta. Ele sabia, entretanto, que estava isolado nessa posição – literalmente em uma ilha –, e a água subia a seu redor. A abordagem de Howard Jones à Indonésia havia acabado.

Em sua breve carta de demissão ao presidente Johnson, ele escreveu: "A Indonésia é um lindo país com pessoas gentis e amigáveis. Tenho grande fé no povo indonésio e acredito que, no fim das contas, eles encontrarão uma forma de superar as atuais dificuldades".

Ele continuou: "Estou convencido de que há uma empatia básica entre os povos da América e da Indonésia".[340]

Enquanto Jones se preparava para deixar o país, o ministro das Relações Exteriores, Subandrio – o mesmo homem para quem Jones involuntariamente mentiu em 1958 sobre o papel da CIA na guerra civil –, enviou a ele um pequeno convite escrito à mão. Ele queria jantar com o embaixador e sua esposa pela última vez. Em 18 de maio, eles se encontraram para se despedir em um almoço simples. No cardápio daquele dia: *lumpia* (versão da Indonésia dos rolinhos de ovos fritos chineses), o arroz branco habitual, peixe *gurame* agridoce, camarão cozido com limão e pimenta e pombo frito.[341]

A rejeição que Jones recebeu da imprensa estadunidense foi um pouco menos cortês. Após ele anunciar sua saída, o *Washington Post* afirmou, em um artigo que deu amplo espaço aos críticos de sua gestão, que ele era o "amigo de Sukarno" e chamou o homem de "quase angelicalmente ingênuo".[342] O *Los Angeles Times* foi um pouco mais direto em uma versão diferenciada da mesma história e questionou, na manchete, se Jones era um "bode expiatório".[343]

Operações clandestinas

Quando a abordagem diplomática de Jones entrou em colapso, os governos dos Estados Unidos e do Reino Unido intensificaram as atividades secretas na Indonésia. Sua natureza plena é ainda desconhecida por nós, mas eles incluíram "operações negras" e preparativos para guerra psicológica. Os britânicos criaram o cargo de "diretor de guerra política" em Cingapura, em dezembro de 1964. O governo estadunidense aprovou um plano secreto em 4 de março de 1965, embora continuem sendo confidenciais a origem de financiamento e a quantidade de dinheiro fornecida. A maior parte das atividades secretas foi provavelmente promovida pela CIA e MI6. Dada a forma como atuaram essas organizações, é quase certo que as operações também incluíram a publicação de histórias inverídicas ou provocativas na imprensa indonésia e internacional. Eles queriam incitar os comunistas a agir.

Desde o começo dos anos 1960, os governos estadunidense e britânico acreditavam e discutiam recorrentemente que a situação ideal seria um "golpe prematuro do PKI" que poderia provocar uma resposta do Exército. É possível que alguma versão desse plano tenha sido trabalhada secretamente, sob a cobertura do Programa de Ação Cívica de Kennedy desde 1962.[344]

Em uma das últimas reuniões que teve como embaixador, o próprio Howard Jones contou a portas fechadas aos funcionários do Departamento de Estado nas Filipinas: "Do nosso ponto de vista, é claro, uma tentativa de golpe mal-sucedida do PKI pode ser o desenvolvimento mais eficaz para dar início a uma reversão das tendências políticas na Indonésia".[345]

Alguns dos elementos mais conservadores da Indonésia ficaram insatisfeitos com a virada de Sukarno à esquerda. O mais proeminente deles era o Exército, mas estavam incluídos também alguns grupos muçulmanos. Em certas partes do país, os proprietários de terras locais estavam em conflito de baixa escala com o PKI. Depois da aprovação de um pacote de reforma agrária bem moderado, o Partido Comunista buscou por conta própria pressionar os proprietários de terras a cumprirem a lei, levando a alguns confrontos, principalmente em Java Oriental e Bali.[346]

Sukarno estava considerando a criação de uma nova milícia, uma "Quinta Força" nacional composta de pessoas comuns, trabalhadores e camponeses, uma espécie de Reserva Nacional que existiria junto aos soldados. A China pediu aos indonésios que criassem uma milícia popular, pois, como Zhou Enlai disse ao ministro das Relações Exteriores, Subandrio, "as massas militarizadas são invencíveis". Todavia, o Exército se opôs a essa ideia, e Sukarno planejava falar sobre ela com os militares em breve.[347] Como a CIA observou em maio de 1965, o próprio PKI tinha "um potencial apenas limitado para a insurgência armada e quase certamente não desejaria provocar os militares em oposição aberta".[348]

Em agosto de 1965, Sukarno ficou doente e foi tratado por um médico chinês. Ele recomendou ao presidente que reduzisse sua carga de trabalho e "exercitasse a limitação de sua vida sexual". Sukarno recusou, e pessoas de dentro da política começaram a se preocupar com o que aconteceria caso ele morresse.[349] Aidit, o líder do Partido Comunista, foi a Pequim e se reuniu com Mao, e temos uma transcrição parcial de sua conversa:

Mao: Acho que a direita indonésia está determinada a tomar o poder. Você também está determinado?

Aidit: [Balança a cabeça] Se Sukarno morrer, será uma questão de quem ganha na mão grande.

Mao: Sugiro que você não vá ao exterior com tanta frequência. Em vez disso, você pode deixar seu vice ir para o exterior.

Aidit: Para a direita, eles poderiam realizar dois tipos de ações possíveis. Primeiro, eles podem nos atacar. Se o fizerem, teremos motivos para contra-atacar. Em segundo lugar, eles poderiam adotar um método mais moderado construindo um governo Nasakom. Os americanos disseram a Nasution que ele deveria esperar pacientemente; mesmo que Sukarno morra, [o chefe das Forças Armadas, general Nasution] deve ser flexível e dar um golpe. Ele aceitou a sugestão dos americanos.

O líder chinês confiava muito menos nos militares indonésios e em seus apoiadores em Washington.

Mao respondeu: Isso não é confiável. A situação atual mudou.

Aidit descreveu então um plano de contra-ataque em que os comunistas poderiam estabelecer um comitê militar, misturando elementos de esquerda e de centro para não levantar a "bandeira vermelha" e convidar a oposição imediata. Mao mudou a conversa para sua própria experiência com o Partido Nacionalista Chinês, talvez para "sugerir a Aidit que estivesse preparado para negociações de paz e lutas armadas", segundo Taomo Zhou, a historiadora que desenterrou recentemente essa conversa.[350] Entretanto, Aidit não preparou seu partido para a luta armada.

Enquanto 1965 passava, rumores de que generais de direita conspiravam com a CIA ou alguma potência estrangeira começaram a se espalhar em Jacarta como um incêndio. O governo indonésio encontrou uma carta, supostamente escrita pelo embaixador britânico Andrew Gilchrist, afirmando que "seria bom frisar mais uma vez aos nossos amigos do Exército local que a mais estrita cautela, disciplina e coordenação são essenciais para o sucesso do empreendimento". Sukarno se reuniu com os chefes militares, exigindo saber quem eram esses "amigos do Exército". O "documento Gilchrist" podia ser uma falsificação. Pode ter sido real. Ou poderia ter sido plantado pelos britânicos ou americanos como um truque psicótico – talvez um de muitos – para provocar a esquerda a entrar ação.[351]

As suspeitas de Sukarno e de vários membros do governo indonésio se intensificaram quando descobriram quem estava vindo de Washington para substituir Howard Jones. Eles descobriram que o embaixador recém-nomeado Marshall Green esteve em Seul quando Park Chung Hee tomou o poder por meio de um golpe militar que destruiu a breve Segunda República parlamentar. Da mesma forma que os guatemaltecos desconfiaram do passado agressivo de John Peurifoy quando ele havia sido enviado para agir com Jacobo Árbenz, a chegada de Green foi encarada amplamente como um sinal de que Washington havia abandonado a abordagem suave e diplomática de Howard Jones e agora estava comprometida em cheio com a mudança de regime.[352]

Como Kennedy antes dele, o governo de Johnson achava a Indonésia mais importante que o Vietnã. "O presidente Johnson chegou progressivamente à conclusão de que, no fim do dia, ele estaria pronto para uma grande guerra contra a Indonésia", afirmou o secretário de Estado, Dean Rusk, a um oficial britânico.[353] Uma reunião da comissão secreta 303 do Conselho de Segurança Nacional concluiu que "a perda de uma nação de 105 milhões para o 'campo comunista' tornaria pouco significativa uma vitória no Vietnã".[354] O subsecretário de Estado, George Ball, e o conselheiro de Segurança Nacional, McGeorge Bundy, concordaram que a perda da Indonésia seria "a maior coisa desde a queda da China".[355]

Em dezembro de 1964, o embaixador do Paquistão em Paris, J. A. Rahim, enviou uma carta a seu ministro das Relações Exteriores, Zulfikar Ali Bhutto, relatando uma conversa que teve com um oficial de inteligência holandês que trabalhava para a OTAN. Ele escreveu que as agências de inteligência ocidentais estavam organizando um "golpe comunista prematuro". A Indonésia, disse a ele o funcionário da OTAN, "estava prestes a cair no colo ocidental feito uma maçã podre".[356]

Francisca passou grande parte de 1965 na Argélia, trabalhando nos preparativos para uma conferência que reuniria a Associação de Jornalistas Afro-Asiáticos com jornalistas da América Latina. Porém, um golpe militar depôs Ben Bella, o primeiro presidente socialista revolucionário da Argélia, e atrapalhou esses planos. Quando voltou para casa, em agosto de 1965, sentiu que as coisas estavam diferentes. Tensas. Os rumores generalizados sobre um golpe de direita iminente estavam de fato por toda parte. Em seu círculo social, as pessoas estavam falando sobre a possibilidade de um Conselho de Generais de direita estar atuando em segredo para derrubar Sukarno ou destruir a esquerda.

Em algum momento, um grupo de oficiais do Exército de nível médio constituiu um grupo e decidiu apelidá-lo de *Gerakan 30 de Setembro* ("G30S" ou "Movimento 30 de Setembro") e bolou um plano. Porém, a menos que você estivesse acompanhando de perto os acontecimentos políticos em Jacarta, 29 de setembro de 1965 parecia mais um dia normal para a maioria das pessoas em todo o país. Isso inclui os membros do PKI e suas organizações afiliadas. Wayan Badra, jovem filho de um devoto sacerdote hindu em Bali, acordou cedo em sua pequena aldeia e caminhou até o oceano, depois virou à esquerda na praia de Seminyak para caminhar quatro quilômetros pela areia vazia até sua escola em Kuta. Dois de seus professores eram membros do Partido Comunista, e todos os alunos gostavam deles. Uns outros poucos professores pertenciam ao nacionalista PNI. Wayan Badra os enxergava como hindus, como os balineses haviam sido por quase dois milênios, assim como aliados na construção da nova Indonésia. Sakono, o jovem e ansioso estudante de esquerda de Java Central, que amava o marxismo e o futebol, havia crescido – bem, havia completado 19 anos, pelo menos. Ele agora integrava a organização da Juventude do Povo, ligada aos comunistas, e se sentia bastante orgulhoso por ter acabado de se qualificar para trabalhar como professor. Ele ficou sentado, aguardando pacientemente receber o aval de que poderia começar a trabalhar. Sutrisno, seu professor e amigo de cabelos encaracolados, continuou organizado como um quadro completo (*kader*) do Partido Comunista em sua aldeia. Em Jacarta, Magdalena pegou o caminhão para trabalhar, cortou o tecido em forma de camiseta por nove horas, voltou depois para casa, passou pelo imponente Monumento Nacional e se jogou na cama.

Ligação noturna

Bem tarde da noite de 30 de setembro de 1965 – na verdade, já era madrugada de 1º de outubro –, o *Gerakan* 30 *de Setembro* se reuniu na Base Aérea de Halim, o mesmo aeroporto onde Francisca e Zain haviam erguido catorze anos antes sua primeira e modesta casa em uma garagem.

Os líderes do Movimento 30 de Setembro eram das Forças Armadas: o tenente-coronel Untung, por exemplo, era um militar atarracado que atacou as tropas holandesas na luta pela Nova Guiné Ocidental; e o coronel Abdul Latief foi um importante comandante que havia lutado na revolução contra os holandeses nos anos 1940.

Eles organizaram sete equipes, formadas por soldados já sob seu comando militar oficial. Cada um tinha uma missão parecida. Eles iriam até as casas de sete dos oficiais de mais alto escalão das

Forças Armadas, os prenderiam e os trariam de volta. Na escuridão profunda da manhã, eles partiram rumo ao centro de Jacarta nos caminhões do Exército.

Eles foram parcialmente bem-sucedidos. Seis das equipes trouxeram de volta seus homens, incluindo o comandante do Exército, o tenente-general Achmad Yani. Entretanto, o alvo mais importante, o general Nasution – amigo de Washington e Howard Jones desde 1958 – escapou. Quando eles invadiram sua casa, Nasution pulou o muro dos fundos, no bairro nobre de Menteng, e se escondeu na residência de seu amigo, o embaixador iraquiano. O Movimento 30 de Setembro trouxe de volta seu assistente militar. Durante a operação, sua filha de cinco anos foi baleada e morta.

Alguns dos membros do Movimento 30 de Setembro, a maior parte deles soldados regulares do Exército, foram até a cidade e ocuparam a Praça da Independência, local do imponente Monumento Nacional pelo qual Magdalena passou quando chegou a Jacarta pela primeira vez. Um dos oficiais de alta patente do movimento foi ao Palácio Presidencial para comunicar a Sukarno que eles haviam prendido generais que estavam tramando contra ele. Sukarno não estava lá. Como fazia sempre, ele estava dormindo na casa de sua terceira esposa naquela noite.

Às 7h30, os residentes de Jacarta ouviram a transmissão de rádio de "uma declaração obtida do tenente-coronel Untung, comandante do Movimento 30 de Setembro". A voz dizia ao povo da capital que o movimento havia sido formado para evitar um "golpe contrarrevolucionário" planejado pelo Conselho de Generais, um grupo que "abrigava desígnios maléficos contra a república, a Indonésia e o presidente Sukarno". O movimento os prendeu para proteger Sukarno, e mais notícias viriam à tona.

Por volta das 9h, Sukarno finalmente chegou à Base Aérea de Halim para se encontrar com o representante que havia tentado se reunir com ele várias horas antes. Por razões que ainda não entendemos completamente, todos os seis generais capturados estavam mortos quando ele chegou, e seus corpos no fundo de um poço abandonado próximo à Base Aérea de Halim. Não sabemos se o presidente Sukarno ou mesmo o membro do Movimento 30 de Setembro designado para encontrá-lo sabia disso na época.

Os líderes do Movimento 30 de Setembro pertenciam ao Exército. Nem a Força Aérea, nem a Marinha, nem o comando da polícia estavam envolvidos. Entretanto, quando os líderes da Força Aérea foram informados sobre o movimento e seu sucesso, eles aplaudiram. Eles acreditavam que uma ação militar interna, fiel ao presidente Sukarno, havia impedido um complô de direita. O próprio Sukarno ficou supostamente surpreso com a natureza do anúncio no rádio, mas estava disposto a esperar e ver o que havia ocorrido e como a situação se desenrolaria antes de tomar uma posição.

Aidit, o líder do Partido Comunista Indonésio, e alguns membros da Juventude do Povo também chegaram à Base Aérea de Halim em algum momento no dia 1º de outubro. Eles estavam em um prédio diferente e não podiam se comunicar diretamente com os líderes da rebelião do Exército. O movimento havia cortado linhas telefônicas na cidade e não havia *walkie-talkies* ou rádios. Eles também não tinham tanques, um equipamento padrão para conspiradores golpistas na época.[357]

A confusão não durou mais do que um dia: em doze horas, o movimento foi esmagado, e o Exército, liderado agora pelo general direitista Suharto, estava no controle direto do país.

Mais de cinquenta anos depois, ainda não temos um entendimento completo de quem planejou o *Gerakan 30 de Setembro* ou qual era o real propósito do ataque noturno. O que temos é um conjunto de teorias confiáveis.

Uma versão possível da história, apresentada pelo historiador John Roosa, é que Aidit ajudou a planejar o ataque por meio de um intermediário comunista dentro do Exército. Como suas conversas com o Exército eram secretas e indiretas, os dois lados (Aidit e o movimento) acabaram aprovando um plano mal concebido e fadado ao fracasso. Eles pretendiam prender discretamente os generais – como costumeiro há tempos na Indonésia, antes do próprio Sukarno ter sido raptado em 1945 – e apresentá-los ao presidente como traidores. Nessa versão, suas mortes teriam sido resultado de incompetência e pânico. Essa é provavelmente a mais "conservadora" das narrativas confiáveis, a que apresentava a acusação mais forte contra o PKI. Aidit a teria relatado a somente um pequeno grupo de pessoas no partido – nem mesmo ao Comitê Central, nem ao Politburo. Nessa versão, Aidit e um pequeno grupo de comunistas de alto nível seriam culpados por contribuírem para as mortes acidentais desses generais e teriam sido provocados a fazer isso graças àquelas campanhas de desinformação dos Estados Unidos e do Reino Unido, que foram explicitamente elaboradas para fazê-los acreditar que não tinham escolha a não ser agir.[358]

Essa história não convence a todos.[359] Por que, alguns se perguntam, Aidit tomaria uma ação armada ou violenta contra o Exército quando a posição do Partido Comunista estava tão bem estabelecida com Sukarno no cargo? Aidit sabia muito bem que a influência do PKI estava baseada inteiramente no *soft power* e que os militares detinham todas as armas. E como é possível que militares treinados, que foram acusados de prender seus oficiais superiores dormindo, terminem *acidentalmente* matando todos eles e jogando-os em um poço?

Há inúmeras teorias concorrentes. Benedict Anderson, talvez o mais famoso especialista de Indonésia do século XX, e a acadêmica Ruth McVey apresentaram uma explicação em 1966, em que o movimento era basicamente o que ele diz ser – um movimento interno do Exército que o PKI não ajudou a organizar.[360] Como resultado, Anderson foi expulso da Indonésia por 26 anos. Pouco antes de sua morte em 2015, ele disse que ainda acreditava ser esse o caso.[361]

Depois, há as afirmações inteiramente plausíveis de que o general Suharto, o homem que assumiu após a poeira ter baixado, havia planejado ou se infiltrado no movimento, talvez com apoio estrangeiro, para articular sua ascensão ao poder. Afinal, ele estava próximo aos líderes da rebelião. Suharto tinha um histórico de conflito com Nasution e Yani, e era o único oficial do alto escalão do Exército, e abertamente de direita, que não foi alvo do movimento. O ex-ministro das Relações Exteriores, Subandrio, o mesmo homem que teve que ouvir Howard Jones negar que a CIA bombardeou o país em 1958, apresenta um relato crível de um informante, em que Suharto havia sido notificado antecipadamente por seus amigos que lideravam o Movimento 30 de Setembro; ele prometeu seu apoio a eles, mas, em vez disso, planejou se manter em segredo e aproveitar a rebelião como pretexto para tomar o poder.[362] O líder do G30S, Latief, também contou mais tarde que Suharto foi informado dos planos com antecedência.[363]

Sabemos que houve uma conspiração. A menos que a CIA e outras organizações, como os militares indonésios, divulguem aquilo que têm, apenas podemos teorizar quanto à sua verdadeira natureza com base nas evidências disponíveis.[364] Porém, a parte seguinte da história não deixa dúvidas.

Após os acontecimentos de 1º de outubro, o general Suharto assumiu o controle do país e contou uma série de mentiras deliberadas e cuidadosamente preparadas. Essas mentiras se tornaram dogmas oficiais em um dos maiores países do mundo por décadas.

Propaganda *Bersendjata*

Em 1º de outubro de 1965, a maioria dos indonésios não fazia ideia de quem era o general Suharto. A CIA, sim. Já em setembro de 1964, a CIA listou Suharto em um telegrama secreto como um dos generais do Exército que considerava "amigável" aos interesses americanos e anticomunistas.[365] O telegrama apresentava também a ideia de uma coalizão civil-militar anticomunista que poderia tomar o poder em uma luta sucessória.

Suharto, um lacônico major-general de 44 anos de Java Central, estava servindo como chefe do Comando Estratégico do Exército (KOSTRAD). Suharto havia estudado com um homem chamado

Suwarto, amigo próximo do consultor da RAND Corporation, Guy Pauker, e um dos oficiais indonésios mais responsáveis pela implantação da pró-militar Teoria da Modernização, "um Estado dentro do Estado", e operações de contrainsurgência aliadas aos Estados Unidos.[366] Suharto tinha um passado conturbado entre os militares indonésios. Pego fazendo contrabando no fim dos anos 1950, ele foi demitido pelo próprio Nasution. Segundo Subandrio, a corrupção de Suharto irritou tanto Yani e Nasution que Yani pessoalmente lhe deu uma surra, e Nasution quase o levou a julgamento.[367] Durante a *Konfrontasi*, Suharto se certificou de que as tropas ao longo da fronteira com a Malásia estivessem mal equipadas e com falta de pessoal, utilizando seu poder para minimizar o conflito da Indonésia com o Reino Unido (e os Estados Unidos) naquele tempo.[368]

Curiosamente, o general Suharto assumiu o comando das Forças Armadas em 1º de outubro e não Nasution, o oficial de mais alta patente do país, após o amigo de longa data de Washington ter tido a sorte de sobreviver aos acontecimentos da noite anterior. Essa foi uma inversão de papéis tão inesperada que, para muitos atores-chaves, demorou semanas para entenderem que Suharto estava no comando de fato.

Tudo o que Suharto fez em outubro sugere que ele estava executando um plano de contra-ataque anticomunista que havia sido desenvolvido com antecipação e não somente reagindo aos eventos.

Na manhã de 1º de outubro, Suharto chegou ao KOSTRAD, que, por alguma razão, não tinha sido visado ou neutralizado pelo Movimento 30 de Setembro, ainda que estivesse situado diretamente em frente à Praça da Independência, ocupada naquela manhã. Em uma reunião de emergência no começo da manhã, ele assumiu o comando das Forças Armadas. À tarde, ele disse às tropas na Praça da Independência que se dispersassem e acabassem com a rebelião ou ele atacaria. Ele retomou o centro de Jacarta sem disparar um único tiro, e ele próprio foi ao rádio declarar que o Movimento 30 de Setembro havia sido derrotado. O presidente Sukarno ordenou que outro major-general, Pranoto, se encontrasse com ele na Base Aérea de Halim e assumisse o comando temporário das Forças Armadas. Contrariando uma ordem direta de seu comandante-chefe, Suharto proibiu Pranoto de ir e deu ao próprio Sukarno uma ordem: saia do aeroporto. Sukarno o fez e fugiu para um palácio presidencial fora da cidade. Assim, Suharto assumiu com facilidade o controle do aeroporto e, em seguida, de todo o país, ignorando Sukarno quando bem quis.

Já no comando, Suharto ordenou que todos os meios de comunicação fossem fechados, com exceção dos veículos militares agora sob seu controle. Curiosamente, *Harian Rakyat* – o jornal do Partido Comunista onde Zain havia trabalhado por mais de uma década – publicou um editorial de primeira página endossando o Movimento 30 de Setembro em 2 de outubro, um dia após o golpe ter fracassado, e seus escritórios terem sido ocupados pelos militares. O fato de ter sido o único jornal não militar a sair aquele dia talvez indique que o Exército o publicou visando incriminar o partido, ou pode indicar que o partido achava que não haveria nada incriminador em ir adiante com um texto de apoio a um movimento interno do Exército com, naquele período, o objetivo aparentemente louvável de impedir um golpe de direita.[369] Há várias teorias. O autor Martin Aleida, que trabalhava no jornal à época, diz que o texto do editorial era marcadamente diferente do estilo usado por Njoto, membro do PKI que costumava escrever esse tipo de coisa.[370] A capa do jornal naquele dia apresentava uma charge, desenhada no conhecido estilo do *Diário do Povo*, com o Movimento 30 de Setembro representado como um punho socando o "Conselho de Generais", desenhado como um homem caindo para trás, revelando um chapéu com "CIA" escrito nele. Francisca simplesmente se lembra de que Zain seguiu trabalhando naquele dia como de costume, até que *Harian Rakyat* foi fechado.

Depois disso, Suharto assumiu o controle de todos os meios de comunicação de massa. Ele acusou o PKI de crimes chocantes, usando falsidades deliberadas e incendiárias para incitar o ódio contra a esquerda por todo o país.

Os militares espalharam a história de que o PKI havia sido o mentor de um golpe comunista fracassado. Suharto e seus homens alegaram que o Partido Comunista Indonésio havia trazido os generais de volta à Base Aérea de Halim e iniciado um depravado ritual demoníaco. Eles disseram que as integrantes do Gerwani, o Movimento das Mulheres, dançaram nuas enquanto as mulheres mutilavam e torturavam os generais, cortando seus órgãos genitais e arrancando seus olhos antes de assassiná-los. Eles afirmaram que o PKI tinha longas listas de pessoas que planejavam matar, e valas comuns já estavam preparadas.[371] Eles afirmaram que a China havia entregado secretamente armas às Brigadas da Juventude do Povo.[372] O jornal do Exército, *Angkatan Bersendjata* [Forças Armadas], publicou fotos dos corpos dos generais mortos, relatando que eles haviam sido "cruel e brutalmente massacrados" em atos de tortura que constituíam "uma afronta à humanidade".[373]

Quando as primeiras notícias sobre esses acontecimentos chegaram, o subsecretário de Estado dos Estados Unidos, George Ball, supostamente ligou para o diretor da CIA, Richard Helms, para perguntar se eles "se encontravam em uma posição em que podiam negar categoricamente o envolvimento das operações da CIA na situação indonésia". Helms disse que sim.[374] O embaixador Green provavelmente não esperava nada que ocorreu em 1º de outubro, e todos os documentos do Departamento de Estado agora públicos indicam que a embaixada estava confusa com os acontecimentos dos primeiros dias de outubro. Não está claro se, como foi no caso de Howard Jones sete anos antes, as informações estavam sendo mantidas ocultas pelo novo embaixador.

Logo após a confusão inicial, o governo dos Estados Unidos ajudou Suharto em sua crucial fase inicial em que espalhava propaganda e estabelecia sua narrativa anticomunista. Washington forneceu rápida e secretamente equipamentos vitais de comunicação móvel para os militares, indica um telegrama confidencial agora liberado, de 14 de outubro.[375] Essa foi também uma admissão tácita e bem antecipada de que o governo estadunidense reconhecia o Exército e não Sukarno como o verdadeiro líder do país, mesmo que Sukarno ainda fosse legitimamente o presidente.

A imprensa ocidental também fez sua parte. A Voz da América, a BBC e a Rádio Austrália transmitiram reportagens que enfatizaram os pontos de propaganda militar indonésia, como parte de uma campanha de guerra psicológica para demonizar o PKI. Essas transmissões alcançaram o interior do país também em *bahasa* indonésio, e as pessoas que as escutaram se lembram de pensar que a credibilidade da narrativa de Suharto era mais confiável porque ouviram veículos internacionais respeitados dizendo a mesma coisa.[376]

Cada parte da história contada pelo Exército indonésio é uma mentira. Nenhuma mulher do Gerwani participou de qualquer assassinato em 1º de outubro.[377] Mais de três décadas depois, Benedict Anderson pôde provar não só que o relato da tortura dos generais era falso, mas que Suharto sabia, no início de outubro, que tudo era falso. Ele próprio solicitou uma autópsia que demonstrou que todos os homens tinham sido baleados, exceto um, que pode ter sido esfaqueado com uma baioneta em uma luta em sua casa.[378]

Porém, em 1987, quando a prova de Anderson foi publicada, essa descoberta não importava tanto mais. A história de uma conspiração comunista demoníaca para dominar o país mutilando militares bons e tementes a Deus na escuridão da noite virou algo semelhante à religião nacional sob a ditadura de Suharto. Pouco depois de assumir, Suharto ergueu um monumento aos homens mortos naquela noite, da mesma forma que os brasileiros ergueram um monumento na Praia Vermelha, no Rio de Janeiro, celebrando seus heróis caídos. As duas estruturas são até similares – em ambas, os degraus levam a uma placa de mármore branco com uma figura – ou figuras – de bronze das vítimas militares em pé. Tal qual a Intentona Comunista no Brasil, os indonésios comemoravam o aniversário do evento a cada ano como uma espécie de ritual nacional anticomunista. Contudo, o monumento indonésio é maior. E Suharto levou essa propaganda um pouco mais além das estátuas e dos discursos anuais. Ele ordenou a produção de um filme horrendo de três horas narrando sua versão dos eventos, que todo ano era exibido no 30 de setembro na televisão pública. O Exército ainda exibe o filme.

A história espalhada por Suharto toca em alguns dos medos e preconceitos mais sombrios dos indonésios e, na prática, dos homens em geral – em todo o mundo. Uma invasão noturna surpresa em sua casa. Tortura lenta com facas. A inversão dos papéis de gênero, o ataque literal aos órgãos reprodutivos de homens fortes promovido por mulheres comunistas demoníacas e sexualmente depravadas. É o material de um filme de terror reacionário e bem redigido, e poucas pessoas acreditam que Suharto chegou a isso por conta própria.

As semelhanças com a lenda brasileira da Intentona Comunista são notáveis. Apenas um ano após um golpe na nação mais importante da América Latina ter sido parcialmente inspirado por uma lenda sobre soldados comunistas esfaqueando generais até a morte durante o sono, o general Suharto disse à nação mais importante do Sudeste Asiático que os comunistas e soldados esquerdistas levaram generais para longe de suas casas na calada da noite para serem assassinados lentamente com facas. Assim, as duas ditaduras militares anticomunistas com alinhamento com Washington celebraram por décadas o aniversário dessas rebeliões de forma bastante parecida.

O historiador Bradley Simpson, dos Arquivos de Segurança Nacional em Washington, DC., notou: "Apesar de não termos acesso a muitos dos materiais confidenciais dos Estados Unidos e do Reino Unido, é bastante provável que um elemento-chave das operações secretas americanas e britânicas nesse período envolvesse a criação de propaganda 'negra' na Indonésia", com o objetivo da demonização do PKI.[379]

A equipe de propaganda de Suharto pode ter se "inspirado" na lenda anticomunista brasileira de várias maneiras. Talvez algum oficial dos Estados Unidos tenha apresentado a ideia a Suharto ou ajudado a criar sua narrativa para ele. Milhares de militares brasileiros e indonésios estudaram em Leavenworth nessa mesma época, e talvez alguém tenha falado lá a respeito da Intentona. Talvez as autoridades indonésias simplesmente tenham se apropriado dela e amplificaram bastante os contos anticomunistas que cruzavam a consciência mundial no movimento anticomunista internacional, que já era grande, bem organizado e interconectado. Àquela altura, já existia o Bloco de Nações Antibolcheviques, composto majoritariamente por europeus orientais de extrema-direita; havia a Liga Anticomunista dos Povos Asiáticos, uma espécie de grupo anti-Bandung liderado por Taiwan e Coreia do Sul; e existia a Confederação Interamericana de Defesa do Continente, liderada pelo México. Graças à intervenção de um anticomunista brasileiro, todos os três grupos se encontraram na Cidade do México em 1958 e mantiveram contato depois.[380] Até os americanos comuns sabiam dessas referências antigas e absurdas a "vermelhos embaixo da cama". Ou talvez seja apenas uma coincidência.

Suharto conseguiu dar legitimidade oficial a uma narrativa selvagemente anticomunista, uma versão absurdamente fanática e exagerada da ideologia da direita global. Essa constituiu uma reviravolta assombrosa em apenas poucas semanas. Sukarno, no entanto, era ainda tecnicamente o presidente, e ainda havia muitas pessoas no país que eram comunistas ou amplamente tolerantes com os comunistas. Nos seis meses seguintes, o Exército se encarregou de ambos os problemas.

7 - EXTERMÍNIO

Dizem que o tempo parece ficar mais lento em momentos revolucionários ou históricos. E sabemos que, em momentos de trauma ou violência, o tempo pode quase parar. Quando testemunhas oculares e vítimas falam sobre os seis meses seguintes a 30 de setembro de 1965, elas contam de um modo diferente. Homens e mulheres idosos que falam sobre outras partes de suas vidas em termos de anos ou décadas, começam a falar sobre semanas, datas específicas, horas e minutos.

As comunicações agora públicas do governo estadunidense relatando os mesmos eventos também são bastante específicas sobre as datas. Em deferência à forma como esses dois tipos bem diferentes de vozes podem agora falar conosco, o que se segue é uma linha do tempo selecionada para esses meses.

5 de outubro

Jacarta – 5 de outubro é o Dia das Forças Armadas na Indonésia. Na capital, o Exército costuma realizar um desfile. Em 1965, promoveu um funeral de Estado para os generais caídos e uma manifestação do novo domínio militar.

Sukarno se absteve de comparecer, receoso por sua segurança. O presidente devia agora apoiar publicamente a nova liderança militar ou parecer apoiar o derrotado, desacreditado e aparentemente demoníaco Movimento 30 de Setembro.

O ministro da Defesa, Nasution, fez um discurso apaixonado condenando a traição da rebelião comunista e reconhecendo a liderança de Suharto.

Ao redor do arquipélago, as seções locais do Partido Comunista Indonésio participaram das festividades como sempre, acenando orgulhosamente suas bandeiras do martelo e foice ao lado das celebrações militares.[381]

Washington, DC – O Departamento de Estado recebeu um telegrama da embaixada dos Estados Unidos em Jacarta em 5 de outubro, assinado pelo embaixador Marshall Green.

Green descrevia a situação da Indonésia:

As diretrizes seguintes podem fornecer parte da resposta para qual deve ser nossa postura:

A. Evitar envolvimento aberto à medida que a luta pelo poder se desenrolar.

B. Secretamente, entretanto, evidenciar de forma clara a pessoas importantes no Exército, como Nasution e Suharto, nosso desejo de dar assistência onde pudermos, transmitindo a eles, ao mesmo tempo, nossa suposição de que devemos evitar aparentar envolvimento ou interferência de alguma forma.

C. Manter e, se possível, ampliar nosso contato com militares.

D. Evitar mudanças que possam ser interpretadas como demonstração de desconfiança do exército (como mudanças precipitadas [sic] de nossos dependentes ou corte de pessoal).

E. Espalhar a história da culpa, traição e brutalidade do PKI (esse esforço prioritário é talvez a assistência imediata mais necessária que podemos dar ao Exército se pudermos encontrar uma forma de fazê-la sem identificá-lo como um esforço único ou amplo dos Estados Unidos).

O novo embaixador enviou, naquele mesmo dia, outro resumo mais direto do que estava diante de Washington na Indonésia. Ele escreveu: "O Exército agora tem a oportunidade de se movimentar contra o Partido Comunista se agir rapidamente", escreveu ele.

"É agora ou nunca."[382]

7 de outubro

Banda Aceh – A província de Aceh, no topo da grande e rica ilha de Sumatra, tem uma história de comunismo e fé muçulmana fervorosa. Na verdade, muitas vezes, eles coexistiam nos dias em que a Indonésia vivia um florescimento do comunismo, e a maioria dos quadros do PKI na região eram devotos fiéis.[383] Quente, densa e verde escura, Aceh é o ponto mais ocidental da Indonésia, com a Malásia a leste, pelo Estreito de Malaca. Lá, as Forças Armadas haviam organizado um grande número de civis como parte da *Konfrontasi* de Sukarno contra aquela jovem nação. De acordo com entrevistas com habitantes de Aceh naquela época, o PKI não tinha má reputação, mesmo entre os muçulmanos mais conservadores, até a propaganda anticomunista começar a chegar depois de 1º de outubro.[384]

O comandante militar de Aceh em 1965 era Ishak Djuarsa, um ávido anticomunista que tinha estudado em Fort Leavenworth, no Kansas.[385] Em 7 de outubro, ele largou a capital, Banda Aceh, para uma viagem intensa pela província, fazendo discursos para as multidões que se aglomeravam com rapidez.

"Os PKI são *kafirs* [infiéis]", anunciou ele, segundo relatos de testemunhas oculares. "Vou arrancá-los até as raízes! Se na aldeia você encontrar membros do PKI, mas não os matar, puniremos você!"

Djuarsa liderou a multidão em um canto. "Esmague o PKI!" "Esmague o PKI!" "Esmague o PKI!"

Os moradores do centro de Aceh entenderam, como eles se recordam, que estavam sendo instruídos a ajudar a matar os comunistas ou seriam eles próprios os mortos.[386]

Acredita-se que o assassinato em massa tenha começado naquele dia, na ilha de Sumatra. Algumas das mortes foram "espontâneas", realizadas por civis agindo por conta própria depois de receberem ordens como essa. Porém, essa não era a regra. Militares e policiais começaram a prender um enorme número de pessoas. Muitos esquerdistas se entregaram, pensando que era a coisa mais segura e prudente a fazer.

Os militares colocaram em uso as estruturas civis que criaram durante a campanha anti-Malásia. Durante o *Konfrontasi*, os militares criaram organizações paramilitares que poderiam ser utilizadas para implementar a lei marcial e reprimir os comunistas.[387]

A frase usada por Djuarsa, "até as raízes", já havia sido usada uma vez antes – à meia-noite de 1º de outubro, por Mokoginta, outro comandante em Sumatra que estudou em Leavenworth. Essas palavras se tornariam um refrão constante e público do programa de assassinato em massa.[388]

8 de outubro

O jornal do Exército *Angkatan Bersendjata* publicou uma charge de um sujeito golpeando com um machado o tronco de uma árvore. Na árvore, está escrito "G30S", a sigla em indonésio para o Movimento 30 de Setembro, e as raízes soletram "PKI", o Partido Comunista. A legenda diz: "Exterminá-los até a raiz".[389]

Internamente, porém, o exército indonésio adotava um nome diferente para isso. Chamava de *Operasi Penumpasan* – Operação Aniquilação.[390]

19 de outubro

Jacarta – Magdalena sequer notou que havia ocorrido um certo caos político no começo de outubro na capital. Ela de certo não sabia que as coisas em Java Central, lugar onde cresceu, estavam bem piores do que em Jacarta.

Sua avó havia ficado doente. Assim, ela tirou uma folga de seu trabalho na fábrica de camisetas e tomou um trem de volta para sua aldeia para visitá-la. Problemas de saúde atormentaram sua família por toda a vida. Quando ela chegou, sua avó já tinha falecido. O plano era ir ao funeral e passar uma semana, talvez duas, de luto ao lado de sua família, e então regressar para trabalhar em Jacarta. Ela foi dormir na casa de sua infância em Purwokerto.

20 de outubro

Washington, DC – O Departamento de Estado recebeu um telegrama do embaixador Marshall Green. Ele relatou que o PKI havia sofrido "alguns danos à sua força organizacional por meio de prisão, assédio e, em alguns casos, execução de quadros". Ele continuou: "Se a repressão do Exército ao PKI continuar, e o Exército se recusar a ceder sua posição de poder a Sukarno, o poder do PKI poderá ser reduzido. No longo prazo, entretanto, a repressão do Exército ao PKI não será bem-sucedida a não ser que esteja disposta a atacar o comunismo enquanto tal".

Green concluiu: "O Exército, contudo, tem trabalhado arduamente para destruir o PKI, e eu, por exemplo, tenho cada vez mais respeito por sua determinação e organização no cumprimento desta tarefa crucial".[391]

Purwokerto, Java Central – No começo da tarde, dois policiais chegaram até a casa da família de Magdalena, menos de 24 horas após sua chegada.

"Você está vindo conosco. Precisamos de algumas informações suas", falaram para ela.

A casa inteira explodiu, em prantos, gritando. A família de Magdalena havia ouvido falar que algumas pessoas haviam sido presas no bairro recentemente, mas eles não sabiam que ela fazia parte de um sindicato da SOBSI em Jacarta, e nem eles nem Magdalena sabiam que isso poderia consistir em um problema.

Na delegacia, os policiais começaram a gritar com ela, interrogando-a. Afirmaram que sabiam que ela era membro do Gerwani, o Movimento das Mulheres associado ao Partido Comunista. Ela não era. Ela não sabia o que dizer a eles, exceto que não era membro. Segundo a mitologia propagada pelo novo comando da Indonésia, isso significava que ela fazia parte daquele grupo que dançava nu enquanto mutilava os órgãos genitais do alto comando militar. Ela estava em Jacarta, disseram. Talvez ela estivesse até no massacre. Ela não sabia de nada a respeito disso, disse a eles.

Esses interrogatórios começavam, paravam e recomeçavam durante sete dias. Em seguida, os policiais a levaram para outra delegacia, em Semarang. Assim que chegou, desmaiou. Ela estava doente ou exausta. Estava completamente tonta. Tinha 17 anos.

Ela não tem certeza de quanto tempo ficou na segunda delegacia de polícia antes que dois policiais a estuprassem. Na cabeça dos policiais, ela era *Gerwani*, o que significava que não era um ser humano e nem uma mulher, mas uma assassina depravada sexualmente. Uma inimiga da Indonésia e do Islã. Uma bruxa. Esses homens estavam encarregados dela agora.

22 de outubro

Washington – O Departamento de Estado recebeu relatórios detalhados acerca da extensão e da natureza das operações do Exército quando os assassinatos tiveram início em Java. Um "líder juvenil muçulmano" reportou que "assistentes" acompanhavam as tropas em varreduras que resultavam em assassinatos.[392]

O Conselheiro de Segurança Nacional McGeorge Bundy escreveu ao presidente Johnson que os eventos na Indonésia desde 30 de setembro "são, de longe, um castigo surpreendente da política dos Estados Unidos quanto àquela nação nos últimos anos".[393]

No mesmo dia, o embaixador Marshall Green enviou um telegrama ao Departamento de Estado: "Por enquanto, não há indicativo de que o Exército seja incapaz... Concordamos que seria virtualmente impossível manter em segredo qualquer assistência direta do USG [governo dos Estados Unidos]... Se a assistência foi concedida e se tornar pública, temos de questionar se o Exército seria mais ajudado do que prejudicado. Desconfiamos que, caso as autoridades militares realmente precisassem de nossa ajuda neste assunto, nos deixariam cientes disso".[394]

Após duas semanas, a Casa Branca permitiu que a estação da CIA em Bangkok fornecesse pequenas armas a seu contato militar em Java Central "para uso contra o PKI", junto com suprimentos médicos.[395]

Contudo, após sete anos de cooperação estreita com Washington, os militares já estavam bem equipados. Também não é preciso armamento tão avançado para prender civis que quase não ofereciam resistência. Entretanto, o que os funcionários da embaixada e da CIA decidiram que o Exército precisava de fato era de informações. Trabalhando com analistas da CIA, o adido político da embaixada, Robert Martens, elaborou listas com os nomes de milhares de comunistas e supostos comunistas e as entregou ao Exército, a fim de que tais pessoas pudessem ser assassinadas e "marcadas" na lista.

Até onde sabemos, essa consistiu, pelo menos, na terceira vez na história que as autoridades americanas forneceram listas de comunistas e supostos comunistas a aliados para que pudessem capturá-los e matá-los. A primeira vez foi na Guatemala, em 1954, a segunda no Iraque, em 1963, e agora, em uma escala bem maior, na Indonésia, em 1965.

"Essa foi realmente uma grande ajuda para o Exército", afirmou Martens, que era membro da seção política da embaixada estadunidense. "Tenho provavelmente muito sangue nas mãos, mas isso não é, de todo, ruim."[396]

25 de outubro

Purbalingga, Java Central – Sakono acordou cedo e dirigiu sua bicicleta seis quilômetros em direção à delegacia de polícia local. Ele chegou, entrou e assinou seu nome em um pequeno pedaço de papel. Os policiais agiram casualmente e foram basicamente educados. Essa agora era a rotina.

Quando Sakono ouviu falar pela primeira vez sobre o Movimento 30 de Setembro, ele foi solidário. Como ele havia entendido por meio de reportagens de rádio, tratava-se de um movimento interno do Exército que interrompeu um golpe contra seu herói de infância, o presidente Sukarno. Porém, as notícias começaram a ficar um tanto mais confusas. O *Diário do Povo* não chegava mais à sua aldeia. Sua seção local da organização da Juventude do Povo também não lhe dava qualquer resposta, de modo que ele ficou esperando para começar seu trabalho como professor, desesperado por notícias de Jacarta, como sempre fazia desde a adolescência.

À medida que a narrativa em torno dos eventos mudava, com relatos apenas pela mídia militar e estrangeira, Sakono tinha ciência de que a esquerda estava sob suspeita, mas ele realmente não considerou isso uma grande questão. Ele soube que todos em uma organização associada aos comunistas precisavam se comunicar regularmente com a polícia.

Ainda que nunca tivesse lidado antes com a aplicação da lei, ele não se importava muito com isso. Ele não tinha muito o que fazer e não parecia preocupado. O que quer que tenha acontecido em Jacarta não afetava seus planos. Ele imaginou que seria o melhor revolucionário que poderia ser como professor. "Quando a educação avança, o país avança", pensava. Ele continuou aguardando, ajudando sua família com a colheita, esperando o tempo passar.

29 de outubro

Galena, Maryland – Frank Wisner encontrou uma das espingardas de seus filhos enquanto estava na fazenda da família e a usou para se matar.[397]

2 de novembro

Purbalingga, Java Central – Sakono contatou a polícia novamente. Mais uma vez, ele saiu da estação, depois subiu em sua bicicleta e retornou para sua aldeia. Ao chegar em casa, por volta das duas da tarde, uma dupla de policiais o esperava. Um deles segurava uma carta. Eles disseram que a carta significava que ele deveria que ir com eles. "Isso é de extrema importância", afirmou o policial. "Você precisa encarar isso agora."

Então, Sakono foi com eles.

Quando Sakono entrou na prisão, se sentia muito bem. Ele não havia feito nada de errado. Então, acreditava que faria só algumas entrevistas, daria algumas informações e limparia seu nome. Não era um membro pleno do PKI, mas, desde muito jovem, esteve envolvido de forma diversa e orgulhosa com o Partido Comunista, de modo que ele imediatamente encontrou vários de seus velhos amigos. Estava lá Sutrisno, quadro do partido que lhe dera aulas de marxismo-leninismo quando era mais jovem. Também estava lá Suhada, seu amigo mais velho, baixo e um pouco gordinho, que sempre usava óculos escuros. Ele estava no Comitê Central do Partido, um cara engraçado que sempre fazia discursos incríveis.

Era praticamente uma reunião. O clima era leve, quase festivo. Eles começaram a cantar juntos canções revolucionárias – nem para desafiar a polícia, mas como em uma espécie de solidariedade alegre.

> Siga em frente destemido
> Defenda o que é certo
> Avante, juntos,
> É claro que nós ganhamos
> Siga em frente, siga em frente
> Todos juntos, todos juntos

Naquela noite, enquanto todos estavam dormindo, eles levaram doze dos prisioneiros. Levaram Sutrisno. Levaram Suhada. Levaram seus amigos Kamdi, Sumarno e Suharjo.

Eles nunca mais voltaram. Ninguém tomou café da manhã na manhã seguinte. Não houve mais cantoria. Não havia mais alegria. Ninguém falava mais. Isso não poderia estar acontecendo. Isso ia contra tudo aquilo que Sakono havia aprendido e acreditado durante toda a sua vida. Os militares e a polícia foram os defensores da revolução. A Indonésia tinha um sistema de lei e ordem, de julgamento justo, de prova e justiça. Ele praticamente não havia visto violência nos 19 anos desde que nasceu.

"Eu não sou um rebelde! Nunca segurei uma arma! Nunca me rebelaria contra meu país! Nunca fiz nada de errado em toda a minha vida!", gritava mais e mais Sakono, mas silenciosamente dentro de sua própria mente, enquanto seu corpo tremia, temendo que ele estivesse no próximo grupo a ser levado embora.

O que havia acontecido com seus amigos? Sakono ouviu rumores, assim como todos na região. Eles estavam levando algumas pessoas para o rio Serayu no meio da noite. Eles amarravam suas mãos e os jogavam na água. Ou talvez tenham primeiro atirado neles. Ou talvez os tenham esfaqueado. Havia se tornado óbvio que assassinatos em massa estavam acontecendo. Havia tantos corpos se amontoando que bloqueavam rios e liberavam um fedor terrível por todo o país. Porém, sobre quem foi morto, onde e como, tudo o que os sobreviventes tinham eram boatos.

Essa era uma nova característica da violência massiva. Pessoas não eram mortas nas ruas, deixando bem claro para as famílias que elas haviam partido. Elas não eram executadas oficialmente. Elas eram presas e *desapareciam* no meio da noite. Por diversas vezes, os entes queridos não faziam ideia se seus parentes ainda estavam vivos, o que os deixava ainda mais paralisados de medo. Caso reclamassem ou se rebelassem, será que isso poderia custar a vida de seus entes queridos presos? Será que poderiam ser também levados? Mesmo em face de evidências esmagadoras de que estava acontecendo um assassinato em massa, o instinto humano é manter a esperança de que seu filho ou sua filha poderia ainda estar a salvo. Isso congela as pessoas e torna as populações bem mais inativas – mais fáceis de exterminar e controlar. Historiadores que estudam a violência na Ásia creem que essa foi a primeira vez que "desaparecimentos" forçados foram usados.

Quem os assassinou? Assim como em Aceh, militares e policiais levavam os presos a lugares especiais durante a noite e os matavam. Contudo, muitas vezes não foram os oficiais uniformizados que puxaram o gatilho ou enfiaram o facão na carne humana.

A maior organização muçulmana do país tinha um braço jovem e um armado – o Ansor e o Banser. Eram siglas, mas o fundador da Banser contou que queria que a palavra soasse como Panzer, os famosos tanques de Hitler. Ele disse também que vinha estudando o *Mein Kampf* desde 1964 a fim de aprender como lidar com os comunistas.[398] Esses grupos participaram de assassinatos em Java Central e Oriental. Em Aceh, o Exército formou gangues e ameaçou civis suspeitos, indivíduos politicamente suspeitos ou párias, promovendo assassinatos. Depois, muitas vezes, os militares bebiam álcool e se entorpeciam com o que haviam acabado de fazer.[399] O que quer que tenha acontecido, quem quer que fosse, não mudava o fato de que quase todos os amigos de Sakono tinham agora partido, e os cadáveres estavam se acumulando por toda parte.

6 de novembro

Washington, DC – O Departamento de Estado recebeu um telegrama de Jacarta. A embaixada dos Estados Unidos divulgou mais alguns relatórios sobre o progresso do Exército. A mensagem terminou exatamente da seguinte maneira:

E. O escritório de informações do Exército também relatou que paracomandos (RPKAD) em veículos blindados adentrando a cidade de Surakarta (sem data fornecida) foram barrados nos arredores da aldeia por nove "bruxas" da seção feminina do PKI, GERWANI, que os insultaram e não permitiram que eles passassem. Depois de pedir silenciosamente a elas que cedessem e dispararem para o alto, os paracomandos foram "forçados por sua intransigência a interromper a respiração dessas nove bruxas do GERWANI".

3. Miscelânea [sic]: Começando o que acreditamos ser uma grande moda, Bandung rebatizou ontem parte de sua rua principal como "General Yani Boulevard". É bom que ela tenha um nome facilmente pronunciável.

Green[400]

22 de novembro

Boyolali – As Forças Armadas encontraram, prenderam e executaram D. N. Aidit, o líder do Partido Comunista Indonésio em Boyolali, em Java Central, na manhã de 22 de novembro. Aidit estava fugindo desde que se deu conta de que os militares o perseguiam.

Os militares afirmaram ao mundo que Aidit confessou planos de tomar o controle do país, e essa denúncia foi depois publicada na *Newsweek*. Após o problema ter sido divulgado, um telegrama da embaixada contou ao Departamento de Estado que os funcionários da embaixada sabiam que era "impossível acreditar que Aidit fizesse tal declaração", pois, segundo a versão dos militares, ele supostamente fez referência a um documento falso, que eles sabiam que "estava obviamente sendo disseminado como parte de uma operação anticomunista de 'propaganda negra'".[401]

13 de dezembro

Jacarta – Francisca continuou trabalhando nos dias após 1º de outubro de 1965. Zain parou de trabalhar após o *Diário do Povo* ter sido fechado pelos militares. Entretanto, Francisca continuou indo todos os dias ao escritório da Associação de Jornalistas Afro-Asiáticos, e a equipe seguiu trabalhando nos preparativos para sua próxima edição e para a Conferência Tricontinental a ser realizada em Havana em 1966. Apesar de tudo o que estava acontecendo, Sukarno e um líder importante do Partido Comunista, Nyoto, conseguiram convocar uma conferência em Jacarta em protesto contra as bases militares dos

Estados Unidos em todo o mundo, e Francisca ajudou o *Jornalista Afro-asiático* a cobri-la em outubro.[402]

No entanto, Francisca sabia que pessoas estavam sendo presas em toda a capital. Alguns de seus colegas, especialmente os jornalistas, pararam de aparecer para trabalhar. Ainda assim, quase não existiam informações confiáveis sobre o que estava ocorrendo. Todos estavam guardando as informações para si mesmos. Ninguém sabia em quem se podia confiar. Todas as noites, Francisca pegava o carro direto do escritório para sua casa com Zain em Menteng. Ela havia vivido assim por dois meses, enquanto o mundo dos intelectuais de esquerda em Jacarta estava ficando menor e menor.

Às quatro da manhã de 13 de dezembro, três homens bateram em sua porta e levaram os dois embora. Francisca e Zain foram pacificamente, sob custódia policial. Os policiais disseram a Francisca que ela estava sendo levada apenas para interrogatório e que estaria em casa muito em breve, depois a puseram junto a Zain em um Land Rover e dirigiram até a Praça da Independência. As crianças permaneceram sozinhas em casa.

Logo após chegarem, os homens levaram Zain para uma sala diferente. Francisca viu um homem começar a tirar o cinto ao entrar em outra porta. Ela foi deixada com um oficial militar em uma sala de interrogatório. Ele puxou uma arma e a colocou sobre a mesa na frente dela. Ela perdeu o contato com seus próprios sentidos. Tinha certeza de que ia morrer.

De alguma maneira, ela conseguiu passar. O interrogatório acabou. Pode ter durado uma hora ou várias. Ela estava atordoada. Eles a levaram ao consultório do médico militar, aquele que tratava das esposas dos oficiais. Por que ela estava lá? Talvez para ser morta de uma forma diferente? Em seguida, trouxeram Zain. Ficou claro que ele estava lá para se despedir. Também ficou claro que ele havia sido torturado. Ela podia ver queimaduras de cigarro em seus braços. Quantas, ela não sabia. Muito difícil de contar. Ele então se foi e ela ficou no consultório médico sozinha.

Ela ficou doente ali por oito dias. À noite, ela dormia em uma espécie de banco, uma mesa de exame aparentemente utilizada por ginecologistas. Ela não comeu e perdeu, talvez, uns quinze quilos. Ela não sabia. Ela não sabia de nada. Durante o dia, os médicos a ignoravam enquanto estavam trabalhando, aparentemente sem saber por que ela estava ali, mas sabendo que ela era uma espécie de comunista e, portanto, não merecedora de tratamento.

Contudo, uma paciente, outra mulher, provavelmente a esposa de um soldado, a notou. Francisca soluçava incontrolavelmente. Ela não sabia onde seus filhos estavam. Ela não sabia se Damaiati ou Kandida ou Anthony, ou seu caçula, Benjamino, estavam bem. Por dias, a polícia ignorou suas lágrimas.

Porém, essa mulher a viu e perguntou o que havia de errado. Francisca tentou dizer a ela.

"Você tem filhos?", a mulher perguntou.

"Eu tenho quatro!", disse Francisca e desabou de novo.

Ela se virou ao médico e gritou: "Por que você não está cuidando desta mulher?"

O médico cedeu e concedeu só um pouco de sua humanidade de volta. Ele deve ter ligado para alguém, pois Francisca foi transferida para o escritório militar. Acontece que a polícia a processou incorretamente e havia esquecido dela. Agora, ela foi levada para a prisão feminina. Ainda sem contato com sua família. Na prisão, ela conheceu uma menina mais nova, de somente 19 anos, uma camponesa grávida de seu primeiro filho. Ela admirava Francisca, uma mãe mais velha, agora com 39 anos. A jovem chorava incontrolavelmente e contou a Francisca que seu marido já estava morto.

16 de dezembro

Washington, DC – Oficiais dos Estados Unidos estiveram em contato próximo com os militares, deixando claro a eles que a assistência direta poderia ser retomada se o PKI fosse destruído, Sukarno fosse removido e os ataques aos investimentos americanos cessassem.

Os fluxos de ajuda foram também condicionados à disposição da Indonésia em adotar os planos econômicos aprovados pelo FMI e pelos Estados Unidos.[403]

De acordo com um telegrama do Departamento de Estado em dezembro, todos os líderes do Exército pareciam querer saber "quanto vale para nós que o PKI seja destruído".[404] Isso valia muito.

No entanto, as autoridades americanas também ficaram bastante alarmadas com o fato de o governo militar em transição não ter revertido ainda os planos de Sukarno de tomar as empresas de petróleo dos Estados Unidos, de longe sua preocupação econômica mais importante na época. Eles "avisaram direta e repetidamente à liderança indonésia emergente" que, caso a nacionalização fosse adiante, o apoio de Washington seria negado, e seu controle do poder estaria em jogo, segundo a análise do historiador Bradley Simpson acerca das comunicações liberadas. A Casa Branca convocou autoridades australianas e japonesas para a briga.[405] Eles venceram.

Em 16 de dezembro, um telegrama de Jacarta para o Departamento de Estado descreveu a vitória. Suharto chegou de helicóptero a uma reunião de alto nível, entrou na sala e "deixou bem claro para todos os presentes que os militares não tolerariam movimentos precipitados contra as empresas de petróleo". Depois ele saiu.[406]

1º de janeiro, 1966

Bali – A violência chegou à ilha de Bali em dezembro. É quase como se tivesse começado no extremo oeste da Indonésia e se dirigido à parte oriental por meio dos principais centros populacionais, através de Java Central, para Java Oriental e, em seguida, para Bali. Tal qual o movimento do sol, no sentido contrário.

O massacre em Bali provavelmente foi o pior em toda a Indonésia. Quando o Ano Novo começou, a ilha se convulsionou em violência.

Agung Alit era só um garotinho, mas ele sabia que estavam à procura de seu pai, Raka, que também sabia. Assim, em vez de dormir em casa, ele foi para um templo hindu nas proximidades. Agung permaneceu em casa. Enquanto ele dormia, os homens foram até lá, no fim da noite, vasculhando e exigindo saber onde estava Raka. Eles finalmente o pegaram. Agung foi acordado, e sua família disse que seu pai tinha ido embora. Não tinham certeza de quando ele estaria de volta.

O povo de Bali sabia que havia algo muito suspeito a respeito do início dessa violência. Pessoas estavam sendo mortas com grandes facões. Esses facões não são comuns na ilha. Os balineses usam o *klewang*, uma lâmina local mais fina. Alguém deve ter trazido armas pesadas de outra ilha. E, como em outros lugares, os habitantes locais estavam participando dos assassinatos. Agung soube que, na verdade, foi um vizinho, um homem conhecido da família, quem havia levado seu pai.

Os facões chegaram a Bali mais ou menos na mesma época em que as campanhas militares de propaganda anticomunista, coordenadas a nível nacional. Um boato dizia que as mulheres do Gerwani tinham planos de vender seus corpos para comprar armas para uma revolta comunista e castrar os soldados que haviam seduzido. Equipes de propaganda percorriam as áreas rurais, espalhando histórias iguais a essa, transmitindo a mensagem de que as pessoas deveriam ou "ficar do lado do G30S, ou dar apoio ao governo para esmagar o G30S. Não havia posição neutra".[407]

Alguns assassinatos foram cometidos por membros do PNI, o partido nacionalista fundado por Sukarno há muito tempo, assim como por gangues paramilitares locais que já se opunham ao programa de reforma agrária nacional do governo.[408] O jovem Wayan Badra, filho de 13 anos de um sacerdote hindu do bairro de Seminyak, notou que os dois bons professores comunistas de sua escola haviam partido e nunca mais voltaram. Ele então ouviu o que estava acontecendo nas praias. Eles estavam trazendo pessoas da cidade para a parte ocidental para executá-las na areia. Lá era uma propriedade pública e sempre vazia à noite. Os corpos ficavam abandonados lá. Algumas famílias vinham recuperá-los. Outros eram reunidos na aldeia de Badra para receberem rituais funerais anônimos e serem cremados por seu sacerdote.

Para os hindus balineses, a perda do corpo de um membro da família é uma profunda tragédia espiritual de consequências infinitas. Então, alguns anos após o fim da violência, Agung foi com sua família encontrar o corpo de seu pai e conceder a ele um funeral honroso e uma cremação. Eles caminharam quatro quilômetros até o local onde alguém lhes disse que poderiam encontrar seus restos mortais, e acharam um campo de corpos.

Eles começaram a procurar por ossos, pegando crânios. Alguém gritou: "Este é o sr. Raka!"

Porém, não, aquele crânio não parecia certo. Talvez fosse o cabelo errado. Talvez aquele? Eles continuaram vasculhando corpos em decomposição, desesperadamente, por minutos, antes que alguém se desse conta de que aquilo era impossível, uma loucura. Havia só "vários crânios, vários esqueletos".

Eles caminharam de volta para casa por uma hora, processando a informação que nunca os deixaria descansar, e nauseados com o vasto mar de humanidade em que haviam acabado de entrar.

No total, ao menos, 5% da população de Bali foi morta, ou seja, 80 mil pessoas – provavelmente a maior proporção do país.[409]

Os balineses haviam sido fortes partidários do projeto político multifacetado de Sukarno, já que ele deu aos hindus mais liberdade em um país de maioria muçulmana.[410] Uma grave crise econômica no começo da década de 1960 tornou as promessas comunistas de redistribuição mais atrativas para alguns – e mais ameaçadoras para outros. O PNI matou Suteja, o governador, e membros de sua família, e espalhou o mito de que ele, na verdade, havia escolhido o *nyupat*, ou seja, ele se ofereceu para ser executado para reencarnar como uma pessoa melhor. Alguns balineses foram de fato questionados se queriam *nyupat* ou não. Contudo, aqueles que não queriam eram executados de qualquer maneira, tornando a questão sem sentido.[411] Eles eram assassinados, mortos um por um durante alguns meses, por estarem filiados a um partido político desarmado que, até apenas poucas semanas antes, estava inteiramente legalizado e era dominante.

Um pouco depois, o primeiro hotel turístico foi construído na mesma praia – Seminyak – que havia sido usada como campo de assassinatos.

14 de janeiro

Washington, DC – O Departamento de Estado recebeu uma avaliação detalhada da situação da Indonésia do embaixador Marshall Green:

> Antes de 1º de outubro de 1965, a Indonésia era, para todos os efeitos práticos, um Estado comunista asiático. [...]
> Os eventos dos últimos meses tiveram três efeitos principais nas políticas e estruturas de poder da Indonésia:
> 1. O PKI não será mais, em um futuro próximo, um importante elemento de poder. A ação efetiva do Exército e de seus aliados muçulmanos desorganizou por completo o aparato organizacional do partido. A maioria dos membros do Politburo e do Comitê Central foi morta ou presa, e as estimativas do número de membros do partido mortos chegam a várias centenas de milhares. [...]

O memorando listava o plano para a resposta dos Estados Unidos:

> 1. Certifique-se de que nossas ações e declarações não façam nada para fortalecer Sukarno e seus capangas. [...]
> F. Sem se envolver diretamente, promova acordos entre o [governo da Indonésia] e as empresas petrolíferas americanas. [...]
> H. Dentro dos limites da prudência, forneça assessoria e assistência aberta ou dissimulada a grupos anticomunistas responsáveis e competentes para atividades úteis.[412]

11 de março

Bogor – À medida que as mortes aconteciam, funcionários do Departamento de Estado expressavam repetidamente sua frustração por Suharto ainda não ter assumido o controle total e deposto formalmente o presidente Sukarno. Desde outubro, Sukarno estava fortemente relegado a seu palácio na cidade de Bogor e destituído da maioria de seus poderes, mas ele detinha ainda seu título oficial e alguma influência.

A reação de Sukarno aos assassinatos foi de resignação e desespero. Ainda que não estivesse recebendo relatórios completos de todo o país, ele sabia que a violência estava tomando conta e parecia cansado pela avalanche de propaganda anticomunista. Ele disse a um grupo de oficiais e jornalistas: "Cada vez mais é a mesma coisa... Navalhas, navalhas, navalhas, navalhas, navalhas, uma sepultura para mil pessoas, uma sepultura para mil pessoas... Mais e mais, a mesma coisa!".[413] Ele pedia moderação, de forma totalmente ineficaz, enquanto as forças de Suharto literalmente atacavam todos aqueles à esquerda na política indonésia.

Durante o período das mortes, a situação econômica se deteriorou, reduzindo ainda mais o que restava do poder de Sukarno. Segundo Subandrio, seu ex-ministro das Relações Exteriores, Suharto planejou intencionalmente a hiperinflação ao atuar junto a empresários para restringir o fornecimento de produtos básicos como arroz, açúcar e óleo de cozinha.[414] Suharto encorajou grupos de estudantes anticomunistas, muitas vezes oriundos das mesmas escolas que Benny havia frequentado anos antes, a protestarem contra os preços altos. O governo dos Estados Unidos estava desestabilizando a economia intencionalmente.[415]

Enquanto protestos estudantis cresciam ao seu redor, Sukarno chamou altos funcionários do governo ao Palácio Presidencial de Jacarta em 10 de março, para uma tentativa de manter o controle. Em vez disso, paraquedistas leais a Suharto, liderados pelo general Sarwo Edhie, o cercaram no dia seguinte.

Sukarno saltou em um helicóptero para fugir, Subandrio saiu correndo descalço atrás dele, e se retiraram volta para Bogor. Só que lá, Sukarno foi forçado a assinar uma carta entregando o poder executivo a Suharto.[416]

Ainda há controvérsias a respeito dessa carta, a chamada *Supersemar*. Ninguém nunca viu sua versão original.

Independentemente disso, Suharto a usou como permissão para tomar o controle de tudo imediata e completamente. Em seus primeiros atos, ele baniu oficialmente o que restava do Partido Comunista e depois prendeu boa parte do gabinete de Sukarno, incluindo Subandrio. Os Estados Unidos abriram imediatamente as comportas econômicas. O controle da economia foi afrouxado, e as empresas americanas foram explorar oportunidades de lucro. Poucos dias após a transferência do poder, representantes da mineradora estadunidense Freeport estavam nas selvas da Nova Guiné Ocidental e acharam rapidamente uma montanha rica em minerais valiosos. Ertsberg, como é hoje chamada, é a maior mina de ouro do planeta.[417]

17 de março

Washington, DC – Cabo de entrada de Jacarta:

"1. Vários correspondentes americanos têm buscado aqui comentários nossos a respeito dos 'relatórios de [Jacarta]', cuja origem, nós apuramos, vinha de fontes britânicas de alto nível em Cingapura. O correspondente da AP, John Cantwell (protegendo a fonte), afirmou categoricamente a Congen que os britânicos estão plantando histórias."

O repórter tinha ciência de que vinha recebendo informações incorretas como parte de uma campanha visando fortalecer Suharto. Ele não deu importância. O memorando continua:

"O correspondente reclamou que, embora estivesse razoavelmente certo de que os britânicos estavam lhe fornecendo informações falsas ou enganosas, suas histórias eram tão espetaculares que ele não tinha escolha a não ser arquivá-las."[418]

Data desconhecida

Depois de muitos meses, Francisca deixou a prisão. Seu pai buscou uma forma de utilizar seu dinheiro e influência para pagar por sua libertação. Desnorteada, ela não fazia ideia de que dia era.

Em termos gerais, a violência em Jacarta não havia sido tão intensa como em lugares como o norte de Sumatra, Java Central e Oriental e Bali. Talvez porque esses fossem os principais centros de apoio de massa ao PKI e ao próprio Sukarno e talvez porque não pudessem tratar os esquerdistas da capital – cercados pela imprensa, elites e diplomatas – da mesma maneira que tratavam as pessoas comuns, longe da cidade. De qualquer forma, o mundo que Francisca descobriu após sua libertação era ainda devastador.

Sua casa havia sido coberta com grafites violentos, acusando o "G30S", Movimento 30 de Setembro. Ela enfim conseguiu ver seus filhos. Eles estavam bem, mas ela descobriu que um dia sua filha mais velha tinha sido tirada da aula pelos militares, carregada em um caminhão e levada para a Praça da Independência, onde foi forçada a fazer uma fila e gritar: "Abaixo Sukarno! Abaixo Sukarno!".

Ela sabia que esse canto era direcionado a seu pai e sua mãe, que estavam desaparecidos, por estarem naquilo que era considerado agora o lado errado da história.

Nenhum dos amigos de Francisca falava mais com ela. Na verdade, ninguém estava falando com ninguém. Já se foram os dias de discussões literárias e aulas de línguas com intelectuais progressistas de todo o mundo. Havia uma nova regra de conduta.

"Você não devia confiar em ninguém", lembrou ela. "Eles estavam usando pessoas de todos os tipos de organização para delatar seus ex-colegas. Muitas pessoas simplesmente não conseguem suportar a tortura. Entram em colapso e traem seus amigos em sua própria organização. Quanto menos você souber, melhor será."

Zain não estava lá. Ele nunca saiu da prisão.

Um raio de luz

A maior parte da imprensa ocidental repetia a narrativa divulgada pelo novo governo indonésio, que Washington acolheu entusiasmadamente no cenário mundial. Essa história dizia, mais ou menos, que certa violência espontânea tinha irrompido quando as pessoas comuns haviam descoberto aquilo que os comunistas fizeram ou tinham planejado. Esses artigos afirmavam que os nativos haviam "surtado" e se envolvido em derramamento de sangue. Como a palavra "*amok*" tinha origem no malaio (o idioma que serviu de base tanto para o indonésio quanto para língua malásia), ficou mais fácil para os jornalistas ocidentais empregar estereótipos orientalistas sobre os asiáticos como pessoas primitivas, atrasadas e violentas, e culpar a violência a uma presumida explosão irracional e abrupta.[419]

Em 13 de abril de 1966, C. L. Sulzberger redigiu uma matéria, uma das muitas do gênero, para o *New York Times*, com o título "Quando uma nação governa Amok". Como Sulzberger descreveu, os assassinatos estavam acontecendo na "violenta Ásia, onde a vida é barata". Ele reproduziu a mentira de que membros do Partido Comunista assassinaram os generais em 1º de outubro e que mulheres do Gerwani os retalharam e torturaram. Ele seguiu afirmando que "os indonésios são gentis... mas, oculto por trás de seus sorrisos, está aquele estranho traço malaio, aquela sede de sangue frenética e secreta que deu a outras línguas uma de suas poucas palavras malaias: *amok*."[420]

O conceito malaio de *amok* – e agora indonésio – se referia, na verdade, a uma forma tradicional de suicídio ritual, mesmo que sua anglicização agora faça referência à violência selvagem mais genericamente.[421] Contudo, não há razão para acreditar que a violência em massa de 1965-1966 tenha suas raízes na cultura nativa. Ninguém tem qualquer prova de assassinatos em massa dessa natureza acontecendo na história da Indonésia, exceto quando houve envolvimento de estrangeiros neles.[422]

Essa história de violência inexplicável e vagamente tribal – fácil o bastante para que leitores americanos digerissem – era completamente falsa. Era uma violência de Estado organizada com um claro propósito. Os principais obstáculos para uma tomada militar completa estavam sendo eliminados por um programa coordenado de extermínio – o assassinato em massa intencional de civis inocentes. Os generais conseguiram conquistar o poder após o terror de Estado ter enfraquecido suficientemente seus oponentes políticos, que não dispunham de armas, mas somente de simpatia pública. Eles não resistiram à sua própria aniquilação porque não tinham ideia do que estava por vir.[423]

Ao todo, estima-se que entre 500 mil e 1 milhão de pessoas foram massacradas e mais 1 milhão tenham ido para campos de concentração. Sarwo Edhie, o homem que emboscou Sukarno em março, se gabou certa vez de que os militares tinham matado 3 milhões de pessoas.[424] Há uma razão para termos que fazer estimativas. Isso porque, por mais de cinquenta anos, o governo indonésio resistiu a qualquer tentativa de se expor e registrar o que aconteceu, e também ninguém no mundo se importou muito em questioná-lo. Outros milhões de pessoas foram vítimas indiretas dos massacres, mas ninguém apareceu para investigar quantos entes queridos eles haviam perdido.

O silêncio deles foi o ponto da violência. As Forças Armadas não supervisionaram o extermínio de cada comunista, possível comunista e potencial simpatizante do comunismo no país. Isso teria sido quase impossível, uma vez que cerca de um quarto do país era de alguma forma associado ao PKI. Após as mortes acontecerem, tornou-se incrivelmente difícil encontrar alguém que admitisse qualquer relação com o PKI.

Cerca de 15% dos presos eram mulheres.[425] Elas foram submetidas a uma violência de gênero particularmente cruel, oriunda diretamente da propaganda disseminada por Suharto com auxílio ocidental. Sumiyati, a integrante do Gerwani que residia perto de Sakono na adolescência, fugiu da polícia por dois meses até se entregar. Ela foi obrigada a beber a urina de seus sequestradores. Outras mulheres tiveram seus seios cortados ou seus órgãos genitais mutilados, e o estupro e a escravidão sexual eram generalizados.[426] Tem acontecido um debate sobre se os assassinatos em massa indonésios podem ser categorizados como um "genocídio", mas isso é, em larga medida, um argumento acerca do significado do termo, não sobre o que ocorreu.[427] Na maioria esmagadora dos casos, pessoas foram assassinadas por suas crenças políticas ou por serem acusadas de ter as crenças políticas erradas. É verdade também que certos assassinos se aproveitaram do caos para acertar contas pessoais e que milhares foram mortos por causa de sua raça. Isso era particularmente verdadeiro para a população de etnia chinesa. A grande maioria dos esquerdistas de verdade, no entanto, não merecia mais qualquer punição do que aqueles que foram erroneamente acusados de associação com o Partido Comunista.

Exceto por um limitado número de pessoas possivelmente envolvidas no planejamento do desastroso Movimento 30 de Setembro, quase todos os mortos e presos eram totalmente inocentes de qualquer crime. Magdalena, uma adolescente apolítica integrante de um sindicato ligado aos comunistas, era inocente. Sakono, membro ativo da Juventude do Povo e entusiasta marxista, era inocente. Seus professores e amigos, todos eles membros do partido, eram inocentes. O pai de Agung, em Bali, era inocente. Sumiyati e os outros membros de sua seção do Gerwani, inocentes. Os amigos de infância de Sakono e os camaradas sindicais de Magdalena não mereciam ser mortos. Eles não mereciam nem mesmo uma pequena multa. Eles não haviam feito nada de errado.

Eles foram condenados ao aniquilamento, e quase todos que viviam a seu lado foram condenados a uma vida inteira de culpa e trauma, ouvindo que haviam pecado de forma imperdoável por conta de sua associação com as esperanças sérias nas políticas de esquerda. Documentos liberados da Europa Oriental indicam que Zain, o marido de Francisca, era membro do Comitê Central do Partido.[428] Mesmo no caso de alguém como ele, no topo do Partido Comunista, não há provas de que Zain tenha culpa de algo. Além do crime de extermínio, um Tribunal Popular Internacional, reunido mais tarde na Holanda, considerou os militares indonésios culpados de um conjunto de crimes contra a humanidade, o que inclui tortura, detenção injustificada e de longo prazo em condições cruéis, trabalho forçado análogo à escravidão e violência sexual sistemática. Os juízes concluíram que tudo isso foi realizado para fins políticos – destruir o Partido Comunista e, em seguida, "sustentar um regime violento e ditatorial" – com a assistência dos Estados Unidos, do Reino Unido e da Austrália.[429]

Não foram somente os funcionários do governo dos Estados Unidos que haviam entregado as listas de pessoas que deveriam morrer ao Exército. Os gerentes de plantações de propriedade de americanos forneceram a eles os nomes de comunistas "problemáticos" e lideranças sindicais, que foram então executados.[430]

A principal responsabilidade pelos massacres e campos de concentração recai sobre os militares indonésios. Ainda não se sabe se o método empregado – desaparecimento e extermínio em massa – foi planejado bem antes de outubro de 1965, talvez inspirado em outros casos mundo afora ou planejado sob orientação estrangeira, ou se emergiu como uma solução na medida em que os eventos se desdobraram. Contudo, Washington compartilha a culpa por cada morte. Os Estados Unidos fizeram parte da operação em todas as suas fases, começando bem antes do início da matança, até o último corpo cair e o último prisioneiro político sair da prisão décadas depois, torturado, assustado e atordoado. Em vários pontos que conhecemos – e talvez alguns que não conhecemos –, Washington foi o motor principal e exerceu uma pressão crucial para que a operação fosse adiante ou se expandisse.

A estratégia dos Estados Unidos desde a década de 1950 era tentar encontrar uma forma de destruir o Partido Comunista Indonésio – não porque estivesse tomando o poder de forma não democrática, mas porque ele era popular. Alinhado à estratégia inicial de Frank Wisner de confronto direto encoberto, o governo estadunidense lançou ataques secretos e assassinou civis em 1958 na tentativa de rachar o país, mas isso fracassou. Assim, as autoridades americanas adotaram as percepções locais mais sutis de Howard Jones, voltando-se para uma estratégia de construir conexões profundas com as Forças Armadas e formar um Estado militar anticomunista dentro do Estado. O envolvimento ativo de John F. Kennedy com o Terceiro Mundo e, em particular, suas Forças Armadas, sob a direção da Teoria da Modernização, garantiu a estrutura para a expansão do poder dessa operação na Indonésia. Quando Washington se desvencilhou de Jones e de sua estratégia de trabalhar diretamente com Sukarno, instruiu seus agentes secretos e não tão secretos a desestabilizar o país e criar conflito. Quando o conflito veio e surgiu a oportunidade, o governo dos Estados Unidos contribuiu para espalhar a propaganda que tornou possível o massacre e manteve conversas constantes com o Exército a fim de assegurar que os militares dispusessem de tudo de que necessitassem, desde armas até listas de matança. A embaixada dos Estados Unidos estimulava constantemente os militares a adotar uma posição mais forte e tomar o governo, sabendo bem que o método empregado para tornar isso possível era prender centenas de milhares de pessoas em todo o país, apunhalá-las ou estrangulá-las e atirar seus cadáveres nos rios. Os oficiais militares indonésios aprenderam muito bem que quanto mais pessoas executassem, mais fraca seria a esquerda e mais feliz estaria Washington.

Até 1 milhão de indonésios, talvez mais, foram mortos como parte da cruzada anticomunista global de Washington. O governo dos

Estados Unidos gastou recursos significativos no decorrer dos anos planejando as condições para um confronto violento e, então, quando a violência explodiu, ajudou e orientou seus antigos parceiros a realizarem o assassinato em massa de civis como meio de atingir os objetivos geopolíticos americanos.

E, no fim, as autoridades americanas conseguiram aquilo que queriam. Foi uma grande vitória. Como explica o historiador John Roosa, "quase da noite para o dia, o governo indonésio deixou de ser uma voz feroz da neutralidade na Guerra Fria e do anti-imperialismo e se tornou um parceiro quieto e complacente da ordem mundial dos Estados Unidos".[431]

Era algo que quase todo mundo no governo estadunidense e nos círculos midiáticos de elite deveriam comemorar, de acordo com o pensamento dominante à época. James Reston, um colunista liberal do *New York Times*, publicou um artigo com o título "Um brilho de luz na Ásia". Ele observou, corretamente, que "houve muito mais contatos entre as forças anticomunistas naquele país e, pelo menos, um alto funcionário em Washington antes e durante o massacre indonésio do que, em geral, se pensa... O golpe indubitavelmente jamais teria sido tentado sem a demonstração de força estadunidense no Vietnã ou se sustentado sem a ajuda clandestina recebida daqui indiretamente". Reston disse que a "transformação selvagem da Indonésia de uma política pró-chinesa sob Sukarno para uma política desafiadoramente anticomunista sob o general Suharto é, obviamente, a mais importante" de uma série de "desenvolvimentos políticos esperançosos na Ásia" que ele via como superação dos reveses publicizados mais amplamente de Washington no Vietnã.[432]

Reston conhecia muito bem o sistema de política externa de Washington. Nos anos 1950, ele era um convidado recorrente nos ruidosos jantares de domingo à noite de Frank Wisner em Georgetown.[433] Em seus últimos dias, antes de tirar sua vida, não está claro quanta atenção Wisner estava prestando às notícias ou se ele mesmo sabia o que havia ocorrido na Indonésia como um todo.

Para escritores como Reston, essa constituiu uma óbvia vitória para os interesses geopolíticos americanos, como Washington os compreendia à época. E, para anticomunistas linhas-duras de todo o mundo, o método por trás dessa "transformação selvagem" seria logo visto como uma inspiração, um manual. No entanto, como a imprensa internacional e o Departamento de Estado poderiam ficar inteiramente imperturbáveis pelo fato de que isso foi conseguido por meio do assassinato em massa de civis desarmados? Howard Federspiel, do Departamento de Estado, resumiu perfeitamente a resposta. "Ninguém se importava, desde que fossem comunistas que estivessem sendo massacrados", lembrou.[434]

8 - AO REDOR DO MUNDO

A Indonésia havia virado uma "parceira quieta e complacente" dos Estados Unidos, o que explica por que tantos estadunidenses hoje praticamente não ouvem falar do país. Contudo, naquela época, as coisas eram bastante diferentes.

A aniquilação do terceiro maior partido comunista do mundo, a queda do fundador do movimento do Terceiro Mundo e a ascensão de uma ditadura militar fanaticamente anticomunista sacudiu a Indonésia de forma violenta, dando início a um tsunâmi que atingiu quase todos os cantos do globo.

No longo prazo, o formato da economia global mudou para sempre. A escala da vitória anticomunista e a eficiência cruel do método empregado inspiraram programas de extermínio com o nome da capital indonésia. Porém, primeiro, aquela gigante onda de sangue causou consequências no curto prazo quando se espatifou em praias ao redor do mundo.

Vietnã

Em grande medida, a estratégia dos Estados Unidos no Sudeste Asiático foi ditada pela lógica da "teoria do dominó", que estipula que, assim que um país na Ásia "cai" para o comunismo, o resto da região também pode cair. Essa teoria é bastante lembrada até hoje. O que se esqueceu completamente é que a Indonésia foi, de longe, o maior dominó. Quando autoridades influentes em Washington perceberam o quão decisiva tinha sido sua vitória em Jacarta, chegaram a uma conclusão. Eles poderiam se dar ao luxo de perder a batalha no Vietnã, pois a guerra já estava ganha.

A queda do PKI "reduziu enormemente as apostas da América no Vietnã". Essa é a maneira como é colocada por Robert McNamara, resumindo em 1966 a opinião de George F. Kennan, o inventor da estratégia de contenção da Guerra Fria. "Agora havia menos dominós, e eles pareciam bem menos propensos a cair."[435]

Mais tarde, o próprio McNamara revisou suas próprias opiniões pró-guerra acerca do Vietnã em 1965 e concluiu, lamentando, que ele e outros funcionários de alto nível "não haviam levado em conta a hostilidade de séculos entre a China e o Vietnã [...] ou os reveses para o poder político chinês provocado pelos eventos recentes" na Indonésia.[436] Em 1967, quando McNamara orientou contra a escalada da guerra, apontou para a derrota dos comunistas na Indonésia e a Revolução Cultural que então sacudia a China, argumentando que esses eventos demonstravam que "a tendência na Ásia estava agora correndo a nosso favor".[437]

No fim, McNamara estava certo. Os oficiais em Washington perderam a Guerra do Vietnã, mas ainda conseguiram, afinal, a versão do Sudeste Asiático que sempre almejavam.

Depois, havia o atual povo do Vietnã. O segundo maior partido comunista do Sudeste Asiático (até os comunistas indonésios serem destruídos, quando se tornou o maior), como boa parte do mundo socialista, respondeu aos eventos de 1º de outubro, de início, com hesitação. O órgão oficial do partido, *O Povo*, não teceu comentários sobre os acontecimentos na Indonésia até 7 de outubro, quando o jornal publicou uma mensagem de Ho Chi Minh para o presidente Sukarno. Evitou comentar na íntegra sobre o Movimento 30 de Setembro.

"Estamos muito satisfeitos em saber que o presidente está bem. Desejamos que você e o povo indonésio possam seguir com sua revolução."

Assim, em 9 e 18 de outubro, *O Povo* publicou duas manchetes: "As forças na Indonésia, apoiadas pelos imperialistas estadunidenses, planejaram durante meses um golpe contra o presidente Sukarno", afirmava a primeira; a segunda dizia: "Imperialistas estadunidenses e seus bandos estão promovendo uma campanha anticomunista na Indonésia".[438]

É claro que, à medida que o envolvimento militar de Washington aumentava, Hanói dificilmente estava em posição de fazer qualquer coisa em relação à Indonésia. Os comunistas vietnamitas acabaram vencendo os estadunidenses, mas a um custo tremendo. Três milhões de vietnamitas foram mortos nessa guerra, e 2 milhões deles eram civis.[439] Muitos mais foram mortos no Camboja e no Laos. Na Indochina, a cruzada anticomunista de Washington apagou vidas humanas em uma escala verdadeiramente colossal, sem resultados positivos apreciáveis.

A dinâmica da Guerra do Vietnã foi muito bem documentada – sobretudo em comparação com a atenção dada à Indonésia.[440] Mas um aspecto frequentemente foge à atenção, e é um programa que ecoa na Guatemala de 1953, no Iraque de 1963 e na Indonésia de 1965.

Os militares dos Estados Unidos lançaram em 1968 o Programa Phoenix, com a ajuda da Austrália e do governo sul-vietnamita. O objetivo era "neutralizar" o governo do inimigo por meio da persuasão ou do assassinato. Isso significava assassinar civis e não promover a guerra. Os militares elaboraram listas negras e foram à caça de seus alvos. A Operação Phoenix matou dezenas de milhares de burocratas e pessoas desarmadas.[441]

Um dos homens que trabalhava na operação era já um veterano das operações anticomunistas de Washington. Um exilado cubano chamado Félix Rodriguez havia lutado na invasão da Baía dos Porcos; depois ingressou na CIA e comandou a operação que caçou e executou Che Guevara na Bolívia em 1967; quando terminou sua missão lá, ele seguiu para o Vietnã para atuar no supersecreto Programa Phoenix.[442]

A União Soviética

A União Soviética reagiu à queda de Sukarno e à destruição do PKI com silenciosa resignação. Por um lado, àquela altura da divisão sino-soviética, Moscou não estava ansiosa para ver o sucesso de um franco aliado de Pequim. Por outro lado, Leonid Brezhnev, secretário-geral desde outubro de 1964, procurava reconquistar o PKI e Aidit para o lado soviético. Afinal, segundo Pequim, os comunistas indonésios ainda eram "revisionistas", e Aidit – que nunca gostou muito de Khrushchev – tentou um novo começo com Brezhnev.[443]

Parece que as autoridades em Moscou, como quase todo mundo, foram pegas de surpresa pelos eventos de 1º de outubro e adotaram uma abordagem de "aguardar para ver". Em 10 de outubro, os líderes soviéticos enviaram e publicaram uma carta a Sukarno, desejando a ele "votos sinceros de grande sucesso". Após aprender sobre o programa de extermínio em massa, o *Pravda* perguntou em fevereiro de 1966: "Para que e com que direito dezenas de milhares de pessoas estão sendo mortas?". O jornal oficial comunista reportou que "os círculos políticos de direita estão tentando eliminar o partido comunista e, simultaneamente, 'erradicar' a ideologia do comunismo na Indonésia." Eles compararam o massacre ao "Terror Branco" desencadeado na Rússia em 1917.[444]

No entanto, os soviéticos não tomaram qualquer ação internacional decisiva. As relações entre os dois países pioraram à medida que Suharto consolidava seu poder, é claro, e os soviéticos diminuíam lentamente a ajuda à Indonésia e seus militares. Porém, não houve denúncias ferozes na ONU ou ameaças de retaliação.[445] Comentários duros feitos pelo cônsul-geral da Alemanha Oriental, no sentido de que "o PKI fracassou seriamente por sua conexão com os incidentes de 30 de setembro", podem indicar que, em particular, algumas autoridades importantes na órbita soviética acreditavam que os indonésios estavam merecendo.[446] Ao menos, eles acharam uma justificativa para ficar fora do caminho enquanto os comunistas estavam sendo aniquilados, como era frequente antes.

Contudo, muitos indonésios viviam na União Soviética em 1965. Vários deles eram alunos da Universidade Patrice Lumumba, criada no começo da década de 1960 para educar visitantes do Terceiro Mundo. Desde a independência, os estudantes indonésios eram enviados para estudar em todo o mundo, mas, à medida que Sukarno se movia para a esquerda nos anos 1960, as oportunidades nos países socialistas aumentaram em relação às oportunidades no Ocidente.

Desse modo, Gde Arka e Yarna Mansur, um jovem casal indonésio respectivamente de Bali e Sumatra, aproveitaram a oportunidade para ir a Moscou em 1963. Eles receberam um pouco de treinamento ideológico antes de decolarem – sobretudo para que pudessem espalhar as boas novas sobre a revolução da Indonésia a outros estudantes –, mas não eram comunistas. Eles poderiam ter ido felizes para a Inglaterra ou Holanda para estudar, caso pudessem.[447]

Eles acharam Moscou fria, mas também bastante rica e desenvolvida. Todos receberam cuidados de saúde, educação gratuita, coisas que os indonésios acreditavam que mereciam, mas não tinham ainda recebido. O russo não era tão difícil – eles, desde a infância, haviam aprendido e se alternado entre idiomas bem mais complexos que o russo. Assim, em pouco tempo, estavam falando e estudando na língua local, junto a alunos de inúmeros lugares: América Latina, Oriente Médio, Japão, Camboja, Tailândia, Índia, Sri Lanka, Irã e Iraque.

Depois de 1º de outubro de 1965, as notícias de eventos em casa ficaram desconexas. Eles sintonizaram relatos da Rádio Soviética, BBC e Rádio Austrália. Nada fez sentido. Pior, eles foram cortados do contato com suas famílias em casa. As coisas ficaram ainda mais confusas quando a embaixada da Indonésia os chamou para assinar algumas declarações.

Primeiro, eles foram convidados a assinar alguma coisa condenando o assassinato dos seis generais. Eles fizeram isso alegremente. Mais tarde, porém, eles foram convidados a assinar um formulário declarando lealdade ao novo governo de Suharto. Eles hesitaram; isso não fazia tanto sentido. Eles mal sabiam quem era esse Suharto. Essa cobrança por lealdade dividiu a considerável população estudantil em Moscou. Alguns assinaram. Gde e Yarna não. Eles imaginavam – e esperavam – que Sukarno, o presidente que, de fato, os enviou para o exterior, resolveria as coisas e regressaria ao poder.

Isso não ocorreu. Por não terem assinado, tiveram seus passaportes revogados e perderam a cidadania, ou seja, perderam seu país. A mesma coisa aconteceu com milhares de indonésios em todo o mundo, todos viraram apátridas, condenados a procurar assistência local onde estavam ou vagar entre fronteiras – sem passaporte – até que pudessem achar um governo que os acolhesse.[448] Não podiam se comunicar com suas famílias na Indonésia. Eles foram marcados como comunistas e, como resultado, foram total e verdadeiramente rejeitados.

O tio de Gde foi morto na violência anticomunista em Bali. Ele foi torturado, forçado a assistir seus amigos serem assassinados na sua frente. Depois foi esfaqueado até a morte. Gde só viria a ouvir essa história completa quando pôde retornar à Indonésia, trinta anos depois.

Guatemala

Quase uma década após o golpe arquitetado pela CIA, o maior país da América Central não estava indo bem. Washington ainda contava com um aliado da Guerra Fria no poder ali, e a Guatemala estava ainda firmemente integrada à economia dos Estados Unidos, mas as coisas não saíram exatamente como os oficiais estadunidenses esperavam.

Pelo resto dos anos 1950, os agentes da CIA assistiram, com algum arrependimento, o país mergulhar de volta na "repressão feudal".[449] Então, a invasão da Baía dos Porcos desencadeou indiretamente uma guerra civil, que duraria mais de três décadas.

Em novembro de 1960, um grupo de oficiais subalternos liderou uma pequena rebelião contra o presidente Miguel Ydígoras Fuentes, que havia vencido uma eleição completamente fraudulenta após o general escolhido a dedo por Washington em 1954 ter sido assassinado. Os oficiais subalternos estavam majoritariamente à esquerda e ficaram chocados com os níveis de corrupção e incompetência do regime. A centelha da revolta, no entanto, foi o fato de o presidente ter concedido sem qualquer questionamento uma base para que exilados cubanos apoiados pela CIA se preparassem para a invasão de Cuba. Os exilados cubanos eram ricos e irresponsáveis, dirigindo carros impressionantes por todo o país.[450] Isso não era só um insulto aos militares e à sua hierarquia; era um roubo, uma vez que o presidente embolsou todo o dinheiro que os Estados Unidos pagaram a ele.

A revolta fracassou. Contudo, alguns dos oficiais formaram um grupo guerrilheiro, o Movimiento Revolucionario 13 de Noviembre (MR-13), a fim de se rebelarem abertamente contra o governo. Outro oficial formou um grupo rival, Fuerzas Armadas Rebeldes (FAR), e começou a colaborar com o clandestino Partido Comunista (PGT), que, desde sua fundação, era não violento.[451]

Em 1964, os Estados Unidos e seus parceiros militares locais, frustrados por sua incapacidade de conter a rebelião, mudaram de tática. Eles deram início a uma série de ações de contrainsurgência na parte ocidental da Guatemala. Foram apoiados por uma organização terrorista de direita denominada Mão Branca (La Mano Blanca), mas a vitória foi ilusória. Totalmente antidemocrático e governando uma sociedade que não oferecia às pessoas comuns qualquer oportunidade de progresso, o Estado teve bastante dificuldade em firmar sua legitimidade. Seus líderes procuraram uma solução distinta. Eles trouxeram dois estadunidenses do Sudeste Asiático, enquanto a violência continuava assolando a Indonésia.

Em setembro de 1965, um homem chamado John Gordon Mein foi nomeado embaixador dos Estados Unidos na Guatemala. Antes de Howard Jones iniciar seu posto de embaixador, ele serviu como primeiro secretário da embaixada na Indonésia e, depois disso, junto a Jones, como diretor do Escritório de Assuntos do Sudoeste do Pacífico no Departamento de Estado. Logo depois, Mein demandou os serviços de John P. Longan, um ex-oficial da Patrulha de Fronteira nos Estados Unidos que havia trabalhado com a CIA na Tailândia e em outros lugares.[452] Longan havia trabalhado para o mesmo escritório de Bangkok que autorizou o fornecimento de armas aos militares indonésios durante o massacre.[453]

Logo após ter chegado da Venezuela, Longan criou esquadrões da morte. Em três meses, eles realizaram a Operação Limpeza – ou Operación Limpieza –, que sequestrou, torturou e assassinou trinta proeminentes figuras da esquerda em março de 1966, justo quando Sukarno estava deixando seu cargo na Indonésia. Eles não só os mataram – eles os sequestraram e, em seguida, desapareceram com eles, matando-os sem informar a ninguém o que havia ocorrido.

Acredita-se que os eventos de 1965 a 1966 na Indonésia marcaram a primeira vez que a Ásia havia sofrido com desaparecimentos como tática de terrorismo de Estado.[454] Em 1965, dois homens com conhecimento direto das atividades americanas na Indonésia chegaram à Cidade da Guatemala. Historiadores que estudam a violência na América Latina acreditam que em 1966, na Guatemala, foi a primeira vez que a região sofreu com desaparecimentos como tática de terrorismo de Estado.[455]

A República Popular da China

Primeiro de outubro é uma data especial no calendário comunista chinês. É o Dia Nacional, a celebração da fundação da República Popular da China, que havia completado dezesseis anos em 1965. Quando Mao, Zhou Enlai e Deng Xiaoping fizeram discursos naquele dia na Praça da Paz Celestial, alguns estudantes e esquerdistas indonésios estavam em meio à multidão.[456] Depois disso, em um banquete, os indonésios constituíam a maior delegação estrangeira.[457]

À medida que Suharto consolidava seu controle como chefe de um novo regime na Indonésia, os anticomunistas aproveitaram a coincidência dessa data para fazer acusações de má-fé de que a China havia arquitetado, de alguma forma, o Movimento 30 de Setembro. Pequim não tinha a capacidade nem a intenção de mudar o governo da Indonésia; no lugar disso, as autoridades chinesas estavam bastante confusas quanto àquilo que estava acontecendo.[458] No começo, eles acharam que um genuíno golpe de direita havia sido derrotado; desse modo, pensaram que Sukarno recuperaria o controle do país e seguiria governando com o apoio do PKI; então, ficaram alarmados porque ele estava relutante ou era incapaz de impedir o Exército de invadir as casas dos membros da embaixada chinesa em Jacarta.

Em dezembro, quando Mao soube da morte de D. N. Aidit, ele escreveu um poema:

Galhos esparsos ficavam em frente de minhas janelas no inverno, sorrindo diante de centenas de flores
Lamentavelmente, esses sorrisos murcharam quando a primavera veio
Não há necessidade de lamentar o murchar
Para cada flor há uma estação para murchar, assim como há uma para florescer
Haverá mais flores no próximo ano.[459]

Ao que parece, no fim de dezembro, Mao acreditava que os esquerdistas se ergueriam mais uma vez na Indonésia. Em vez disso, eles estavam sendo massacrados, e manifestantes anticomunistas e grupos estudantis atacavam cada vez mais a embaixada chinesa. Em fevereiro, mais de mil jovens de direita atacaram o prédio, e o pessoal fez o possível para se defender com garrafas de cerveja, lâmpadas e *kung fu*. O governo anticomunista e anti-Pequim de Taiwan deu recursos e treinamento a esses grupos na medida em que promoviam mais ataques. Ao todo, a embaixada foi atacada mais de quarenta vezes.

Os relatos dos confrontos voltavam para a China e se tornaram parte do discurso oficial da Revolução Cultural. A ditadura de Suharto e a Revolução Cultural surgiram em sincronia, diz Taomo Zhou, a estudiosa que melhor conhece a documentação chinesa sobre a Indonésia no período. "Esses dois processos significativos e tempestuosos da Guerra Fria na Ásia se reforçaram mutuamente", ela escreve – e o conflito com a Indonésia "contribuiu em muito para a crescente mobilização sociopolítica durante os primeiros estágios da Revolução Cultural". A resistência heroica à brutalidade de gente como Suharto virou um dos temas favoritos dos guardas vermelhos.[460]

Primeiramente, jovens chineses enfurecidos pediram para pendurar cartazes atacando os "reacionários indonésios". Então, a imagem de um diplomata chinês que foi ferido em um ataque à embaixada em Jacarta se tornou uma sensação na mídia em todo o país. Cerca de 600 mil guardas vermelhos protestaram em frente à embaixada da Indonésia em Pequim. Quando refugiados de etnia chinesa, fugindo da violência na Indonésia, regressaram à China, eles se juntaram aos estudantes indonésios e aos esquerdistas já abandonados lá.[461] Suas histórias a respeito dos horrores em sua terra natal se tornaram icônicas durante a Revolução Cultural, usadas como símbolos potentes dos perigos da violência da direita e da necessidade heroica de resistir ao imperialismo.

Em um evento com alguns desses refugiados, diante de uma multidão agitando o pequeno *Livro vermelho*, o ministro das Relações Exteriores, Chen Yi, declarou: "O povo chinês, armado com o pensamento de Mao Zedong, não pode ser humilhado; os cidadãos estrangeiros da forte China socialista nunca podem ser perseguidos!" Ele continuou: "Os selvagens reacionários indonésios hão de enfrentar o duro julgamento da história".[462]

A Revolução Cultural foi construída em torno da ideia de que elementos burgueses ocultos podem se infiltrar e ameaçar um movimento esquerdista. Os eventos na Indonésia em 1965 e 1966 serviram como clara justificativa para tal narrativa. Somente algumas semanas antes, o maior partido comunista desarmado do mundo detinha uma influência considerável no imenso país do Mar da China Meridional. Mao e Zhou Enlai encorajaram os esquerdistas indonésios a armarem o povo.[463] Eles o fizeram. Então, da noite para o dia, elementos de direita escondidos emergiram para matar a todos e tornar uma nação de esquerda anti-imperialista em uma aliada de

Washington. Seria a narrativa propagandística perfeita a ser inventada, se ela não fosse completamente verdadeira.

Os Estados Unidos

Funcionários do governo dos Estados Unidos celebraram quase uniformemente os massacres na Indonésia, mesmo quando seu alcance e brutalidade haviam ficado claros. Ironicamente, uma voz dissidente sobre esse ponto proveio de um homem com a reputação de promover as operações secretas mais violentas e irresponsáveis no começo dos anos 1960.

Em janeiro de 1966, o senador Bobby Kennedy afirmou: "Nós falamos contra as matanças desumanas perpetradas pelos nazistas e comunistas. Porém, falaremos também contra o massacre desumano na Indonésia, onde mais de 100 mil supostos comunistas não foram os perpetradores, mas sim vítimas?". Nenhum outro grande político estadunidense condenou o massacre. Àquela altura, RFK tinha o hábito de falar com força de um jeito que os outros não falavam.[464] Não está claro naquele momento se ele tinha ciência de que o governo Johnson estava ativamente dando assistência ao massacre. Talvez RFK tenha tido uma espécie de conversão sobre a natureza das operações secretas depois da morte de seu irmão. Talvez fosse política. Porém, sabemos que, o quer que fosse, Washington não parou de ajudar a Operação Aniquilação a acontecer.

A elite econômica dos Estados Unidos ouviu uma mensagem bem diferente. A Indonésia estava aberta para os negócios. Em 1967, o primeiro ano do governo totalmente consolidado de Suharto, General Electric, American Express, Caterpillar e Goodyear Tire foram para a Indonésia explorar as novas oportunidades disponíveis a eles. A StarKist foi ver como pescar em águas indonésias e, é claro, as companhias de defesa Raytheon e Lockheed se instalaram também lá.

James Linen, presidente da Time-Life, deu um passo adiante. Ele contatou a embaixada e o próprio Suharto, expressando interesse em organizar uma grande conferência de negócios com foco nas oportunidades indonésias. O embaixador Green afirmou que essa parecia uma excelente ideia, já que "inúmeras empresas estadunidenses, sobretudo nas indústrias extrativas, já estavam em Djakarta".[465, 466]

Linen escreveu para Suharto: "Tive o privilégio de visitar seu país no outono passado e fiquei impressionado favoravelmente com os progressivos desenvolvimentos que vêm acontecendo. Ocorreu-me que uma conferência internacional de investimentos [...] poderia ser um empreendimento bastante produtivo".

Suharto concordou. Eles iniciaram os preparativos para um luxuoso encontro em Genebra naquele outono.

Ao menos, 1 milhão de indonésios se encontravam ainda em campos de concentração, consistindo em uma das maiores populações de presos políticos em qualquer lugar do mundo. Eles foram submetidos a fome, trabalho forçado, tortura física e psicológica e tentativas de reeducação anticomunista.[467] As famílias de até outro milhão de vítimas estavam sofrendo com o desaparecimento de seus entes queridos, sem explicação e, muitas vezes, sem confirmação de que estavam mortos de fato. Corpos eram espalhados pelo país. Sakono foi preso. Magdalena esteve presa e muito confusa. Francisca estava desistindo de seu marido e à procura de uma forma de escapar do país e manter o restante de sua família em segurança.

A julgar pelos materiais preparados após a conferência, intitulada "Para ajudar a reconstruir uma nação", a reunião em Genebra consistiu em um sucesso estrondoso. O subsecretário de Estado, George Ball, esteve lá. O novo ministro das Relações Exteriores, Adam Malik, um antigo favorito de Washington na Indonésia, fez um discurso frisando a importância dos militares como "o único poder político confiável na Indonésia". E David Rockefeller fez algumas observações finais bastante encorajadoras: "Eu falei com muitas pessoas no decorrer dos últimos dias e acho que encontrei um entusiasmo universal".[468]

Camboja

Como Sukarno, o príncipe Norodom Sihanouk buscou manter sua neutralidade na Guerra Fria desde a participação do Camboja na Conferência de Bandung em 1955, mas seu relacionamento com Washington ficou cada vez mais tenso desde os anos de conspiração da CIA e a escalada da Guerra do Vietnã.

Ao mesmo tempo, um homem – nascido Saloth Sâr, mas conhecido agora pelo mundo como Pol Pot – liderava um grupo bem pequeno de marxistas idiossincráticos acampados próximo à fronteira vietnamita. Seu grupo – à época, chamado de Partido dos Trabalhadores do Kampuchea – quase não tinha apoio popular e colaborava e brigava alternadamente com os comunistas vietnamitas mais experientes – e muito mais ocupados – a seu leste. Pol Pot tinha ignorado as diretrizes, tanto da União Soviética quanto dos vietnamitas, para manter a paz com o governo de Sihanouk, e seu grupo estava organizando uma rebelião rural.[469]

Pol Pot e seus seguidores também prestavam muita atenção à Indonésia. Eles estudaram o colapso do PKI e chegaram à conclusão de que sua estratégia de se alinhar com Sukarno e ganhar o apoio massivo democrático tinha levado apenas ao desastre. Como resultado, ele jurou que seu movimento não teria o mesmo destino nas mãos dos reacionários e decidiu que a conquista do poder pelo seu grupo seria alcançada e mantida por meio de armas e violência. O PKI não tinha armas e confiava demais nas sutilezas democráticas. Por isso, a sua queda, concluiu o líder secreto do "Khmer Vermelho". Com ele, seria diferente.[470]

Gana

Se a África Subsaariana tinha um Sukarno, este provavelmente era Kwame Nkrumah, de Gana. Nascido em uma família pobre na então chamada "Costa do Ouro" – como de costume no Terceiro Mundo, foi batizada por seus colonizadores britânicos em homenagem a uma preciosa mercadoria – e educado na historicamente negra Lincoln University na Pensilvânia, ele viu em primeira mão como o racismo virulento definia a vida negra nos Estados Unidos.[471] No começo, as autoridades em Londres o enxergavam como uma ameaça, depois o consideraram útil, até que ele voltou a ser um problema.

Em 1957, ele ajudou a criar Gana, a primeira nação independente na África Subsaariana, a África "negra".[472] Ele era um socialista e se opunha ao imperialismo ocidental; almejava modificar as regras da economia mundial para favorecer os povos antes colonizados; e, nos anos 1960, ele rivalizava com Sukarno no cenário mundial como o homem que protestava mais alto contra o "neocolonialismo".

Em seu livro de 1965, *Neocolonialismo: último estágio do imperialismo*, ele escreveu que "o neocolonialismo é a pior forma de imperialismo". Segundo Nkrumah, o novo caminho do mundo era que "o capital estrangeiro é usado para a exploração e não para o desenvolvimento das partes menos desenvolvidas do mundo", e que as potências imperiais não precisavam mais admitir aquilo que estavam fazendo – nem mesmo para si próprios.[473]

Em 1966, enquanto os Estados Unidos seguiam ajudando no extermínio dos esquerdistas na Indonésia, Nkrumah foi derrubado por um golpe militar apoiado por Estados Unidos e Grã-Bretanha. O papel da CIA ainda não é claro; é sabido, no entanto, que os golpistas foram treinados no Reino Unido. Nkrumah se refugiou na Guiné, liderada então pelo aliado do movimento terceiro-mundista Ahmed Sékou Touré.

No fim dos anos 1960, era seguro afirmar que o movimento do Terceiro Mundo estava desorganizado, se não destruído. O "Espírito Bandung" tinha virado um fantasma. As lideranças da ala progressista do movimento pós-colonial haviam partido: Nehru morreu em 1964; Sukarno estava definhando na Indonésia enquanto seus aliados o sangravam, esperando que ele morresse em breve; Nkrumah de Gana e U Nu de Birmânia foram depostos em golpes militares. Muitos dos esquerdistas do Iraque já estavam mortos, e Saddam

Hussein, com apoio dos Estados Unidos, os liquidaria em breve; o egípcio Nasser se enfraqueceu com o colapso da República Árabe Unida após um golpe em Damasco, cujos líderes, por sua vez, expurgaram o Partido Comunista Sírio.

Morando na Guiné, Nkrumah chegou a uma nova conclusão a respeito da natureza do neocolonialismo. Dada a situação do mundo e considerando o sucesso do imperialismo ocidental, o único caminho para a revolução era a luta de guerrilha prolongada.[474]

Como afirmou Vijay Prashad, diretor do Instituto Tricontinental, "a destruição da esquerda teve um imenso impacto no Terceiro Mundo. As classes sociais mais conservadoras, até mesmo reacionárias, assumiram o domínio sobre a plataforma política forjada em Bandung. Como coadjuvante dos regimes militares, as forças políticas que surgiram rejeitaram o nacionalismo anticolonial ecumênico da esquerda e dos liberais por um nacionalismo cultural brutal que frisava a questão racial, a religião e a hierarquia".[475] Ou, nas palavras do historiador alemão Christian Gerlach, dissertando acerca do órgão que foi provavelmente o melhor fórum global para o avanço do movimento terceiro-mundista: em 1971, "um assassino como [o ministro das Relações Exteriores da Indonésia] Adam Malik poderia se tornar até mesmo presidente da Assembleia Geral da ONU".[476]

Chile

Em 1964, o Partido Democrata Cristão ganhou facilmente as eleições presidenciais no Chile, uma das nações mais prósperas e estáveis da América Latina. Os democratas-cristãos eram o partido beneficiado por Washington – e pela CIA – e receberam uma ajuda muito significativa do Tio Sam.

A agência injetou 3 milhões de dólares nessa eleição. Isso resultou em quase um dólar por voto para Eduardo Frei, mais do que Lyndon Johnson havia gastado em sua própria campanha de 1964.[477] Além desses recursos, a CIA garantiu também ao povo chileno uma crua "campanha de terror".[478] A agência fez extenso uso de imprensa, rádio, filmes, panfletos e cartazes e pintou as paredes das cidades. Um provocativo anúncio de rádio apresentava o som de uma metralhadora operada por comunistas assassinos, seguida por uma mulher declarando: "Eles mataram meu filho!". Havia diariamente até vinte *spots* de rádio desse tipo.[479]

A CIA distribuiu também desinformação e "propaganda negra", e mentiu ao atribuir tal material ao Partido Comunista.[480]

O Chile era uma democracia estável desde 1932, e Frei não era um ditador. Ele deu início a um modesto programa de reforma agrária, realizou esforços para trazer pessoas comuns para o sistema educacional e tornou a taxação um pouco mais progressiva. Esse cumprido e estreito país na fria costa do Pacífico da América do Sul não se parecia em nada com a Guatemala, onde os generais governavam na base do terror, ou mesmo a maioria de seus vizinhos mais próximos, que eram periodicamente sacudidos por golpes militares. Era, sim, a América Latina; a desigualdade era galopante, e a hierarquia racial era visível para qualquer visitante, mas muitos chilenos de classe média se lembram da década de 1960 como uma época agradável. Apoiadores do segundo colocado naquele ano – Salvador Allende – e outros esquerdistas do país acreditavam que um movimento em direção ao socialismo poderia acontecer ao estilo chileno, sem tanto estardalhaço ou problemas, e auxiliar o país a se desenvolver em termos mais igualitários. Porém, a virulência da campanha de 1964 havia sido um choque.

Carmen Hertz tinha 19 anos, estudava na Universidade do Chile, e ela e seus amigos entendiam muito bem por que Washington se opunha fortemente a Allende e seus diversos aliados. Tendo crescido em uma casa austera, abastada e conservadora, com o chá da tarde mais reminiscente da Inglaterra de Mary Poppins do que das montanhas cubanas, ela chegou à faculdade com 17 anos de idade.[481] Tinha sido simpática ao direitista Partido Liberal enquanto vivia apenas em casa, mas sua crescente consciência social a empurrou para a esquerda, e sua personalidade sempre foi um pouco radical e conflituosa.

Existiam dois grupos de esquerda ativos em torno dela na época. De um lado, havia o Partido Comunista (PCCh). Seus membros eram mais conservadores, em todos os sentidos da palavra. Cabelo curto, retidão moral e disciplina eram suas características identificadoras. Eles representavam um dos partidos comunistas mais importantes do mundo, com sua base de massas na classe trabalhadora, era rigidamente disciplinado e mantinha boas relações com Moscou. Eles seguiam a linha soviética na América Latina da época, e, dessa forma, brigavam para que a esquerda participasse das eleições e trabalhasse dentro do sistema democrático, burguês ou não, que o Chile tinha.

O outro grupo, Movimento de Izquierda Revolucionaria (MIR), era novo, e muito mais uma criação da década de 1960. Seus membros eram mais boêmios. E não miravam no chato e velho Brezhnev, mas no Che Guevara, inspirados por seu modelo de guerrilha e as lições que ele tinha aprendido na Guatemala em 1954. Eles pensaram que o caminho rumo ao socialismo democrático era uma armadilha e temiam ser tragados por forças reacionárias antes que pudessem chegar à metade do caminho. Eles disseram aos comunistas que a única via é a resistência armada.

Ambos os lados viram o que aconteceu na Indonésia. Orlando Millas, um funcionário do Partido Comunista, havia visitado recentemente Jacarta, e teve uma longa conversa com Aidit sobre suas preocupações de que Washington estivesse planejando algo contra eles.[482] Os dois grupos de esquerda, PCCh e MIR, ficaram horrorizados ao ouvir sobre o massacre em uma escala que consideravam impossível de ocorrer na América Latina. Os esquerdistas da universidade de Carmen estavam unidos pensando que o futuro pertencia a eles e que venceriam em breve. Porém, foram os membros do MIR que aproveitaram a violência na Indonésia para apresentar sua tática.

Carmen se recorda de seus amigos radicais dizendo: "Está vendo o que acontece se você ficar vulnerável?".

Em 1966, o jornal do MIR – *Punto Final* – publicou um texto atribuído ao filósofo Bertrand Russell. "Temo que o horror das mortes na Indonésia só tenha sido possível porque estamos no Ocidente tão saturados de racismo que a morte de asiáticos, ainda que na casa das centenas de milhares, não nos impressiona. Os negros na América do Norte sabem disso", prossegue o artigo. "Sabendo disso, os povos do mundo deveriam seguir o caminho da luta aberta."[483] *Punto Final* também publicou um guia sobre as atividades da CIA na Indonésia, no Congo, Vietnã e Brasil.[484] O jornal errou por alguns detalhes; mas, tal como foi o caso quando o *Harian Rakyat* cobriu a Guatemala em 1954, a imprensa chilena de esquerda descreveu os eventos na Indonésia com maior precisão que a grande imprensa estadunidense da época.

Enquanto estudava na Universidade do Chile, Carmen simpatizava mais com o MIR do que com o Partido Comunista, ainda que tivesse uma desavença verbal com Carlos Berger, um fanático por futebol que fora disciplinado e educado como membro do Partido Comunista desde que tinha 14 anos. Ele era um homem de integridade incrível, conforme ela notou – isto é, no estilo comunista da velha guarda. Era totalmente dedicado à causa e à vida moral. Nada era para ele – tudo era por uma causa maior.

Os acontecimentos na Indonésia seriam um ponto favorável ao MIR nesses embates ideológicos, pensou Carmen. A violência parecia apoiar a posição do MIR, assim como o golpe de 1954 na Guatemala tinha sido uma prova para Che de que uma revolução pacífica era impossível. Mesmo assim, o Partido Comunista não tinha se convencido; não eram mais os anos 1950, e esse era o Chile maduro, acreditava-se, não a América Central ou uma pequena ilha no Caribe. O próprio Allende se radicalizou após ouvir sobre o que havia ocorrido na Guatemala em 1954.[485] Contudo, como Carlos e o Partido Comunista, ele acreditava nas instituições do Chile.

Tailândia

Em 1965, Benny morava em Bangkok. Depois de concluir seus estudos tão perto de todos aqueles generais no Kansas, ele conquistou seu PhD em Economia na Universidade do Texas e, em seguida, arranjou um emprego nas Nações Unidas.

A Tailândia era um confiável país pró-Ocidente. Por isso, era onde a sede regional da ONU estava localizada. Também era onde a CIA tinha sua base na região, e a KGB mantinha também alguns agentes. Os dois grupos convidavam Benny para comer ou beber, talvez tentando obter informações a partir dele ou sentindo-o como um possível *asset*. Assim, Benny caiu em uma conversa fiada, totalmente confuso com aquela coisa toda.[486]

O homem da CIA que sempre convidava Benny para almoçar se chamava Allan Fuehrer, o que era hilário para Benny e seus colegas da ONU, já que, bem, era literalmente assim que Hitler era chamado. O que fez Benny rir mais ainda era que os homens da CIA e da KGB pareciam não saber qual era o seu trabalho ou o que ele poderia fazer por eles. Ele estava na parte econômica das atividades da ONU e não tinha nada a ver com a atuação política. Assim, eles estariam perdendo tempo, mesmo que ele tivesse algum interesse em ajudá-los. Algo que ele não fez.

Benny observou também como Bangkok começou a se transformar lentamente em um destino para turismo sexual – soldados estadunidenses a visitavam para seu "descanso e recreação" durante a Guerra do Vietnã. O fluxo constante de soldados transformou partes da cidade em uma área enorme de prostituição.

Benny ouviu aqueles homens conversando acerca do que faziam no Vietnã. Havia um bar, Rendezvous, onde os pilotos ficavam bêbados, e eles simplesmente contavam tudo. "Eu joguei um monte de bombas naquela vila", diziam, assim que caíam das cadeiras. O mundo não sabia muito bem ainda, mas, só por aparecer no Rendezvous, Benny sabia que algo muito aterrador começava a acontecer a leste dele. Os pilotos estavam descrevendo claramente o bombardeio indiscriminado e o massacre de civis.

Benny ouviu falar pela primeira vez sobre o Movimento 30 de Setembro na Rádio Austrália, o que significa – como mais tarde descobriria – que ele, de fato, havia ouvido uma versão transmitida por uma estação que promovia ativamente uma campanha de guerra psicológica contra o PKI. Ele estava sentado no jardim com sua esposa, que estava grávida de seu segundo filho.

Mais tarde, um homem da embaixada veio fazer algumas perguntas para ele. Ele sabia alguma coisa sobre Jacarta? O que ele tinha achado? Ele não sabia de nada, disse. Ele realmente não sabia.

À medida que as coisas pioravam em casa, indonésios de todo o mundo eram obrigados a declarar sua lealdade, e a origem chinesa de Benny fazia com que o novo governo ficasse duplamente desconfiado. Sua esposa também integrava um grupo de mulheres indonésias, uma organização semicompulsória de esposas indonésias de oficiais da ONU que viviam no exterior que apoiavam as causas de Sukarno, como seu conflito com a Malásia.

Benny foi chamado à embaixada para interrogatório. A pergunta era muito simples.

"Quem são seus melhores amigos em Jacarta?"

Agora Benny precisava ser estratégico. Ele sempre se opôs ao comunismo, mas nunca foi anti-Sukarno. Ele percebeu que sabia exatamente o que tinha de dizer a esses interrogadores. Entregou a eles nomes de indonésios católicos ricos e bem relacionados que estavam formando um núcleo anticomunista ao redor de Suharto. Ele os conhecia desde seus dias na escola particular cara que havia frequentado e se deu conta de que eles iam agir em sua defesa.

Funcionou. Ele teve permissão para voltar a trabalhar na ONU. Contudo, em 1968, um adido militar em Bangkok entrou em contato com Benny com um aviso amigável. O nome com que ele nasceu, Hong Lan Oei, era chinês demais. Suharto havia cortado relações com a China e baniu todos os materiais em chinês na Indonésia.

Até os caracteres chineses foram proibidos. O governo aprovou uma legislação recomendando fortemente que os indonésios chineses removessem nomes de origem chinesa. Benny se safou disso mantendo seu próprio nome no passaporte por um tempo, já que estava fora do país e trabalhando na ONU. Porém, ele tinha duas opções. Ou mudava o nome de sua família, ou seria submetido a assédio e a interrogatórios periódicos.

Como tantos indonésios de ascendência chinesa, ele escolheu um sobrenome que soava javanês. A partir de então, passou a ser oficialmente Benny Widyono.

Em 1967, as nações do Sudeste Asiático se reuniram em Bangkok para lançar uma nova organização, chamada ASEAN. Antes, apenas as Filipinas, a Federação da Malásia e a Tailândia – todas potências conservadoras orientadas ao Ocidente – integravam um grupo denominado Associação do Sudeste Asiático. Só que agora, com Suharto no poder na Indonésia, o maior país da região e a jovem Cingapura se juntaram a eles para formar a Associação das Nações do Sudeste Asiático. Um punhado de coisas os uniam: desenvolvimentismo autoritário, laços estreitos com Washington e, o mais importante, anticomunismo.[487]

Nos anos 1970, o governo tailandês mataria milhares de pessoas em seu próprio expurgo anticomunista.[488]

Cuba

Em 1963, o presidente Sukarno enviou seu velho amigo A. M. Hanafi a Havana, para servir como o primeiro embaixador da Indonésia em Cuba no período de Fidel Castro. Ele não era comunista, mas era um revolucionário comprometido, leal ao presidente desde os dias da luta contra os holandeses nos anos 1940. Ele se dava bem com Fidel e Che, e sua família se estabeleceu em um bairro luxuoso na costa do Caribe.

Sua filha Nury tinha 17 anos.[489] Ela ficou impressionada. Havana era mais moderna e mais elegante que Jacarta. Ela ficou surpresa ao ver que algumas das grandes casas em seu bairro estavam cheias de jovens estudantes. "Que sorte!", pensou. Ela não conseguia acreditar que jovens como ela tinham autorização para residir aqui e passar o dia todo estudando desse jeito. Ela só descobriu mais tarde, ao iniciar seus próprios estudos em Cuba, que tal parte da cidade tinha servido como "bordel dos Estados Unidos", um paraíso de férias para *playboys* e mafiosos, e que as casas haviam sido reivindicadas pela Revolução. Isso explica bastante.

Quando criança em Jacarta, ela intimamente sentia os efeitos do conflito político. Uma das tentativas de assassinar Sukarno – talvez realizada por muçulmanos? Pela CIA? Quem sabia? – consistia em jogar uma granada na escola de Nury, no bairro de Cikini, no centro da cidade, quando ele a visitou um dia. As coisas pareciam bem mais calmas em Cuba – pelo menos, em seu canto da cidade.

Seu pai, agora embaixador Hanafi, estava planejando a Conferência Tricontinental, uma ambiciosa expansão do projeto de Bandung, marcada para janeiro de 1966. Então, enquanto ele estava fora a negócios, Nury ouviu a respeito dos acontecimentos em Jacarta em 1º de outubro de 1965. Hanafi não retornou conforme o planejado. Nury e sua família só obtiveram fragmentos de informações, antes de saberem que ele tinha ido visitar Sukarno no palácio em Bogor. Agora efetivamente no poder, Suharto fez uma oferta a Hanafi na tentativa de fazê-lo ingressar em seu novo governo. Ele se recusou, afirmando que Sukarno o tinha nomeado em Cuba como embaixador, e essa era sua missão a cumprir.

Pelo menos, foi o que ele disse a Nury e à família quando regressou a Havana. Pouco depois, seu emprego desapareceu, pois a embaixada em Havana também havia desaparecido. Ele e toda a sua família perderam os passaportes indonésios.

Fidel, é claro, entendeu. Ele e Che construíram toda a sua revolução com base na premissa de que Washington poderia a qualquer momento atacar para destruir os governos do Terceiro Mundo, e ele havia sobrevivido a inúmeros atentados contra sua própria vida. Ele dificilmente ficou surpreso com o fato de o embaixador e sua família terem ficado presos em Havana pelas forças do imperialismo. Embora Hanafi tenha perdido o emprego e a proteção diplomática, Fidel interveio, deu a eles uma bela casa no bairro exclusivo de Cubanacán e garantiu um emprego a Hanafi, dando palestras sobre a história asiática e a Revolução Indonésia.

A Conferência Tricontinental, chamada oficialmente de Conferência de Solidariedade dos Povos da África, Ásia e América Latina, ocorreu em Havana em janeiro de 1966, sem a participação do país que encabeçava o movimento terceiro-mundista. Entretanto, estava presente Salvador Allende, o socialista chileno e apoiador desse movimento, que havia sido o segundo mais votado na eleição presidencial de Frei em 1964.[490]

Nury perdeu contato com sua família e todos os seus amigos em Jacarta; ela e seu pai eram considerados comunistas agora, e era arriscado para qualquer pessoa de sua antiga vida conversar com eles. Ela estabeleceu sua vida em Havana.

Taiwan

A República da China, o Estado estabelecido pelos nacionalistas de Chiang Kai-shek em Taiwan, persistia em sua reivindicação à China continental, e era há muito tempo o lar de atuantes cruzados anticomunistas. A pequena ditadura comandada a partir de Taipé ficou bastante atenta ao massacre na Indonésia, patrocinando ataques à embaixada chinesa em Jacarta como uma forma de enfraquecer tanto Sukarno como o regime de Mao em Pequim.[491]

Em 1966, Taiwan e a Coreia do Sul – governada ainda por Park Chung Hee, o ditador instalado com a ajuda de Marshall Green antes de ele substituir Howard Jones como embaixador dos Estados Unidos na Indonésia – se uniram para fundar a Liga Anticomunista Mundial (WACL).[492] O deputado Walter Judd e figuras religiosas dos Estados Unidos voaram para participar da primeira reunião.[493] A nova organização global, construída em uma estrutura presente na já existente

Liga Anticomunista dos Povos Asiáticos, reunia conservadores moderados e grupos radicais de extrema-direita que tinham cometido atrocidades por Hitler na Segunda Guerra Mundial em países como Romênia e Croácia.[494] Ela continuaria a realizar conferências anuais por todo o mundo, permitindo que seus membros trocassem apoio, inteligência e dicas pelo restante da Guerra Fria, e era agora uma das duas organizações anticomunistas de alcance global, ao lado da organização Tradição, Família e Propriedade, fundada no Brasil.

A WACL passou também a recrutar alunos para a Academia de Quadros de Guerra Política, no distrito de Beitou, em Taipé. Como as academias militares estabelecidas pelos Estados Unidos, a escola de Beitou começou a treinar soldados para a luta anticomunista global.

Havaí

Em 1965, logo após se aposentar do Departamento de Estado e deixar a Indonésia, o ex-embaixador Howard Jones assumiu o cargo de chanceler do Centro Oriente-Ocidente da Universidade do Havaí. Ele manteve contato com a embaixada e observou a situação se deteriorar rapidamente, mas não tinha mais controle sobre os acontecimentos.

Lá no Centro Oriente-Ocidente em Honolulu, um jovem oficial indonésio das Forças Armadas chamado Lolo Soetoro conheceu e se apaixonou por uma antropóloga estadunidense. Ele não era soldado, mas trabalhava para o serviço topográfico militar e ganhou uma bolsa para estudar Geografia no Havaí. Era um homem baixo e bonito, de uma grande família javanesa que tinha sentido a violência do colonialismo. Na guerra revolucionária da Indonésia, os holandeses assassinaram seu pai e seu irmão e depois atearam fogo na sua casa.

Em março de 1965, Lolo se casou com Ann Dunham e virou o padrasto de seu filho de um casamento anterior com um estudante de Economia do Quênia. Então, em 1966, quando Suharto solidificou seu controle sobre o país, Lolo foi abruptamente convocado para voltar para casa, assim como tantos outros indonésios mundo afora.

Ele obedeceu, e, nos meses seguintes, Ann e seu filho de 5 anos se prepararam para também ir morar com ele.

As memórias de Barack Obama da vida de um menino em Jacarta de 1967 a 1971, publicadas em seu livro *Sonhos do meu pai*, fornecem uma imagem vívida da vida na capital ao mesmo tempo que o governo de Suharto e o Departamento de Estado estadunidense procuravam dar um fim à violência que haviam acabado de infligir ao país.

A regra era o silêncio. A princípio, nem o jovem Barry, como era conhecido naquela época, nem Ann sabiam por qual razão Lolo havia regressado ou a natureza de seu trabalho. Barack Obama lembra que estavam dirigindo assim que eles chegaram, e sua mãe usou a palavra "Sukarno" em uma frase.

"Quem é Sukarno?", gritou Barry do banco de trás. Lolo ignorou a pergunta.

Ele estava trabalhando em Papua Ocidental, pesquisando a área que Sukarno tinha conquistado dos holandeses com a ajuda de Kennedy apenas poucos anos antes. Lolo o acompanhava nas viagens, lembra Obama, e voltava com animais selvagens para seu jovem enteado aventureiro admirar.

Porém, Ann e Barry notaram que Lolo havia ficado diferente desde o Havaí: "Era como se ele tivesse entrado em um lugar escuro e oculto, fora de alcance, levando consigo a parte mais brilhante de si mesmo. Em certas noites, ela o ouvia, depois que todos haviam ido para a cama, vagando pela casa com uma garrafa de uísque importado, guardando seus segredos".

Para se manter ocupada e lutar contra a solidão, Ann arranjou um emprego na embaixada que Howard Jones havia deixado dois anos antes. Foi lá que ela percebeu como os velhos brancos que trabalhavam para seu governo podiam ser feios e racistas. Eles insultariam os habitantes locais, até se darem conta de que ela era casada com um, e tentou ignorar seus comentários. Ela notou que alguns deles – os supostos "economistas ou jornalistas" – desapareciam misteriosamente por meses a fio, e nunca havia ficado claro o que esses homens secretos estavam fazendo de verdade.

Foi também lá que ela descobriu, muito vagarosamente, o que tinha acontecido pouco antes de eles chegarem. "Durante o almoço ou conversa casual, eles compartilhavam com ela coisas que ela não havia podido aprender nas matérias publicadas", escreveu Obama.

> Insinuações, observações meio sussurradas; foi assim que ela descobriu que tínhamos chegado a [Jacarta] menos de um ano depois de uma das mais brutais e rápidas campanhas de repressão dos tempos modernos. A ideia a deixava assustada, a noção de que a história poderia ser engolida de forma tão completa, do mesmo modo que a terra rica e argilosa poderia se encharcar dos rios de sangue que correram um dia pelas ruas; a maneira como as pessoas podiam prosseguir com seus negócios sob cartazes gigantes do novo presidente, como se nada tivesse acontecido...

Quanto mais ela descobria, mais perguntava a Lolo, e mais frustrada ficava quando ele se recusava a responder. Um de seus primos enfim explicou a situação e pediu a ela que tentasse ser compreensiva.

"Você não deve ser muito dura com o Lolo", disse o primo. "É melhor esquecer esses tempos."

Eles se distanciaram ainda mais quando ele arranjou um novo emprego, trabalhando para a Unocal, companhia de energia dos Estados Unidos. Ela não queria ir aos jantares de sua empresa, onde os petroleiros do Texas se vangloriavam de terem subornado funcionários, e suas esposas reclamavam da qualidade do trabalho doméstico indonésio. Ficou claro para o casal que eles eram estadunidenses e privilegiados de uma forma que Lolo não era, e o resultado disso era que ele ficava preso a uma vida que talvez ambos não desejassem. Ann podia falar, ciente de que nunca perderia sua cidadania estadunidense ou seu conforto em casa. Porém, Lolo era constantemente forçado a dilemas morais dolorosos; as pessoas em seu mundo eram forçadas a permanecer em silêncio e tentar progredir na vida ou a se manifestar e enfrentar o risco de pobreza, fome e até a morte. Ela não podia mais ficar lá.

Certa vez, antes de retornarem ao Havaí, Barry teve a ideia de perguntar a Lolo se ele já tinha visto um homem ser morto:

Ele olhou para baixo, surpreso com a pergunta.
"Você já?", eu perguntei de novo.
"Sim", disse ele.
"Foi sangrento?"
"Sim."
Eu pensei por um momento.
"Por que o homem foi morto? O que você viu?"
"Porque ele era fraco."
"Isso é tudo?"

Lolo encolheu os ombros e dobrou para baixo a perna da calça. "Em geral, isso é o bastante. Os homens se aproveitam da fraqueza de outros homens. Nesse aspecto, são como os países. O homem forte toma as terras do homem fraco. Ele faz com que o homem fraco trabalhe em seus campos. Se a mulher do homem fraco for bonita, o homem forte a levará." Ele fez uma pausa para tomar outro gole d'água e perguntou: "Qual deles você prefere ser?".[495]

9 - JACARTA ESTÁ CHEGANDO

Mudança de paradigma

Os governos estabelecidos no Brasil em 1964 e na Indonésia em 1965 não eram servos de Washington perfeitamente obedientes. De certa forma, eles permaneceram nacionalistas e, às vezes, se voltaram contra os Estados Unidos. Nem eram "neoliberais" no sentido que a palavra é usada hoje. O Estado permaneceu de forma significativa envolvido na economia e tentava orientar o "desenvolvimento" nacional. Eles eram simplesmente regimes autoritários capitalistas – bem, um certo tipo de capitalismo –, integrados ao sistema ocidental em expansão.

No entanto, eles certamente tinham muito em comum, e essas duas ditaduras anticomunistas foram as melhores aliadas que as intervenções estrangeiras de Washington já criaram. As coisas funcionaram tão bem que o governo dos Estados Unidos e seus aliados passaram a usá-las como modelo. O Brasil, o maior país da América Latina, começou a trabalhar com os gringos para lutar contra o comunismo e criar regimes que o imitavam em sua vizinhança. A Indonésia, o maior país do Sudeste Asiático, utilizaria o anticomunismo como desculpa para expandir sua influência para o Oriente com o aval de Washington, e o líder do segundo maior país do Sudeste Asiático logo usou um roteiro semelhante ao de Suharto para consolidar sua própria ditadura de direita.

Ambas as ditaduras militares, brasileira e indonésia, discutiriam com Washington a respeito desta ou daquela questão econômica ou decisão de política externa, mas as grandes questões já estavam estabelecidas. Eles estavam no campo ocidental e se opunham ferozmente à expansão comunista. Eles eram permeáveis ao investimento internacional e ficavam felizes em exportar matérias-primas para os países ricos sob os termos existentes que governam a economia mundial. Certamente, não estavam tentando reescrever as regras econômicas globais ou usar o poder de um Terceiro Mundo unido para garantir a influência para a maioria dos povos do mundo, para aqueles que foram estruturalmente prejudicados por séculos de colonialismo. Eles consultavam conselheiros ocidentais e economistas treinados nos Estados Unidos. Na Indonésia, essa era a "Máfia de Berkeley", um grupo de economistas formados na Universidade da Califórnia que trabalharam com Suharto.[496] No Brasil, o golpe foi promovido pela conspiração e publicização do Instituto de Pesquisas e Estudos Sociais (IPES), financiado pelos Estados Unidos, que permaneceu ativo durante a ditadura até 1972.

Ambos os regimes eram fortemente influenciados pela Teoria da Modernização. E ambos os países começaram a experimentar um crescimento econômico, que era praticamente todo absorvido por uma pequena elite, mas o crescimento do PIB contava para os investidores estrangeiros, fazendo com que pudessem ser vendidos como histórias de sucesso. E, em ambos os casos, os países tinham governos estáveis compostos por governantes locais que podiam forjar sua legitimidade em algum passado brasileiro ou indonésio, em vez de aparecerem para suas populações e para o mundo como uma óbvia imposição de Washington.

No longo prazo, tudo isso era muito melhor do que aquilo que havia sido criado na Guatemala ou no Irã nos anos 1950. A Guatemala tinha afundado em uma guerra civil brutal. O governo iraniano se afastou de seus vizinhos e de grande parte da população, e isso explodiria de forma muito dramática na cara de Washington na década seguinte.

Tanto a Indonésia quanto o Brasil eram ditaduras anticomunistas, e isso não tem só consequências no cenário internacional.

Internamente, quando o anticomunismo é a ideologia dominante, quase a religião nacional, qualquer reclamação legítima vinda de baixo pode ser facilmente descartada como comunista. Qualquer coisa que seja um inconveniente óbvio para a pequena camarilha de famílias ricas que governa o país pode ser facilmente categorizada como revolução perigosa e colocada de lado. Isso inclui qualquer sopro de socialismo ou social-democracia, alguma reforma agrária e regulamentação que possa reduzir o poder de monopólio e permitir um desenvolvimento mais eficiente e a competição de mercado. Inclui sindicatos e demandas normais por direitos trabalhistas.

Ninguém fingia seriamente que o Brasil ou a Indonésia eram democracias. Porém, também não é assim que o capitalismo deveria funcionar – esse arranjo parece estar tão distante do sistema descrito pelos livros de economia quanto a sociedade soviética estava dos esboços do socialismo fornecidos por Karl Marx. No capitalismo, os senhores feudais não deveriam governar grande parte do país como seus próprios feudos pessoais. As ineficiências do mercado – como a corrupção massiva – deveriam desaparecer como resultado da competição. Supõe-se que haja um intercâmbio entre os diversos elementos da economia. Supõe-se que haja espaço para o surgimento de empresas novas e inovadoras, que desafiem interesses arraigados e diversifiquem a produção nacional. Contudo, no sistema instituído no Brasil e na Indonésia, a lógica da sobrevivência fazia com que as pessoas se prendessem a um aparato corrupto, ganancioso e imoral no topo da sociedade, ou correriam o risco de cair no abismo e se tornariam trabalhadores pessimamente remunerados na máquina de extração.

O jovem Barack Obama viu o que essa dinâmica havia feito com seu padrasto. "A culpa é um luxo que apenas os estrangeiros podem pagar", disse Lolo à mãe de Barack. Lolo compreendeu. "Ela não sabia o que é perder tudo, acordar e sentir a barriga devorando a si mesma […] sem concentração absoluta, é possível escorregar facilmente, cair para trás."[497]

Há um termo que descreve amplamente esse tipo de arranjo econômico. Os povos da Indonésia e do Brasil viviam sob o "capitalismo de compadrio".

Essa era uma realidade bem diferente daquela dos aliados capitalistas europeus de Washington. Francisca e sua família chegaram à Holanda em 1968 e viram imediatamente como as sociedades dinâmicas e bem-sucedidas da Europa Ocidental eram diferentes do regime de Suharto.

O Partido Comunista tinha conquistado alguns assentos nas eleições holandesas mais recentes e fez parte do Parlamento. Na França e na Itália, os partidos comunistas alinhados com Moscou ainda eram atores importantes. O PCF – Parti Communiste Français – obteve mais de 20% dos votos em 1967 e formou uma oposição parlamentar com os socialistas e radicais.[498] Os comunistas italianos haviam ficado em segundo lugar nas eleições anteriores e mantinham sólidos nacos do país como suas bases mais leais. Na Alemanha Ocidental, não havia partido comunista influente. Porém, o principal partido de centro-esquerda – os sociais-democratas, que historicamente são segundo colocados – havia sido fundado como um partido marxista enquanto Marx ainda estava vivo, e seus líderes escolheram um caminho mais moderado do que os leninistas graças ao seu sucesso trabalhando dentro da democracia capitalista.

A última vez que Francisca havia visto a Europa Ocidental, logo após a guerra, já era muito diferente. Nos anos 1940, o acesso à carne e manteiga estava estritamente limitado, e todos lutavam para reconstruir suas vidas. Nos anos 1960, a situação era mais justa, rica e tranquila. As economias da região haviam sido reconstruídas em termos mais estadunidenses, graças ao Plano Marshall. Essas nações, no entanto, não eram fanaticamente anticomunistas quando se tratava de seus próprios assuntos. Certamente não tanto quanto os Estados Unidos, e nem de longe tanto quanto a Indonésia ou o Brasil. Ainda que a suposta Ameaça Vermelha estivesse só a poucos quilômetros a leste, pronta para engoli-los, os europeus ocidentais tinham muito menos medo dela do que os Estados Unidos, situados a meio mundo de distância.

Estava bastante claro para Francisca que os europeus podiam experimentar a social-democracia e até mesmo uma política comunista, enquanto esta mesma política havia sido extirpada de seu país para sempre.

"Racismo, muito simplesmente. Aos europeus brancos, são oferecidos tolerância e tratamento solidário, enquanto para nós não."

Quando Frank Wisner e Howard Jones trabalharam para projetar novamente o sistema financeiro da Alemanha Ocidental depois da Segunda Guerra Mundial, o governo estadunidense liquidou todas as dívidas públicas e privadas ao criar o novo marco alemão. Estremecemos só de pensar como um líder importante do Terceiro Mundo visto como antiestadunidense ou "comunista" teria sido tratado caso seu país tentasse fazer o mesmo após uma guerra de independência.

Nas democracias capitalistas da Europa Ocidental, os partidos de esquerda moderados e radicais pareciam agir como críticos constantes da ordem econômica por dentro do sistema, sem nunca o tomar inteiramente. É claro que a CIA ainda seguia ativa na Europa, levando a cabo seus planos de formas que ainda não conhecemos. As redes "*stay-behind*" da Operação Gladio, surgidas desde os primeiros dias de trabalho de Wisner, continuaram atuantes até os anos 1980. Porém, para seus cidadãos, quando os governos europeus viravam demasiadamente à direita, os eleitores migravam para os partidos de esquerda e vice-versa, e isso era permitido.

Por que Washington durante a Guerra Fria permitia que a Europa Ocidental "ficasse de fora" com todo esse socialismo leve quando orientações políticas semelhantes levaram a uma intervenção violenta no Terceiro Mundo? Seria somente porque, como disse Francisca, os estadunidenses simplesmente confiavam em seus primos europeus – que eram brancos e, portanto, responsáveis – para manejar a tarefa de administrar a democracia? Uma explicação complementar pode ser que esses países, alguns ainda dirigindo os resquícios de seus impérios coloniais, eram incrivelmente ricos e poderosos. Assim, eles eram bem mais difíceis de pressionar, mesmo que Washington quisesse, e – talvez o mais importante – eles estavam no topo da economia mundial. Estavam sendo totalmente integrados ao sistema liderado pelos Estados Unidos e, portanto, existia bem menos risco de que tentassem remodelar radicalmente a ordem global, já que ela os tinha servido muito bem.

Por outro lado, não havia oposição legalizada no Brasil ou na Indonésia, o que significava que as elites podiam se safar de tudo. Venalidade e violência dominavam o dia em Jacarta e Brasília. Com uma população temerosa demais para falar, a corrupção explodiu. Nos primeiros dias do regime de Suharto, os executivos do petróleo dos Estados Unidos se vangloriavam de que estavam aproveitando exatamente essa dinâmica enquanto jantavam em frente à mãe de Barack Obama. Seu governo, junto com o regime de Mobutu no Congo, também apoiado pelos Estados Unidos, ia estabelecer recordes históricos mundiais de corrupção.[499] Claro, o regime estabelecido por Suharto foi fundado na violência em massa. E no fim dos anos 1960, a Indonésia operava um sistema de campos de concentração, apoiados pelos Estados Unidos, comparável aos piores anos da União Soviética.[500]

Porém, o Brasil caiu em direção ao terror de Estado mais lentamente. Quando o general Castelo Branco assumiu, em 1964, ele contava com o respaldo de grande parte da velha ordem política, mas, aos poucos, foi ficando claro que sua real base de apoio se encontrava na caserna e nas salas de reunião. Para sobreviver, ele não podia dar as costas às forças reacionárias do Exército ou da classe empresarial – ambas fazendo demandas que exigiam uma ditadura mais dura e mais duradoura para serem cumpridas. Só que ele podia se dar ao luxo de alienar as forças mais moderadas que apoiaram o golpe de 1964 acreditando que haveria novas eleições em breve. Os generais e os capitalistas, que desejavam um anticomunismo radical e lucros constantes, eram a única coisa que sustentava o governo agora que a democracia tinha acabado, e a política estava reduzida a seus elementos mais basilares. Os bons liberais e democratas podiam ser ignorados.

E assim eles foram. Nos anos seguintes, uma série de Atos Institucionais consolidou o poder nas mãos dos generais e trouxe de volta as eleições indiretas, o que significa que o Congresso simplesmente escolheria o presidente. Mais uma vez, o Partido Comunista alinhado à União Soviética adotou uma linha bem moderada em comparação às outras forças da esquerda. O Partido Comunista Brasileiro (PCB) convocou uma coalizão unificada de todas as forças do país que agora se opunham à ditadura, incluindo aquelas que, de início, apoiaram o golpe de 1964, para pressionar por "liberdades democráticas". Demandar qualquer outra coisa, inclusive pedir no curto prazo qualquer tipo de socialismo, seria irresponsável e temerário, "aventureirismo e pressa pequeno-burguesa", de acordo com os comunistas brasileiros.[501]

Foram grupos de soldados e estudantes recorrendo a Che Guevara e a Havana, no lugar de Brezhnev e Moscou, que tomaram as ações mais radicais entre 1965 e 1968 e assustaram o regime.[502] O PCB permaneceu não violento. Já os extremistas de direita, não, realizando uma série de bombardeios, atribuídos à esquerda, com o objetivo de prolongar e radicalizar a ditadura militar.[503]

Os generais proclamaram o AI-5, o Ato Institucional Número Cinco, em dezembro de 1968, concedendo aos líderes militares ainda mais poder, impondo a censura e suspendendo direitos constitucionalmente garantidos em nome da "segurança nacional". Dessa forma começaram os anos de chumbo brasileiros, que significava tortura e assassinato. Os piores anos da ditadura do Brasil foram, em grande medida, comandados por Emílio Garrastazu Médici, um general gaúcho linha-dura que assumiu a presidência em 1969.[504]

Nos primeiros anos da ditadura militar, estudantes, artistas e intelectuais ainda podiam protestar contra o regime, e a repressão violenta estava reservada aos dirigentes sindicais e à esquerda organizada. Nos anos de chumbo, de 1969 a 1974, tudo mudou. Qualquer um era suspeito de ser "subversivo" e poderia ser levado para um porão em São Paulo ou no Rio de Janeiro para rodadas de tortura que podiam terminar em morte. Além do contato constante com o governo estadunidense, os soldados aprenderam técnicas que os franceses desenvolveram na Argélia, como o uso de choques elétricos.[505]

As forças de Médici concentraram seus esforços em supostos integrantes de pequenos movimentos guerrilheiros urbanos do Brasil, muitas vezes jovens marxistas oriundos da classe média educada que ambicionavam derrubar a ditadura. Em 1970, eles prenderam uma jovem de ascendência búlgara chamada Dilma Rousseff. Ela contou mais tarde que a torturaram por semanas, pendurando-a de cabeça para baixo em uma vara, em uma técnica conhecida como pau de arara, lhe dando socos, arrancando seus dentes e aplicando choques elétricos.[506]

Os militares reprimiram também uma pequena rebelião rural, na bacia do rio Araguaia, organizada pelo maoísta PCdoB, o novo partido comunista que havia se separado do PCB em 1962 e se inspirado tanto em Che Guevara quanto nos comunistas da Guerra Civil Chinesa.[507]

> Os militares brasileiros suprimiram sua oposição interna com relativa facilidade e nunca se voltaram para a violência em massa na mesma escala empregada na Indonésia ou em outros países latino-americanos. O terror, no entanto, era bastante real. Hoje um escritor famoso, Paulo Coelho lembra com clareza o que acontecia com quem caía do lado errado da lei. Aconteceu com ele. Um grupo de homens armados invadiu seu apartamento, como se recorda:
>
> Eles começam a vasculhar gavetas e armários – mas não sei o que procuram, sou só um compositor de *rock*. Um deles, mais gentil, pede que eu os acompanhe "só para esclarecer algumas coisas". O vizinho vê tudo isso e alerta minha família, que entra imediatamente em pânico. Todos sabiam o que o Brasil vivia na época, mesmo que não fosse noticiado nos jornais. [...]
>
> No caminho, o táxi é bloqueado por dois carros – um homem com uma arma na mão sai de um dos carros e me puxa para fora. Eu

caio no chão e sinto o cano da arma na minha nuca. Olho para um hotel na minha frente e penso: "Não posso morrer tão cedo". Caio em uma espécie de estado catatônico: não sinto medo, não sinto nada. Eu conheço as histórias de outros amigos que haviam desaparecido; vou desaparecer, e a última coisa que verei é um hotel. O homem me pega, me põe no chão do carro e me manda botar um capuz.

O carro anda cerca de meia hora. Eles devem estar escolhendo um lugar para me executar – mas ainda não sinto nada, aceitei meu destino. O carro para. Sou arrastado e espancado enquanto sou empurrado pelo que parece ser um corredor. Eu grito, mas sei que ninguém está ouvindo, já que eles também estão gritando. Terrorista, dizem eles. Você merece morrer. Você está lutando contra seu país. Você vai morrer lentamente, mas vai sofrer muito primeiro. Paradoxalmente, meu instinto de sobrevivência passa a entrar em ação pouco a pouco.

Sou levado à sala de tortura com piso elevado. Tropeço porque não consigo ver nada: peço que não me empurrem, mas levo um soco nas costas e caio. Eles me dizem para tirar a roupa. O interrogatório começa com perguntas que não sei responder. Eles me pedem para trair pessoas de quem nunca ouvi falar. Dizem que eu não quero cooperar, jogam água no chão e colocam algo nos meus pés – olho então por debaixo do capuz que é uma máquina com eletrodos que são presos aos meus órgãos genitais.

Agora entendo que, além dos golpes que não vejo chegando (e, portanto, não consigo nem contrair meu corpo para amortecer o impacto), estou prestes a receber choques elétricos. Digo a eles que não precisam fazer isso – vou confessar tudo o que eles quiserem, vou assinar tudo o que eles quiserem. Mas eles não ficam satisfeitos. Então, em desespero, começo a arranhar minha pele, arrancando pedaços de mim mesmo. Os torturadores devem ter ficado assustados quando me viram coberto com meu próprio sangue; eles me deixam em paz. Dizem que posso tirar o capuz quando ouço a porta bater. Eu o tiro e vejo que estou em uma sala à prova de som, com buracos de bala nas paredes. Isso explica o piso elevado.[508]

Os defensores modernos da ditadura brasileira protestam que os generais mataram "somente" centenas de pessoas. Contudo, não foi pela repressão interna que o Brasil teve o maior impacto nos programas de assassinatos em massa que moldaram o mundo em que estamos hoje. No começo dos anos 1970, sob Médici, o Brasil passou a intervir na América do Sul, criando, em sua própria vizinhança, regimes brutais que também serviam aos interesses de Washington.

Como nota Tanya Harmer, a historiadora que acompanhou mais de perto esse período breve e influente, mas diversas vezes esquecido:

> O número de cadáveres da ditadura brasileira é relativamente baixo se comparado ao do Chile ou Argentina, mas foi no exterior que teve seu impacto mais devastador na intensificação da Guerra Fria, seja por seu exemplo e sua interferência na política interna de outros países, seja por seu apoio a golpes contrarrevolucionários. A experiência do Brasil durante e depois de 1964 foi uma virada de jogo que moldou o jeito como as batalhas ideológicas dos anos 1970 foram conceituadas e travadas depois disso.

O Brasil ajudou a estabelecer regimes anticomunistas violentos na Bolívia e no Uruguai. Em 1976, grande parte da América do Sul era uma "zona mortífera" de regimes apoiados pelos Estados Unidos abaixo de suas fronteiras, empregando o Brasil como seu "protótipo".[509] Porém, a mais notável intervenção estrangeira direitista de Brasília aconteceu na costa ocidental de América do Sul, no pacífico Chile.

Allende chega, por pouco

Em 1970, Salvador Allende concorreu de novo a um cargo no Chile, e a CIA mais uma vez financiou uma campanha de terror. Henry Kissinger, conselheiro de segurança nacional do presidente Richard Nixon, aprovou o uso de centenas de milhares de dólares para uma missão de guerra política. "Não vejo porque temos de ficar parados, enquanto um país se torna comunista pela irresponsabilidade de seu povo", disse Kissinger.[510] A agência distribuiu propaganda para repórteres importantes e conseguiu uma matéria de capa na *Time* que foi pesadamente influenciada por seus materiais. No Chile, a CIA confiava muito no *El Mercurio*, um jornal de direita que recebeu financiamento da agência, e pagou por cartazes, panfletos e mensagens pintadas nas paredes da cidade.[511]

Os esforços fracassaram. A coalizão Unidad Popular de Allende venceu por uma pequena margem. Poucos dias depois, *El Mercurio* publicou um grande especial sobre o Brasil. Uma manchete dizia: "Brasil – Amanhá é Hoje".[512] Nos meses seguintes, os militares brasileiros passaram a tramar maneiras de ajudar a reverter o socialismo no Chile.

Allende era socialista e membro urbano da elite de Santiago. Era um intelectual marxista que gostava de bebericar vinho tinto em jaquetas de *tweed* de seda. Ele admirava Fidel Castro e o considerava um amigo próximo, mas acreditava que o caminho chileno para o socialismo poderia ser bastante diferente. Ele trabalharia dentro do sistema e tiraria proveito de uma trégua da Guerra Fria entre Washington e Moscou, que, na sua visão, teria aberto espaço para *la vía Chilena*, o pacífico "caminho chileno" rumo ao socialismo.

Quando Richard Nixon foi eleito, ele buscou a "*détente*" com a União Soviética e, como resultado, as duas superpotências fingiram ignorar os desentendimentos ideológicos entre si. Porém, como se viu, essa trégua não se aplicava ao Terceiro Mundo.[513]

O caos e a violência no Chile não foram causados pelo presidente Salvador Allende, nem pelos fracassos de seu projeto democrático socialista. O terrorismo de direita, apoiado pelos estadunidenses, começou antes mesmo de ele assumir o cargo.

Segundo a lei chilena, o Congresso precisava ratificar a eleição de Allende, uma vez que ele não obteve a maioria absoluta. No Chile, isso costumava ser uma formalidade. Nixon via de forma diferente; ele ordenou que o chefe da CIA encontrasse uma maneira de impedir que Allende tomasse posse. Richard Helms saiu da reunião com as ordens de Nixon escritas em um bloco de notas:

> 1 *chance em 10 talvez, mas salve o Chile! ...*
> *$ 10.000.000 disponíveis, mais se necessário...*
> *os melhores homens que temos*
> *fazer a economia gritar* [514]

Enquanto Allende esperava para assumir o cargo em 1970, a CIA abriu suas atividades em duas "rotas" no Chile. A Rota Um era guerra política, pressão econômica, propaganda e manobras diplomáticas. Agentes da CIA tentaram subornar políticos chilenos e aterrorizar a população. Caso tudo isso falhasse, eles "condenariam o Chile à maior privação e à pobreza", afirmou o embaixador Edward Korry a Kissinger, na esperança de "forçar Allende a adotar as duras características de um Estado policial".[515] Eles queriam que Allende abandonasse a democracia. A Rota Dois era um golpe militar. A CIA começou a conspirar com oficiais militares de direita e a financiar um grupo de radicais que se expandiria como Patria y Libertad, uma organização terrorista anticomunista conhecida por seu medonho logotipo geométrico de aranha e por simpatizar com o fascismo.[516]

Como as primeiras incursões de Frank Wisner na Europa Oriental ou o bombardeio da Indonésia em 1958, a operação da CIA no Chile em 1970 terminou em desastre total.

René Schneider, comandante-chefe das Forças Armadas do Chile, era um constitucionalista, o que significa que ele achava que os militares nunca deveriam ultrapassar seu papel constitucional. Allende tinha vencido a eleição e deveria ser presidente. Schneider se opôs fortemente a um golpe militar para impedir que a posse acontecesse. Sua postura quanto a isso foi tão inflexível que ficou conhecida como a "Doutrina Schneider". Significava também que, para a CIA e seus conspiradores direitistas, ele tinha que ir embora. Em 22 de outubro de 1970, um grupo de homens armados tentou sequestrá-lo e o matou no processo. O plano era culpar todos os apoiadores de esquerda de Allende e, portanto, dar a justificativa para um golpe militar anticomunista.[517]

Para o plácido e democrático Chile, esse foi um momento de trauma nacional inimaginável.[518] Terroristas tinham assassinado o chefe das Forças Armadas em uma tentativa de subverter uma eleição.

As coisas não transcorreram exatamente de acordo com o plano da CIA. Schneider provavelmente não precisava ser morto. Talvez o grupo errado tenha executado o plano errado na hora errada. De início, a agência nem sabia qual de seus parceiros locais havia feito isso.[519] O mais importante é que todos no Chile descobriram quem de fato estava por trás disso. Em vez de culpar a esquerda, eles corretamente responsabilizaram os terroristas de direita, e os militares chilenos se uniram de forma ainda mais entusiástica em torno da posição constitucionalista. Allende seria presidente.

Entretanto, é difícil evitar a pergunta incômoda: e se eles tivessem conseguido? E se eles culpassem de forma convincente alguns esquerdistas radicais, partidários de Allende, por realizarem um sequestro violento, mesmo quando essa ação era inteiramente desnecessária para que eles tomassem o poder? Ainda hoje acreditaríamos que isso era verdade? Haveria um monumento anticomunista a Schneider no centro de Santiago, como aquele de Jacarta?

Pelo contrário, esse foi um dos conhecidos fracassos da CIA. Nixon ficou furioso. Allende assumiu a presidência em 3 de novembro de 1970. Para os jovens esquerdistas chilenos, foi um momento de euforia inimaginável. Carmen Hertz estava alinhada com o MIR, o contingente mais jovem e radical de esquerdistas chilenos que oficialmente não acreditava na política eleitoral. Porém, de toda forma, ela havia votado em Allende, tal qual fizeram muitos de seus amigos.

"Foi fantástico. Como todo mundo, inundamos as ruas" quando a vitória de Allende foi anunciada, recorda Carmen. "Quando finalmente voltamos para casa, estávamos plenos de esperança e alegria, até um êxtase espiritual."[520]

Eles assim o fizeram. E eles assim fariam. Carmen lembra: "Eu estava convencida, bem como todas as pessoas com quem convivia, de que mudaríamos o mundo".

Allende acreditava no movimento terceiro-mundista, e vários de seus apoiadores acreditavam que a revolução mundial era iminente e seria liderada pelo Sul Global. Não muito depois que Allende assumiu o poder, o Chile aderiu ao Movimento dos Não Alinhados e ficou cada vez mais ativo nas organizações do Terceiro Mundo.[521]

Fidel aconselhou Allende a não entrar em conflito com Washington, assim como fez o economista Orlando Letelier, membro da chamada "esquerda elegante" que trabalhava no Banco Inter de Desenvolvimento. Castro disse também a Allende para não "inflamar" a revolução continental ou incitar os ianques sem necessidade por ser "demasiadamente revolucionário"; por esse motivo, não compareceu à posse de Allende.[522] Fidel sabia que era melhor não provocar os gringos.

Assim como na Guatemala, estava claro o que Washington considerava de fato uma ameaça no Chile. Não era uma aliança com a União Soviética – na verdade, Allende foi a Moscou e retornou praticamente de mãos vazias.

Os soviéticos continuaram a ver a América Latina como a esfera de influência de Washington e mantiveram sua velha visão ortodoxa de que a revolução deveria avançar gradualmente no Hemisfério Ocidental.[523] Allende se opunha a movimentos soviéticos agressivos na arena internacional e condenou a invasão de 1956 na Hungria e a intervenção de Moscou na Tchecoslováquia em 1968.[524]

Washington não estava preocupado que a economia chilena fosse destruída por uma gestão irresponsável da esquerda ou mesmo que Allende pudesse atrapalhar os interesses comerciais estadunidenses. O que assustava a nação mais poderosa do globo era a perspectiva de que o socialismo democrático de Allende fosse bem-sucedido.

Poucos dias após Allende ser eleito, o presidente Nixon convocou seu Conselho de Segurança Nacional. Nixon afirmou:

Nossa principal preocupação no Chile é [...] que [Allende] possa se consolidar, e o quadro que se projetará ao mundo será seu sucesso. Se deixarmos os líderes em potencial na América do Sul pensarem que podem agir como o Chile e ter ambas as coisas, teremos problemas. Quero trabalhar nisso e nas relações militares, colocar mais dinheiro. Do lado econômico, queremos dar a ele um *"cold turkey"* [sic] Seremos muito legais e muito corretos, mas fazendo essas outras coisas que vão servir como uma mensagem real para Allende e para os outros. Não se dever permitir na América Latina nenhuma impressão de que eles podem escapar fazendo isso.[525]

"Cold turkey", literalmente "peru frio", é a gíria estadunidense para o período de sofrimento pelo qual um viciado passa quando seu consumo de drogas é abruptamente interrompido.

Após Allende assumir o cargo, a Casa Branca buscou relações mais estreitas com o Brasil como forma de contrabalançar a ameaça percebida a partir do Chile. O Brasil se opôs a Allende, às vezes, de forma ainda mais feroz que os Estados Unidos. O Brasil exortou os Estados Unidos a se envolverem mais nos assuntos sul-americanos, pois eles estavam trabalhando pelos mesmos objetivos.

Em 1971, ano em que os militares brasileiros começaram a fazer "desaparecer" seus próprios dissidentes, a ditadura de Médici ajudou a derrubar o governo na Bolívia e instalar como ditador o general direitista Hugo Banzer. As evidências indicam que Brasília e Washington deram dinheiro e assistência para o golpe de agosto.

Poucos meses depois, o Uruguai realizou uma eleição. Parecia que a coalizão esquerdista Frente Amplio poderia ganhar. Então, o Brasil enviou tropas para a fronteira e interferiu secretamente na votação. As autoridades entregaram a vitória ao Partido Colorado, de direita.[526]

No fim de 1971, Médici se encontrou com Nixon em Washington. O líder brasileiro disse ao presidente que sua ditadura estava em contato com militares chilenos e trabalhava para derrubar Allende. Ele disse a Nixon: "Não devemos perder de vista a situação na

América Latina, que pode explodir a qualquer momento". Médici contou que o Brasil poderia ajudar a organizar um "milhão" de exilados cubanos para lutar contra Fidel e cobrou mais ações na América do Sul. Não porque ele pensasse que os russos estivessem tramando alguma coisa. Exatamente o contrário. Médici teria declarado que "não achava que os soviéticos ou os chineses estivessem interessados em dar qualquer ajuda aos movimentos comunistas desses países; eles sentiam que o comunismo chegaria por conta própria, em decorrência da miséria e da pobreza nesses países".

Em outras palavras, o problema para ambos não era uma conspiração comunista internacional. O problema era que eles acreditavam que soviéticos e chineses poderiam estar corretos. As pessoas pobres nos países vizinhos do Brasil podem escolher o "comunismo" por conta própria, e isso tinha que ser impedido.

Nixon ficou bastante impressionado com Médici. Disse em particular ao secretário de Estado William Rogers que gostaria que Médici "governasse todo o continente". Assim, antes que o general deixasse os Estados Unidos, Nixon fez um brinde em um banquete de despedida. Ele proclamou: "Para onde for o Brasil, a América Latina o seguirá".[527]

No mesmo ano, de volta aos Estados Unidos, o ex-embaixador Howard P. Jones publicou suas memórias sobre a Indonésia, *The Possible Dream*, em que refletia a respeito dos fracassos da política estadunidense na Ásia. O livro não fez muito barulho. Ao mesmo tempo, o mundo vivia outro massacre anticomunista. O Partido Comunista do Sudão, o maior dos partidos comunistas remanescentes da era Bandung (nos anos 1960, era o terceiro, atrás dos partidos da Indonésia e do Iraque, que já haviam sido aniquilados), havia tentado um golpe contra um novo regime, que buscava destruí-lo. Quando o golpe fracassou, o governo de Gaafar Nimeiry liquidou a oposição: a ordem era "destruir qualquer um que afirme que existe um Partido Comunista Sudanês". Isso também sequer repercutiu no Ocidente.[528]

Operação Jacarta

Como o governo brasileiro colaborou com as forças de direita no Chile, a palavra "Jakarta" ganhou novo uso. Em ambos os países, a capital da Indonésia passou a ter o mesmo significado.

Operação Jacarta era o nome da parte secreta de um plano de extermínio, segundo a documentação compilada pela Comissão da Verdade do Brasil. Depoimentos recolhidos após a queda da ditadura indicam que a Operação Jacarta pode ter feito parte da Operação Radar, que visava destruir a estrutura do Partido Comunista Brasileiro. O objetivo da Operação Jacarta era a eliminação física dos comunistas. Exigia assassinato em massa, tal qual na Indonésia. Antes da Operação Jacarta, a ditadura havia dirigido sua violência para as rebeliões abertas. A Operação Jacarta foi um plano oculto para expandir o terror de Estado aos membros do Partido Comunista operando abertamente com grupos da sociedade civil ou na mídia.[529]

O público brasileiro não ouviria as palavras Operação Jacarta até três anos depois. No Chile, todavia, a palavra "Jakarta" chegou de forma bem publicizada.

Em torno de Santiago, especialmente na parte oriental da cidade – nas colinas, onde viviam as pessoas abastadas – alguém começou a colar uma mensagem nas paredes. Assumiu algumas formas.

"*Yakarta viene.*"
"*Jakarta se acerca.*"

Isto é: "Jacarta está chegando".

Ou, por vezes, simplesmente, "Jakarta".

Os eventos na Indonésia fizeram parte do discurso da direita por anos. Mais significativamente, Juraj Domic Kuscenic, um anticomunista croata que escreveu em veículos de direita como *El Mercurio* e manteve contato próximo com Patria y Libertad desde 1970, fazia recorrentes referências desde os anos 60.[530]

O primeiro registro de "Jakarta" aparecendo como uma ameaça era em uma edição de janeiro de 1972 do *El Rebelde*, o jornal oficial do MIR. A capa perguntava: "O que é Jacarta?". E, na parte interna, era mostrada uma foto da palavra marcada na parede. Em um pequeno artigo, "*La Vía Indonesia de Los Fascistas Chilenos*", o jornal buscou explicar o que tal mensagem significava. O Partido Comunista Indonésio exercia um papel ativo em um Estado "independente e progressista", e então – da noite para o dia – tudo o que restou de seus membros era um "mar de sangue".[531] Até esse ponto, nem toda a esquerda conhecia a história da Indonésia, e a ideia de uma onda de violência aqui parecia bem forçada.

O segundo texto tratando de Jacarta foi publicado em fevereiro de 1972 na *Ramona*, uma revista juvenil do Partido Comunista. Ela contava que a direita havia adotado algo chamado "Plano Djakarta" e disse ter obtido o plano de David Rockefeller ou Agustín Edwards (o proprietário do *El Mercurio*). "A extrema direita chilena quer repetir esse massacre", explica o artigo. "O que isso significa concretamente? Os terroristas têm um plano que consiste em matar todo o Comitê Central do Partido Comunista, a cúpula do Partido Socialista, os dirigentes nacionais da CUT, a organização sindical Central Unitaria de Trabajadores de Chile, líderes de movimentos sociais e todas as figuras importantes na esquerda." O artigo foi publicado em 22 de fevereiro, assinado por Carlos Berger, membro do Partido Comunista que tinha discutido com Carmen Hertz acerca das táticas de esquerda e do significado do massacre da Indonésia quando ela havia voltado à Universidade do Chile.[532] Carlos e Carmen Hertz estavam agora casados.

Pinturas de paredes eram um instrumento político popular em Santiago no começo dos anos 1970. À esquerda, coletivos de voluntários pintavam murais com elaboradas imagens criadas por jovens artistas inspirados por muralistas internacionais famosos, como o mexicano Diego Rivera, e pela cultura indígena mapuche do Chile. À direita, o dinheiro derramado por Washington ou fornecido pelas elites locais era utilizado na contratação de pintores profissionais, que eram ao mesmo tempo mais eficientes e menos talentosos, pois estavam acostumados a produzir mensagens publicitárias simples. Patricio "Pato" Madera, um dos fundadores da brigada de muralistas de esquerda Ramona Parra, reconheceu o grafite "Jakarta" como trabalho da mesma mão de obra contratada que pintava *slogans* direitistas em campanhas terroristas recorrentes desde 1964. Só que essa significava uma escalada. Era uma ameaça de morte em massa.[533]

Além de pintar paredes, mandavam cartões-postais. Eles chegavam às casas de funcionários do governo de esquerda e de membros do Partido Comunista.

Em algum momento de 1972, Carmen Hertz e seu marido receberam um. O papel era fino e frágil. No topo, dizia "Jacarta está chegando". Na parte inferior, via-se a aranha geométrica, o logotipo Patria y Libertad.

A campanha de terror funcionou. Carmen e Carlos levavam uma vida de ansiedade 24 horas por dia. Eles estavam em permanente "alerta máximo". Ao seu redor, havia sabotagem, ameaças e agressão. Com apenas 20 anos, Carmen foi contratada para trabalhar como advogada no programa de reforma agrária do governo Allende e viu quão violenta poderia ser a oposição. Além de atividades partidárias e jornalismo, Carlos ajudava nas relações públicas do Ministério da Fazenda. Os dois suspeitavam que Washington estava destruindo intencionalmente a economia. E, atentos às ameaças domésticas, os dois passaram a dormir no trabalho. Só ficavam de vez em quando em casa, e nunca por muitos dias consecutivos. Nas ruas, eles costumavam trocar palavras com membros da Tradición, Familia y Propiedad (TFP), a seção chilena do grupo anticomunista fundado no Brasil em 1960. Em Santiago, os jovens da TFP vestiam túnicas de estilo medieval e costumavam protestar nas ruas, prontos para gritar com Carmen. Porém, quando ela recebeu o cartão-postal – "Yakarta se acerca" –, se sentiu ainda mais em perigo iminente.

Após ler, Carmen ouviu uma batida forte na porta. E depois gritando: "Comunista!". Ela gritou de volta. Pegou nos braços seu bebê recém-nascido, Germán, apanhou uma pistola escondida na casa e correu para a rua, apontando-a para a frente e para trás freneticamente. Ela atirou para o céu. Só percebeu depois, quando seu coração parou de bater tão forte, que ainda estava segurando Germán enquanto atirava. Ela não conseguiu dormir em casa nessa noite, e então tentou pegar um ônibus para chegar à casa da infância de Carlos. Nenhum ônibus veio. Então, ela caminhou pelas ruas geladas de Santiago, com o bebê agarrado firmemente contra seu corpo.

As fissuras na sociedade chilena dividiram ao meio a própria família de Carmen. Ela sabia que sua mãe, a quem ela amava, talvez tenha sido mais compreensiva com aqueles direitistas do que com sua própria filha. Sempre foi o paciente Carlos que tentava consertar o relacionamento deles, que insistia sempre em visitar a avó de Germán, e tentava rir e acalmá-los enquanto brigavam inevitavelmente.[534]

Contudo, Carmen e Carlos achavam que a história estava do lado deles. Eles estavam em batalha, sim, mas jogavam dentro das regras, tinham o povo atrás deles e, por isso, pensavam que iam vencer. Também acreditavam que o país vinha sofrendo sabotagem estrangeira e, a esse respeito, estavam certos. A CIA, trabalhando com seus parceiros de extrema direita, estava tentando arruinar a economia e fazendo o possível para que isso parecesse culpa de Allende.

O problema mais óbvio para o governo de Allende foi provavelmente uma greve nacional em outubro de 1972. Os caminhoneiros – que recebiam indiretamente dinheiro de Washington – pararam o transporte, o que significa que as pessoas comuns ficaram sem suprimentos básicos. Assim que a greve teve início, a CIA fez o possível para mantê-la em andamento.[535]

Entretanto, não era apenas sabotagem econômica. "A Rota Dois nunca acabou de fato", afirmou um funcionário da CIA, o que significa que, desde 1970, a agência nunca parou de procurar formas de organizar um golpe. As anotações do funcionário da época registram

Kissinger perguntando: "Já que Allende está se apresentando como um moderado, por que não apoiar os extremistas?".[536]

O problema de desestabilizar um país é que você não necessita de precisão cirúrgica. Um martelo bem grande funciona. Logo, o Chile estava um caos, e, como resultado, Allende foi obrigado a não ir à sua tão aguardada viagem à Conferência do Movimento dos Não Alinhados na Argélia.[537]

Porém, havia ainda dois problemas principais. Primeiro, Allende estaria no poder por, pelo menos, mais três anos, e a esquerda ainda contava com muito apoio popular. Mesmo assim, a mesma circunstância não impediu o golpe no Brasil. O segundo problema – o verdadeiro obstáculo – era que Carlos Prats, o homem que assumiu o comando das Forças Armadas depois de René Schneider, também era constitucionalista. Ele viu que existia uma crise econômica e que os conservadores clamavam por um golpe militar. Só que ele era leal à Doutrina Schneider e à democracia, recusando-se a sair de seu papel legal. Allende continuou no poder.

No fim de 1972, o mundo ganhou mais uma ditadura anticomunista. Desde 1970, os estudantes protestavam contra o governo de Ferdinand Marcos nas Filipinas, por conta de sua flagrante corrupção e da colaboração de seu governo na guerra dos Estados Unidos no Vietnã. As Filipinas foram o local do maior experimento de Washington com o domínio colonial direto, e sua independência foi organizada cuidadosamente para manter Manila no campo ocidental, desde que a CIA derrotou em 1954 os nacionalistas de esquerda *Huks* usando terror e guerra psicológica. Bases estadunidenses nas Filipinas foram usadas em 1958 durante a tentativa da CIA de desmembrar a Indonésia. O direitista Marcos, reeleito sob circunstâncias um tanto suspeitas em 1968, e sua esposa, Imelda, eram amigos próximos do governador da Califórnia Ronald Reagan, que compareceu à posse de gala do luxuoso e multimilionário Centro Cultural de Imelda.[538]

Alguns dos estudantes anti-Marcos eram seguidores do comunista José Maria "Joma" Sison, um professor de literatura maoísta inspirado por Lumumba, Castro e os intelectuais da Nova Esquerda Ocidental. Sison estudou na Indonésia antes da queda de Sukarno e chegou à conclusão em 1965 e 1966, da mesma forma que Pol Pot, que o desarmamento do PKI o havia deixado vulnerável demais. Em 1968, ele fundou o maoísta Partido Comunista das Filipinas (PCF), que dependia mais de grupos guerrilheiros no campo que das táticas abertas de partido de massa empregadas pelo PKI. (Sison me contou que o que ele viu na Indonésia em 1965 o convenceu de que o PCF precisava estar armado e clandestino, e o partido segue ativo até hoje.)[539]

Porém, muitos desses manifestantes anti-Marcos eram simplesmente partidários do centrista Partido Liberal. O próprio Marcos estava atrás dos outros. "Os distúrbios devem ser agora induzidos a uma crise para que medidas mais rígidas sejam tomadas", escreveu ele. "Um pouco mais de destruição e vandalismo, e poderei fazer alguma coisa."[540]

Marcos e seu secretário de Defesa, Juan Ponce Enrile, fizeram repetidos alertas acerca de uma ameaça comunista. Então, em 22 de setembro de 1972, Enrile fingiu um atentado contra a própria vida. Ele pegou um carro diferente quando atiradores crivaram de balas o carro em que ele deveria estar. Ele e Marcos, que ajudou a planejar essa fraude, disseram que Deus o salvou. É claro que eles culparam os comunistas. No mesmo dia, também alegaram que tudo aquilo não lhes deixava escolha a não ser decretar a lei marcial. Unidades militares se espalharam para prender líderes opositores, o primeiro dos quais foi o senador do Partido Liberal, Benigno Aquino Jr. Suharto já tinha um aliado anticomunista em Marcos, mas agora ele – e Washington – contavam com um regime autoritário amigável no segundo país mais populoso do Sudeste Asiático. Marcos, com o ativo apoio estadunidense, criou sua própria versão de capitalismo de compadrio com níveis recordes de corrupção. Ele passou a matar milhares de pessoas, desovando diversas vezes seus corpos em público para aterrorizar seus inimigos.[541]

Marineros Constitucionalistas

No começo de 1973, Pedro Blaset era um marinheiro de 23 anos de origem trabalhadora em uma Marinha tradicionalmente mais conservadora e de classe alta no Chile. Ele teve a sorte de embarcar em uma viagem em um cruzador para a Suíça por seis meses e perdeu grande parte da sua radicalização ao voltar para casa. Na Europa, ele e seus companheiros ficaram chocados ao ver como as marinhas eram organizadas de uma maneira liberal, em contraste com as rígidas tradições prussianas chilenas. Quando ele entrou no serviço, foi espancado, como uma forma de trote. E quando ele e alguns amigos celebraram a vitória de Allende em 1970, foram repreendidos. Os oficiais navais profundamente conservadores, em geral de educação privada e conscientemente aristocráticos, não gostaram muito nem mesmo do governo de Eduardo Frei, apoiado pela CIA. Segundo Blaset, o principal problema deles era que suas modestas reformas trouxeram alguns membros da classe média para suas escolas de elite, e seus filhos foram forçados a estudar com seus inferiores.

Contudo, quando Pedro regressou a Santiago em fevereiro de 1973, as coisas eram diferentes. A Marinha era provavelmente o segmento mais anticomunista das Forças Armadas, e seus colegas não escondiam seus sentimentos. Os altos oficiais falaram sobre suas colaborações com a embaixada brasileira. Confessavam sobre o envio de armas ao Patria y Libertad. Criticaram duramente o comandante do Exército, Prats, por sua postura constitucionalista, sobretudo após a esquerda se sair bem nas eleições de março. Eles passaram a falar abertamente sobre algo chamado "El Plan Yakarta".

Pedro já tinha ouvido histórias sobre Jacarta antes. Pouco depois de entrar para a Marinha, em 1966, os marinheiros começaram a contar histórias horrorosas de uma viagem particularmente estranha pelo Sudeste Asiático. Eles disseram que testemunharam a carnificina causada por um programa de "extermínio" na capital indonésia. Histórias sobre cabeças arrancadas em espigões aterrorizaram os jovens marinheiros, enquanto eles absorviam contos de violência fantástica de uma terra distante.[542]

Entretanto, quando seus superiores começaram a falar sobre El Plan Yakarta em 1973, eles estavam sendo bastante específicos e sérios. O plano era matar cerca de 10 mil pessoas, a esquerda e seus principais apoiadores, como forma de garantir uma transição estável para um governo direitista. Pedro e seu amigo Guillermo Castillo escutaram isso sendo discutido em mais de um barco.

"Se colocarmos o plano Jacarta na prática, matar 10 ou 20 mil, é isso", afirmou um oficial. "Então, essa é toda a resistência, e nós vencemos." Talvez seus superiores achassem que seus subordinados estavam a bordo desse tipo de estratégia, ou, pelo menos, respeitavam a hierarquia interna da Marinha o suficiente para ficarem calados.

Porém, isso não era normal para marinheiros de baixa patente. "De quem eles estão falando em matar? Nossas famílias?", perguntou Pedro a alguns de seus amigos mais próximos. "O que aconteceu ao Chile enquanto estive fora?".

Eles resolveram se encontrar, formar um pequeno grupo constitucionalista clandestino dentro da Marinha e conversar acerca da situação. Perceberam que seu juramento era para o país, não para seus superiores imediatos, e, dessa forma, decidiram repassar um alerta aos políticos.

Eles foram descobertos. Pedro e Guillermo foram presos pela Marinha e repetidamente torturados. Eles não veriam a luz do dia até bastante tempo depois que uma versão chilena do Plan Yakarta fosse colocada em vigor de fato.

Operação Jacarta. Yakarta Viene. Plan Yakarta. Seja em espanhol, seja em português, nas três formas em que foi empregado, está claro o que significava "Jacarta" e está muito longe do que a palavra significava em 1948, quando o governo Truman era guiado pelo "Axioma de Jacarta". Naquela época, "Jakarta" representava um desenvolvimento independente do Terceiro Mundo que Washington não precisava encarar como uma ameaça. Agora, "Jakarta" significava algo bem diferente. Significava assassinato anticomunista em massa. Significava o extermínio, organizado pelo Estado, dos civis que se opusessem à construção de regimes autoritários capitalistas leais aos Estados Unidos. Significava desaparecimentos forçados e terrorismo de Estado impenitente. E seria empregado larga e amplamente na América Latina nas duas décadas seguintes.

Operação Condor

Em 1973, Allende caiu. Ele morreu junto ao sonho chileno de socialismo democrático. Em seu lugar surgiu um regime anticomunista violento, que trabalhou com o Brasil e os Estados Unidos para formar uma rede internacional de extermínio. Seu terror assassino não estava reservado unicamente à esquerda. Também foi lançado contra os ex-aliados que se metessem em seu caminho.

Nos meses anteriores a 11 de setembro de 1973, o Chile tinha bastante em comum com o Brasil de 1964. Grupos do setor privado financiavam grupos de oposição, grupos "pró-tradição" e "pró-família" organizavam protestos, e a mídia de direita espalhava temores de uma suposta conspiração esquerdista. No fim de 1972, a CIA reportou que grupos de oposição chilenos estavam recebendo "assistência econômica e armas como metralhadoras e granadas de mão" da ditadura brasileira.[543]

Contudo, os dias após 11 de setembro de 1973 pareciam mais com a Indonésia em 1965, mesmo que em escala menor – a princípio. Enquanto o governo militar do Brasil se movia de forma apenas vagarosa em direção ao terror, a ditadura do general Augusto Pinochet dava início a uma explosão de violência.

A primeira tentativa de golpe ocorreu em junho. O "Tanquetazo", como foi chamado, fracassou em grande parte porque Carlos Prats, líder das Forças Armadas, derrubou os militares rebeldes aliados de Patria y Libertad. Prats não apenas assistiria o Exército chileno trair missão histórica.

Nas semanas seguintes, publicações de esquerda começaram a relatar que o Patria y Libertad e as outras forças de direita por trás do golpe planejaram ativar o Plan Yakarta caso tivessem sido bem-sucedidos. Parece que eles tinham motivos para se preocupar. Um político, Domingo Godoy Matte, do direitista Partido Nacional, chegou a se levantar no Congresso e declarou que eles – os nacionalistas – "*estarán aquí hasta que se produzca el Yakarta*" ("ficarão aqui até que se produza Jacarta").[544] Isso inspirou uma onda de condenações chocantes no centro e na esquerda e acusações furiosas em uma série de publicações de que a direita estava planejando abertamente um "assassinato em massa". O jornal do Partido Socialista exibiu um cartão-postal que havia sido enviado ao seu diretor editorial com os dizeres "Jacarta está chegando". O jornal responsabilizou os Estados Unidos.[545]

Estranhamente, a mídia de direita começou a publicar uma versão invertida do meme de terror de "Jacarta". *El Mercurio*, o jornal financiado pela CIA, reproduziu a história de que comunistas mataram generais na Indonésia e também poderiam fazer o mesmo no Chile.[546]

Em 1970, Castro alertou Allende contra provocar Washington. Já era tarde demais. À medida que o terror e a conspiração de golpes de direita cresciam ao redor do presidente chileno, Castro o aconselhou a começar a adotar uma linha mais dura. Disse que Allende deu muita liberdade à oposição e estava muito relutante em recorrer à violência para fazer avançar sua revolução. Ele advertiu que um confronto entre "socialismo e fascismo" se avolumava no horizonte e, caso a esquerda do Chile não seguisse seu conselho, eles não sobreviveriam.[547] Contudo, o governo da Unidade Popular de Allende se manteve comprometido com o socialismo democrático.

Em julho, terroristas de direita mataram outro oficial militar, Arturo Araya, ajudante de ordens de Allende, enquanto ele estava na varanda de sua casa.[548]

Em agosto, Carlos Prats se deu conta da grande pressão que havia sobre ele. Elementos poderosos do Exército desejavam um golpe.

O mesmo acontecia com boa parte da elite, como mostrado pelos grupos de esposas de militares protestando fora de suas casas.[549]

E parecia que os terroristas de direita selvagens preferiam matar o general Prats do que deixar Allende terminar seu mandato. Todos os três grupos contavam com o apoio do governo mais poderoso da história. Todavia, Prats não ia dar o golpe para eles. Em 23 de agosto, ele renunciou e se preparou para decolar para Buenos Aires.

Ele foi substituído por Augusto Pinochet, um general lacônico e nada interessante que havia sido leal a Prats e, apenas algumas semanas antes, não mostrava qualquer inclinação especial para um golpe. Após o fracasso do *Tanquetazo* de junho, Pinochet afirmou em uma reunião de golpistas que não queria "falar sobre política, pois isso é contra a Constituição".

Em 9 de setembro, o líder do Partido Socialista, Carlos Altamirano, fez um discurso no Estádio Nacional de Santiago. Ele leu uma carta entregue ao governo pelo grupo de marinheiros constitucionalistas, como Pedro Blaset e Guillermo Castillo, na tentativa de alertá-los sobre tramas de golpe em agosto.

"Para nós, evitar aquele grande massacre que eles planejavam cometer contra o povo entre 8 e 10 de agosto era vital", ele leu na carta. "Nossos chefes nos explicaram que, por esta ou aquela razão, o governo marxista deveria ser derrubado, e o povo deveria ser afastado de seus líderes marxistas. Para eles, todo líder de esquerda merecia, sem dúvida, o Plano de Jacarta".[550] Àquela altura, já estaria claro para a maioria dos chilenos de esquerda o que significava o "Plano de Jacarta". Àquela altura, estava também claro para quase todos que um golpe era iminente. O discurso de Altamirano representava mais uma homenagem à bravura dos marinheiros do que uma notícia reveladora.

Dois dias depois, no dia 11 de setembro, Salvador Allende sabia o que estava por vir. Ele barricou a si mesmo no Palácio Presidencial de La Moneda e fez um derradeiro discurso no rádio para seus apoiadores.

Seguramente, esta será a última oportunidade em que poderei dirigir-me a vocês. A Força Aérea bombardeou as antenas. [...]
Pagarei com minha vida a lealdade ao povo. E lhes digo que tenho a certeza de que a semente que plantamos na consciência digna de milhares e milhares de chilenos não poderá ser ceifada para sempre. [...]
Viva Chile! Viva el pueblo! Vivan los trabajadores! [Viva o Chile! Viva o povo! Vida longa aos trabalhadores!]

Estas são minhas últimas palavras, e tenho certeza de que meu sacrifício não será em vão.

Pegou sua metralhadora (Fidel Castro lhe deu de presente), pendurou-a no ombro e botou um capacete do Exército. Quando a Força Aérea do Chile bombardeou o Palácio Presidencial e metralhou comunidades pobres que pensavam que poderiam querer sair em defesa do presidente, Allende deu um tiro na própria cabeça.[551]

Naquela noite, a nova junta militar deixou extremamente claro qual ideologia havia impulsionado sua violenta ascensão ao poder. Em um discurso transmitido à nação pela televisão, o general Jorge Gustavo Leigh, um de seus quatro membros, disse: "Depois de três anos apoiando o câncer marxista [...] nos consideramos obrigados, no sagrado interesse de nosso país, a aceitar a triste e dolorosa missão que nós assumimos. [... Nós] estamos prontos para lutar contra o marxismo e dispostos a erradicá-lo até o fim".[552]

Os assassinatos e os desaparecimentos começaram de imediato.

Mais uma vez, o anticomunismo fanático era a ideologia fundadora de um novo regime assassino no Sul Global. Internacionalmente, a junta seria uma aliada próxima dos Estados Unidos. Porém, a nível local, eles não queriam emular os Estados Unidos. Queriam emular o Brasil.[553] A junta começou a estabelecer uma ditadura e a justificar sua própria existência.

Em 22 de setembro, *Tribuna*, jornal do Partido Nacional do Chile, publicou uma curiosa entrevista com o general Ernesto Baeza Michelsen. Ele posou para uma foto com um cartão-postal idêntico ao que Carmen Hertz e Carlos Berger haviam recebido em casa. "Djakarta está chegando", dizia. Nesse caso, porém, o general afirmou que, na verdade, era a esquerda que estava enviando mensagens com ameaças aos aprumados oficiais conservadores. De acordo com essa história – agora endossada com o peso total de uma ditadura militar apoiada pelos Estados Unidos –, os marxistas planejavam matar todos os 27 oficiais de alto escalão em 22 de setembro, e apenas o golpe de direita pôde impedir que o sedento golpe de esquerda acontecesse. Poucos dias depois, o general Jorge Gustavo Leigh, um dos primeiros integrantes da junta militar, relatou a mesma história. Disse ao jornal *La Segunda*: "Essa campanha estava destinada a destruir totalmente as Forças Armadas [...] Uma Jacarta que permitiria um colapso final. Caso este último bastião caísse, eles imporiam o terror em nosso país".[554]

Conforme foi publicado em 22 de setembro, era a junta que estava aterrorizando a nação. Notoriamente, eles prenderam milhares de supostos inimigos do regime no Estádio Nacional para interrogatório, tortura e execução. Menos conhecido é que assessores militares brasileiros estavam lá, auxiliando os chilenos a destruir os jovens que ambos consideravam inimigos.[555] Mais de mil foram imediatamente executados, e seus corpos escondidos em valas comuns.[556] Contudo, Carmen Hertz e Carlos Berger não estavam entre eles. Eles estavam no norte do país, onde Carlos trabalhava como funcionário de comunicações na mina de cobre de Chuquicamata, tentando desesperadamente defender a nacionalização da indústria do cobre por Allende.

Carlos foi preso em 12 de setembro, mas foi rapidamente liberado; quando foi preso novamente, em 14 de setembro, ele permaneceu. Carmen, a jovem advogada, tentou providenciar sua libertação antecipada. Ela tinha certeza de que ele sairia; a questão era quando. Como ela sabia que o destino dele estava em jogo, não entrou em contato com o Partido Comunista ou qualquer outro alto escalão em Santiago. Ela ficou perto dele, visitando tanto quanto podia, negociando com as autoridades locais. A sentença dele foi tecnicamente de 61 dias – e Carmen esperava comutar isso até o tempo cumprido.

Em 19 de outubro, ela visitou a prisão por volta das cinco da tarde. Carlos estava perturbado, nervoso; havia algo de errado.

"Eles levaram embora um grupo de prisioneiros. Era algum tipo de comando, um grupo diferente. Não reconheci ninguém do regimento", afirmou Carlos. "Eles os levaram com violência, com capuzes sobre suas cabeças".

Mais tarde naquela noite, Carmen recebeu uma ligação anônima. Eles o tinham levado embora, dizia a voz. Ela chamou o guarda. "Sim, eles o levaram, mas não se preocupe. É só um interrogatório, e eles já voltam." Ele não voltou. Todos eles foram mortos. Jacarta havia chegado.

De outro jeito, as forças de Pinochet acabaram confirmando isso a ela. Na noite seguinte, eles estacionaram um jipe na estrada e esperaram que ela se aproximasse. Eles não saíram do carro. Ao se aproximar, viu que era um padre militar e outra pessoa, alguém de uniforme. Esse homem falou: "Carlos Berger e os outros presos estavam sendo levados para a cidade de Antofagasta. No percurso, eles se rebelaram, tentaram fugir e foram mortos em seguida. *Hasta luego*". O motor ainda estava ligado; o motorista engatou a marcha e foi andando. Carmen não chorou. Ela gritou. "Assassinos! Assassinos! Filhos da puta, vocês vão ver! Vocês pagarão por isso! Assassinos, miseráveis covardes!"

As autoridades em Washington assistiram aos países em desenvolvimento de todo o mundo reagirem com choque e horror à ascensão de Pinochet. Um relatório de inteligência do Departamento de Estado de outubro pontuou que um jornal moderado camaronês chamou a queda de Allende de "um tapa na cara do Terceiro Mundo".[557]

Juraj Domic, o exilado croata que introduziu a metáfora de "Jacarta" na política chilena, conseguiu um emprego no Ministério das Relações Exteriores de Pinochet.

Antes do golpe, os conspiradores em Washington receavam que os chilenos não contassem com o necessário para a luta contra o socialismo. No entanto, eles logo superaram em zelo seus patronos brasileiros. O comando militar se dispôs a tolerar milhares de mortes, como haviam ouvido Pedro Blaset e os demais marinheiros constitucionalistas. No final, Pinochet e seus homens mataram cerca de 3 mil pessoas, sobretudo nos primeiros dias de sua ditadura. Eles estavam orgulhosos de sua eficiência. Manuel Contreras, um colaborador próximo da CIA que criou a mortal polícia secreta DINA de Pinochet, sabia que o objetivo do terror de Estado não era somente a destruição gratuita de inimigos, mas tornar impossível a resistência e solidificar as estruturas políticas e econômicas dominantes.

O terrorismo precisou ser levado a cabo contra a população antes que um homem, Augusto Pinochet, concordasse em assumir o papel que Washington pensava que os militares chilenos deveriam desempenhar. Washington favoreceu o governo de Pinochet desde o princípio. Henry Kissinger tinha uma política bastante simples em relação ao novo ditador da América do Sul: "Defender, defender, defender".[558]

Entretanto, como ocorreu com a ditadura militar no Brasil, as consequências da violência de Pinochet estavam longe de se limitarem às próprias fronteiras de seu estreito país. Quase imediatamente após assumir o poder, ele tentou influenciar os acontecimentos no exterior, tanto combatendo o "comunismo" em todo o hemisfério, como assassinando civis mundo afora.

O terror internacional teve seu início perto de casa. Em 29 de setembro de 1974, a polícia secreta de Pinochet assassinou seu ex-chefe Carlos Prats e sua esposa em sua casa em Buenos Aires, na Argentina. Prats estava redigindo suas memórias. Após assassiná-lo, Pinochet divulgou um comunicado dizendo que sua morte "justifica as medidas de segurança adotadas pelo governo".[559]

Poucos meses depois da morte de Prats, os militares brasileiros deixaram escapar a existência de sua própria Operação Jacarta.

Em agosto de 1975, Luciano Martins Costa era estudante de jornalismo em São Paulo. Ele e outros alunos puderam entrevistar um general chamado Ednardo D'Avila Mello, que tinha uma reputação de brutalidade. Os oficiais militares, é claro, haviam investigado antes os jovens jornalistas e trouxeram estudantes de direita para a própria entrevista, com o objetivo de lotar a sala como uma espécie de tática de intimidação. Como essas coisas sempre aconteciam, D'Avila Mello proferiu meias-verdades agradáveis sobre o regime, o que dava à entrevista um ar de transparência. O problema era que o general ficou irritado com uma das perguntas dos estudantes. Ele se enfureceu com aquilo que considerou a atitude insubordinada dela. Ele perdeu o controle.

"Vocês são doutrinados! É por isso que vamos levar adiante a Operação Jacarta e neutralizar 2 mil comunistas aqui mesmo em São Paulo." Ele começou a listar os nomes dos alvos.

Luciano rabiscou de um jeito furioso: "*Neutralizar 2 mil comunistas em São Paulo...*"

O general havia saído do *script*. De qualquer modo, era uma ditadura, e ele sabia uma maneira fácil de ter certeza de que isso permaneceria em sigilo.

"Se você publicar uma única linha do que acabei de dizer, serão 2.001!"

Por algum tempo, os alunos ficaram calados.[560]

Três meses depois, o regime de Pinochet se reuniu com representantes do Brasil e seus vizinhos anticomunistas apoiados pelos Estados Unidos. Agora havia vários deles. Representantes de Argentina, Bolívia, Brasil, Paraguai e Uruguai se reuniram com Manuel Contreras, colaborador da CIA e fundador da polícia secreta do Chile, no grande salão da Academia de Guerra do Chile. Foi uma reunião otimista. Eles tinham decidido que precisavam trabalhar juntos. Não era suficiente matar comunistas e subversivos em seus próprios países. Eles armaram um programa de colaboração para exterminar seus inimigos ao redor do mundo. Estabeleceram um banco de dados central para compartilhar inteligência. Os computadores para esse sistema seriam logo providos pelos Estados Unidos. O primeiro dia terminou com um jantar de gala, com mulheres chilenas atraentes providenciadas pela polícia secreta.[561]

Eles deram o nome a sua nova aliança em homenagem ao pássaro nacional do Chile, o carniceiro majestoso. Em novembro de 1975, foi lançada a Operação Condor.

Uma viagem ao cinema

Benny chegou ao Chile em 1975. Ele tinha sido transferido de seu emprego em Bangcoc, após mais de uma década lá, para atuar como economista da ONU. De volta ao Kansas, ele experimentou o gostinho da América do Norte; mas era a primeira vez que morava na América Latina e, é claro, estava entusiasmado. Ele chegou com sua esposa e filhos, que fizeram o possível para aprender a língua.

Eles aprenderam muito rapidamente como era a vida sob Pinochet. Uma noite, Benny decidiu dar um passeio pelo centro de Santiago e assistir a um filme. No caminho, alguns *carabineros*, membros da polícia chilena, o pararam na rua. Eles precisavam saber quem ele era e para onde estava indo.

Era suspeito que ele ainda estivesse andando na rua. Havia toque de recolher em Santiago e estava chegando a hora. Porém, foi também sua raça que alimentou suas suspeitas. Assim como o fato de ser chinês levou os militares apoiados pelos Estados Unidos a assediarem sua comunidade, e a ditadura de Suharto o forçou a mudar oficialmente seu nome para "Benny Widyono" enquanto trabalhava em Bangcoc, seu rosto inspirava suspeitas também no Chile.

Àquela altura de sua vida, Benny falava espanhol o suficiente para entender o que o policial disse em seguida.

"*Quiere que lo lleve?*" Quer que eu leve você embora? O subtexto estava claro como o dia para Benny. Quer que eu leve você para que seja torturado e talvez nunca mais volte? Você percebe que pode desaparecer esta noite?

Benny tentou ser o mais educado possível com o policial. Deu certo – o cara só estava tentando intimidá-lo um pouco, o que funcionou também –, e Benny conseguiu se afastar. Contudo, nas primeiras semanas no Chile, ele percebeu que nem mesmo seu luxuoso escritório na ONU era um refúgio do caos dessa ditadura violenta. Ou melhor, o caos chegou lá *porque* era um refúgio. Enquanto Benny e seus colegas trabalhavam, os jovens chilenos corriam para o complexo da ONU, fugindo do regime, e pulavam os muros. Lá dentro, eles não podiam ser presos pela polícia secreta, já que as instalações da ONU, localizadas à margem sul do Rio Mapocho, tinham um pouco de autonomia do regime. Esses jovens eram, em sua maioria, membros do partido de esquerda MIR, que se atentou à advertência do massacre de 1965 na Indonésia e aderiu à doutrina da revolução armada. Benny observou enquanto os jovens continuavam chegando e chegando e montando um miniacampamento lá dentro, dormindo em colchões no chão e buscando um jeito de ir embora do país. Provavelmente, eles não sabiam que a Operação Condor poderia caçá-los, em qualquer lugar da terra, mesmo se fugissem.

Pinochet odiava o escritório de Benny. Para ele, toda a ONU era basicamente uma colmeia de comunistas. Pior ainda, Benny havia trabalhado na Comissão Econômica para a América Latina e o Caribe (CEPAL), que era um bastião do que Pinochet e seus aliados globais consideravam um pensamento econômico de esquerda inaceitável. A CEPAL foi o epicentro da economia do desenvolvimento e da Teoria da Dependência; por outro lado, o novo ditador do Chile havia promovido um grupo de economistas chilenos bem relacionados que estudaram na Universidade de Chicago, e ele era favorável a um giro radical em direção à economia de livre mercado. Tal grupo, que ficou conhecido como "Chicago Boys", era bem mais zeloso até mesmo que os velhos conhecidos de Benny da "Máfia de Berkeley" na Indonésia. Sua ascensão não havia sido planejada – a *raison d'être* do governo Pinochet era o anticomunismo e não o fundamentalismo de mercado –, mas, sob esses economistas, o Chile se tornou o primeiro caso de teste mundial para a economia "neoliberal", e a CEPAL de Benny dava conselhos que não eram mais bem-vindos.[562]

Ainda assim, Benny foi logo convidado para eventos chiques em um *barrio alto*, os bairros orientais próximos às colinas, onde residia a elite. Quando se está no centro de Santiago e se olha para o leste, é quase sempre de tirar o fôlego. Normalmente é possível ver a neve cobrindo os imponentes picos dos Andes, enquanto abaixo se caminha pelo denso ar quente com o cheiro de especiarias tropicais.

Foi quando Benny subiu um pouco a colina para entrar nos bairros chiques que viu pela primeira vez: "*Yakarta viene*", "*Djakarta se acerca*" ou somente "*Jakarta*".

Foi uma surpresa. Ele precisou perguntar ao redor para descobrir o que exatamente o grafite significava e de onde todos os *slogans* vieram. Ele descobriu – e isso foi ainda mais chocante. A capital de seu próprio país havia passado a significar não mais o cosmopolitismo, nem a solidariedade do Terceiro Mundo e a justiça global, mas sim a violência reacionária. "Jacarta" significava a brutal eliminação de pessoas que se organizavam por um mundo melhor. E agora ele se encontrava em outro país, apoiado também pelos estadunidenses, cujas forças no governo *celebraram* tal história em vez de condená-la.

A pintura estava por toda parte. Só que lentamente desaparecia.

O golpe, agora com só dois anos, havia sido reescrito em uma nova história pelos vencedores. Esse foi um processo que ele conhecia muito bem. Havia outra semelhança com a Indonésia percebida de imediato por Benny. Allende, tal qual Sukarno, era um conversador. Pinochet, como Suharto, nunca falava muito. Às vezes, a TV chilena transmitia o vídeo de algum discurso recente de Pinochet, mas dublava sua voz para consertar o que ele realmente disse. Até o presente podia ser reescrito.[563]

Benny teve que se acostumar a ver "Jakarta" espalhado por todos os lados, mas isso nunca havia caído bem para ele. E um dia todas essas emoções vieram à tona. O embaixador da Indonésia na Argentina veio dar uma palestra para estudantes chilenos ao lado de Benny, que, muitas vezes, era a coisa mais próxima de um embaixador que seu país tinha em Santiago. Isso significava trabalhar para o governo de Suharto, mas, tal qual a maioria dos indonésios, Benny tinha se resignado a essa realidade.

Depois da palestra, os alunos pressionaram o embaixador sobre como e por que o governo chileno olhava para Jacarta como um exemplo glorioso de terror anticomunista. Qual era o significado de todos aqueles grafites? O embaixador ficou furioso.

"Esse é simplesmente o nome da nossa capital! Como você ousa insinuar que é um sinônimo de massacre?". Benny também ficou com raiva.

No entanto, os alunos estavam realmente errados? Ele precisava enfrentar isso. Ele conhecia toda a cidade de Jacarta em sua bela e suja complexidade. Porém, fora do país – no caso, no Chile –, tudo o que chegava era a história de assassinatos em massa. Um assassinato em massa que havia acontecido de verdade, que, de algum modo, Pinochet havia replicado aqui. O grafite não era uma calúnia. Era realidade.

Mais tarde, ele refletiu sobre isso mais profundamente. Ele pensou em sua própria vida, em seu tempo no Kansas no fim dos anos 1950 e início dos 1960. Ele pensou naqueles militares indonésios que vinham comer comida indonésia em sua casa e depois saíam para a cidade. Foi lá que aqueles homens foram treinados pelos Estados Unidos para o anticomunismo violento e fanático. Foram aqueles homens que regressaram a Jacarta, depois de noites em clubes de *strip* e de bebedeiras com Benny, para ajudar a promover o programa direitista de extermínio mais notório do mundo. É aí que tudo começou.

De volta ao Kansas, ele continuou pensando. É por isso que o nome da cidade onde cresci, onde estudei, onde aprendi sobre o socialismo e marchei contra o colonialismo e o racismo se tornou sinônimo de assassinatos em massa.

10 - DE VOLTA PARA O NORTE

Novos teatros

Em 1975, a Guerra Fria passou por algumas mudanças geográficas. Washington abandonou certas regiões onde havia promovido uma constante guerra contra o comunismo, enquanto os regimes anticomunistas que ajudou a criar continuaram a chamuscar a terra toda a seu redor.

Os Estados Unidos deixaram o Vietnã do Sul. No mundo ocidental, isso significava que Saigon "caiu". Da perspectiva de Hanói, os vietnamitas só estavam conquistando aquilo que deveriam ter conseguido em 1956, por meio do referendo que Washington ajudou a cancelar. Três milhões morreram, a nação inteira foi militarizada, e grandes extensões das florestas exuberantes do país foram envenenadas por gerações graças à guerra química dos estadunidenses. Após a queda de Saigon, não houve assassinatos em massa de civis liderados pelos comunistas no Vietnã.

Os massacres aconteceram no Camboja. Em 1970, os Estados Unidos orquestraram um golpe para expulsar o príncipe Sihanouk e instalaram Lon Nol, um general que supostamente era o Suharto do Camboja. Suas forças treinaram em Bandung, não muito distante do local da Conferência Afro-Asiática de Sukarno de 1955.[564] Durante o governo de Lon Nol, os Estados Unidos continuaram a bombardear o país indiscriminadamente, matando centenas de milhares de pessoas – a maioria delas camponesas, em uma tentativa fútil de impedir os comunistas vietnamitas de se movimentarem pelo campo. Os Estados Unidos lançaram sobre o Camboja três vezes a tonelagem de bombas que caiu no Japão durante a Segunda Guerra Mundial, incluindo as bombas atômicas. Para os sobreviventes, o efeito dos B-52s naquela região lembrou os *sulfatos* da Guatemala: "O terror foi total. Perdia-se o controle das funções corporais na medida em que a mente gritava ordens incompreensíveis para ir embora", relembrou depois um oficial vietnamita.[565]

O desprezo pela vida era impressionante e bem compreendido no Sudeste Asiático. Refugiados traumatizados inundaram as cidades cambojanas. Depois do golpe apoiado pelos Estados Unidos que o depôs, o príncipe Sihanouk publicou um livro de memórias intitulado *Minha guerra com a CIA*. "Nós nos recusamos a virar marionetes dos Estados Unidos ou a nos juntar à cruzada anticomunista", escreveu ele. "Esse foi o nosso crime."[566] Ele passou a dar seu apoio ao pequeno, obscuro e estranho grupo de marxistas que havia reprimido no poder. O Khmer Vermelho, como ele os chamava na antiga língua colonial, eram os únicos lutando contra Lon Nol e o Exército dos Estados Unidos, que dizimava faixas inteiras da população. Em 1975, o Khmer Vermelho tomou de volta Phnom Penh de Lon Nol, sem ajuda vietnamita. Eles fecharam as fronteiras e estabeleceram um dos regimes mais horríveis do século XX. Anos se passaram sem ninguém, mesmo seus supostos aliados em Hanói, saber o que eles estavam fazendo.

Em 1975, Magdalena e Sakono ainda estavam na prisão. Sobreviviam com rações de fome e ainda eram forçados a suportar um trabalho exaustivo no sistema de campos de concentração indonésio. Por dez anos, eles eram doutrinados a acreditaram que eram maus, rejeitados e indesejados. Estavam totalmente afastados de suas famílias. A pequena porção de arroz que os prisioneiros recebiam podia conter areia ou vidro; eles plantavam ou procuravam vegetais para complementar suas dietas. Quando trabalhavam nos campos, os prisioneiros eram frequentemente proibidos de usar foices – pois era a metade do agora banido logotipo comunista.[567]

Em Bali, um grupo de prisioneiros coletava cuidadosamente e utilizava suas próprias fezes para fertilizar pedacinhos de solo e cultivar vegetais. Eles passavam o tempo cantando canções, fossem da época de Sukarno ou baseadas em suas próprias experiências. O refrão de uma delas, cantado em espanhol, vinha do título do discurso de Fidel Castro de 1953 – "*La historia me absolverá*" –, a história me absolverá.[568]

Foi também em 1975 que a retirada de outra potência colonial provocou ondas em todo o Terceiro Mundo. A ditadura em Portugal, no poder desde 1933, havia ruído. Os Estados Unidos desenvolveram um "plano de contingência" para invadir partes do território português caso um governo considerado comunista assumisse o poder.[569] Para a sorte dos portugueses, Washington permitiu a existência de um governo eleito de esquerda (não comunista). A nova administração portuguesa decidiu por uma rápida retirada do que restava de seu império.

Suharto olhou para o Oriente e puxou sua velha sacola de truques. Entre as colônias recém-libertadas de Portugal, estava a pequena nação de Timor Leste, que compartilhava uma ilha com o território indonésio. Quando Timor Leste conquistou sua independência, Suharto afirmou que estava sendo ameaçado pelo comunismo em suas fronteiras.

Chamar isso de um exagero selvagem seria até generoso. Nem a China, a União Soviética ou o Vietnã apoiavam o pequeno país. O partido que supervisionou a declaração de independência de Timor Leste – FRETILIN – contava com uma ala esquerda e alguns dos seus membros usavam uma linguagem marxista, o que não era surpreendente para um movimento de libertação nacional de língua portuguesa na época. Porém, isso foi o bastante para Washington, que estava convencida de que Timor Leste poderia se tornar uma "Cuba na Ásia" – apesar de Nixon já ter restabelecido relações com o Partido Comunista em Pequim. Ele deu uma "grande piscadela" para

Suharto, e os generais indonésios rapidamente desenharam a *Operasi Seroja* – Operação Lotus.[570]

A Indonésia invadiu em dezembro de 1975. O povo de Timor Leste não queria os militares indonésios lá. A FRETILIN se radicalizou e lançou uma "guerra popular" contra os invasores. Para derrubar os guerreiros pela liberdade, as Forças Armadas indonésias mataram até 300 mil pessoas.[571] De 1975 a 1979, enquanto Gerald Ford e Jimmy Carter estavam na Casa Branca, o aliado mais próximo de Washington no Sudeste Asiático aniquilou até um terço da população de Timor Leste, uma percentagem maior do que aqueles que morreram sob Pol Pot no Camboja.

Nas ex-colônias portuguesas na África, surgiu um tipo diferente de derramamento de sangue. Tanto em Moçambique como em Angola, estouraram conflitos generalizados da Guerra Fria, com a participação das maiores e menores potências mundiais em ambos os lados. Ainda sob Brezhnev, a União Soviética havia começado a intervir com mais força no Terceiro Mundo, acreditando temporária e incorretamente que os Estados Unidos garantiriam aos soviéticos liberdade de intervenção, assim como eles haviam permitido que Washington interferisse no Chile em 1973.[572] Os Estados Unidos não o fizeram – todos *proxies* apoiados por Washington em ambos os países, que lutaram ao lado do Zaire (como era chamado na época o Congo de Mobutu), o da África do Sul do *apartheid* e da Rodésia se uniram contra os movimentos apoiados por Moscou. Cuba enviou 25 mil soldados a Angola para ajudar o aliado de Moscou. Um pequeno número de voluntários estadunidenses e britânicos – muitas vezes solteiros, homens desempregados respondendo a anúncios classificados em revistas – se alistaram para se juntar às forças supremacistas brancas na Rodésia e na África do Sul.[573]

De volta à antiga América do Sul portuguesa, houve uma cisão interna dentro da ditadura brasileira. Médici não estava mais no poder, e o novo general, Ernesto Geisel, era favorável a um relaxamento das medidas de contrainsurgência e a uma lenta "abertura" da sociedade brasileira. O problema era que a tortura e o assassinato – como costuma acontecer – forjaram elementos poderosos dentro do Estado, cujos privilégios derivavam da existência de uma guerra infinita. Eles se opuseram à abertura e favoreceram a expansão da violência contra os insuspeitos membros do Partido Comunista, que eram cumpridores da lei.

Acredita-se que a própria "Operação Jacarta" brasileira consistia em um plano que visava intensificar e não moderar a repressão e, assim, inviabilizar a abertura. Também se acredita que um querido jornalista chamado Vladimir Herzog foi uma de suas poucas vítimas. Herzog era um jornalista popular de classe média que trabalhava publicamente. Embora não fosse um grande fã da União Soviética (sua inspiração era o "socialismo com rosto humano" de Alexander Dubcek, da Tchecoslováquia), ele ingressou no Partido Comunista Brasileiro no começo dos anos 1970. O PCB seguia um caminho moderado, construindo uma "frente democrática" unida e era um dos grupos mais organizados de oposição à ditadura, junto a segmentos da Igreja Católica. Em outubro de 1975, Herzog se tornou redator-chefe da emissora pública TV Cultura. Um jornalista de direita chamou a estação de "TV Viet-Cultura" por conta de sua "infiltração" comunista.[574]

Em 25 de outubro de 1975, Herzog foi chamado para interrogatório pelo Exército Brasileiro; ele entrou voluntariamente nos escritórios militares e não saiu mais. Ninguém acreditou na versão oficial da história, de que ele havia se suicidado, por enforcamento – uma foto horrível de seu corpo, pendurado perto demais do chão, tornava a posição da ditadura ainda mais patentemente ofensiva, e sua morte galvanizou a nação em protesto.

Membros influentes da hierarquia da Igreja Católica assumiram a defesa de um esclarecimento da morte de Herzog, com críticas cada vez mais duras ao regime militar.[575] Em vez de escalar a guerra interna do Brasil, a "Operação Jacarta" saiu pela culatra e forçou os militares a recuarem. Apesar dos desejos de alguns elementos da linha-dura, a abertura de Geisel continuou.

O Brasil começou a se distanciar, pouco a pouco, de seus vizinhos anticomunistas mais linha-dura. Enquanto isso, a Operação Condor do Chile continuou a expandir suas atividades por toda a América do Sul, até o continente virar uma verdadeira zona de massacre anticomunista. Daí em diante, qualquer ameaça real ao desenvolvimento capitalista autoritário pró-Estados Unidos existia majoritariamente nas mentes paranoicas dos ditadores da aliança Condor e seus aliados dos estadunidenses. Os fanáticos anticomunistas tomaram o continente.

Em 1976, um golpe na Argentina levou ao poder o mais sangrento desses regimes. Sob o comando do general Jorge Rafael Videla, a ditadura sequestrou, torturou e fez desaparecer dezenas de milhares de pessoas. O regime de Videla inaugurou uma rede bem mais ampla do que os homens de Pinochet. Esse período é recorrentemente chamado, de forma um tanto incorreta, de "Guerra Suja" – porque não houve guerra. Foi uma campanha de extermínio anticomunista de cima para baixo, com raízes ideológicas no movimento fascista local da Argentina.[576] "Subversivos" foram torturados e mortos por seu comunismo real ou suposto; por seu ateísmo real ou suposto; por seu judaísmo real ou suposto; ou só por suas atividades sindicais. A Ford Motor Company e o Citibank colaboraram com o desaparecimento de trabalhadores sindicalizados.[577] Até barbas eram suspeitas – é por isso que um pianista brasileiro chamado Tenorinho foi preso e jogado em uma *parrilla*, ou grelha, para ser torturado em Buenos Aires e depois se afogou.[578]

Representantes dos militares argentinos já haviam comparecido à reunião que lançou a Operação Condor em 1975, e a assassina aliança "Triple A" – a Alianza Anticomunista Argentina – começou a espalhar o terror sob Isabel Martínez de Perón, que era a presidente entre 1974 e 1976. Só que agora os verdadeiros crentes estavam no poder.

O almirante Emilio Massera declarou que a Argentina estava lutando uma "Terceira Guerra Mundial" entre o "materialismo dialético e o humanismo idealista". Isso significava remover a influência de Marx, assim como a de Freud e Albert Einstein.[579] O general Ibérico Saint-Jean explicou como isso funcionava: "Primeiro mataremos todos os subversivos, depois mataremos todos os seus colaboradores, depois aqueles que simpatizam com os subversivos, então mataremos os que ficarem indiferentes e, finalmente, mataremos os tímidos".[580]

Contudo, a aliança Condor não limitou suas atividades ao próprio continente. Eles se basearam nos exércitos "*stay-behind*" que Frank Wisner ajudou a construir na Europa para perseguir seus inimigos na Alemanha, Espanha, Itália e Irlanda.[581] Os homens por trás da Operação Condor muitas vezes consideravam a democracia e os ativistas de direitos humanos operando a partir do exterior como sendo ainda mais perigosos que guerrilheiros armados domésticos.[582] O que é mais infame é que essa lógica levou o cidadão estadunidense, conhecido contato da CIA, e agente da Condor, Michael Townley, a assassinar o ex-ministro das Relações Exteriores do Chile, Orlando Letelier, no coração de Washington, DC. Um carro-bomba colocado na Embassy Row explodiu as pernas de Letelier, matando-o instantaneamente; sua assistente estadunidense de 25 anos, Ronni Moffitt, cambaleou do carro e se afogou lentamente no próprio sangue.[583] Townley está agora sob o programa de proteção de testemunhas do FBI.

Em 1978, Ing Giok Tan foi admitida na Universidade de São Paulo (USP). Essa foi uma grande conquista para uma imigrante de um país asiático pobre – ela estaria estudando, de graça, na melhor faculdade do Brasil, só quinze anos após ela e sua família terem partido de Jacarta naquele velho navio-hospital enferrujado. Porém, para sua família trabalhadora, isso parecia natural. Ela trabalhou no inferno que era seu bom colégio – quase inteiramente de brancos –, e seus pais baixaram a cabeça também, evitando conflitos políticos como a praga que havia sido terrível para todas as suas vidas.

Isso também parecia natural enquanto ela se voltava para a contracultura de esquerda na USP. As universidades brasileiras da época, sobretudo as instituições de elite, eram focos de ativismo estudantil. Esta não era a organização comunista séria e ultradisciplinada das décadas de 1950 e 1960; era um grupo de jovens bem mais eclético. Essa foi a era da Tropicália: *rock'n'roll* global devorado e reconstituído como uma mistura do conceito de arte brasileira sofisticada e de orgulho indígena selvagem; libertação cultural; e, mais do que tudo, oposição à censura imposta pela ditadura. Ing Giok também percebeu – bem rapidamente – que também não existiam alunos negros em sua turma na USP.

Foi nesse meio que Ing, como todos agora a chamavam, conheceu seu amigo uruguaio Hernán Pietro Schmitt, ou "Tupa", como o chamavam. Ele sempre teve medo da polícia, por motivos que ela não entendia muito bem. Ele nem mesmo era um aluno particularmente ativo ou de esquerda. Porém, quando ele contou a ela, tudo fez sentido – assim como seu apelido. Seu pai foi vítima da onda de repressão contra os Tupamaros, o grupo de esquerda que levou o Brasil a ameaçar invadir o país vizinho em 1971. Antes do golpe que instaurou a ditadura no Uruguai a partir de 1973, os militares costumavam invadir a casa da família de Hernán, procurando livros "subversivos" ou marxistas, até prenderam seu pai por participar de uma greve de funcionários públicos.

Ela não sabia, mas essa havia sido a quarta vez que a violenta campanha anticomunista de Washington afetou sua vida pessoalmente. Primeiro, os militares apoiados pelos Estados Unidos – o nascente "Estado dentro do Estado" – haviam iniciado motins antichineses em sua região na Indonésia, forçando sua família a fugir do país. Em segundo lugar, sua família sobreviveu ao golpe militar brasileiro apoiado pelos Estados Unidos em 1964. Terceiro, o assassinato em massa na Indonésia destruiu a vida dos parentes que haviam ficado em casa. E agora, um de seus colegas de faculdade foi vítima de uma campanha da Operação Condor.

Naquele mesmo ano, em 1978, o alarme começou a soar muito longe de São Paulo. Uma nova onda de movimentos guerrilheiros parecia ameaçar as frágeis oligarquias militares que haviam sido estabelecidas por Frank Wisner e a CIA nos anos 1950. Assim, com a ajuda de Washington, alguns dos anticomunistas mais messiânicos da América do Sul voltaram sua atenção ao norte. Em essência, a Operação Condor foi estendida à América Central.[584]

Drenar o mar

Os países da América Central são muito mais unidos do que as nações da América do Sul. Seus povos se conhecem bem e tendem a vivenciar as ondas da história de forma semelhante. Isso é particularmente verdade para os quatro países mais populosos do meio – Guatemala, El Salvador, Nicarágua e Honduras. Belize, bem no topo, era uma colônia britânica; e embaixo, o Panamá seguiu um caminho histórico bem diferente depois que os Estados Unidos criaram a nação para construir um canal. E a história mundial havia caído nos últimos séculos sobre seu pequeno subcontinente com uma punição violenta. No fim dos anos 1970 e 1980, esse processo atingiu níveis surpreendentes de brutalidade.

Antes mesmo de começar essa nova tempestade de sangue e gritos, a opressão brutal já era a regra para a grande maioria da população. A região era governada por ditadores que raramente se preocupavam em ocultar sua crueldade. A prática de "trabalho forçado" – isto é, a escravização de povos indígenas que havia começado séculos antes – era ainda generalizada.[585]

Na Guatemala, o terror que se iniciou em 1954 e se acelerou em 1965, após a chegada de John Gordon Mein e John P. Longan, nunca parou. No ano em que esses dois homens chegaram, El Salvador, Costa Rica, Guatemala, Honduras, Nicarágua e Panamá se uniram para formalizar suas interligações militares e o compartilhamento de inteligência dentro do El Consejo de Defensa Centroamericana (CONDECA), uma espécie de protoaliança para eliminar a ameaça da guerrilha.[586] Essa ameaça era real. O próprio Mein acabaria morto em 1968 pelas FAR, o primeiro grupo rebelde formado na Guatemala após o confronto de 1960 sobre o uso de uma base guatemalteca pela CIA para treinar exilados cubanos para a invasão da Baía dos Porcos.[587]

A violência desencadeada pela ditadura guatemalteca durante a guerra civil que se seguiu foi indiscriminada. Grupos terroristas de direita como La Mano Blanca ("A Mão Branca"), a Nova Organização Anticomunista e o Conselho Anticomunista da Guatemala começaram seus próprios massacres, com o apoio dos Boinas Verdes estadunidenses, e esses esquadrões da morte eventualmente eram incorporados ao Estado.[588]

Os desaparecimentos que tiveram início em 1966 tinham se expandido nos anos 1970 para transformar as cidades da Guatemala em campos de caça para qualquer tipo de esquerdista ou suposto subversivo. O número de pessoas desaparecidas pelas mãos do Estado aumentou para dezenas de milhares. Caso você fosse um sindicalista, um estudante ativista, um político de esquerda, um jornalista crítico ou até mesmo uma criança sem-teto, você sabia que o regime poderia vir atrás de você. À medida que a tensão periodicamente aumentava, os amigos desapareciam para sempre; você adotava táticas evasivas, então se acomodava em sua vida "normal" de terror de baixa escala – caso sobrevivesse dessa vez. A vida era um jogo de gato e rato permanente, e a Cidade da Guatemala se tornou uma pista de obstáculos mortal e extensa – às vezes, por toda a vida de suas vítimas.

Miguel Ángel Albizures, o mesmo menino de escola que nunca esqueceu o trauma das bombas de sulfatos lançadas perto de sua escola durante o golpe apoiado pelos Estados Unidos em 1954, tornou-se um líder sindical. Os sindicatos não eram majoritariamente de esquerda. Na adolescência, não muito depois da queda de Árbenz, ele se juntou ao Movimento dos Trabalhadores Cristãos Católicos e, nos anos 1970, era um pequeno líder. O movimento sindical tinha comunistas moderados e democratas-cristãos, bem como alguns que apoiavam os guerrilheiros mais radicais. O governo não se importou tanto com essas distinções. Em 1977, eles abriram a porta de uma reunião sindical de que Miguel participava, disparando suas armas. Miguel fugiu para o telhado e saltou de prédio em prédio para escapar. Outra vez, eles metralharam vários de seus colegas em frente à fábrica da Coca-Cola. Ele sabia que tinha sorte, de certa forma, porque eles aparentemente não queriam simplesmente matá-lo. Eles poderiam facilmente ter feito isso na rua, com alguns homens em um carro com metralhadoras. Queriam capturá-lo, torturá-lo e fazê-lo desaparecer, esperançosamente obtendo algumas informações no decorrer desse caminho e criando mistério em torno de sua morte. Já que isso era um pouco mais difícil de conseguir, ele ficou se esquivando até encontrar uma saída do país.[589]

"Nunca podíamos dormir no mesmo lugar por muito tempo. Não víamos nossas famílias. Era uma suspeita constante, um medo sem fim [...] Não sabíamos o que estava acontecendo. Mas sabíamos que corpos estavam aparecendo em todos os lugares ao nosso redor. Então, sabíamos o suficiente."

Em 1978, as coisas estavam mudando para a América Central. Na Nicarágua, um grupo guerrilheiro esquerdista inspirado na Revolução Cubana, os sandinistas, estava prestes a tomar o poder. Em El Salvador, o governo respondeu aos protestos contra uma eleição obviamente fraudada com um massacre. Centenas foram mortos. Em seguida, um golpe levou a um regime civil-militar, que também evoluiu para uma repressão assassina, levando os civis a renunciarem, e cresceu o apoio aos guerrilheiros de esquerda.[590]

Tudo isso deixou o governo guatemalteco nervoso quanto a sua própria sobrevivência. Domesticamente, novos grupos guerrilheiros estavam assumindo o controle dos antigos MR-13 e FAR, que tinham sido esmagados pela campanha de insurgência apoiada pelos Estados Unidos. O novo grupo mais proeminente era o Ejército Guerrillero de los Pobres (EGP). Ao contrário das FAR, que seguiram a estratégia de "foco" de Che Guevara, de organizar pequenas unidades guerrilheiras, o EGP buscou alistar grande parcela da população rural na luta de guerrilha, emulando o vitorioso Viet Cong.[591]

O governo da Guatemala começou a matar indígenas em massa simplesmente por conta de sua origem étnica. Etnias inteiras, tribos inteiras, aldeias inteiras foram classificadas como comunistas ou sujeitas a se tornarem comunistas. Muitas vezes, eram pessoas que tinham somente uma vaga ideia do que eram o marxismo ou os grupos guerrilheiros. Isso era novo, diferente das táticas de terrorismo urbano, em que as forças do governo sequestravam indivíduos. Para os maias e outros grupos indígenas, o Exército viria e simplesmente mataria cada um deles.

A colaboração estreita de autoridades estadunidenses com as ditaduras da América Central à medida que massacravam suas próprias populações está bem documentada, bem mais do que as atividades dos Estados Unidos na Indonésia até outubro de 1965.[592] Por outro lado, a escala da violência e as consequências dessas ações são frequentemente subestimadas.

Miguel Ángel Albizures e outros que viveram no final das décadas de 1970 e 1980 na América Central frisam sempre que esses novos movimentos guerrilheiros da América Central surgiram após as tentativas de transição pacífica para a democracia terem sido brutalmente suprimidas ou, de fato, exterminadas. Eles apontam que quase todas as ideologias políticas do mundo – não só o socialismo e o marxismo dominantes nesses grupos guerrilheiros – permitem a resistência armada contra tiranos, e isso inclui a tradição revolucionária dos Estados Unidos. Nem é surpreendente que os movimentos sobreviventes fossem militantes de esquerda: no fim dos anos 1970, a maioria dos dissidentes moderados estava morta.

Em janeiro de 1979, o Khmer Vermelho caiu, e o mundo descobriu o que estava acontecendo no Camboja. O governo, se é que é possível chamá-lo assim, caiu porque os comunistas vietnamitas perceberam o que Pol Pot vinha fazendo – e também porque ele atacou de forma desorientada seus ex-aliados mais poderosos. O Vietnã invadiu e derrubou facilmente a cabala secreta e psicótica que vinha aterrorizando o país desde 1975. O Khmer Vermelho foi empurrado para as florestas e montanhas ao longo da fronteira com a Tailândia. O Vietnã assumiu a maior parte do país, fechou os campos de extermínio e autorizou os cambojanos a retornarem às cidades sob um governo de sua própria criação. Cerca de um quarto dos cambojanos morreram.[593]

Os Estados Unidos não comemoraram a queda do assassino Khmer Vermelho. A China, que vinha se aproximando de Washington desde a visita de Nixon em 1973, era aliada de Pol Pot. Deng Xiaoping estava furioso e não queria tolerar aquilo que considerava uma agressão do Vietnã contra um aliado chinês. Ele resolveu invadir o Vietnã e contou aos Estados Unidos sobre o plano.

O presidente Carter disse que não poderia perdoar abertamente um ataque, mas garantiu a Deng que entendia que "a China não pode permitir que o Vietnã exerça a agressão impunemente" e prometeu privadamente apoiar Pequim caso os soviéticos ameaçassem dar assistência aos vietnamitas.[594]

A invasão chinesa do Vietnã em 1979 é, em geral, esquecida por dois motivos. Primeiro, ela complica as narrativas sobre a suposta conspiração comunista internacional ou, pelo menos, o movimento comunista asiático supostamente monolítico. De acordo com certo pensamento ocidental mal-informado, a China e o Vietnã deveriam estar do mesmo lado. No entanto, o mais importante é que tal episódio foi esquecido porque os vietnamitas derrotaram de imediato e humilharam o Exército de Libertação do Povo Chinês. Após décadas de batalha com a França e os Estados Unidos, os vietnamitas eram bons demais para a nação que os governou por mais de mil anos.[595]

Os confrontos com a China na segunda metade dos anos 1970 levaram também às piores violações dos direitos humanos sob o novo regime comunista no Vietnã unificado. Um pouco como uma maneira de minar o poder dos chineses étnicos no Vietnã – vistos como potencialmente desleais –, Hanói anunciou a nacionalização de todas as empresas privadas. Centenas de milhares de refugiados partiram, incluindo os chamados "*boat people*" (pessoas de barcos), sem um tostão e em busca de uma vida nova, e dezenas de milhares morreram.

Nessa época, Benny se encontrava na Tailândia. Ele tinha terminado sua temporada no Chile e voltou para Bangkok com a ONU. Pouco depois de sua chegada, um de seus colegas, um jovem australiano, retornou da fronteira entre o Camboja e a Tailândia com histórias selvagens. Havia cambojanos saindo da selva, morrendo de fome e desmaiando em solo tailandês, contou ele. Após a queda do Khmer Vermelho, eles estavam fugindo para quem quer que pudesse ajudá-los.

Benny foi ver isso por conta própria. Na fronteira, ele começou a chorar. Ele viu "refugiados em farrapos, fugindo do país às dezenas de milhares, muitas vezes fracos e mal conseguindo andar, aparentemente incapazes de falar ou sorrir", e enviou imediatamente um telegrama para Nova York. "Por favor, me mande para o Camboja."[596] Em vez disso, ele foi enviado para Nova York, onde teve que testemunhar algo tão chocante. Os Estados Unidos escolheram reconhecer nas Nações Unidas os remanescentes do Khmer Vermelho, mantendo vivo seu minúsculo regime e se recusando a reconhecer o governo aliado dos vietnamitas. Isso perduraria por anos. Em parte, era uma forma de apaziguar o novo aliado de Carter em Pequim. Contudo, Benny sabia que era outra coisa também.

"Eles odiavam demais o Vietnã", afirmou Benny. "Eles não podiam perdoá-los por terem vencido a guerra."

Para seu desgosto, a Associação de Nações do Sudeste Asiático (ASEAN), que a Indonésia ajudou a fundar em 1967, também apoiava o Khmer Vermelho.[597]

Na América Central, entretanto, o governo de Jimmy Carter pisou um pouco no freio na *realpolitik* brutal. Nessa época, após as investigações do Watergate e do Comitê da Igreja em 1975 sobre a CIA e o FBI, a mídia estadunidense passou a ser menos acrítica sobre os esquemas secretos e abertos de Washington da Guerra Fria no exterior. Jornais como o *New York Times* e o *Washington Post* exerceram papéis cruciais na divulgação do massacre em Panzós, na Guatemala, a aldeia onde os militares foram flagrados atirando em homens, mulheres e crianças em 1978.[598] Washington proibiu a venda de armas a regimes que não atendessem aos critérios básicos de direitos humanos. Em vez de tentar, a ditadura guatemalteca, agora comandada por um homem chamado Fernando Romeo Lucas García, se voltou para Israel e Taiwan, que entraram em cena para fornecer armas e assistência. A colaboração Estados Unidos-Guatemala continuou em vários níveis, mas a posição de Carter foi suficiente para enfurecer alguns dos anticomunistas mais comprometidos do hemisfério.[599] Mario Sandoval Alarcón, um dos fundadores do La Mano Blanca e agora vice-presidente, acusou a Comissão Interamericana de Direitos Humanos do governo Carter de ser "um instrumento marxista que tem usado a causa dos direitos humanos como uma ferramenta de calúnia".[600]

Em julho de 1979, os sandinistas tomaram Manágua e estabeleceram um governo na Nicarágua. Para os esquerdistas da América Central, esse foi um momento de efervescência, tal qual foi 1970 para os socialistas chilenos. Os sandinistas não só venceram; eles tinham escapado ilesos. Até The Clash, a banda *punk* da Inglaterra, cantou extasiado sobre o desenvolvimento chocante:

> *Pela primeira vez na vida*
> *Quando eles fizeram uma revolução na Nicarágua*
> *Não houve interferência da América*
> *Direitos humanos na América*
> *O povo lutou contra o líder, e ele voou*
> *Sem balas de Washington, o que mais ele poderia fazer?* [601]

Em seus primeiros dias, o Partido Comunista da Nicarágua se opôs à ênfase dos sandinistas na luta armada. Com o passar dos anos, a Frente Sandinista de Liberación Nacional (FSLN) se dividiu em três facções. O grupo que saiu vitorioso, a terceira facção relativamente moderada conhecida como *terceristas*, defendia uma tática de ampla aliança com a "burguesia".[602] Foi tal grupo, liderado por Daniel e Humberto Ortega, que assumiu o poder como a parte dominante de uma coalizão de governo.[603] Os *terceristas* se apresentariam a eleições democráticas.

Como Ho Chi Minh, Mao, Árbenz, Fidel, Sukarno e Allende antes deles, os *terceristas* esperavam inicialmente estabelecer um governo que pudesse ser tolerado por Washington. De forma infame, essas esperanças foram frustradas quando Reagan assumiu e passou a financiar os rebeldes *contras*. Porém, os líderes da Operação Condor não esperaram o sinal verde de Reagan para arrancar pela raiz o governo esquerdista na América Central.

Em 1977, convencidos de que Carter os tinha abandonado em sua "guerra santa" contra o comunismo, as autoridades argentinas começaram a fornecer treinamento militar ao regime de Somoza na Nicarágua. Após a vitória sandinista de 1979, eles estabeleceram uma base em Honduras para ensinar aos guatemaltecos e nicaraguenses as artes da contrarrevolução e da repressão.[604] Soldados centro-americanos foram até o Chile para treinarem táticas de contrainsurgência anticomunista.[605] A reunião de 1980 da seção latino-americana da Liga Anticomunista Mundial, realizada em Buenos Aires, permitiu aos líderes dos esquadrões da morte estreitarem ainda mais os laços com os governos sul-americanos, bem como com os congressistas republicanos dos Estados Unidos.[606] Os métodos empregados na América Central nos anos seguintes refletiram as características definidoras da Operação Condor: sequestros e assassinatos promovidos por esquadrões multinacionais de "caçadores-atiradores", formados muitas vezes por *contras* e comandos hondurenhos em roupas civis; transferências clandestinas de prisioneiros através das fronteiras; métodos como desaparecimento, tortura e assassinato de vítimas, incluindo o uso de choque elétrico, a *"capucha"* (sufocamento) e o lançamento de pessoas vivas de helicópteros; interrogatórios de prisioneiros por oficiais de diversos países; e centros de detenção para prisioneiros desaparecidos estrangeiros.[607]

Quando Reagan assumiu o comando, Washington voltou a recorrer a táticas anticomunistas mais abertas e agressivas do que aquelas vistas em duas décadas. A CIA se aliou avidamente aos argentinos em Honduras e, na maior operação da agência desde a Baía dos Porcos, começou a treinar e financiar os rebeldes *contras*. Os *contras* não eram um exército regular e nunca tentaram seriamente derrotar os sandinistas em uma confrontação direta.[608] Eles eram um grupo terrorista bem financiado, buscando desestabilizar o regime da forma que pudessem.[609] E sua visão de mundo e táticas foram radicalmente transformadas pelo fanático anticomunismo de seus patrocinadores.

O ex-chefe de "relações públicas" dos *contras*, Edgar Chamorro, deixou claro que a poderosa influência ideológica dos oficiais argentinos e das operações da CIA reformulou seu movimento. O historiador Patrice McSherry escreve que "os antissandinistas estavam originalmente preocupados em manter a propriedade privada e seus poderes e privilégios oligárquicos, ou em buscar revanche [...] mas a ideologia anticomunista messiânica dos argentinos e estadunidenses começou a alterar sua justificativa para a guerra".

Eles também aprenderam lições no exterior. Um funcionário da CIA dirigido por John Kirkpatrick, com experiência em contrainsurgência no Programa Phoenix no Vietnã, compilou um curso de treinamento que continha um manual de assassinato para os *contras*. O capítulo tinha como título "Terror implícito e explícito".[610]

De acordo com os jornalistas argentinos Juan Pablo Csipka e Ignacio González Janzen, os argentinos e os centro-americanos haviam também discutido o emprego do Método Jacarta. Eles relatam que, no começo dos anos 1970, antes de o país ter caído na brutal ditadura de Videla, o líder do esquadrão da morte argentino de extrema-direita Triplo A, um político de nome José López Rega, estava na Espanha de Franco. Lá ele se encontrou com Máximo Zepeda, líder do esquadrão da morte Nova Organização Anticomunista da Guatemala. Eles comentaram sobre o "Plano Yakarta" e o que isso implicaria: um "golpe profilático" que permitiria a eles derrotar os marxistas "virtualmente exterminando-os" após os conservadores assumirem o poder. Esses autores argentinos afirmam que a reunião foi organizada pelo embaixador estadunidense na Espanha, Robert Hill, e que Zepeda, um frequente colaborador da CIA, não só entregou alguns relatórios que ele tinha do "Plano Yakarta", mas disse a seu camarada anticomunista que Washington poderia auxiliá-lo a formar "tropas de choque" para colocar em ação o plano na Argentina.[611]

"Não precisaremos matar 1 milhão como na Indonésia", disse López Rega, "porque podemos fazer isso com 10 mil". Ele chutou para baixo. Os anticomunistas mataram bem mais do que isso na Argentina.

Em 24 de março de 1980, o arcebispo católico Óscar Romero começou a celebrar uma missa em San Salvador, a capital de El Salvador. Romero recentemente tinha se manifestado contra os abusos arbitrários dos direitos humanos cometidos pelo governo. Após ele terminar seu sermão naquela noite, um homem saltou dentro da igreja e o matou.

O assassinato foi executado por um esquadrão da morte liderado pelo major Roberto D'Aubuisson, um anticomunista fanático que tinha sido treinado na Escola das Américas em 1972.[612] Levando em conta que Fort Leavenworth é uma academia militar multifacetada para estudantes de todo o mundo, a Escola das Américas, com sede na "Zona do Canal do Panamá", controlada pelos Estados Unidos, era um campo de treinamento para "contrainsurgentes" latino-americanos. A escola ficou tão conhecida que o Panamá a expulsou de seu território e mudou seu nome em 2000 para Instituto do Hemisfério Ocidental para Cooperação em Segurança. D'Aubuisson participou também da Academia de Quadros da Guerra Política em Taiwan, que, até então, fornecia treinamento a oficiais de quase todas as nações latino-americanas.[613]

Em 1983, D'Aubuisson resumiu a ideologia anticomunista realmente existente muito bem. "Você pode ser comunista", disse ele à repórter Laurie Becklund, "ainda que você pessoalmente não acredite que é comunista."[614]

Quando a guerra civil salvadorenha teve início, os militares apoiados por Ronald Reagan fizeram das táticas de terra arrasada uma parte rotineira de seu *modus operandi*. Em 11 de dezembro de 1981, surgiram relatos de um massacre na vila de El Mozote. As tropas salvadorenhas executaram mais de novecentos homens, mulheres e crianças com fuzis de assalto de fabricação estadunidense. No dia seguinte, Reagan indicou um ex-liberal treinado em Harvard, chamado Elliott Abrams, para servir como secretário-assistente de Estado para direitos humanos e assuntos humanitários. Colocando de forma simples, seu trabalho era defender na imprensa os regimes de direita aliados dos Estados Unidos e protegê-los das críticas horrorizadas vindas de grupos de direitos humanos.

Abrams chamou as denúncias da carnificina em El Mozote, incluindo aquelas publicados no *New York Times*, de propaganda comunista.[615] Essa ainda é a atrocidade mais famosa da guerra civil salvadorenha, mas foi só uma pequena fração da violência empenhada contra os civis. Por anos e anos, a selvageria se arrastou e só se aprofundou, pois Washington se recusou a autorizar ao governo de direita negociar uma solução política com os rebeldes. Como os rebeldes tinham ligações com os "comunistas" da Nicarágua, nenhuma negociação era possível, segundo a lógica de Reagan.[616]

Entretanto, foi na Guatemala, o maior país da América Central e local da primeira grande "vitória" da CIA no hemisfério em 1954, que as pessoas normais enfrentaram o maior banho de sangue promovido pela Guerra Fria no Hemisfério Ocidental.

A pequena comunidade de Ilom se situa entre montanhas enevoadas no noroeste da Guatemala, mais perto da fronteira mexicana que da capital. Seus habitantes são maias e falam ixil, não espanhol. Por décadas, cultivaram para subsistência ou trabalharam por uma mixaria em uma fazenda próxima. Esse rancho pertencia a homens brancos ricos – ficava nas terras tomadas dos maias há séculos – e, com o passar dos anos, foi ficando cada vez maior.

Ilom fica bem longe da Cidade da Guatemala para ter sido afetada pelo incipiente programa de reforma agrária de Jacobo Árbenz em 1954. Os moradores mal ouviram falar das reformas que foram extintas pela CIA.

Em 1981, entretanto, a política global chegou à aldeia. Primeiro, o Ejército Guerrillero de los Pobres (EGP) veio visitá-los. Falando espanhol, os guerrilheiros explicaram que estavam do lado dos maias, que estavam construindo uma revolução que os ajudaria a recuperar suas terras e que lutavam por eles.

Josefa Sánchez Del Barrio, que tinha 16 anos na época, lembra que a maioria dos moradores foi educadamente receptiva a essa mensagem, mas ficou um pouco intrigada com os detalhes. Poucos deles falavam espanhol. Não estava muito claro o que aqueles trinta ou quarenta revolucionários em uniformes verdes planejavam fazer ou como os aldeões deveriam ajudá-los. Porém, os aldeões agradeceram, deram a eles a costumeira hospitalidade de tortilhas de milho grossas e algumas palavras amáveis. E acenaram adeus.[617]

Não muito depois, o Exército enviou homens que fingiam ser guerrilheiros. Não demorou muito para os moradores descobrirem o que estava ocorrendo. Os trajes masculinos eram de má qualidade – um deles até usava uma barba falsa barata. E eles estavam agindo erroneamente, fazendo muitas perguntas e tratando os aldeões de maneira agressiva. Os guerrilheiros não haviam agido daquela forma quando chegaram. Essa não era uma operação secreta sofisticada. Eram, claramente, apenas alguns jovens militares tentando descobrir quem era mais simpático aos rebeldes.

Em janeiro de 1982, os militares voltaram. Dessa vez, eles estavam em seus uniformes do Exército, mas com tinta preta em seus rostos. Eles invadiram a casa de Josefa. Não a surpreendeu que sua família estivesse em sua lista. Seu pai havia feito parte de um pequeno grupo que, nos anos 1970, tentou pedir ao governo local da cidade mais próxima que salvasse suas terras. Eles arrastaram o pai de seu marido. Acertaram Josefa na cabeça com uma pedra. Então, vários homens enfiaram um lenço em sua boca e a estupraram.

Ao todo, trinta pessoas foram levadas naquele dia para nunca mais voltar. Poucos dias depois, os soldados retornaram e levaram o pai e o irmão de Josefa.

Em fevereiro, os soldados estavam de volta. O outro irmão de Josefa estava trabalhando no campo, e eles lançaram uma granada contra ele e o mataram. Levaram mais pessoas naquele dia e, daquela vez, incendiaram as casas vazias ao partirem.

Antonio Caba Caba, um menino, percebeu que algo estava errado naquele dia ao voltar do trabalho na roça. Ao se aproximar de sua casa, ele viu sua mãe parada na porta, vestindo a longa saia vermelha usada pelas mulheres maias na região, olhando fixamente para longe. "O que há de errado?", perguntou. Ela relatou a ele sobre os incêndios. Os soldados incineraram uma idosa viva em sua casa quando saíram.[618]

Algumas pessoas começaram a discutir um jeito de escapar – mas não havia para onde ir, exceto para as montanhas, onde ficariam logo sem comida. Essa foi a pior violência que sua comunidade já experimentou; eles chegaram à conclusão de que ela, finalmente, deveria ter acabado.

E estavam errados.

Em 23 de março, os soldados voltaram às cinco da manhã e acordaram todas as pessoas em Ilom. Eles usavam tinta preta novamente.

"Vamos, há uma reunião municipal, vocês vão", disseram a Antonio, Josefa e todos os outros. Eles acompanharam os aldeões até a pequena praça da cidade. Mandaram os homens para a igrejinha atrás da praça e as mulheres para o cartório ao lado.

Antonio ouviu um deles mexendo no rádio, conversando com um superior.

"Vamos matar os guerrilheiros", disse ele.

Um por um, depois dois a dois, eles tiraram os homens da igreja, puseram-nos em frente à escola e atiraram neles. Todos podiam ver cada execução. Esse era claramente o ponto. Após cerca de cem mortos, eles pararam.

"Estamos somente matando aqueles que parecem culpados. Os que parecem com medo", disse um dos soldados.

Outras aldeias não tiveram tanta sorte.[619] Em muitas partes dessa região, os militares simplesmente mataram todos os homens, mulheres e crianças. O governo decidiu que os Ixil eram intrinsecamente comunistas ou, pelo menos, muito provavelmente se tornariam comunistas. Na Indonésia, o assassinato em massa pode não ter sido um caso de *genocídio*. Foi simplesmente um assassinato em massa anticomunista. Na Guatemala, foi um genocídio anticomunista.

Em 23 de março de 1982, o general Efraín Ríos Montt assumiu o poder na Guatemala por meio de um golpe militar. Ele era um cristão evangélico – o que o tornava um favorito especial de Ronald Reagan – e continuou o genocídio de uma forma ligeiramente diferente. Alguns indígenas de comunidades etnicamente suspeitas foram conduzidos a *aldeas modelos* construídas pelo Estado – "aldeias modelos" erguidas para ajudar os indígenas a iniciarem uma nova vida de uma forma adequada e não comunista, o que geralmente não era muito diferente dos mortais campos de concentração. Para muitos outros, os massacres continuaram simplesmente em ritmo acelerado. Como na Indonésia, no Brasil e na Argentina, o zelo religioso de Montt deu à violência anticomunista uma justificativa teológica. "Eles são comunistas; portanto, ateus; portanto, são demônios; portanto, você pode matá-los" era a lógica, conforme resumiu uma vítima da Guerra Civil e hoje líder de uma das organizações de pesquisa mais proeminentes da Guatemala.[620] A grande maioria dos assassinados eram praticantes de religiões maias tradicionais.

Os residentes restantes de Ilom foram forçados à escravidão, mas, dessa vez, eles tiveram que trabalhar para os militares. Antonio foi forçado a se juntar a uma milícia e cresceu "lutando" contra a guerrilha pelo resto dos anos 1980. Eles se rebelaram silenciosamente, errando intencionalmente ao atirar no "inimigo". Josefa rapidamente se casou

– se não o tivesse feito, teria sido forçada a "casar" com um dos soldados que zelavam pela *aldea modelo*, forçada à escravidão sexual como tantas de suas amigas. A aldeia deles foi liquidada e incendiada.

Tudo isso fazia parte da nova estratégia de Ríos Montt para combater o comunismo. "A guerrilha é o peixe. As pessoas são o mar", afirmou ele. "Se você não consegue pegar o peixe, tem que drenar o mar".[621]

De 1978 a 1983, os militares guatemaltecos assassinaram mais de 200 mil pessoas.[622] Cerca de um terço dessas pessoas foram levadas e "desapareceram", sobretudo nas áreas urbanas. A maior parte do restante eram indígenas maias massacrados ao ar livre nos campos e montanhas onde suas famílias viveram por gerações. A Guerra Civil Salvadorenha ceifou 75 mil vidas; novamente, a maioria eram pessoas inocentes mortas pelo governo. A Argentina matou de 20 mil a 30 mil civis, e outras nações da Operação Condor mataram mais dezenas de milhares. O extermínio anticomunista se espalhou por toda a América Latina, sempre com a ajuda dos Estados Unidos. Em conjunto, o número de mortos se aproxima do tamanho estimado dos massacres de 1965 a 1966 na Indonésia.

Mesmo o grande inimigo dos anticomunistas, suposta razão de todo esse terror, não implantou esse tipo de violência. Usando números compilados pela organização Freedom House, financiada pelos Estados Unidos, o historiador John Coatsworth concluiu que, de 1960 a 1990, o número de vítimas da violência apoiada pelos estadunidenses na América Latina "excedeu em muito" o número de pessoas mortas na União Soviética e no Leste Europeu no mesmo período de tempo.[623]

A queda

A violência na América Central se intensificou até a queda do Muro de Berlim, e depois prosseguiu. De 1989 a 1991, a União Soviética desmoronou de forma espetacular, junto com todos os Estados que Moscou havia estabelecido diretamente após a Segunda Guerra Mundial. O Segundo Mundo não existia mais, e seus residentes vivenciaram isso como o colapso literal de seus governos. Para o restante do planeta, cuja maior parte tinha sido, de algum jeito, afetada pela Guerra Fria, algumas coisas mudaram. Outras não.

No Primeiro Mundo, estadunidenses e europeus ocidentais assistiram a tudo de forma triunfante. Os líderes no Ocidente se sentiram vingados por provas muito convincentes de que o comunismo soviético era um sistema insustentável.

Em partes do Terceiro Mundo, mais especificamente nas regiões onde a Guerra Fria ainda estava sendo travada, houve algum alívio.

Benny conseguiu, enfim, triunfar na ONU. Ele vinha fazendo *lobby* há anos para que os Estados Unidos parassem de reconhecer o Khmer Vermelho como o governo oficial do Camboja e passasse a contar ao mundo sobre os horrores infligidos por Pol Pot. Benny foi influente em conseguir a adesão de um número suficiente de países para dar fim ao impasse diplomático gerado pela oposição teimosa de Washington a Hanói. Em 1992, ele se mudou para Siem Reap, a parte mais caótica do país, para tentar ajudar a formar um novo governo de coalizão coordenado pela ONU.[624]

Em El Salvador, uma trégua enfim foi alcançada. Em 1992, os rebeldes da FMLN simplesmente se tornaram um partido legal. Os historiadores suspeitam que isso poderia ter ocorrido provavelmente bem antes, se o anticomunismo fanático não tivesse levado Washington a bloquear qualquer possibilidade de negociações.

Na Nicarágua, os sandinistas venceram com facilidade as eleições de 1984. Washington disse à oposição de direita para não participar, já que o governo Reagan não queria que a votação parecesse legítima.[625] Os *contras* nunca interromperam seu terrorismo. Era claro para todos, quando o país voltou às urnas em 1990, que a violência não ia parar até que os esquerdistas perdessem o poder. O povo da Nicarágua votou contra eles, que foram embora pacificamente.

No Afeganistão, onde as tropas soviéticas tentaram dar sustentação a um aliado comunista por nove anos, as forças de Moscou recuaram, os fundamentalistas islâmicos apoiados pela CIA criaram uma teocracia fanática, e o Ocidente parou de prestar atenção.

No Chile, Pinochet tinha sido destituído do poder por plebiscito nacional em 1988, mas permaneceu como comandante-chefe do Exército até 1998, quando se tornou senador vitalício.

Para os dois maiores governos anticomunistas já estabelecidos no ex-Terceiro Mundo, o término da Guerra Fria teve um efeito indireto. Tanto a Indonésia quanto o Brasil fizeram a transição de um regime autoritário para uma democracia multipartidária. Fizeram isso em momentos diferentes – o Brasil começou o processo bem antes da queda do Muro de Berlim, e Suharto deixou o poder quase uma década após a queda. Na prática, ambos fizeram isso da mesma forma. No Brasil e na Indonésia, a transição da ditadura militar foi feita de maneira controlada. As transferências de poder negociadas mantiveram a estrutura social fundamental que as ditaduras estabeleceram para proteger e garantir impunidade a seus governantes, que permaneceram ricos e influentes. As elites que se sentiram ameaçadas pelos movimentos sociais nos anos 1950 e 1960 permaneceram no comando, e os países estavam bem integrados ao sistema capitalista global. Isso era o que acontecia em quase todos os países da América Latina e na grande maioria do Sudeste Asiático. De formas diferentes e em graus variados, o anticomunismo fanático permaneceu uma força poderosa em ambos os países e nas suas redondezas. Ele assumiu diferentes formas, abertas e latentes, mas estava lá, sempre ameaçando se reanimar. Ele certamente não deixou a Terra quando a suposta ameaça soviética desapareceu.

Nem Washington mudou sua postura em relação a Cuba depois da queda da União Soviética. Em vez de moderar a pressão sobre Havana ou tentar uma tática diferente, Washington apertou os parafusos, aprovando a Lei Helms-Burton em 1992 e penalizando todas as empresas que fizessem negócios com Cuba. Porém, Cuba se manteve resiliente. Castro apertou os cintos, e a ilha sobreviveu ao chamado "Período Especial", marcado por sua pior privação desde os anos 1950, reintroduzindo algumas medidas de mercado e dependendo do turismo.

É difícil explicar o comportamento dos Estados Unidos em relação a Cuba como uma resposta ao medo do comunismo soviético ou como uma defesa da liberdade. De 1960 até hoje, Cuba esteve bem longe de ser o sistema político mais repressivo ou o pior violador dos direitos humanos do hemisfério.

Talvez Fidel tenha cometido o pecado imperdoável de reconhecidamente ter sobrevivido a repetidos golpes e tentativas de assassinato de um jeito que envergonhou Washington. Ou talvez a ameaça real percebida por Washington fosse a possibilidade de um modelo rival de fora do sistema global comandado pelos estadunidenses, a mesma coisa que sabemos agora que incomodava as autoridades dos Estados Unidos na Guatemala em 1954, em Bandung em 1955 e no Chile em 1973.

Há outra coisa que certamente os Estados Unidos não mudaram. Imediatamente após o fim da Guerra Fria, autoridades estadunidenses, sobretudo o presidente George H. W. Bush, falaram sobre um "Dividendo da Paz". A ideia era que, com o fim do comunismo soviético, Washington cortaria os gastos militares e ocupações estrangeiras violentas. Aconteceu exatamente o oposto. Houve uma pequena redução nos gastos nos anos 1990, e o orçamento do Pentágono explodiu de novo depois da virada do século. Barack Obama concorreu como candidato antiguerra, mas, quando terminou seu mandato em 2016, os Estados Unidos estavam jogando bombas ativamente, ao menos, em sete países.[626]

As últimas duas décadas levaram os melhores historiadores a ter uma visão mais ampla do comportamento dos Estados Unidos. Antes e depois da Guerra Fria, os Estados Unidos sempre foram uma potência expansionista e agressiva.

"Em um sentido histórico – e, em especial, visto a partir do Sul –, a Guerra Fria foi uma continuação do colonialismo por meios levemente diferentes", escreve Odd Arne Westad. "O novo e galopante intervencionismo que vimos após os ataques islâmicos à América em setembro de 2001 não é uma aberração, mas uma continuação – de uma maneira um pouco mais extrema – da política estadunidense durante a Guerra Fria."[627]

Na África, as guerras civis terminaram de formas diferentes, mas o capitalismo de compadrio e a extração de recursos se tornaram a regra em quase todos os lugares.[628] Na Europa Oriental, o colapso do comunismo não foi um processo tão limpo como o Ocidente frequentemente acreditava.

Nury, filha do embaixador de Sukarno em Cuba, havia se mudado para a Bulgária com seu marido búlgaro depois que ela deixou de estar sob os cuidados de Fidel em Havana. Em 1990, a Bulgária realizou uma eleição. Apesar do apoio generoso de Washington à oposição, o Partido Socialista Búlgaro – o novo nome dos comunistas – venceu. Contudo, as autoridades estadunidenses e europeias deixaram claro que não estavam dispostas a negociar com os socialistas e, após um período de conflitos e protestos, os socialistas entregaram o poder a um governo de coalizão. Nos anos seguintes, os padrões de vida caíram vertiginosamente. Nury e seu marido, sem liberdades democráticas mas, ao menos, acostumados com bons empregos e serviços públicos decentes, assistiram horrorizados enquanto a economia encolhia por nove anos consecutivos, e a inflação disparava fora de controle.[629]

"Quando consegui finalmente retornar à Indonésia, foi chocante ouvir o que as pessoas pensam que é o comunismo", contou Nury. "Eu vivi o comunismo, e eles estão simplesmente errados. E viver na Bulgária sob o comunismo foi muito melhor do que viver na Indonésia de Suharto."

Na Guatemala, a guerra civil terminou em 1996. Os sobreviventes de Ilom puderam enfim voltar para casa e reconstruir sua pequena aldeia. O único jeito de chegar lá agora, caso não se tenha um carro, é subindo estradas perigosas, onde venta muito, em um ônibus escolar abarrotado e reciclado dos Estados Unidos. A viagem leva de dois a três dias a partir da Cidade da Guatemala, a cerca de 130 quilômetros de distância.

Os maias ainda usam as saias vermelhas que a mãe de Antonio estava vestindo no dia em que viu sua vizinha queimada viva. Os aldeões ainda cultivam milho, acordam cedo e levam cavalos por entre as árvores para trabalhar nos campos e retornam para casa no pôr do sol para se sentar, contar histórias em Ixil e rir.

No entanto, para participarem da moderna economia que cresceu em seu entorno, eles também precisam de dinheiro. Para isso, enviam seus filhos e filhas adolescentes aos Estados Unidos. O filho de Josefa foi em 2016, quando ele tinha 16 anos. Todo mundo sabe que, se você for para lá antes de completar 18 anos, é mais fácil entrar no país e permanecer. Ele tem um emprego na construção civil na Flórida, onde aprendeu espanhol muito bem. Após pagar o coiote, o homem que o contrabandeou para o outro lado da fronteira, ele pode mandar dinheiro para casa.

Ilom continua enviando mais jovens para o Norte. Não se trata de amor pelos Estados Unidos ou pelo sonho americano. Eles não querem ir. Eles sabem quem foi o responsável pela violência que sofreram.

"Muitos de nós, de fato muitos de nós, foram para os Estados Unidos", disse Antonio Caba Caba enquanto me apresentava Ilom. Caminhamos pela praça onde ele assistiu quase todos os homens que conhecia serem assassinados por serem algum suposto tipo de comunista. Ele disse: "Acho que é engraçado – bem, talvez 'engraçado' não seja a palavra certa –, mas sabemos quem é o responsável pela violência que destruiu este lugar. Sabemos que foram os Estados Unidos que estiveram por trás disso. Porém, continuamos mandando nossos filhos para lá, já que eles não têm outro lugar para ir."

11 - NÓS SOMOS OS CAMPEÕES

Que tipo de mundo obtivemos após a Guerra Fria? Quem ganhou essa guerra? Quem a perdeu? E, mais especificamente, como a cruzada anticomunista concretamente afeta a vida de bilhões de pessoas hoje? Essas perguntas estavam na minha cabeça enquanto eu viajava pelo mundo, divulgando este livro. Eu tinha levantado um certo conjunto de respostas às perguntas. Dizer que aquilo que aprendi desde que comecei a trabalhar neste projeto abalou minha fé nessas respostas seria um eufemismo severo. Porém, em vez de unicamente reformular sozinho tais respostas, eu queria escutar as pessoas que viveram isso e sentiram o conflito mais intimamente.

Desse modo, coloquei as perguntas diretamente para os sobreviventes que entrevistei na Indonésia e pela América Latina. Para eles, a resposta costumava ser bem simples. Perguntei a Winarso, que é o chefe da Sekretariat Bersama '65, ou do Secretariado Unificado de 1965, uma antiga organização que defende os sobreviventes da violência na Indonésia.

"Os Estados Unidos venceram. Aqui na Indonésia, vocês conseguiram o que queriam e, no mundo todo, vocês conseguiram o que queriam", ele me disse em 2018, sentado no chão em sua modesta casa em Solo, deslocando constantemente seu peso para tentar evitar inflamar mais uma lesão dolorosa em suas costas. Eu o conheci bem no decorrer dos anos das entrevistas que me ajudou a organizar. Ele continuou: "A Guerra Fria foi um conflito entre o socialismo e o capitalismo, e o capitalismo venceu. Além disso, Washington queria espalhar o capitalismo centrado nos Estados Unidos. Basta olharmos ao redor", ele disse, gesticulando para sua cidade e todo o arquipélago indonésio em torno dele.

Como vencemos? Eu perguntei.

Winarso parou de se mexer. "Vocês nos mataram." Respostas como essa eram bastante comuns.

As pessoas que conheci não eram uma seleção aleatória da população mundial. A maioria deles eram vítimas e especialistas em programas anticomunistas de assassinato em massa no século xx. Há outros pontos de vista importantes por aí. Só que estou convencido de que as perspectivas de pessoas como Winarso, e as experiências de pessoas como Francisca e Carmen e Ing Giok e Sakono, são cruciais para compreender como nosso mundo foi produzido.

Em 1955, Sukarno e boa parte do restante do Terceiro Mundo se uniram com a intenção de mudar a relação entre o Primeiro e o Terceiro Mundo. Acreditavam que, após séculos de colonialismo racista, era hora de assumir seu devido lugar nos assuntos mundiais como nações independentes, para afirmarem seu poder, inteligência e potencial, e se erguerem como iguais.

Naquela época, eles estavam obviamente bem atrasados, e não só do ponto de vista simbólico. Uma olhada rápida no PIB *per capita* – o tamanho da produção econômica anual de um país dividido por seu número de habitantes – nos países mais populosos do mundo (ver Apêndice 1) confirma isso. Os números dos Estados Unidos e das economias das ex-potências coloniais brancas eram muito, muito maiores do que os do Terceiro Mundo.

Sukarno achou que isso ia mudar. Richard Wright, o cético jornalista afro-estadunidense que cobriu a Conferência de Bandung de 1955, acreditava que o movimento do Terceiro Mundo também seria bem-sucedido.[630] O colonialismo acabou. Era natural que esses países o alcançassem.

No entanto, quando Winarso acenou com a mão em volta dele, indicando o estado atual de um mundo mais amplo, o que ele estava apontando? Nós continuamos falando a respeito disso. Uma coisa é clara como o dia, mesmo sem olhar os dados econômicos ou as tabelas sobre qualidade de vida. Os Estados Unidos ainda são de longe a nação mais poderosa do planeta, e, quando os estadunidenses viajam para a Indonésia, ou México, ou África, ou Paraguai, eles são mais ricos do que os nativos. Contudo, os cidadãos dos Estados Unidos ignoraram fortemente o tamanho da lacuna entre eles e o restante do mundo. A lacuna entre o Primeiro Mundo e o Terceiro Mundo é enorme. A economia estadunidense não é só um pouco maior do que a da Indonésia. É vinte vezes maior. O número do PIB *per capita* do Brasil é menos de um sexto do mesmo índice nos Estados Unidos. Com bem poucas exceções, os países que estavam em Bandung permaneceram na mesma relação estrutural com as antigas potências imperiais. (Veja o Apêndice 2.)

A República Popular da China se tornou bem mais poderosa; todos no Sudeste Asiático podem sentir isso atualmente. A economia chinesa é agora quase tão grande quanto a dos Estados Unidos. Entretanto, isso é porque há quatro vezes mais chineses do que estadunidenses. A China passou de um país incrivelmente pobre a um país médio, com PIB *per capita* em torno dos níveis latino-americanos, e o povo chinês continua em média incrivelmente pobre para os padrões estadunidenses. Foi o crescimento econômico chinês nas últimas décadas que gerou a maior parte das reduções na desigualdade global ocorridas desde 1980. Há debates acalorados sobre se a China cresceu porque abraçou o capitalismo ou porque teve reformas comunistas e ainda continua sob o controle de um partido único tecnocrático. Contudo, o que está claro é que a China não é absolutamente um regime anticomunista criado pela intervenção estadunidense na Guerra Fria. Uma forma de enxergar isso indica que a desigualdade global diminuiu ligeiramente desde 1960, em grande medida graças à China (ver Apêndice 3). Outra forma de ver isso, agrupando países em regiões, indica que o Terceiro Mundo ficou parado onde estava, enquanto o Primeiro Mundo melhorou ainda mais (ver Apêndice 4).

É claro que existe uma miríade de debates complexos e não solucionados sobre as razões pelas quais os países menos ricos não conseguiram alcançar os ricos.[631] Porém, é importante ter ciência do esquecido tamanho da lacuna entre as nações, e a história da desigualdade global desde a Segunda Guerra Mundial, já que os eventos deste livro necessitam se encaixar nesta história. Um recente estudo pediu a cidadãos estadunidenses que calculassem uma estimativa aproximada do que o ser humano ganha em média por ano. O número que eles chutaram era dez vezes superior ao real. Eles ficaram chocados ao descobrir como o Terceiro Mundo ainda vive.[632]

A realidade é que o mundo branco, e os países que conquistaram o globo antes de 1945, continuam em larga medida no topo, enquanto os países marrons que foram colonizados ainda se encontram lá embaixo. Quase todo mundo está melhor agora em um sentido material concreto, em decorrência dos avanços tecnológicos e do crescimento econômico global, mas a lacuna entre o Primeiro e o Terceiro Mundo continua tão cavernosa quanto era depois da Conferência de Bandung. Seria demais afirmar que isso decorre da Guerra Fria ou, mais especificamente, da rede independente de programas anticomunistas de assassinato em massa, organizada e apoiada pelos Estados Unidos. Só que é verdade que o período da Guerra Fria e suas consequências imediatas – período em que os estadunidenses fizeram intervenções violentas rotineiras nos assuntos globais – não foi marcado por uma queda de poder dos países brancos.

É justo dizer que o Primeiro Mundo venceu a Guerra Fria e, de maneira mais geral, venceu a história do século XX. Este é o mundo em que nasci; eu disse na introdução que a história é escrita geralmente pelos vencedores e, para o bem ou para o mal, o mesmo se aplica a este livro. Eu nasci e fui criado nos Estados Unidos; não é provavelmente por acaso que foi alguém com a minha formação quem foi capaz de adquirir contatos e recursos para contar essa história global, e não uma mulher do interior javanês ou uma moradora de uma favela brasileira.

E quanto ao Segundo Mundo? Recentemente, durante o chá com um velho membro do Partido Comunista Vietnamita, surgiu esta questão. Ele é muito franco quanto aos problemas com o sistema socialista em seu país, mas disse que o governo do Vietnã, assim como na China e no resto do mundo socialista, observou com muita cautela o que ocorreu com a União Soviética e seus satélites após 1989 e estão desesperados para evitar repetir essas experiências.

De certo, as lideranças dos partidos comunistas que dirigiam a União Soviética e os países do Pacto de Varsóvia perderam e muito. Mas, e quanto aos seus cidadãos, os povos comuns e sofridos do mundo comunista? Será que o triunfo do capitalismo global também representou uma vitória para eles? Eles foram recompensados com prosperidade e democracia?

O economista Branko Milanovic, um dos maiores especialistas mundiais em desigualdade global, nascido e criado na Iugoslávia comunista, fez essas perguntas no 25º aniversário da queda do Muro de Berlim. Podemos provavelmente suspeitar que não, nem todos eles entenderam. Porém, essa era certamente a *ideia* em 1991 e, em muitos aspectos, foi a promessa feita aos povos sofridos do mundo comunista, incluindo o próprio Milanovic. Ao contrário disso, o que aconteceu foi uma devastadora Grande Depressão.[633] Milanovic, em um breve ensaio intitulado "Por quem o muro caiu?", analisou os países pós-comunistas em 2014. Alguns países têm economias menores do que em 1990. Alguns cresceram de maneira mais lenta que seus vizinhos da Europa Ocidental, o que significa que estão ficando mais e mais para trás, mesmo a partir do ponto baixo em 1990, quando o colapso de seu sistema derrubou o tamanho de suas economias. Ele encontra somente cinco casos reais de sucesso capitalista: Albânia, Polônia, Bielorrússia, Armênia e Estônia, que, de alguma forma, estão alcançando o Primeiro Mundo. Somente três são democracias.

O que significa, calcula Milanovic, que apenas 10% da população do antigo mundo comunista na Europa Oriental recebeu aquilo que foi prometido a eles quando o muro foi derrubado. O Segundo Mundo perdeu, e perdeu feio. Perdeu o poder geopolítico que tinha durante a Guerra Fria, seus cidadãos, muitas vezes, perderam riquezas materiais, e muitos sequer conquistaram as liberdades democráticas para contrabalançar tal perda.[634]

E o Terceiro Mundo? É claro, o país em que passei mais tempo foi a Indonésia, o quarto mais populoso do mundo, onde foi fundado o movimento do Terceiro Mundo (e ainda lar do Movimento dos Não Alinhados, que tem escritórios em Jacarta).

Recorrentemente, quando entrevistava sobreviventes da violência em 1965, eles presumiram que eu gostaria de perguntar a eles sobre a tortura. Como era ser espancado, ser deixado passando fome, ser chamado de bruxa ou demônio e perder todo o contato com sua família. Ser estuprado em bando e depois jogado no canto de uma cela, como se você não valesse nada. Em geral, não era a respeito disso que eu queria falar. Admitindo que jornalistas ou acadêmicos passavam muito tempo pedindo aos sobreviventes para relatarem suas histórias, eles já se preparavam para isso. Muitas vezes exclusivamente sobre isso, supondo que o problema se restringia só aos excessos da repressão e que, se eles tivessem prendido 2 milhões de pessoas, provado então em um tribunal que tais pessoas eram de fato comunistas e executado metade delas, isso teria sido *ok*. Pessoalmente, fiquei feliz em deixar os sobreviventes esboçarem apenas em linhas gerais as piores partes de suas histórias, caso ficasse claro que repassar por aqueles momentos seria traumatizante de novo.

Infelizmente, tive que fazer uma pergunta, em duas partes, que muitas vezes se mostrou extremamente difícil para que eles respondessem. Levei bastante tempo para aperfeiçoar a redação desse interrogatório em *bahasa* indonésio para me fazer entender de forma bem clara. Ao menos quando conversava com aqueles que, de fato, haviam sido de esquerda, eu sempre dizia: "Pense em 1963, 1964.

Naqueles anos, que mundo você achava que estava construindo? Como você acreditava que o mundo seria no século XXI?". Eu perguntava então: "Este é o mundo em que você vive agora?"

Em geral, seus olhos se iluminam ao responder a primeira parte. Eles sabiam a resposta. Eles estavam construindo uma nação forte e independente e trabalhavam para se erguerem como iguais aos países imperiais. O socialismo não estava vindo de forma imediata, mas estava vindo, e eles criariam um mundo sem exploração ou injustiça sistêmica. A resposta à segunda pergunta era tão óbvia que parecia cruel até mesmo perguntá-la. Poderia ter sido uma coisa caso seu governo tivesse cometido horríveis atrocidades, mas reconhecesse o erro e construísse uma sociedade justa e poderosa. Isso não ocorreu. Eles estão vivendo seus últimos anos em um país capitalista de compadrio pobre e ouvem quase todos os dias que é um crime quererem algo diferente.

Se lermos o discurso de abertura de Sukarno em Bandung; se olharmos para as publicações de esquerda em todo o mundo de 1955 a 1965; se lermos o *Jornalista Afro-Asiático*, a revista pró-Terceiro Mundo e que era o espírito de Bandung que Francisca traduzia, ou as publicações socialistas democráticas no Brasil e no Chile, podemos perguntar: eles eram loucos? Suas expectativas eram tão irreais? Ou as coisas poderiam ter sido diferentes?

Como vimos, nos anos de 1945 a 1990, uma rede independente de programas de extermínio anticomunistas apoiados pelos Estados Unidos emergiu mundo afora, e foram realizados assassinatos em massa em, ao menos, 23 países (ver Apêndice 5). Não havia um plano centralizado, nenhuma sala de controle principal onde tudo era orquestrado, mas acho que os programas de extermínio em Argentina, Bolívia, Brasil, Chile, Colômbia, Timor Leste, El Salvador, Guatemala, Honduras, Indonésia, Iraque, México, Nicarágua, Paraguai, Filipinas, Coreia do Sul, Sri Lanka, Sudão, Taiwan, Tailândia, Uruguai, Venezuela e Vietnã precisam ser vistos como interconectados e como parte crucial da vitória dos Estados Unidos na Guerra

Fria (não estou incluindo campanhas militares diretas ou mesmo pessoas inocentes mortas por "danos colaterais" na guerra.) Os homens que levaram a cabo execuções propositais de dissidentes e civis desarmados aprenderam uns com os outros. Eles adotaram métodos desenvolvidos em outros países. Às vezes, eles até deram o nome às suas operações com base em outros programas que buscaram emular. Encontrei evidências ligando indiretamente a metáfora "Jacarta", tirada do maior e mais importante desses programas, a, ao menos, onze países – e doze, se incluirmos o Sri Lanka, onde o governo empregou o que chamou de "solução indonésia".[635] Contudo, mesmo os regimes que nunca foram influenciados por esse linguajar específico foram capazes de ver, bem claramente, aquilo que os militares indonésios fizeram e o sucesso e prestígio de que gozaram depois no Ocidente. E ainda que alguns desses programas tenham sido mal dirigidos e tenham também varrido espectadores que não representavam qualquer ameaça, eles eliminaram os reais opositores ao projeto global comandado pelos Estados Unidos. A Indonésia é, mais uma vez, o exemplo mais importante. Sem o assassinato em massa do PKI, o país não teria se mudado de Sukarno para Suharto. Mesmo em países onde o destino do governo não estava em jogo, os assassinatos em massa funcionaram como efetivo terrorismo de Estado, tanto dentro dos países quanto nas regiões vizinhas, sinalizando o que poderia acontecer com você caso resistisse.

Não estou dizendo que os Estados Unidos venceram a Guerra Fria por causa de assassinatos em massa. A Guerra Fria terminou principalmente por causa das contradições internas do comunismo soviético e do fato dos seus líderes na Rússia terem destruído acidentalmente seu próprio Estado. Gostaria de afirmar que essa rede independente de programas de extermínio, organizada e justificada por princípios anticomunistas, foi uma parte tão importante da vitória dos Estados Unidos que a violência moldou profundamente o mundo em que vivemos hoje.

Tudo isso depende do que pensamos quando discutimos o que foi realmente a Guerra Fria. A compreensão popular no mundo anglófono, acho eu, é que a Guerra Fria foi um conflito entre dois países e, ainda que eles não tenham entrado em guerra, se envolveram em uma série de conflitos indiretos. Essa versão não é exatamente errada, mas está baseada nas experiências de uma pequena minoria de pessoas na Terra, e a Guerra Fria afetou quase todas.

Sigo Odd Arne Westad, historiador de Harvard, ao ver a Guerra Fria como algo diferente. Podemos enxergar a Guerra Fria como as circunstâncias globais sob as quais a vasta maioria dos países do mundo saiu do domínio colonial direto para outra coisa, um novo lugar em um novo sistema global. Se encararmos dessa maneira, então não há um binarismo simples de vencedor-perdedor entre os Estados Unidos e a União Soviética. No Terceiro Mundo, havia muitos caminhos que cada país poderia seguir; mais importante de tudo, a maioria deles segue ainda no caminho específico que foi moldado e percorrido durante a Guerra Fria. Algo similar acontece de fato com todo o relacionamento estrutural entre os países ricos e os pobres – o relacionamento que temos hoje foi totalmente construído pela maneira como as duas potências se comportaram no século XX.

Nenhum dos sistemas estabelecidos pela União Soviética segue existindo. Por outro lado, os países que escolheram – ou foram forçados a seguir – caminhos rumo ao sistema capitalista global liderado pelos Estados Unidos permaneceram neles. Há países que nem sempre seguiram caminhos semelhantes nos últimos 25 anos. Nesse mesmo período, o mundo passou por um processo geralmente chamado de "globalização". Tal termo certamente pegou por algum tempo. Porém, para aqueles que desejam ser mais precisos, uma palavra melhor é "americanização", diz Westad.[636] Para melhor ou pior, quase todos nós vivemos agora no sistema econômico global em que a Indonésia e o Brasil entraram em meados dos anos 1960, uma ordem capitalista mundial tendo os Estados Unidos como sua maior potência militar e centro de produção cultural. Isso pode mudar em breve – quem sabe. No entanto, ainda estamos aqui.

Neste livro, passei menos tempo discutindo as reais atrocidades cometidas por certos regimes comunistas no século XX. Em parte, isso acontece porque elas já são muito conhecidas; sobretudo, porque esses crimes realmente não tiveram muito a ver com as histórias das pessoas cujas vidas narramos aqui. Também é porque não vivemos em um mundo diretamente construído pelos expurgos de Stálin ou pela fome em massa sob Pol Pot. Esses Estados se foram. Até o Grande Salto Adiante de Mao foi rapidamente abandonado e rejeitado pelo Partido Comunista Chinês, ainda que o partido esteja muito ativo. Entretanto, vivemos em um mundo construído parcialmente pela violência da Guerra Fria apoiada pelos Estados Unidos.

A imposição da americanização foi ajudada pelos programas de assassinato em massa discutidos neste livro. De alguma forma, eles a tornaram possível. De certo, não foram os únicos eventos que provocaram isso – não discutimos todas as maneiras não violentas pelas quais Washington forçou mudanças de regime no século XX, nem analisamos as razões pelas quais as instituições estadunidenses tornaram o país uma nação tão rica, dinâmica e poderosa, mas podemos definitivamente imaginar as coisas acontecendo de maneira diferente sem eles.

A cruzada anticomunista de Washington, com a Indonésia como o ápice de sua violência assassina contra civis, moldou profundamente de cinco formas o mundo em que vivemos hoje.

Em primeiro lugar, de forma mais simples, há o trauma que, em grande parte, não foi resolvido. Países como Chile e Argentina fizeram um trabalho bom e justo ao se unirem visando a reconciliação nacional. O Brasil fez um trabalho pior. E a Indonésia não fez absolutamente nada parecido. Contudo, mesmo na melhor das hipóteses, é óbvio que não se pode simplesmente apagar as cicatrizes do terror em massa em uma geração ou duas. Os efeitos psicológicos da ação secreta dos Estados Unidos são sentidos em todos os lugares, inclusive na América do Norte. Cada vez mais cidadãos têm conexões com países afetados pelas intervenções recentes dos Estados Unidos e, mesmo para estadunidenses brancos, há efeitos psicológicos. Quando as pessoas descobrem que certas coisas importantes lhes foram ocultadas, elas passam a duvidar de coisas que não deveriam e embarcam em teorias de conspiração selvagens.

Em segundo lugar, a violenta cruzada anticomunista de Washington destruiu uma série de possibilidades alternativas para o desenvolvimento mundial. O movimento terceiro-mundista caiu em parte graças a seus próprios fracassos internos, mas ele também foi esmagado. Esses países estavam tentando fazer algo muito, mas muito difícil. Não ajuda quando o governo mais poderoso da história tenta impedi-los.

É difícil dizer como eles poderiam ter remodelado o mundo se fossem verdadeiramente livres para experimentar e construir algo diferente. Talvez os países do mundo em desenvolvimento tivessem que se unir e insistir em mudar as regras do capitalismo global. Talvez muitos desses países nem fossem capitalistas. Suponho que fosse possível – embora, para mim, isso pareça improvável, levando em conta quem as vítimas eram e a força dos Estados Unidos – que, sem tal violência, os socialistas autoritários poderiam ter triunfado no século XX. Não está claro se somos capazes de imaginar o que poderia ter sido diferente. Quando se trata de pura economia, há um consenso cada vez mais robusto de que os países em desenvolvimento perderam suas chances de "alcançar" economicamente o Primeiro Mundo aproximadamente no começo dos anos 1980, quando uma explosão das dívidas, uma virada para o ajuste estrutural neoliberal, e "globalização" os colocou em seu caminho atual.[637] Dentro da estrutura atual, os únicos exemplos concretos de grandes países do Terceiro Mundo se tornando tão ricos quanto os de Primeiro Mundo desde 1945 são a Coreia do Sul e Taiwan, e é bastante claro que tais nações estiveram excepcionalmente isentas das regras da ordem mundial por conta da sua importância estratégica na Guerra Fria.[638]

Terceiro, as operações afetaram de forma profunda a natureza dos regimes e sistemas econômicos criados em seu rastro. A Indonésia e o Brasil são dois, talvez os dois exemplos cruciais.

Agora talvez seja correto dizer que toda a América Latina, com exceção de Cuba, é composta por nações capitalistas de compadrio com oligarquias poderosas. No Sudeste Asiático, a realidade é a mesma para a maioria dos países, e até as nações comunistas foram integradas à ASEAN, estabelecida como organização anticomunista pela Indonésia e as Filipinas em 1967. Como mostra *A pilhagem da África*, de Tom Burgis, a economia política africana permanece dominada por Estados fracos e extrativismo violento. Se quiséssemos ampliar esse foco analítico até seus limites, poderíamos até dizer que, quando o Segundo Mundo colapsou, esses países foram integrados a um sistema global com somente dois tipos estruturais básicos – países capitalistas avançados ocidentais e sociedades de capitalismo de compadrio exportadoras de recursos e moldadas pelo anticomunismo –, e eles caíram direto na segunda categoria, tornando-se bem parecidos com o Brasil.

Na introdução, eu disse que Brasil e Indonésia foram provavelmente as maiores "vitórias" da Guerra Fria. Em um sentido restrito, creio que isso é verdade simplesmente porque, pelo número de habitantes, eles são os maiores países em jogo e parecia que podiam ir para qualquer lado, mas, com um baque, caíram para o campo ocidental. Hoje, no Brasil, a ideia de que o governo João Goulart era "comunista" ou de que havia uma iminente virada para o modelo soviético é corretamente ridicularizada. Contudo, os conservadores têm um ponto. De fato, alguma coisa diferente era possível, e os eventos de 1964 liquidaram essa possibilidade. Porém, outra razão pela qual eu acho que Brasil e Indonésia constituíram elementos tão importantes desse processo de americanização que acabou modelando a maior parte do globo é que, depois de 1964 e 1965, muitos de seus vizinhos seguiram caminhos direta ou indiretamente influenciados pelos regimes anticomunistas dos maiores países da região.

Com relação aos vencedores da cruzada anticomunista, é claro que, como *Estado-nação*, os Estados Unidos têm se saído muito bem desde 1945. É um país enormemente rico e poderoso. Porém, se olharmos para os estadunidenses individualmente ou dividirmos a análise por linhas de classe e raça, fica claro que os espólios dessa ascensão global foram compartilhados de forma extremamente desigual. Cada vez mais os recursos provenientes de outras nações se acumulam no topo da pirâmide, ao mesmo tempo que inúmeros cidadãos estadunidenses vivem em uma pobreza comparável à vida no antigo Terceiro Mundo.

A quarta maneira pela qual os programas de extermínio anticomunistas moldaram o mundo é que eles deformaram o movimento socialista mundial. Muitos dos grupos de esquerda globais que sobreviveram ao século XX decidiram que tinham que recorrer à violência e preservar zelosamente o poder ou enfrentar a aniquilação. Quando viram os assassinatos em massa acontecendo nesses países, isso mudou. Talvez os cidadãos estadunidenses não estivessem prestando tanta atenção ao que ocorria na Guatemala ou na Indonésia. Entretanto, outros esquerdistas mundo afora estavam definitivamente assistindo. Quando o maior Partido Comunista do mundo sem exército ou controle ditatorial de um país foi massacrado, um a um, sem consequências para os assassinos, muitas pessoas ao redor do mundo tiraram lições disso, com graves consequências.

Essa foi outra pergunta bem difícil que precisei fazer aos entrevistados, em especial aos esquerdistas do Sudeste Asiático e da América Latina. Quando começávamos a ter aquelas antigas discussões entre revolução pacífica e revolução armada; entre o marxismo linha-dura e o socialismo democrático, eu perguntava:

"Quem estava certo?"

Na Guatemala, quem fez a abordagem correta foi Árbenz ou foi Che? Ou na Indonésia, quando Mao alertou Aidit que o PKI deveria se armar, e eles não o fizeram? No Chile, foram os jovens revolucionários do MIR que tinham razão nos debates universitários ou o mais disciplinado e moderado Partido Comunista Chileno?

A maioria das pessoas com quem conversei que estavam envolvidas com política naquela época acreditava fervorosamente em uma abordagem não violenta, em uma mudança gradual, pacífica e democrática. Em geral, eles não gostavam dos sistemas criados por pessoas como Mao. Entretanto, eles sabiam que seu lado havia perdido o debate, já que muitos de seus amigos estavam mortos. Eles admitiam frequentemente, sem hesitação ou prazer, que os linhas-duras estavam certos. O grupo desarmado de Aidit não sobreviveu. O socialismo democrático de Allende não foi permitido, independentemente da *détente* entre os soviéticos e Washington.

Observando deste modo, os maiores perdedores do século XX foram aqueles que acreditaram de forma muito sincera na existência de uma ordem internacional liberal, aqueles que confiaram muito na democracia ou naquilo que os Estados Unidos disseram que apoiavam, e não naquilo que apoiaram de fato – no que os países ricos disseram, e não no que eles fizeram. Tal grupo foi aniquilado.

Finalmente, a quinta consequência da cruzada: o anticomunismo fanático nunca nos deixou de verdade, mesmo no Primeiro Mundo. Nos últimos anos, não só no Brasil e na Indonésia, ficou claro que essa moda violenta e paranoica na política continua sendo uma força muito potente.

Porém, acho que está claro que os fantasmas dessa batalha assombram mais ativamente os países do mundo "em desenvolvimento".

12 - ONDE ELES ESTÃO AGORA? E ONDE ESTAMOS NÓS?

Denpasar

Wayan Badra, o sacerdote hindu, vive na rua onde cresceu, em Seminyak, no sudoeste de Bali. Só que o bairro mudou drasticamente. A mesma praia em que ele costumava caminhar por 40 minutos todas as manhãs, quando ia para a escola em Kuta, certamente não está vazia. Está repleta de *resorts* de luxo e "clubes de praia", um tipo de negócio bem comum na ilha, onde os estrangeiros podem saborear coquetéis o dia todo e dar um mergulho em uma piscina, bem na areia.

É a mesma areia, é claro, para onde os militares trouxeram pessoas de Kerobokan, alguns quilômetros a leste, para executá-los à noite. Bem na praia, a poucos metros da casa de Badra, está um dos maiores e mais sofisticados clubes de praia de Bali. Seminyak se tornou um dos lugares mais caros para se hospedar na ilha, onde o turismo geralmente gira em torno do bem-estar e tratamentos de *spa* – ou "atenção plena" –, meditação, massagens ou, é claro, sol e surfe.

Se alienígenas pousassem em Bali, concluiriam imediatamente que nosso planeta tem uma hierarquia racial. Os brancos que vêm aqui nas férias têm ordens de magnitude mais ricas que os habitantes locais, que os servem. Isso é aceito como uma coisa meramente natural da vida. Em quase todos os lugares do Sudeste Asiático, os brancos têm renda disponível para comprar hospitalidade pródiga ou sexo dos nativos. Eles nasceram com essa riqueza. Em comparação com o resto da Indonésia, Bali se saiu economicamente bem graças ao turismo, e os balineses, em geral, reproduzem obedientemente o "sorriso de Bali" enquanto dão aos surfistas australianos seus ovos ou às modelos russas do Instagram seus cocos.

Quase nenhum dos turistas que vêm, por mais bem intencionados e educados que sejam, sabem o que aconteceu aqui, diz Ngurah Termana, sobrinho de Agung Alit, o homem que passou uma tarde sombriamente absurda revirando crânios em busca do corpo de seu pai. Em contraste com o Camboja, onde mochileiros ocidentais visitam de forma fiel (ou mórbida) o Museu Killing Fields fora de Phnom Penh, poucas pessoas que vêm a Bali sabem que uma grande parte da população local foi massacrada embaixo de suas cadeiras de praia.

"Mesmo quando nos reunimos com ONGs, o tipo de gente mais bem informada internacionalmente, que sabe sobre Ruanda, sobre Pol Pot e tudo mais, ninguém tem ideia do que ocorreu aqui", afirmou Ngurah Termana, que é membro fundador do Taman 65, ou o Jardim 1965, um coletivo dedicado à promoção da memória e reconciliação na ilha. O grupo publicou um livro sobre as mortes em Bali, bem como um CD com canções cantadas pelos prisioneiros nos campos de concentração daqui.[639]

Os membros do Taman 65 sabem que existe um motivo pelo qual nenhum dos turistas conhece algo a respeito da violência que ceifou a vida de tantos de seus parentes. O governo enterrou essa história profundamente, de um jeito ainda mais profundo do que foi enterrado na ilha de Java. O *boom* do turismo, que começou no final dos anos 1960, exigia isso. Antes de Suharto, uma grande quantidade de terras de Bali era comum e, muitas vezes, estava sob disputa. "Eles precisavam matar os comunistas para que os investidores estrangeiros pudessem trazer seu capital para cá", contou Ngurah Termana.

"Agora, todos os visitantes aqui veem nosso famoso sorriso", prosseguiu ele. "Eles não têm ideia da escuridão e do fogo que se espreita por baixo."

O nome do luxuoso clube de praia a poucos passos da casa de Wayan Badra é comicamente quase fidedigno àquilo que aconteceu por ali. Ele se chama Ku De Ta, que significa "golpe de Estado" em *bahasa* indonésio. Perguntei à equipe de lá se eles sabiam o quanto isso era irônico. Não sabiam.

No decorrer dos anos, Wayan Badra e seus vizinhos acharam ossos e crânios na areia ao redor de Ku De Ta. Como o padre mais velho dessa aldeia, ele se encarrega de dar aos corpos um funeral hindu adequado. Recentemente, um dos moradores cometeu um erro. Ele guardou uma caveira para si em seu escritório e a colocou ao lado de algumas flores sobre uma mesa. Brincando, ele botou um chapéu no crânio.

"A pessoa que morreu talvez não gostasse de ser tratada assim. O crânio começou a se mover" por conta própria, disse Wayan Badra. O homem ficou com medo e rapidamente o levou a Wayan Badra para um enterro digno e respeitoso.[640]

Stamford

Conheci Benny Widyono em sua casa em Connecticut. Demorou muito para encontrá-lo – de início, ele era só um rumor: um indonésio que havia vivido no Chile sob Pinochet. Tive que procurar pistas em alguns países. Porém, ele se tornou muito real para mim e um amigo valioso.

Após um tempo tentando ajudar a reconstruir o Camboja, Benny se estabeleceu na vida acadêmica nos Estados Unidos, lecionando na Universidade de Connecticut e escrevendo um livro sobre os sucessos e muitos fracassos da ONU no Camboja.

Pessoalmente, ele era terrivelmente engraçado. Quando ele falou sobre suas viagens aos clubes de *strip* no Kansas nos anos 1950, ele cobriu a boca, fingindo esconder a história de sua sorridente esposa. Depois de horas me mostrando suas fotos e seus materiais no Camboja, ele me levou de volta à estação de trem, com a ágil idade de 82 anos. Só poucas semanas depois, ele enfim virou cidadão estadunidense.

Mantivemos contato por meses depois disso. Eu costumava ligar para fazer perguntas de acompanhamento, ou ele me enviava notícias e *links* pelo WhatsApp. Um dia, me mandou uma nota; parecia uma mensagem disparada em massa, dizendo que estava indo para uma cirurgia cardíaca. Desejei a ele o melhor; em seguida, lhe enviei um cartão de melhoras da Guatemala; depois, liguei para sua casa para ver como ele estava. Tinha acabado de sentir sua falta. Sua esposa me disse que ele havia morrido uma semana antes.

São Paulo

Ing Giok Tan me encontrou perto da Praça da República, logo abaixo do meu apartamento na maior cidade do Brasil. O encontro foi conveniente para ela. Era outubro de 2018, e estava marchando em uma manifestação para evitar a eleição de Jair Bolsonaro.

Com 58 anos, vestida de vermelho e absolutamente radiante, ela estava na praça com alguns amigos, agitando bandeiras e distribuindo panfletos. Essa não foi uma das marchas anti-Bolsonaro grandes e inclusivas, às quais todos os tipos de pessoas iam. Era um grupo de ativistas dedicados, do tipo que estava lá algumas vezes por semana.

E eles iam perder. Isso estava ficando cada vez mais claro. Naquele exato momento, quando Bolsonaro avançou para o segundo turno sem sequer aparecer para um debate com seu oponente de esquerda do Partido dos Trabalhadores (PT), foi talvez o pior momento para a esquerda brasileira desde que a democracia havia voltado. Contudo, Ing Giok estava lá com cinco ou seis mulheres, sem medo de defender Lula, o popular ex-presidente e primeiro líder de esquerda do país desde a queda da ditadura. Ela apoiava o PT, seu partido, desde que votou nele em 1989 (naquela eleição, a TV Globo editou um debate-chave entre Lula e Fernando Collor, que venceu e foi cassado por corrupção). Só que se tornou especialmente ativa em 2016, quando as forças de direita se uniram para impichar Dilma Rousseff. Ela não achou que isso acabaria bem. Estava certa.

Se fosse preciso resumir a carreira política de Jair Bolsonaro em duas palavras, uma escolha muito boa seria "anticomunismo violento". Ele foi um soldado desimportante e um político comum, transitando entre nove partidos por duas décadas na Câmara dos Deputados. A única coisa digna de nota sobre ele era que, às vezes, gritava nas câmaras vazias do Congresso, ou tarde da noite na TV, que todo mundo era comunista ou que o Estado deveria ter matado mais esquerdistas. Ele disse certa vez: "Através do voto, vocês não mudarão nada neste país, nada, absolutamente nada! Você só vai mudar, infelizmente, quando partirmos para uma guerra civil aqui dentro, e fazendo o trabalho que o regime militar não fez, matando uns 30 mil, começando por FHC [referindo-se ao então presidente Fernando Henrique Cardoso, do Partido da Social Democracia Brasileira]. Se vão morrer alguns inocentes, tudo bem".[641]

Com o passar dos anos, sua veemente defesa da ditadura, incluindo suas práticas mais abomináveis, chocou e consternou até o alto comando militar, que preferia deixar essas coisas no passado, ou, ao menos, deixá-las não ditas. A ideologia de Bolsonaro pode ser rastreada diretamente até 1975 e até os dias da Operação Jacarta.

Naquela época, havia uma divisão entre os militares. O general Geisel queria uma abertura democrática e gradual, e um grupo radical dentro dos militares, cujo poder derivava do terror, se opôs a essa abertura. O líder dessa facção violenta e ultradireitista era Brilhante Ustra, o homem elogiado por Bolsonaro durante sua votação de *impeachment* no dia em que o conheci.

"O Bolsonaro representa a fração das Forças Armadas que ganhou o poder quando a tortura se tornou parte importante do regime", escreveu Celso Rocha de Barros na *Folha de S. Paulo*. Em outras palavras, sua presidência é o retorno do próprio impulso que levou ao assassinato em massa anticomunista no século XX.[642]

Ing Giok é agora brasileira em todos os sentidos, já que agora ela é só "Ing", pronunciando "Ing-ee". Também conheci muito da comunidade indonésia no Brasil. Eles são quase todos descendentes de chineses. Alguns eram conservadores; alguns eram de centro-esquerda. Nenhum deles sabia que os primeiros distúrbios contra os chineses na Indonésia eram fruto da política estadunidense na região.

Aliás, alguns deles não tinham ideia de por que realmente vieram para o Brasil. Outros, como Hediandi Lesmana e Hendra Winardi, vieram mais tarde, depois do caos de 1965 e 1966, quando os sentimentos contra os chineses na comunidade estudantil de Jacarta tornou a vida deles muito difícil. Hendra começou uma carreira de muito sucesso em engenharia no Brasil, construindo literalmente alguns dos marcos arquitetônicos mais importantes do país. Sua empresa ajudou a construir cinco estádios preparados para a Copa do Mundo de 2014, que agora parece ter acontecido em um mundo diferente e bem melhor.

Ing Giok e eu conversamos várias vezes. Quando voltei para o meu computador após uma de nossas conversas, verifiquei o Twitter e algo chamou minha atenção. Os apoiadores do Bolsonaro já vinham chamando membros da imprensa internacional de "comunistas" por semanas, em decorrência de nossa cobertura crítica.

No entanto, dessa vez, a acusação veio com uma ilustração, claramente antiga. Havia uma mão vermelha e diabólica segurando um espigão comprido, como se fosse apunhalar o coração do Brasil, e ela estava sendo segurada por outra mão, esta verde. Era óbvio o que significava – os comunistas queriam destruir o país, mas os militares o salvariam deles. Todavia, eu reconheci a ilustração e fui checar meus livros de história. Tratava-se de uma ilustração criada nos anos 1930, a partir da lenda dos comunistas assassinando generais no meio da noite, o mito em torno da Intentona Comunista.

Bolsonaro foi eleito no dia 28 de outubro de 2018. Eu estava no Rio, digitando furiosamente uma matéria enquanto chegava o resultado. Abaixo de mim, nas ruas do Leme, a poucas quadras da praia de Copacabana, ouvi gritos e corri até a janela para testemunhar uma breve explosão de violência política. Naquele dia, muitas pessoas da vizinhança usavam adesivos apoiando Haddad, o candidato esquerdista.

"Comunistas! Comunistas!", um grupo de homens grandes começou a gritar com elas. "Fascistas!", gritaram algumas mulheres de volta.

Entretanto, elas ficaram com medo. Esses caras eram bem maiores do que elas e rapidamente se afastaram, retirando seus adesivos.

Depois dos resultados, conversei com Ivo Herzog, filho de Vladimir Herzog, o jornalista morto na suposta Operação Jacarta. "Acho que podemos estar dando um grande passo para trás. Estou com muito medo", afirmou. "A situação política me põe sob intenso estresse. Não consigo dormir sem medicação, mas decidi que agora não é hora de desistir da luta."

Paris

Eu estava sentado e esperando no Djakarta Bali, restaurante indonésio a poucos quarteirões do Louvre, quando uma senhora idosa veio correndo em direção à porta da frente. Eu não conseguia ver seus pés, de modo que o fato de ela estar indo tão rápido me deixou confuso.

Porém, então ela saltou de uma *scooter* Razor e entrou no restaurante. Era Nury Hanafi, a filha do embaixador de Sukarno em Cuba. Esse restaurante é da família dela, inaugurado em Paris depois de eles terem vindo de Cuba. Nas paredes, há fotos de seu pai com Che e com Fidel, nos dias em que eles pensavam que estavam construindo um movimento tricontinental. Comemos o excelente *daging sapi rendang*, um dos meus pratos favoritos da Indonésia. Ela me contou que a *scooter* era sua "Harley Davidson".

Pode ter parecido estranho, um homem estadunidense branco e uma velha asiática falando espanhol em Paris.

Depois de anos na Bulgária, ela voltou para cá e se reuniu com sua família. Só que, mesmo em Paris, eles não podiam escapar do estigma do comunismo. A embaixada da Indonésia em Paris se recusou a reconhecer que o restaurante sequer existia. Ela não sabe a que país pertence; ela sente que perdeu a Indonésia em 1965.

"Quando converso com os jovens da Indonésia agora, noto que não temos a mesma história", disse ela. "Não quero dizer que temos histórias pessoais diferentes. Quero dizer, eles nem mesmo sabem a verdade sobre o que nosso país costumava ser – nossa luta pela independência e os valores que nós defendíamos."

A vida para os exilados na Europa e na Ásia permanece difícil. Entretanto, ela rapidamente admite, as coisas para as vítimas em casa têm sido muito piores.

Solo

Magdalena foi linda durante toda a sua vida. Durante todo o tempo em que esteve na prisão, os guardas tentaram se casar com ela. Ela resistiu, mesmo ciente de que isso melhoraria sua situação, talvez até a tiraria de lá mais cedo. Ela não queria um relacionamento assim.

Quando ela saiu da prisão, mais homens tentaram se casar com ela. Resistiu. Não se sentia segura com nenhum homem que não tivesse sido preso.

Ela sabia que estava marcada para a vida toda como comunista, como bruxa. Qualquer homem normal provavelmente a consideraria uma rejeitada, temia ela, e a trataria como lixo se e quando ele quisesse.

"Como eu poderia confiar que um homem normal seria meu marido?", ela me perguntou. "E se ele ficar com raiva? Ele poderia simplesmente me bater, me chamar de comunista, e ninguém me ajudaria."

Coisas muito piores aconteceram às famílias dos comunistas e acusados de comunistas. Na Indonésia, ser comunista marca você para a vida toda como um mal e, em muitos casos, isso é visto como algo que passa adiante para a sua prole, como se fosse uma deformidade genética. Filhos de acusados comunistas foram torturados ou mortos.[643] Algumas mulheres foram perseguidas simplesmente por terem criado um orfanato para os filhos de vítimas comunistas.[644] Um empresário indonésio próximo a Washington alertou as autoridades estadunidenses, anos após os assassinatos, que militares fortes eram necessários porque a prole dos comunistas seguia crescendo.[645]

Magdalena é serena e radiante aos 61 anos, mas também é tímida e cautelosa. Ela mora sozinha, em uma modesta choupana de um quarto, em um beco na cidade de Solo, em Java Central.

Ela vive com 200 mil rupias por mês, ou cerca de 14 dólares americanos. Ela recebe uma pequena ajuda de sua igreja local, que lhe fornece uma bolsa mensal de cinco quilos de arroz. Contudo, ela não tem família nem quaisquer laços tradicionais com sua comunidade, que sustentam a maioria das mulheres de sua idade. Eles foram cortados quando ela foi acusada de ser comunista. Quando andei pela primeira vez com minha motocicleta na pequena estrada até sua casa e entrei em sua sala de estar, não pude acreditar naquilo que via. Não é assim que moram os idosos indonésios. Eles residem em casas com famílias grandes – e, se não têm isso, a vizinhança cuida deles. Quando entrei em sua casa, ninguém na rua nos cumprimentou. Ela não errou quando imaginou que estaria marcada para o resto de sua vida.

Esse tipo de situação é bastante comum para sobreviventes da violência e repressão de 1965.[646] Há cerca de dezenas de milhões de vítimas ou parentes de vítimas ainda vivos na Indonésia, e quase todos vivem em situações piores do que mereciam. Isso vai desde a pobreza abjeta e o isolamento social a simplesmente ter negada a admissão de que um pai ou um avô foi morto injustamente – que sua família não era culpada de nada.

A pequena organização em defesa dos sobreviventes nessa região Sekretariat Bersama '65 luta há décadas pelo reconhecimento dos crimes cometidos contra pessoas como Magdalena. Os sobreviventes pensaram que poderia haver algum tipo de comissão da verdade ou de processo de reconciliação nacional; eles acreditaram que poderia haver reparações às vítimas; eles pensaram que, pelo menos, deveria haver um pedido público de desculpas pelo que aconteceu com eles, uma afirmação de que eles não são menos humanos. Nada disso aconteceu.

Em 2017, quando combinei pela primeira vez de encontrar sobreviventes, Baskara Wardaya, um padre católico jesuíta e historiador especializado em 1965, me alertou: "Muitos sobreviventes estão cansados de falar, cansados de lutar. Já faz tanto tempo, e eles não chegaram a lugar algum".

O prefeito de Solo em 1965 era um membro do Partido Comunista chamado Utomo Ramelan. No decorrer dos anos, quando visitei Solo e encontrei sobreviventes, conheci algumas pessoas que trabalharam em sua administração, jovens indonésios ávidos para obter um emprego oficial na Prefeitura. Após Suharto ter tomado o controle do país, ele foi preso e condenado à morte.

Em 2005, um ex-empresário da indústria moveleira, Joko "Jokowi" Widodo, foi eleito prefeito de Solo. Em 2014, foi eleito presidente. Sua candidatura foi apoiada por um conjunto de grupos de direitos humanos, muitos dos quais pensavam que, como o primeiro líder da Indonésia que não tem origem no nexo militar-oligárquico de Suharto, ele reconheceria os crimes de 1965 e se desculparia por eles ou daria abertura a algum inquérito sobre o quinquagésimo aniversário do massacre.

Eles estavam errados. Pouco depois do início do mandato, ele sorriu e disse aos repórteres que "não pensava em se desculpar".[647] Em 2017, o ano em que meu colega de quarto foi atacado em Jacarta por participar de uma conferência sobre 1965, Jokowi, que também já tinha sido acusado de ser comunista, assumiu uma posição mais dura. "Caso o PKI volte, basta espancá-los", disse ele.[648] Em 2019, Jokowi foi reeleito para outro mandato de cinco anos.

Encontrei muitas dificuldades em Solo. Essas entrevistas são bem difíceis de fazer, e tive que ir devagar, de modo que as semanas foram longas e cansativas. De início, achei que poderia falar com os indonésios com a ajuda de um intérprete, mas rapidamente foi ficando claro que muitas pessoas ainda estão traumatizadas e temerosas demais quanto ao estigma ainda atribuído a elas na velhice para poderem falar livremente na frente de um indonésio que não conhecem ou não confiam. Mesmo para aqueles que conversaram comigo por meio de um intérprete, o questionamento era muito delicado para passar a responsabilidade de redação a outra pessoa. Então, melhorei minhas habilidades nesse idioma o suficiente para fazer entrevistas individualmente e, aos poucos, conquistar a confiança deles. Conversei com várias pessoas cujas histórias eu não pude incluir; alguns, pareceu claro, não se sentiam de fato confortáveis para contar suas histórias inteiras, e muitos outros as contaram bravamente, ajudando a moldar minha compreensão dos eventos enquanto eu selecionava as poucas histórias que poderia colocar em um livro como este. Sinto-me culpado, mesmo admitindo que o processo foi, para mim, psicologicamente bastante difícil, pois minhas pequenas provações não são nada em comparação com a deles – e porque eu posso voltar para os Estados Unidos e viver uma vida confortável sempre que quiser.

Em Solo, tive que passar um bom tempo no novo megashopping da cidade, onde se encontram todos os negócios importantes. De certa forma, o megashopping funciona agora como o centro cultural das cidades indonésias, com concertos infantis no *lobby*. As pessoas podem andar sem rumo, comprando café gelado e *donuts*. Recorrentemente, as escadas rolantes deixam você literalmente preso nos andares superiores. Assim, você vaga mais e compra outra coisa. E como todos os outros *shoppings* da Indonésia, toca a música *pop* estadunidense nos alto-falantes quase o tempo todo. Você não ouve música indonésia. Não se ouve música japonesa, nem mesmo K-pop, ou qualquer coisa da Ásia. Nada de música europeia ou latino-americana. Tudo que tem sido embalado e vendido nos Estados Unidos.[649]

Sakono também mora próximo a Solo. Ele ainda é bem afiado e sabe aplicar uma análise política apurada sobre o mundo ao seu redor. Ao contrário de Magdalena, ele pode falar sobre os velhos tempos sem se calar, sem olhar para o longe ou cair no choro. Como Magdalena, ele se converteu ao cristianismo na prisão. Isso também é bem comum entre os sobreviventes, sobretudo entre as vítimas de 1965 que foram criadas em meio a forma javanesa do Islã. Depois de serem acusados de ateísmo, os comunistas foram rejeitados pelas grandes instituições muçulmanas em Java, que tantas vezes colaboraram nos assassinatos, mas ainda acreditavam em Deus e buscavam conforto espiritual dos horrores materiais de suas vidas.

A única coisa de que Sakono gosta mais de falar do que o marxismo é de graça e de perdão. Ele insiste em não ter nada contra seus sequestradores ou os homens que mataram seus amigos. Não quer vingança e está em paz com seu passado. Porém, ele está igualmente inflexível sobre o fato de que o país não está em paz com essa história.

"A solução é esta nação reconhecer seus pecados e se arrepender. Valorizo até as experiências mais difíceis pelas quais eu passei, pois elas me ensinaram a mostrar amor a todos", ele afirmou. "Se nós pudermos reconhecer aquilo que nossa nação fez e pedir perdão, podemos seguir em frente."

Cidade de Nova York

O Thirty Rockefeller Plaza é um grande edifício no centro de Manhattan. Eu nunca tinha estado lá antes, apesar de já ter ouvido falar – eu acho que vi em alguns episódios de 30 *Rock*, com Tina Fey e Tracy Morgan, cujo título tornou o endereço ainda mais famoso.

Trata-se claramente de um lugar visitado pelos turistas. No térreo, as paredes exibem fotos de *Seinfeld* e de *Friends* e todos os outros programas produzidos pela NBC. No 23º andar, fica o Squire Patton Boggs, um escritório de advocacia de elite.

Frank Wisner Jr. tem um escritório lá. Ele serviu por décadas no Departamento de Estado, incluindo como embaixador de Reagan no Egito e nas Filipinas e como embaixador de Bill Clinton na Índia. Entretanto, perguntei a ele principalmente a respeito de seu pai, das coisas que ele se lembrava de ter dito sobre a Indonésia ou sobre a luta contra o comunismo. Seria injusto fazê-lo responder pelos atos de seu pai, mas havia uma coisa que ele poderia me dizer, um mito que queria dissipar.

Ele me contou que, independentemente de a CIA ter superestimado ou não a força da União Soviética e apesar do que poderia ter sido o resultado, seu pai pensava realmente que estava lutando contra o comunismo. Ele não achava que estava fazendo isso para ajudar seus colegas empresários em Nova York; ele achava que esta era a causa. Acho que ele acreditava nisso, que era algo que valia a pena.

Depois de analisar muito cautelosamente os anos 1950 e 1960, conversamos sobre a vida na Indonésia de hoje. Fazendo minhas malas, notei o quanto, para muitos países, essa história segue bem importante até hoje. Embora os estadunidenses possam ter se esquecido desses eventos e desses países, os habitantes locais não têm a opção de esquecer. Wisner concordou comigo rápida e entusiasticamente.

Isso é verdade, disse ele, quando me levantei para sair. Em muitos aspectos, somos "a terra da grande amnésia", afirmou.

"Temos o hábito psicológico de olhar para frente e não para trás", disse ele. Devaneando livremente, como homens amistosos na casa dos 80 anos costumam fazer, ele disse que o governo dos Estados Unidos não teria se metido na sua situação atual no Oriente Médio se tivéssemos prestado atenção à história. Falando com sarcasmo sombrio, ele concluiu: "Há um longo e honroso registro da indiferença estadunidense para com o mundo ao nosso redor".

Santiago

Carmen Hertz é uma mulher ocupada. Agora é deputada, eleita em 2017. Continua no Partido Comunista, que tem oito membros na *Cámara de Diputados*, liderados por uma jovem ex-líder estudantil, Camila Vallejo.

Quando digo às vítimas indonésias de 1965 e 1966 que agora é normal ser comunista em partes da América Latina, ou mesmo que ex-guerrilheiros, que já foram presos, se tornaram presidentes, eles não conseguem acreditar. Porém, a reconciliação, de algum tipo, aconteceu em grande parte da América do Sul.

Como um país capitalista de centro-direita, o Chile está longe de ser perfeito. Certamente não é como Carmen pensava, em 1970, que o mundo seria, quando ela e seus amigos acreditavam que estavam a caminho de construir um mundo sem pobreza ou exploração.

Santiago tem um poderoso monumento às vítimas do regime de Pinochet, chamado de Museo de la Memoria y los Derechos Humanos. Conforme você entra, há uma única vela acesa para cada pessoa morta pela ditadura. Os guias nas paredes não se intimidam com o fato de que várias das vítimas eram esquerdistas de fato, até mesmo comunistas ou partidários da luta armada marxista. Uma parede mostra uma pequena exibição de cada processo de verdade e reconciliação já ocorrido: na África do Sul, na Argentina, em mais de trinta países. Aí está o começo de uma pequena placa para a Indonésia. Em seguida, ela termina de forma abrupta: "A Indonésia aboliu a lei que estabeleceria a comissão da verdade deles".

Jacarta

No centro da capital da Indonésia, existe uma estrutura chamada Monumen Pancasila Sakti, ou Monumento Sagrado Pancasila. Minha viagem até lá, tal qual qualquer viagem entre dois pontos em Jacarta, aconteceu em meio a um tráfego engarrafado, abrindo lentamente caminho por ruas lotadas e poluídas.

Por razões difíceis demais de descrever, em várias partes da Indonésia, caso você seja um estrangeiro branco, as pessoas pedirão uma *selfie*. É profundamente estranho, até perturbador, mas, em geral, eu obedeço. Não no Monumento Sagrado Pancasila – pois tecnicamente acho que entrei nessa área. Recentemente, os militares da Indonésia proibiram a entrada de estrangeiros nesse complexo de memoriais e museus – parece que as autoridades não querem que pesquisadores internacionais examinem o local.[650] Depois de visitar, passei a entender o porquê.

O Monumento Sagrado Pancasila é uma grande parede de mármore branco com figuras em tamanho real que representam as vítimas do Movimento 30 de Setembro em pé na frente dela. Fica somente a alguns passos de Lubang Buaya, o poço onde foram encontrados os corpos dos generais.

Entretanto, para todos os outros que foram mortos, não há memorial. Há um museu inteiro – o Museu Pengkhianatan PKI (Komunis), ou o Museu da Traição Comunista – que existe para reforçar a narrativa de que os comunistas eram um partido traiçoeiro que merecia ser eliminado. À medida que você caminha por uma sequência bizarra de corredores escuros, uma série de instalações em dioramas leva você através da história do partido, apresentando cada uma das vezes que eles traíram a nação, ou atacaram os militares, ou planejaram destruir a Indonésia, até reproduzir a narrativa propagandística de Suharto acerca dos eventos de outubro de 1965. Não há referência aos até 1 milhão de civis mortos como consequência.

Na saída, as crianças posam para fotos em frente a uma grande placa que diz: "Obrigado por observar alguns dos nossos dioramas sobre a selvageria promovida pelo Partido Comunista Indonésio. Não deixe que nada como isso aconteça de novo".

Cidade da Guatemala

Regressei de Ilom para a capital em um daqueles velhos ônibus escolares estadunidenses apertados que servem como o único transporte "público" nessa parte rural da Guatemala. Já viajei muito, sendo que raramente dispunha de dinheiro para fazer isso de forma luxuosa e, por diversas vezes, em lugares onde viagens de luxo sequer existem. Entretanto, estar nesses ônibus significava sentir dores constantes por quase dois dias seguidos.

Contudo, fiquei grato pela carona. O ônibus pertencia a Domingo, irmão de Antonio Caba. Ambos estavam naquela manhã de 1982 assistindo aos militares apoiados pelos Estados Unidos executarem a maioria das pessoas de sua aldeia. Domingo tinha trabalhado nos Estados Unidos durante anos para guardar dinheiro e gerar alguma renda para a família. O ônibus é lindamente pintado, e ele tem orgulho disso. Na frente, ele escreveu: "Deus é amor".

Na Cidade da Guatemala, se você perguntar às pessoas quando a democracia acabou no país, muitos responderão rapidamente: 1954. Árbenz foi a última chance de justiça social, segundo eles. A maioria acima de uma certa idade conhecerá alguém que foi morto nas décadas de violência que se seguiram. Pare e pergunte a alguém na rua, e, muitas vezes, eles saberão uma história de terror e poderão contar a você sobre a importância de 1954, sobre o poder da América aqui.

Quando falei com especialistas como Clara Arenas, chefe da Asociación para el Avance de las Ciencias Sociales na Guatemala, nós usamos uma terminologia um tanto diferente.

"O relacionamento que os Estados Unidos cultivaram com a Guatemala em 1954 era imperialista?", perguntei.

Essa foi fácil: "Sim".

O relacionamento entre Washington – o governo agora – e a Guatemala ainda é imperialista? Ainda é fácil. Ainda sim.

No ônibus da cidade de Ilom para Nebaj, as pessoas tinham uma compreensão ligeiramente diferente a respeito da política do século xx. Havia uma forma diferente de falar empregada pelo povo Ixil – a maioria deles ainda fala um espanhol arranhado ou com sotaque. Perguntei o que eles achavam que era o comunismo. Domingo, o dono do ônibus, deu a seguinte resposta: "Bem, eles disseram que eram comunistas e que comunistas são perigosos. Só que, na verdade, foi o governo quem promoveu todo o massacre. Então, se alguém era perigoso, se alguém era 'comunista', devia ser o governo".

Amsterdã

Como vários outros exilados indonésios, Francisca Pattipilohy vive em Amsterdã. Ela está a só alguns quilômetros do centro da cidade, em um pequeno apartamento elegante e cheio de livros. Ela lê mais devagar que antes, mas fica animada quando um novo título é lançado – sobre a Indonésia de 1965, o colonialismo holandês, a teoria da arte e o capitalismo, a política externa estadunidense – e descobre seu caminho em cada um deles.[651] Eu amo visitá-la. Ela prepara lanches e conversa por horas – talvez sendo repetitiva às vezes, mas despejando mais informações que eu jamais vou ter em minha cabeça.

Muitos indonésios mais velhos também moram na Holanda. Gde Arka e Yarna Mansur, o casal de estudantes que ficou encurralado em 1965 na União Soviética, finalmente fizeram seu trajeto para chegar aqui. Sarmadji, que ficou agarrado na China em 1º de outubro de 1965, vive aqui, e há outros exilados que rondam seu pequeno apartamento para comprar comida indonésia.

Todos nasceram em território holandês e estão agora de volta. Durante suas vidas inteiras, o sonho de uma Indonésia independente que eles pudessem chamar de lar durou apenas quinze anos.

Foi difícil muitas vezes agendar entrevistas com Francisca. Eu teria que organizá-las com bastante antecedência, já que, aos 94 anos, ela é extremamente atarefada. Esteve profundamente envolvida na formação do Tribunal Popular Internacional para os crimes de 1965 e 1966. E agora ela está ativa em um novo grupo que tem feito protestos ao governo holandês. O grupo se opõe à direção de algumas novas pesquisas holandesas sobre o período imediatamente anterior à independência da Indonésia, argumentando que não se dá atenção suficiente à brutalidade colonial. Ela segue lutando para contar ao mundo o que realmente aconteceu na Indonésia.

Ela faz algumas pausas. Viajou em família a Bali. Então, teve um derrame. Contudo, isso também não a impediu. Depois de alguns meses de descanso, voltou a lutar de novo.

APÊNDICE 1

O mundo em 1960: os 25 países mais populosos

País	*Ranking* da população	PIB *per capita* (nominal)	Posição estrutural em 1945
China	1	$90	Terceiro Mundo
Índia	2	$82	Terceiro Mundo
União Soviética	3	$991*	Segundo Mundo
Estados Unidos	4	$3.007	Primeiro Mundo
Japão	5	$479	Primeiro Mundo
Indonésia	6	$65**	Terceiro Mundo
Alemanha	7	$1.127***	Primeiro Mundo
Brasil	8	$210	Terceiro Mundo
Reino Unido	9	$1.381	Primeiro Mundo
Itália	10	$804	Primeiro Mundo
Bangladesh	11	$89	Terceiro Mundo
França	12	$1.344	Primeiro Mundo
Nigéria	13	$93	Terceiro Mundo
Paquistão	14	$82	Terceiro Mundo
México	15	$345	Terceiro Mundo
Vietnã	16	$70 (N); $110 (S)****	Terceiro Mundo
Espanha	17	$396	Primeiro Mundo
Polônia	18	$573*****	Segundo Mundo
Turquia	19	$509	Terceiro Mundo
Tailândia	20	$101	Terceiro Mundo

Egito	21	$191**	Terceiro Mundo
Filipinas	22	$245	Terceiro Mundo
Coreia do Sul	23	$158	Terceiro Mundo
Etiópia	24	$61**	Terceiro Mundo
Irã	25	$192	Terceiro Mundo

Todos os dados (incluindo o *ranking* da população) têm como fonte o Banco de Dados do Banco Mundial (databank.worldbank.org), salvo indicação do contrário.

*Esse número deriva da estimativa do governo estadunidense do tamanho da economia soviética como 38,1% da economia dos Estados Unidos (ver "A Comparison of Soviet and us Gross National Products, 1960-1983", acessível por meio da Sala de leitura CIA FOIA, ver https://www.cia.gov/readingroom/document/cia-rdp-85t00313r000200060004-2) e dados do censo soviético de 1959 (208.800.000, ver www.foreignaffairs.com/articles/russian-federation/1959-07-0/soviet-population-today), bem como de dados do PIB dos Estados Unidos provenientes do Banco Mundial.

**Penn World Tables 9.1 (PWT91) (www.rug.nl/ggdc/productivity/pwt/) – lado da produção, ano 1961.

***PWT91, 1960.

****Esses números vietnamitas são extraídos de análises contemporâneas da CIA: "Economic Intelligence Report, A Comparison of the Economies of North and South Vietnam", dezembro de 1961, acessível por meio da Sala de leitura da FOIA da CIA, ver https://www.cia.gov/readingroom/document/cia-rdp79r01141a002200070001-8.

*****Dados fornecidos por Branko Milanovic, baseados nos Indicadores de Desenvolvimento Mundial do Banco Mundial e ajustados por meio do Índice de Preços PWT91.

APÊNDICE 2

Programas de Extermínio Anticomunistas, 1945–2000

O mundo hoje: os 25 países mais populosos (mais a Coreia do Sul) em 2018

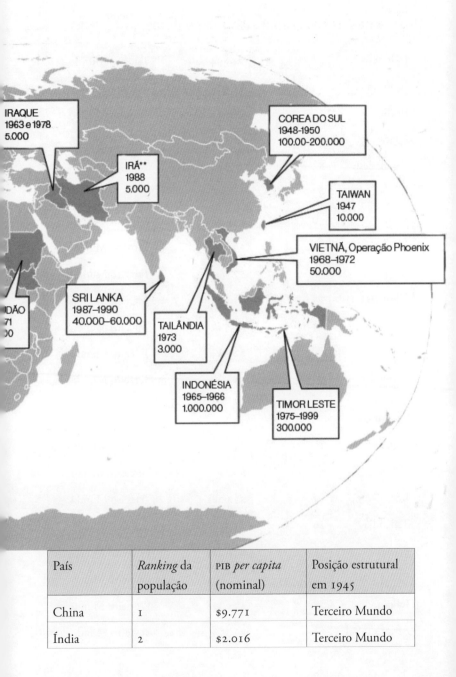

País	Ranking da população	PIB per capita (nominal)	Posição estrutural em 1945
China	1	$9.771	Terceiro Mundo
Índia	2	$2.016	Terceiro Mundo

Estados Unidos	3	$62.641	Primeiro Mundo
Indonésia	4	$3.894	Terceiro Mundo
Paquistão	5	$1.473	Terceiro Mundo
Brasil	6	$8.921	Terceiro Mundo
Nigéria	7	$2.028	Terceiro Mundo
Bangladesh	8	$1.698	Terceiro Mundo
Rússia	9	$11.289	Segundo Mundo
Japão	10	$39.287	Primeiro Mundo
México	11	$9.698	Terceiro Mundo
Etiópia	12	$772	Terceiro Mundo
Filipinas	13	$3.103	Terceiro Mundo
Egito	14	$2.549	Terceiro Mundo
Vietnã	15	$2.564	Terceiro Mundo
República Democrática do Congo	16	$562	Terceiro Mundo
Alemanha	17	$48.196	Primeiro Mundo
Turquia	18	$9.311	Terceiro Mundo
Irã	19	$5.628*	Terceiro Mundo
Tailândia	20	$7.274	Terceiro Mundo
França	21	$41.464	Primeiro Mundo
Reino Unido	22	$42.491	Primeiro Mundo
Itália	23	$34.318	Primeiro Mundo
África do Sul	24	$6.374	Terceiro Mundo

| Tanzânia | 25 | $1.051 | Terceiro Mundo |
| Coreia do Sul | 27 | $31.363 | Terceiro Mundo |

Todos os dados (incluindo o *ranking* da população) têm como fonte o Banco de Dados do Banco Mundial (databank.worldbank.org).

A Coreia do Sul está incluída porque é a rara exceção de um grande país que saiu dos níveis de riqueza do Terceiro Mundo para os de Primeiro Mundo. Ver Robert Wade, "Escaping the periphery: the East Asian 'mystery' solved", Instituto Mundial de Pesquisa em Economia do Desenvolvimento, da Universidade das Nações Unidas, setembro de 2018, para uma discussão a respeito do tratamento excepcional que a Coreia do Sul e Taiwan receberam de Washington por conta de sua importância estratégica na Guerra Fria.

*2017

APÊNDICE 3

Desigualdade global entre países, 1960-2017

A medida de desigualdade aqui utilizada é o coeficiente GINI. Apenas para referência, a desigualdade *dentro* dos Estados Unidos está em torno de 41,5 (estimativa do Banco Mundial). Algumas das sociedades mais igualitárias da Terra, a maioria no norte da Europa, atingem índices baixos, de cerca de 25, e a África do Sul, uma das nações mais desiguais do mundo, tem um coeficiente GINI de 65.

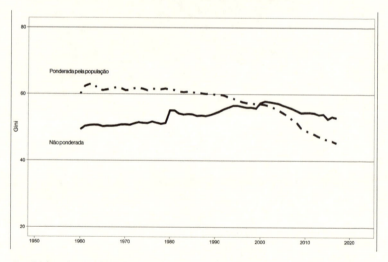

Os dados do gráfico foram fornecidos pelo economista Branko Milanovic. A linha pontilhada (ponderada pela população do país) mostra mais claramente os efeitos do crescimento chinês. Para maiores informações sobre seus métodos, ver Branko Milanovic, *Global Inequality*.

APÊNDICE 4

Desigualdade global, 1960-2017

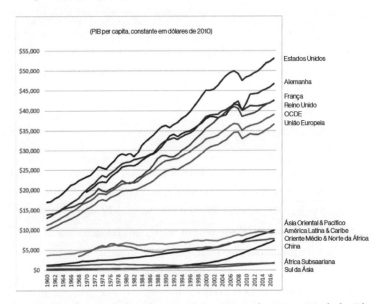

Este gráfico foi reproduzido com permissão de Jason Hickel, *The Divide* (William Heinemann, 2017).

Uma nota sobre endereços da web

Todas as URLs fornecidas estão ativas no momento da publicação. Entretanto, alguns arquivos, sobretudo aqueles hospedados pela CIA, recentemente mudaram de localização. Quando isso ocorre, os leitores geralmente conseguem encontrar documentos procurando por seus títulos dentro do relevante banco de dados.

APÊNDICE 5

O mapa ilustra o assassinato em massa intencional promovido para eliminar esquerdistas ou suspeitos de serem de esquerda e não inclui mortes em guerras regulares, danos colaterais de combates militares ou mortes não intencionais (fome, doenças) causadas por governos anticomunistas.

* A própria Operação Condor se encarregava de operações transfronteiriças, que mataram entre quatrocentas e quinhentas pessoas. Este gráfico inclui toda a violência empregada domesticamente por Estados que faziam parte da aliança anticomunista que sustentava a Operação Condor.

** Observe que, neste caso, a violência foi perpetrada por um rival geopolítico dos Estados Unidos.

Referências do mapa

Argentina, Bolívia, Brasil, Chile, Paraguai, Uruguai: as estimativas variam, com um número baixo de, ao menos, 50 mil apresentado em 1992 pelo Archivos del Terror. Ver *National Geographic Resource Library*, "Archives of Terror Discovered"; um número maior que 90 mil é apresentado por La Federación Latinoamericana de Asociaciones de Familiares de Detenidos-Desaparecidos (FEDEFAM), mas isso inclui outros países, como a Colômbia, que não fez parte da Operação Condor. Eu prossegui com a estimativa apresentada por Víctor Flores Olea, "Operação Cóndor", *El Universal*, 10 de abril de 2006. A Argentina foi o país mais violento, com uma estimativa de 30 mil mortos.

Colômbia: a violência foi perpetrada contra a União Patriótica (UP), partido político de esquerda fundado nas negociações de paz de 1985 com a guerrilha. Ver *Deutsche Welle*, "In Colombia, It's Dangerous to Be Left Wing". Disponível em: www.dw.com/en/in--colombia-its-dangerous-to-be-left-wing/a-44131086 – DW reporta, ao menos, 3 mil mortos, enquanto grupos e analistas mais próximos da UP, vítimas da violência, estimam 5 mil mortos; para uma abordagem mais completa, ver Centro Nacional de Memória Histórica, "Todo pasó frente a nuestros ojos. Genocidio de la Unión Patriótica 1984–2002".

Timor Leste: ver páginas 267 e 268 deste volume.

El Salvador: a comissão da verdade apresenta um número total de 85 mil, com 85% dos casos consistindo em execuções extrajudiciais e desaparecimentos forçados. "Os que prestaram depoimento atribuíram quase 85% dos casos aos agentes do Estado, grupos paramilitares aliados deles e esquadrões da morte". Ver *From Madness to Hope: the 12-year war in El Salvador: Report of the Commission on the Truth for El Salvador*, página 36.

Guatemala: ver páginas 286 e 287 deste volume.

Honduras: Comisionado Nacional de los Derechos Humanos, "'Los hechos hablan por sí mismos': Informe preliminar sobre los desaparecidos en Honduras 1980-1993".

Irã: a República Islâmica executou apoiadores do esquerdista Mujahidin do Povo Iraniano, bem como da Organização Tudeh e Fedayin. A Anistia Internacional apresenta um número entre 4.672–4.969. Ver "Blood-Soaked Secrets: Why Iran's 1988 Prison Massacres are Ongoing Crimes Against Humanity".

Indonésia: ver páginas 194 e 195 deste volume.

Iraque: para números de 1963, ver Patrick Cockburn, "Revealed: how the West set Saddam on the bloody road to power", *The Independent*, 29 de junho de 1997; A renovada repressão em 1978 contribuiu para aumentar a popularidade de Saddam em Washington antes que ele invadisse o Irã (1980) e formasse novamente uma aliança com os Estados Unidos. Prashad, *Darker Nations*, 160.

México: durante a "Guerra Suja" do México, as forças de segurança e os militares eliminaram indivíduos acusados de fazer parte das dezenas de grupos esquerdistas armados que operavam no país e massacraram os manifestantes de Tlatelolco em 1968. As forças de segurança colaboraram com as autoridades estadunidenses, bem como com a ditadura brasileira. Ver Adela Cedillo e Fernando Herrera Calderón, "Introdução: The Unknown Mexican Dirty War" em Cedillo and Herrera Calderón, eds., *Challenging Authoritarianism in Mexico: Revolutionary Struggles and the Dirty War,* 1964–1982 (Londres: Routledge, 2012), 8; Gladys McCormick, "The Last Door: Political Prisoners and the Use of Torture in Mexico's Dirty War", *The Americas* 74:1 (janeiro de 2017), 57–81; e Alexander Aviña, *Specters of Revolution* (Nova York: Oxford University Press, 2014), 151–55, 176–80.

Nicarágua: as estimativas vagas são de 10 mil para 1979–1981 e mais 40 mil para 1981–1989. Bethany Lacina. "The PRIO Battle Deaths Dataset, 1946–2008, Version 3.0: Documentation of Coding Decisions", *Peace Research Institute Oslo.*

Filipinas: Anistia Internacional, "Statement on Ferdinand Marcos' Burial at LNMB", 18 de novembro de 2016. Disponível em: www.amnesty.org.ph/news/statement-on-ferdinand-marcos-burial-at-lnmb/.

Coreia do Sul: essa estimativa inclui o massacre de Jeju (1948), bem como os comunistas e membros da Liga Bodo executados em 1950. Đô˜ Khiem e Kim Sung-soo, "Crimes, Concealment and South Korea's Truth and Reconciliation Commission", *Japan Focus: The Asia-Pacific Journal*, 1º de agosto de 2008.

Sri Lanka: para obter uma explicação acerca da inclusão do país e o testemunho do Alto Comissário do Reino Unido, David Gladstone, ver a página 300 e a nota 635 deste volume; os números foram aqui retirados de Tom H. J. Hill, "The Deception of Victory: The JVP in Sri Lanka and the Long-Term Dynamics of Rebel Reintegration", *International Peacekeeping* 20, nº 3 (2013), 357–84, ainda que Thenhara Hewage e David Gladstone considerem, respectivamente, 40 mil e 60 mil estimativas "conservadoras".

Sudão: o próprio PCS registrou 37 execuções estatais de membros do Partido, mas admite mais mortes por outras causas além do enforcamento, inclusive entre as 5 mil pessoas detidas e os feridos fora da estrutura oficial legal.

Taiwan: Burke, *Revolutionaries for the Right*, 14.

Tailândia: Jularat Damrongviteetham, "Narratives of the 'Red Barrel' Incident: Collective and Individual Memories in Lamsin, Southern Thailand" em Seng Loh, Dobbs e Koh eds., *Oral History in Southeast Asia*, p. 101.

Venezuela: registros de execuções extrajudiciais têm início em 1959, por exemplo, com Manuel Cabieses Donoso, *Venezuela, okey!* (Caracas: Ediciones del Litoral, 1963), 269, e *La desaparición forzada en Venezuela, 1960–1969*, de Agustín J. Arzola Castellanos, deveriam receber uma abordagem mais completa. No lançamento desse livro, José Vicente Rangel afirmou que os "desaparecimentos" começaram na Venezuela durante a presidência de Raul Leoni (1964–1969). Notavelmente, John P. Longan, o funcionário dos Estados Unidos discutido na página 207 deste volume, esteve ativo tanto na Guatemala quanto na Venezuela. Para as observações de Rangel, ver "Rangel asegura que desapariciones forzosas de América Latina comenzaron en Venezuela" em *Chamosaurio*.

Vietnã: Ian G. R. Shaw, "Scorched Atmospheres: The Violent Geography of the Vietnam War and the Rise of Drone Warfare", *Annals of the American Association of Geographers*, 106 nº 3 (2016), 698.

Todos os números são estimativas.

AGRADECIMENTOS

Estou razoavelmente certo de que mesmo um especialista talentoso não poderia escrever sozinho um livro como este, e não sou um especialista talentoso. Então, muitos agradecimentos são necessários.

Em primeiro lugar, eu tenho uma dívida de gratidão para com minha mãe, meu pai, meus irmãos e minha irmã, por sempre estarem lá para me dar apoio, e a Sung, pelas críticas mais inteligentes.

Já agradeci Baskara Wardaya, cuja *expertise* e gentileza tornaram possível este livro; e Bradley Simpson, cujo trabalho diligente e a generosidade expansiva foram cruciais; e Febriana Firdaus, cujas apresentações e encorajamento inicial foram vitais; mas quero agradecê-los aqui de novo, em primeiro lugar, por permitirem que este projeto existisse. Também sou profundamente grato a John Roosa, Patrick Iber, Matias Spektor, Tanya Harmer e Kirsten Weld por explicarem pacientemente como eu poderia escrever um livro como este ou ler um manuscrito antigo para (com ainda mais paciência) explicar como ele poderia ser melhor, ou fazer ambas as coisas.

Mais do que merecedoras de agradecimento, há certas pessoas que deveriam ser reconhecidas como coautoras deste livro. Eu trabalhei com inúmeros pesquisadores brilhantes que fizeram alguns trabalhos parciais para mim em todo o mundo. No mundo do jornalismo, há um ponto depois de um artigo onde é possível escrever "reportagem adicional de" – que não existe nas capas de livros, mas quero observar que as seguintes pessoas contribuíram para uma investigação crucial: Willian de Almeida Silva, da USP, em São Paulo; Tyson Tirta e Stanley Widianto, em Jacarta; Benjamin Concha, da Universidade Católica de Chile, em Santiago; Yen Duong, em

Hanói; Andrea Ixchíu, na Cidade da Guatemala; Molly Avery, na LSE, em Londres; e João Vítor Rego-Costa, na Cornell.

É claro, sou profundamente grato a todos na Sekretariat Bersama '65 em Solo, especialmente Winarso, Didik Dyah Suci Rahayu e Nicholas Gebyar Krishna Shakti. Eles foram meus anfitriões por semanas e semanas e seguraram minha mão durante um processo longo e difícil. Eles ainda seguem segurando minha mão.

Estou realmente inseguro quanto à forma como poderei retribuir os sobreviventes e testemunhas que sentaram comigo e me relataram suas histórias. Obviamente, isso vale para Francisca, e Benny, e Ing, e Sakono, Carmen Hertz e Magdalena Kastinah, e Nury, Sumiyati e Agung Alit e Ngurah Termana e Wayan Badra, e Gde Arka, Yarna Mansur e Sarmadji, Pedro Blaset e Guillermo Castillo, Clara Arenas, Antonio Caba, Miguel Ángel Albizures e Josefa Sánchez Del Barrio.

Entretanto, vale também para muitas pessoas que não entraram na versão final do livro. Portanto, também gostaria de agradecer profundamente a Sunaryo, Vanius Silva Oliveira, Adriano Diogo, Sri Tunruang, Bedjo Untung, Rangga Purbaya, Maridi Marno, Sanusi, Nin Hanafi, Soe Tjen Marching, Djumadi, Franchesca Casauay, Zevonia Vieira, Coen Husain Pontoh, Made Mawut, Suratman, Sutarmi, Darsini, Soegianto e Maria Sri Sumarni, Rusman Prasetyo, Pramono Sidi, Supriyadi, Hariyono Sugiyono Raharjo, Hadi Pidekso, Liem Gie Liong e The Siok Swan, Hendra Winardi e Hediandi Lesmana, Francina Loen, Tjin Giok Oey, Manuel Cabieses, Roberto Thieme, Orlando Saenz, Eduardo Labarca, Patricio "Pato" Madera, Pedro del Barrio Caba, Magdalena Caba Ramirez, Inenga Wardita, todos no Taman 65, em Bali, Martin Aleida, Dilma Rousseff e Zuhair Al-Jezairy.

Os especialistas, acadêmicos e autoridades que se deram ao trabalho de me explicar as coisas, trocar ideias ou me indicar a direção correta foram mais valiosos do que qualquer tempo que eu pudesse ter passado na biblioteca. Quero oferecer minha sincera gratidão e me desculpar por quando eu – talvez me comportando como um jornalista – procurei pessoas mais inteligentes para pedir ajuda, em vez de tentar encontrar a resposta sozinho. Então, muito obrigado a Ratna Saptari, Elio Gaspari, Mario Magalhães, Olímpio Cruz Neto, Marcos Napolitano, Petrik Matanasi, Ivan Aulia Ahsan, Hizkia Yosie Polimpung, Windu Jusuf, Andreas Harsono, Yerry Wirawan, Greg Grandin, Robert Wade, Lê Đăng Doanh, Jess Melvin, Taomo Zhou, Saskia Wieringa, Frank G. Wisner Jr., Peter Kornbluh, Greg Poulgrain, Joma Sison, Pedro Dallari, Rodrigo Patto Sá Motta, Luciano Martins Costa, Mariana Joffily, João Roberto Martins Filho, Fathi Alfadl, Ascanio Cavallo, Hector Reyes, Mario Castañeda, Noam Chomsky, Ben Kiernan, Alfred McCoy, Vijay Prashad, Patrice McSherry, Federico Finchelstein, Jason Hickel, Branko Milanovic, Frederick Cooper, Ben Fogel, Adam Shatz, Kate Doyle, Weiner, Sean Jacobs, Alexander Aviña, E. Ahmet Tonak, Ghassane Koumiya, Raimundos Oki, Phil Miller, Vasuki Nesiah, Thenhara Hewage, David Gladstone e Carlos H. Conde.

Muito obrigado a Athena Bryan, e Clive Priddle, e Anopama Roy-Chaudhury, da PublicAffairs. A Clive, por dar luz verde ao projeto e orientá-lo até o fim, a Athena por identificar os principais erros no primeiro rascunho e me empurrar na direção certa, e a Anu por me auxiliar de todas as formas imagináveis. Eu sou grato a Pete Garceau pelo *design* da capa e por estar aberto às minhas contribuições, a Brynn Warriner e Mark Sorkin pela edição, a Brooke Parsons e Miguel Cervantes por sua experiência no mundo dos livros e, é claro, a Rob McQuilkin por, em primeiro lugar, encontrar um lugar para a minha ideia.

Minha prima Paige Evans e minhas boas amigas Juliana Cunha e Niken Anjar Wulan (que também está no livro) deram os conselhos e o incentivo necessários para o projeto como um todo, e devo muito a todos os três.

E ainda que isso possa parecer bobo, eu gostaria de agradecer a todos que (por algum motivo) me seguem nas redes sociais. Para o bem ou para o mal, eles provavelmente são parte da razão pela qual me foi permitido escrever um livro. Então, se eu ficar muito chato, por favor, silencie, não pare de seguir. Também sou grato às muitas pessoas com quem aprendi *online*, especialmente jovens dedicados ao redor do mundo.

Eu teria me perdido sem o apoio das instituições, públicas ou privadas, que me permitiram continuar minha pesquisa: Perpustakaan Nasional Republik Indonesia, Arquivo Nacional do Brasil, Arquivo de Segurança Nacional, Biblioteca Nacional do Chile, Biblioteca Britânica, a Biblioteca Pública de Nova York, University of Malaya Library, Cornell University Library (especialmente Ekarina Winarto e Astara Light), os Arquivos Nacionais em Washington, DC, a Fundação Getulio Vargas e seu Centro de Pesquisa e Documentação de História Contemporânea do Brasil (CPDOC), Hoover Institution, SOAS University of London, Universidade de São Paulo, Los Archivos Del Terror no Paraguai (com especial agradecimento a Rosa Palau), o Museu Konferensi Asia Afrika em Bandung e a Biblioteca Nacional do Vietnã.

Meus mais profundos agradecimentos a todos acima e minhas desculpas – e ainda mais agradecimentos – a todos aqueles de quem me esqueci.

NOTAS

1 *Bradley Simpson, Economists with Guns: Authoritarian Development and U.S. – Indonesian Relations,* 1960–1968 (Palo Alto, CA: Stanford University Press, 2008), 5. Simpson nota aqui que, "até meados dos anos 1960, a maioria das autoridades ainda considerava a Indonésia bem mais importante que o Vietnã ou o Laos". Como veremos mais tarde, as notícias dos jornais de 1965 confirmam esse equilíbrio de prioridades.

2 Vincent Bevins, "The Politicians Voting to Impeach Brazil's President Are Accused of More Corruption Than She Is", *Los Angeles Times*, 28 de março de 2016.

3 Jonathan Watts, "Dilma Rousseff Taunt Opens Old Wounds of Dictatorship Era's Torture in Brazil", *The Guardian*, 19 de abril de 2016.

4 Vincent Bevins, "Brazil Is in Turmoil, an Impeachment Trial Looms, and Still, Dilma Rousseff Laughs", *Los Angeles Times*, 5 de julho de 2016.

5 A memorável frase à qual aqui me refiro é de Hegel: "Morte que nada alcança. Ela, portanto, é a mais fria e a mais rasa, sem maior significação do que o cortar a cabeça de um repolho ou engolir um gole d'água." Em *Fenomenologia do espírito*, "A liberdade absoluta e o terror", seção 590.

6 Tenho uma grande dívida para com *The Global Cold War: Third World Interventions and the Making of Our Times*, de Odd Arne Westad (Cambridge: Cambridge University Press, 2005), por sua afirmação meticulosamente pesquisada de que a Guerra Fria buscava modificar significativamente a vida no Terceiro Mundo, pois era um conflito entre superpotências. Eu queria ter conhecido em profundidade seus argumentos antes de começar este projeto, mas confesso que eu só li seu trabalho depois de ter escrito minha proposta, que se baseou em uma tese similar. Talvez minha década trabalhando no "mundo em desenvolvimento" tenha me levado às mesmas conclusões de sua pesquisa acadêmica.

7 Sobre os puritanos na Nova Inglaterra, o compromisso ideológico deles para com as colônias, seu extremismo em relação à Inglaterra e sua conclusão de que Deus "providencialmente limpou a terra de seus habitantes para acomodar o povo Dele", veja Virginia DeJohn Anderson, "New England in the Seventeenth Century", em *The Oxford History of the British Empire, vol. 1: The Origins of Empire* (Oxford: Oxford University Press, 1998), 193–96.

8 Alexander Koch et al., "Earth System Impacts of the European Arrival and Great Dying in the Americas after 1492", *Quarternary Science Reviews*

207 (março de 2019). Disponível em: www.sciencedirect.com/science/article/pii/S0277379118307261#!.

9 Adam Serwer, "White Nationalism's Deep American Roots", *The Atlantic*, abril de 2019. A afirmação de que a segregação sistemática era equivalente ao "*apartheid*" no uso contemporâneo do termo é minha, não de Serwer. Sobre o fato de que os soldados foram segregados na Segunda Guerra Mundial e as consequências da justiça racializada nas Forças Armadas daquela época, consulte, por exemplo, Francis x. Clines, "When Black Soldiers Were Hanged: A War's Footnote", *New York Times*, 7 de fevereiro de 1993.

10 Alden Whitman, "'The Lightning' Strikes in War", *New York Times*, 27 de dezembro, 1972. Disponível em: www.nytimes.com/1972/12/27/archives/harry-s-truman-decisive-president-the-lightning-strikes-in-war.html.

11 A estimativa oficial é de 27 milhões. Alguns reivindicam que o número é significativamente maior. Ver Leonid Bershidsky, "A Message to Putin from 42 Million Dead", *Bloomberg*, 10 de maio de 2017.

12 Veja Ronald Grigor Suny, *The Soviet Experiment: Russia, the ussr, and the Successor States* (Oxford: Oxford University Press, 2011), Cap. 3, "Socialism and Civil War", e Part iii: Stalinism.

13 Westad, *The Global Cold War*, 10, 30.

14 Elizabeth Brainerd, "Uncounted Costs of World War ii: The Effects of Changing Sex Ratios on Marriage and Fertility of Russian Women" [Custos não contados da Segunda Guerra Mundial: os efeitos da mudança nas relações sexuais sobre o casamento e fertilidade das mulheres russas], 1–3. Conselho Nacional para Pesquisa da Eurásia e do Leste Europeu. Disponível em: www.ucis.pitt.edu/nceeer/2007_820-4g_Brainerd1.pdf.

15 A Compra da Louisiana (1803); os territórios cedidos pelo México (1848) e a anexação do Texas (1845); tal qual a aquisição da Flórida (1819), todos resultaram de guerra ou ameaça de guerra. Em *The Global Cold War*, Westad chama o Destino Manifesto de "programa imperialista bastante concreto". Ver as primeiras páginas do Capítulo 1 para esta discussão.

16 Westad, *The Global Cold War*, 15.

17 Termo originalmente cunhado por Alfred Sauvy, "Trois Mondes, Une Planéte", *L'Observateur* n°. 118, 14 de agosto de 1952. Citado e discutido por Vijay Prashad, *The Darker Nations: A People's History of the Third World* (Nova York: New Press, 2007), 6–11.

18 O número é 68% para "países em desenvolvimento". Ver "Urbanization: Facts and Figures", Centro das Nações Unidas para Assentamentos Humanos, 2001.

19 Westad, *The Global Cold War*, 83. A respeito da discussão sobre se o desempenho de Wilson em Versalhes fez ou não diretamente com que Ho Chi Minh assumisse essa posição, consulte Brett Reilly, "The Myth of the Wilsonian Moment" [O Mito do Momento Wilsoniano], Woodrow Wilson Center. Disponível em: www.wilsoncenter.org/blog-post/the-myth-the-wilsonian-moment. Quaisquer que tenham sido suas motivações, foi logo depois que a conferência acabou que ele passou a dar palestras acerca do "Bolchevismo na Ásia" e a exortar os socialistas franceses a aderirem à Terceira Internacional.

20 "Declaração de Independência", Portal do Governo da República Socialista do Vietnã. Disponível em: www.chinhphu.vn/portal/page/portal/English/TheSocialistRepublicOfVietnam/AboutVietna/.

21 Eric Hobsbawm, *The Age of Extremes* (Londres: Penguin, 1994), 235. Hobsbawm diz que "americanismo" pode ser "virtualmente definido como o polo oposto do comunismo".

22 Westad, *The Global Cold War*, 20–21.

23 Nas eleições legislativas francesas de 1945, o PCF (Partido Comunista Francês) ficou em primeiro lugar, e, nas eleições gerais italianas de 1946, os votos somados dos comunistas (PCI) e dos socialistas superaram os do Partido Democrata Cristão. Sob a liderança de Pietro Nenni, o Partido Socialista Italiano estava em estreita coalizão com o PCI. Ver Alessandro Brogi, *Confronting America: The Cold War between the United States and the Communists in France and Italy* (Chapel Hill, nc: University of North Carolina Press, 2011), 95–102.

24 Odd Arne Westad, *The Cold War: A World History* (Nova York: Basic Books, 2017), 92–95.

25 Ellen Schrecker, *The Age of McCarthyism: A Brief History with Documents* (Boston: Bedford / St Martin's, 2002), 27.

26 Stálin chamou a rebelião grega de "tolice" porque os britânicos e americanos nunca tolerariam uma Grécia "vermelha". Vladislav Zubok e Constantine Pleshakov, *Inside the Kremlin's Cold War: From Stalin to Khruschev* (Cambridge: Harvard University Press, 1996), 56–57.

27 Tito escreveu a Stálin: "Stálin. Pare de enviar assassinos para me matar. Já capturamos cinco, um com uma bomba, outro com um rifle. [...] Se isso não parar, eu enviarei um homem a Moscou e não haverá necessidade de enviar outro". Zhores A. Medvedev e Roy A. Medvedev, *The Unknown Stalin* (Londres: Tauris, 2003), 61–62.

28 A respeito dos objetivos e atitudes de Stálin à época, ver Zubok e Pleshakov, *Inside the Kremlin's Cold War*, 28–50; sobre sua "surpresa e alarme" na confrontação com o Ocidente, ver ibid., 75, bem como Bert Cochran, *The War System* (Nova York: Macmillan, 1965), 42–43.

29 Brogi, *Confronting America*, 112–113. Havia oposição ao modelo de capitalismo "produtivista" e de consumo de massa americano, defendido por Washington, tanto na esquerda quanto na direita na França e na Itália.

30 A. James McAdams, *Vanguard of the Revolution: The Global Idea of the Communist Party* (Princeton, NJ: Princeton University Press, 2017), Chaps. 1–6.

31 A respeito da desconfortável aliança, ver Patricia Stranahan, *Underground: The Shanghai Communist Party and the Politics of Survival 1927–1937* (Lanham, Maryland: Rowman & Littlefield, 1998), 7–11; para uma visão geral mais ampla, ver também Rebecca E. Karl, *Mao Zedong and China in the Twentieth Century World* (Durham, NC: Duke University Press, 2010), 24–25.

32 Ruth McVey, *The Rise of Indonesian Communism* (Ithaca: Cornell Press, 1965; reimpresso em Jakarta por Equinox, 2006), 76–81.

33 Karl, *Mao Zedong and China*, 25–33.

34 Ibid., 71.

35 A respeito dos Estados Unidos quanto às expulsões na Itália e na França, ver Brogi, *Confronting America*, 82–87.

36 Ibid., 96; William Blum, *Killing Hope: u.s. Military and cia Interventions since World War ii* (Monroe, ME: Common Courage Press, 2004), cap. 2.

37 Para um resumo das observações de Togliatti em 1947, ver Brogi, *Confronting America*, 1. Sobre o discurso "Tendões da Paz", que popularizou um termo que já existia, ver Winston Churchill, "The Sinews of Peace ('Iron Curtain Speech')", 5 de março de 1946, International Churchill Society. Disponível em: winstonchurchill.org/resources/speeches/1946-1963-elder-statesman/the-sinews-of-peace/.

38 Zubok e Pleshakov, *Inside the Kremlin's Cold War*, 53.

39 Karl, *Mao Zedong and China*, 77.

40 Ver Schrecker e Deery, *The Age of McCarthyism*.

41 Schrecker, *The Age of McCarthyism*, 28.

42 J. Edgar Hoover, Testemunho ante o HUAC, 26 de março de 1947, impresso em Schrecker, *The Age of McCarthyism*, 127–33.

43 Westad, *The Cold War*, 120; Schrecker, *The Age of McCarthyism*, 101; Owen Lattimore, "Far East Scholar Accused by McCarthy, Dies at 88", *New York Times*, 1º de junho de 1989.

44 Rodrigo Patto Sá Motta, *Em guarda contra o perigo vermelho: o anticomunismo no Brasil 1917–1964* (São Paulo: Editora Perspectiva, 2002), 2.

45 Para uma visão mais geral do Caso Madiun, especialmente em relação à União Soviética e os eventos na Iugoslávia, consultar Ruth McVey, *The Soviet View of the Indonesian Revolution: A Study in the Russian Attitude to Asian Nationalism* (Cingapura: Equinox, 1959), 63–87.

46 Westad, *The Global Cold War*, 119.

47 Robert Dallek, *An Unfinished Life: John F. Kennedy 1917–1963* (Nova York: Little Brown, 2003), 175.

48 Ibid., 130

49 Ibid., 132.

50 David M. Oshinsky, *A Conspiracy So Immense* (Oxford: Oxford University Press, 2005), 33, 490.

51 Dallek, *An Unfinished Life*, 165.

52 Artigos de John F. Kennedy: Artigos pré-presidenciais, arquivos da Câmara dos Representantes, Discursos, 1947–1952, Arquivos de discursos do Escritório de Boston, 1946–1952, Viagem ao Oriente Médio e Extremo Oriente, 14 de novembro de 1951, jfkrep-0095- 037, Biblioteca e Museu Presidencial John F. Kennedy; Dallek, *An Unfinished Life*, 165–166. As impressões de Kennedy a respeito de Jacarta nessa viagem estão registradas em uma pasta separada relacionada a essa viagem. Ver Artigos de John F. Kennedy: Artigos Pessoais, Escritório de Boston, 1940–1956: Miscelânea Política, 1945–1956, Viagem pela Ásia, 1951.

53 Ibid.

54 Shashi Tharoor, "In Winston Churchill, Hollywood Rewards a Mass Murderer", *Washington Post*, 10 de março de 2018. Disponível em: www.washingtonpost.com/news/global-opinions/wp/2018/03/10/in-winston-churchill-hollywood-rewards-a-mass-murderer/?utm_term=.a162f-746f9ab. Ver também Shashi Tharoor, "The Ugly Briton", *Time*, 29 de novembro de 2010. Disponível em: http://content.time.com/time/magazine/article/0,9171,2031992,00.html.

55 Esse episódio é recontado em Arthur M. Schlesinger, Jr., *Robert Kennedy and His Times* (Londres: Andre Deutsch, 1978), 91.

56 O depoimento da família é extraído de entrevistas do autor com Frank Wisner Jr. em 2018 e 2019. Sobre Wisner na Romênia, ver Tim Weiner, *Legacy of Ashes: The History of the cia* (Nova York: Doubleday, 2007), 11–12; Evan Thomas, *The Very Best Men: Four Who Dared: The Early Years of the*

cia (Nova York: Simon & Schuster, 2006), 19–22; George Cristian Maior, *America's First Spy: The Tragic Heroism of Frank Wisner* (Londres, Washington dc: Academia Press, 2018), caps. 1–12.

57 Entrevista do autor, Frank Wisner Jr., 2018.

58 Maior, *America's First Spy*, 190–191.

59 Para obter detalhes a respeito da infância de Wisner, ver o primeiro capítulo de Thomas, *The Very Best Men*, e Maior, *America's First Spy*, caps. 1–8.

60 Beverly Bowie, que estava na Romênia nessa mesma época, retratou mais tarde Wisner no romance *Operation Bughouse* como um operativo maníaco que aparece na casa de uma importante madame e tenta imediatamente declarar guerra à União Soviética. Ver *Operation Bughouse* (Nova York: Dodd, Mead, 1947).

61 Weiner, *Legacy of Ashes*, 18.

62 Entrevista do autor com Frank Wisner Jr. em 2018.

63 A anedota acerca dos soldados alemães está em um esboço biográfico encontrado nos Artigos de Howard Palfrey Jones, Caixa 51, Materiais Biográficos, Biblioteca e Arquivos da Instituição Hoover.

64 "Soft-Sell' Envoy; U.S. Accused of Meddling", *New York Times*, 5 de abril de 1962; Artigos de Howard Palfrey Jones, esboço biográfico do embaixador Howard Palfrey Jones, Caixa 51, Materiais biográficos, Biblioteca e Arquivos da Instituição Hoover, Universidade de Stanford.

65 Para lembranças da primeira infância, ver Artigos de Howard Palfrey Jones, Caixa 51, Materiais biográficos, Biblioteca e Arquivos da Instituição Hoover.

66 Howard Palfrey Jones, "The Life of an American Diplomat", em Marcy Babbit, *Living Christian Science: Fourteen Lives* (Prentice Hall, 1975), 34–35.

67 Sobre a posição de Wisner sobre a moeda, ver Maior, *America's First Spy*, 179; sobre a percepção de Stálin acerca dos eventos em Berlim 1947–1949, ver Zubok e Pleshakov, *Inside the Kremlin's Cold War*, 50–53. Sobre a importância da nova moeda na partição da Alemanha, ver Westad, *The Cold War*, 111–16.

68 Kyle Burke, *Revolutionaries for the Right* (Chapel Hill, nc: University of North Carolina Press, 2018), 14.

69 Burton Hersh, *The Old Boys*, 159. Citado em Thomas, *The Very Best Men*, 23.

70 Entrevista do autor, Frank Wisner Jr., 2018.

71 Thomas, *The Very Best Men*, 207.

72 Ibid., 91.

73 Nota da Tradução: Células *stay-behind* (literalmente "ficar para trás", em inglês) eram redes clandestinas instaladas na Europa Ocidental e ligadas à OTAN durante a Guerra Fria. Estavam presentes em dezesseis países e buscavam servir de contenção a uma possível invasão pelas forças do Pacto de Varsóvia. A célula *stay-behind* mais conhecida foi a italiana Gladio.

74 Weiner, *Legacy of Ashes*, 33.

75 Thomas, *The Very Best Men*, 25–36.

76 Ibid., 111.

77 A história de Francisca é baseada nas entrevistas para o autor concedidas entre 2018 e 2020, em Amsterdá e por telefone.

78 Anthony Reid, *A History of Southeast Asia* (Oxford: Wiley Blackwell, 2015), 70–73.

79 Sobre a relação entre o movimento nacionalista e a ocupação japonesa, ver J. D. Legge, *Sukarno: A Political Biography* (Nova York: Praeger Publishers, 1972), cap. 7

80 Por essa razão, é incorreto chamar indonésio apenas de "*bahasa*". Também há o "*bahasa jawa*" (javanês), "*bahasa inggris*" (inglês) etc. Os usos corretos são "*bahasa* indonésio" em indonésio ou só "indonésio".

81 No censo de 1930, somente 2% dos residentes nas Índias Orientais Holandesas falavam malaio como sua primeira língua. Em 1980, o indonésio era usado em casa por 12% da população, mas por 36% dos moradores das cidades e por uma larga proporção de faixas etárias. Na Indonésia hoje, quase todos podem falar *bahasa* indonésio em algum grau, ainda que possam falar outras línguas em casa ou em suas regiões. Ver Reid, *History of Southeast Asia*, 397.

82 Uma nota sobre os nomes nesta parte do mundo: alguns indonésios têm dois nomes e alguns só um, mas, por diversas vezes, o segundo nome não é um "sobrenome" patronímico, transmitido do pai. "Sukarno" é a forma completa e correta de se referir a ele, e possivelmente a única coisa de que ele é chamado na Indonésia. Francisca, oriunda das Ilhas Molucas (que têm diferentes convenções de nome), tem, de fato, um sobrenome, mas como isso não é universal na Indonésia, chamar alguém simplesmente pelo primeiro nome é bem comum e não é de maneira alguma diminutivo. Frequentemente, vou me referir aos indonésios apenas por um único nome, enquanto devo me referir aos ocidentais apenas pelo sobrenome, por essas razões.

83 Tim Hannigan, *A Brief History of Indonesia* (Tóquio: Tuttle, 2015), cap. 8.

84 David Van Reybrouck, *Congo: The Epic History of a People* (Londres: Fourth Estate, 2014), 168-70.

85 Saskia Wieringa e Nursyahbani Katjasungkana, *Propaganda and the Genocide in Indonesia: Imagined Evil* (Londres e Nova York: Routledge, 2018), 61-65. Primeiramente, em 1914, Henk Sneevliet ajudou a fundar a Associação Social-Democrata das Índias (ISDV), cujo nome foi mudado para Associação Comunista (PKH), em 1920. Finalmente, foi estabelecido o Partai Komunis Indonésia (PKI) em 1924.

86 Não foi possível confirmar que Patrice Lumumba se encontrava na Hungria na época. Assim, é possível que essa memória seja apócrifa ou que simplesmente houvesse outra pessoa do Congo com um nome parecido que ela conheceu nesse ano. Em qualquer caso, quando ela começou a ler sobre os acontecimentos naquele país mais tarde em sua vida, imediatamente os relacionou com sua experiência com aquele homem na Hungria.

87 Washington P. Napitupulu, "Programa de Erradicação do Analfabetismo na Indonésia", apresentado na oficina sobre Planejamento e Administração de Programas Nacionais de Alfabetização, Arusha, Tanzânia, entre 27 de novembro e 2 de dezembro de 1980.

88 Arquivos de Harian Rakjat, Universidade da Malásia, Kuala Lumpur.

89 Westad, *The Cold War*, 161; Michael J. Seth, *A Concise History of Modern Korea* (Lanham, Maryland: Rowan & Littlefield, 2010), 88.

90 Ibid.

91 Bruce Cumings, *The Korean War: A History* (Nova York: Modern Library, 2010), subseções sobre "The Cheju Insurgency" e "The Yosu Rebellion", cap. 5.

92 Ibid.

93 Weiner, *Legacy of Ashes*, 54.

94 A respeito da fome, ver Weiner, *Legacy of Ashes*, 81; e, para a citação de James A. Bill, consultar Stephen Kinzer, *Overthrow: America's Century of Regime Change from Hawaii to Iraq* (Nova York: Times Books, 2006), 122.

95 Para uma visão geral sobre a atividade da CIA no Irã, ver Weiner, *Legacy of Ashes*, cap. 9; sobre a ameaça de Roosevelt contra agentes iranianos, ver Kinzer, *Overthrow*, 127.

96 Lansdale citado em Westad, *The Global Cold War*, 115; sobre Lansdale como o modelo para *The Ugly American*, de Burdick e Lederer, ver Thomas, *The Very Best Men*, 57.

97 Westad, *The Global Cold War*, 117.

98 Thomas, *The Very Best Men*, 57.

99 Sobre o Irã, ver *Harian Rakjat*, 18, 21, 22 e 24 de agosto de 1953. A primeira página em 26 de junho de 1954, reporta o uso de napalm nas Filipinas. Arquivos da Universidade da Malásia, Kuala Lumpur.

100 Sobre os esforços bem-sucedidos de Wisner para controlar a imprensa nos Estados Unidos, consulte Maior, *America's First Spy*, 197-98.

101 Entrevista do autor com o ex-empregado de *Harian Rakjat* Martin Aleida, Jacarta, 2019.

102 Sobre os antecedentes da revolução guatemalteca e da presidência de Juan José Arévalo, ver Ralph Lee Woodward Jr., *A Short History of Guatemala* (La Antigua, Guatemala: Editorial Laura Lee, 2008), cap. 7; e Stephen Schlesinger e Stephen Kinzer, *Bitter Fruit: The Story of the American Coup in Guatemala* (Cambridge, MA: Harvard University Press, 2005), caps. 2-3.

103 Walter LaFeber, *Inevitable Revolutions: The United States in Central America* (Nova York: Norton, 1993), 120-21; Schlesinger e Kinzer, *Bitter Fruit*, 51-53, 58.

104 A operação de *lobby* da United Fruit em Washington é detalhada em *Bitter Fruit*, de Schlesinger e Kinzer, 88-97. A United Fruit também mantinha laços diretos extensos com indivíduos importantes na Casa Branca de Eisenhower: tanto John Foster Dulles quanto Allen Dulles fizeram trabalhos jurídicos para a United Fruit por meio de sua subsidiária, International Railways of Central America (IRCA). A família do secretário-adjunto de Estado para Assuntos Interamericanos, John Moors Cabot, possuía ações da United Fruit, e seu irmão Thomas atuou como presidente da corporação em 1948. O embaixador dos Estados Unidos na ONU, Henry Cabot Lodge, também foi um acionista, e a secretária pessoal de Eisenhower, Anne Whitman, era esposa do diretor de relações públicas da United Fruit. O subsecretário de Estado, Walter Bedell, Smith estava procurando um emprego executivo na companhia *na mesma época* que agia para planejar o golpe contra Árbenz. Schlesinger e Kinzer, *Bitter Fruit*, 106-07.

105 Ibid., 101.

106 A primeira tentativa de golpe, a Operação Fortune, em 1952, foi abortada depois que Dean Acheson convenceu Truman a retirar seu apoio; a segunda, que envolvia o uso de dinheiro da United Fruit para apoiar oficiais

direitistas do Exército guatemalteco descontentes na organização de um levante em Salamá, fracassou. Schlesinger e Kinzer, *Bitter Fruit*, 102–103.

107 Ibid., 132.

108 Ibid., 183–190.

109 Entrevista do autor com Miguel Ángel Albizures, Cidade da Guatemala, novembro de 2018.

110 Schlesinger e Kinzer, *Bitter Fruit*, 195–98.

111 Ibid., 205–08.

112 Greg Grandin, *The Last Colonial Massacre: Latin America in the Cold War* (Chicago: University of Chicago Press, 2004), 66–67. Para detalhes sobre a persistência de Peurifoy para que isso fosse feito, bem como sobre o Dia do Anticomunismo, ver Schlesinger e Kinzer, *Bitter Fruit*, 207–16.

113 Thomas, *The Very Best Men*, 124.

114 Harian Rakjat, 21 de junho de 1953; 23 de junho de 1953; e 25 de junho de 1953. Arquivos do *Harian Rakjat*, Universidade da Malásia, Kuala Lumpur.

115 Tais afirmações se repetiram durante toda a cobertura do *New York Times*. Ver, em particular, as edições de 20 de junho, 29 de junho e 1º de julho de 1954. Comparei extensivamente essa cobertura aos temas de *Harian Rakjat* observadas na Malásia e fiz meu próprio julgamento com base no meu conhecimento a respeito do consenso histórico atual.

116 Thomas, *The Very Best Men*, 117. Ver também Schlesinger e Kinzer, *Bitter Fruit*, 154–55, e Maior, *America's First Spy*, 198.

117 *Harian Rakjat*, 26 de junho de 1954.

118 "Memorando de Louis J. Halle, Jr. do Pessoal de Planejamento de Políticas para o Diretor de Pessoal de Planejamento de Políticas (Bowie)", Washington, 28 de maio de 1954, Relações Exteriores dos Estados Unidos (frus) 1952–1954, vol. 4, *The American Republics* (Washington, DC: Government Printing Office, 1983).

119 Piero Gleijeses, *Shattered Hope: The Guatemalan Revolution and the United States*, 1944–54 (Princeton, nj: Princeton University Press, 1991), 366.

120 Entrevista do autor com Frank Wisner Jr., julho de 2018.

121 Ernesto "Che" Guevara, *Back on the Road: A Journey to Central America* (Londres: Vintage, 2002), 67.

122 Howard P. Jones, *Indonesia: The Possible Dream* (Stanford, ca: Hoover Institution, 1971; quarta impressão, Cingapura: Toppan Printing, 1980), 38-40.

123 Tal citação foi extraída de um rascunho do capítulo da autobiografia de Jones. Rascunho do manuscrito do livro, Caixa 51, Pasta 1, Artigos de Howard Palfrey Jones, Hoover Institution Archives and Library (herein HI). Interessantemente, o primeiro rascunho foi atacado por um crítico não identificado que escreveu nas suas margens que ele "não deveria ser publicado".

124 Ibid.

125 Jones, *Indonesia: The Possible Dream*, 47-49.

126 Arnold M. Ludwig, *King of the Mountain: The Nature of Political Leadership* (Lexington, ky: University Press of Kentucky, 2004), 150.

127 Jones, *Indonesia: The Possible Dream*, 49.

128 Sobre o começo da vida de Sukarno, ver Legge, *Sukarno*, cap. 1.

129 Sobre a identificação de socialismo e independência, ver McVey, *Rise of Indonesian Communism*, 20; sobre o pensamento comunista muçulmano, ver 171-76.

130 Ibid., 73.

131 Legge, *Sukarno*, 97-98.

132 O PKI aprovou a Pancasila em 1954. Rex Mortimer, *Indonesian Communism under Sukarno: Ideology and Politics 1959-1965* (Ithaca, ny: Cornell University Press, 1974), 66-67. Sobre as torturantes justificativas teóricas de D. N. Aidit, ver também 92.

133 Quando comecei a cobrir o Sudeste Asiático, fiquei chocado ao descobrir que, na Malásia, os malaios falam malaio, os chineses étnicos falam um dialeto chinês e os "indianos" falam tamil. Não há uma língua que todos falam fluentemente – pelo menos, não da mesma forma que na Indonésia. Igualmente, fiquei surpreso ao saber que Duterte nem mesmo fala tagalo fluentemente – ele faz seus pronunciamentos nacionais em inglês, que nem todos os filipinos falam.

134 Jones, *Indonesia: The Possible Dream*, 42-44.

135 Legge, *Sukarno*, 260-61.

136 Jones, *Indonesia: The Possible Dream*, 80.

137 Christopher J. Lee, "Between a Moment and an Era: The Origins and Afterlives of Bandung", em *Making a World after Empire: The Bandung Mo-*

ment and its Political Afterlives, Christopher J. Lee, ed. (Athens, oh: Ohio University Press, 2010), loc. 217 de 4658, Kindle.

138 Estou usando a transcrição oficial, que pode ser encontrada em vários lugares *online*, como em www.cvce.eu/content/publication/2001/9/5/88d-3f71c-c9f9-415a-b397-b27b8581a4f5/publishable_en.pdf. Entretanto, no vídeo do discurso original (também facilmente encontrado *online*), ele para neste ponto e diz: "[...] os chamados povos de cor".

139 Lee, "Between a Moment and an Era", loc. 195 de 4656, Kindle.

140 Dipesh Chakrabarty, "The Legacies of Bandung: Decolonization and the Politics of Culture", em *Making a World After Empire*, loc. 641 de 4658, Kindle; Richard Wright, *The Color Curtain: A Report on the Bandung Conference* (Jackson, mi: Banner Books, 1956), 158–65.

141 Prashad, *Darker Nations*, 12, 33 e 68 para a discussão do nacionalismo Bandung, o plano de Sukarno e os termos dos objetivos de comércio, respectivamente.

142 *Harian Rakjat*, 18 de abril de 1955 e 19 de abril de 1955. Arquivos do *Harian Rakjat*, Universidade da Malásia, Kuala Lumpur. Coincidentemente, o jornal promoveu comprimidos e remédios para a cura de tudo na seção posterior. Por mais comunistas que fossem, parecia que podiam usar a receita de publicidade.

143 Wright, *The Color Curtain*, 12.

144 Ibid., 16, 35–60.

145 Ibid., 78, 103.

146 Ibid., 180–81. Wright diz que o livro foi *Bahasa Indonesia*, compilado por S. van der Molen (e adaptado para o inglês por Harry F. Cemach).

147 Ver James R. Brennan, "Radio Cairo and the Decolonization of East Africa, 1953–1964", em *Making a World After Empire*.

148 Van Reybrouck, *Congo*, 233.

149 Laura Bier, "Feminism, Solidarity, and Identity in the Age of Bandung", em *Making a World After Empire*, loc. 1789 de 4685, Kindle.

150 Ibid., loc. 1695 de 4685, Kindle.

151 Nota de Edição: "Darktown Strutters Ball" (algo como "Baile dos *Afrontosos* de Darktown, isto é "distrito escuro" em uma clara referência racista) é um *jazz* de 1917 do músico canadense-americano Shelton Brooks (1886–1975). Nela, Brooks fez referência a um baile anual realizado no

setor negro de Chicago, no qual a comunidade ia com suas melhores roupas. Eram tempos difíceis e de segregação em grande parte dos Estados Unidos, e em Chicago não era diferente, mas o *jazz* era um espaço em que os negros se expressavam e, ao mesmo tempo, se colocavam na sociedade estadunidense. Com Darktown, Brooks, que era negro, produziu algo que soaria entre nós como "baile de favela", uma expressão cujo significado evidentemente depende da conotação empregada pelo interlocutor – no caso, racistas, que com isso buscavam dar uma conotação evidentemente depreciativa, mas só revelavam sua miséria humana.

152 Thomas, *The Very Best Men*, 157.

153 John F. Kennedy, Comentários ao Senado dos Estados Unidos, 2 de julho de 1957. Disponível em: www.jfklibrary.org/archives/other-resources/john-f-kennedy-speeches/united-states-senate-imperialism 0-19570702.

154 Thomas, *The Very Best Men*, 157–58; Jess Melvin, *The Army and the Indonesian Genocide: Mechanics of Mass Murder* (Nova York: Routledge, 2018), 7.

155 Nikita Khrushchev, "On the Cult of Personality and Its Consequences" [Sobre o culto à personalidade e suas consequências], 25 de fevereiro de 1956. Disponível em: https://digitalarchive.wilsoncenter.org/document/115995.

156 Suny, *The Soviet Experiment*, 413.

157 Sobre a importância do "discurso secreto" em lançar as bases para o racha sino-soviético, ver Lorenz M. Luthi, *The Sino-Soviet Split: Cold War in the Communist World* (Princeton, nj: Princeton University Press, 2008), cap. 2.

158 Mortimer, *Indonesian Communism Under Sukarno*, 26, 36, 44–45, 57–65, 171.

159 Thomas, *The Very Best Men*, 145–47.

160 Westad, *The Global Cold War*, 125–28. Segundo Westad, Eisenhower se opôs à intervenção no Egito (em contraste com seu apoio bastante entusiástico em outros lugares) por duas razões: uma, ele queria contrastar o comportamento dos Estados Unidos com a repressão soviética na Hungria; e dois, parecia que Nasser não ia a lugar algum, independente de os europeus tomarem o canal de volta ou não.

161 Stanley Karnow, *Vietnam: A History*, 2ª ed. (Nova York: Penguin, 1991), 238–39.

162 Tanto esta citação quanto a afirmação de que ele estava sobrecarregado e emotivo são de minhas entrevistas com Frank Wisner Jr.

163 Joseph Burkholder Smith, *Portrait of a Cold Warrior* (Nova York: G. P. Putnam, 1976), 205.

164 Geoffrey B. Robinson, *The Killing Season: A History of the Indonesian Massacres, 1965–66* (Princeton, nj: Princeton University Press, 2018), 43–44. Em 19 de dezembro de 1960, o Conselho de Segurança Nacional reconheceu que o PKI estava em forte contraste com a "venalidade e incompetência" das organizações não comunistas. Relatório do Conselho de Segurança Nacional, nsc 6023, Rascunho da Declaração da Política dos Estados Unidos sobre a Indonésia, 19 de dezembro de 1960, Documento 293, frus, 1958–1960, Indonésia, vol. xvii. Disponível em: https://história.state.gov/historicaldocuments/frus1958-60v17/d293.

165 Nota Editorial, Reunião do nsc em 5 de abril de 1956, *frus*, 1955–1957, vol. xxii, 254. Citado em *Economists with Guns*, 32, de Simpson.

166 Jones, *Indonesia: The Possible Dream*, 45.

167 Alerta de *spoiler*: pare aqui caso você não queira saber como estão as coisas para Sakono. Todas as informações pertinentes à sua vida provêm de entrevistas do autor com ele em Solo, 2018–19.

168 Mortimer, *Indonesian Communism under Sukarno*, 64–65.

169 Em indonésio, BTI é Barisan Tani Indonesia, LEKRA é Lembaga Kebudayaan Rakyat e SOBSI é Sentral Organisasi Buruh Seluruh Indonesia. Em inglês, são traduzidos às vezes como, respectivamente, Frente de Camponeses da Indonésia, Instituto para a Cultura do Povo e Federação das Organizações de Todos os Trabalhadores da Indonésia.

170 Wieringa, *Propaganda and Genocide*, 106. Para mais informações sobre Gerwani, ver também Saskia Wieringa, *Sexual Politics in Indonesia* (The Hague: Palgrave, 2002).

171 Entrevistas do autor com Sumiyati, 2018, em Solo, na Indonésia.

172 *Harian Rakjat*, 19 de maio de 1958.

173 Jones, *Indonesia: The Possible Dream*, 115–18. 20.

174 Ibid., 119–20.

175 "Aid to Indonesian Rebels", *New York Times*, 9 de maio de 1958.

176 Para um relato acerca dos ataques de Pope a Ambon, contados a partir das perspectivas dos pilotos, ver *Feet to the Fire: cia Covert Operations in Indonesia, 1957–1958* (Naval Institute Press, 1999), 115–140, de Kenneth Conboy e James Morrison. Sobre o bombardeio do mercado, matando pessoas que estavam a caminho da igreja, ver Jones, *Indonesia: The Possible*

Dream, 129. Thomas conta que a bomba atingiu a própria igreja: *The Very Best Men*, 158.

177 Conboy e Morrison, *Feet to the Fire*, 166.

178 "Indonesian Operation – Original Concept of Operation", cia Library, aprovado para lançamento em 2002. Disponível em: https://www.cia.gov/readingroom/document/cia-rdp89b00552r000 100040006-9.

179 Thomas, *The Very Best Men*, 158.

180 Jones, *Indonesia: The Possible Dream*, 130.

181 Ibid., 135. Outros relatos estimam o valor do arroz em 37 mil toneladas. Ver, por exemplo, Thomas, *The Very Best Men*, 159; e Maior, *America's First Spy*, 251.

182 Sobre as semelhanças entre a percepção e os planos da cia para a Guatemala e na Indonésia, ver Maior, *America's First Spy*, 250.

183 Jones, *Indonesia: The Possible Dream*, 342.

184 Ibid., 121.

185 Ibid., 122.

186 Thomas, *The Very Best Men*, 160; Maior, *America's First Spy*, 251–52.

187 Simpson, *Economists with Guns*, 29–30.

188 "Summary of Facts, Investigating cia Involvement in Plans to Assassinate Foreign Leaders", diretor-executivo da Comissão da cia, 30 de maio de 1975, 4. Disponível em: www.archives.gov/files/research/jfk/releases/docid-32112745.pdf.

189 Thomas, *The Very Best Men*, 158.

190 Smith, *Portrait of a Cold Warrior*, 238–40; e Robert Maheu e Richard Hack, *Next to Hughes: Behind the Power and Tragic Downfall of Howard Hughes by His Closest Advisor* (Nova York, ny: HarperCollins, 1992), 71–115.

191 Jones, *Indonesia: The Possible Dream*, cap. 9.

192 Ibid., cap. 10.

193 Jones, *Indonesia: The Possible Dream*, 181.

194 A respeito da imigração chinesa para o Sudeste Asiático, ver Reid, *A History of Southeast Asia*, em particular 81–85, 191–95. Todas as informações sobre a vida de Benny Widyono são de entrevistas com autores.

195 Legge, *Sukarno*, 282–83.

196 Jones, *Indonesia: The Possible Dream*, 242; Mortimer, *Indonesian Communism under Sukarno*, 120–22.

197 Telegrama 272 de Cingapura para o Ministério das Relações Exteriores, 25 de abril de 1958, Registros do Gabinete do Primeiro-Ministro (PREM) 11–2370, Arquivos Nacionais do Reino Unido, citado em Simpson, *Economists with Guns*, 35.

198 Jones, *Indonesia: The Possible Dream*, 160.

199 Legge, *Sukarno*, 297.

200 Bryan Evans iii, "The Influence of the United States Army on the Development of the Indonesian Army (1954–1964)", *Indonesia* 47 (abril de 1989): 27, 44.

201 Em sua magistral história intelectual da Teoria da Modernização, Nils Gilman explica que ela foi uma resposta ao modelo aparentemente atraente de desenvolvimento do Terceiro Mundo oferecido pela União Soviética, e de muitas formas transformou o anticomunismo "do populismo histérico de McCarthy em uma posição política social e cientificamente respeitável". Nils Gilman, *Mandarins of the Future: Modernization Theory in Cold War America* (Baltimore, md: Johns Hopkins Press, 2003), loc. 221 de 4567, Kindle.

202 Simpson, *Economists with Guns*, 36.

203 Ibid., 19.

204 Dallek, *An Unfinished Life*, 294.

205 Telegrama 2154 de Jacarta para o Estado, 25 de janeiro de 1961, rg 59, Arquivos Centrais, 611.98 / 1–2561, na. Citado em Simpson, *Economists with Guns*, 39.

206 Documentos Presidenciais de John F. Kennedy, Arquivos do Gabinete do Presidente, Arquivos de Discursos, Discurso de posse, 20 de janeiro de 1961. Disponível em: www.jfklibrary.org/asset-viewer/archives/JFKPOF/034/JFKPOF-034-002.

207 Van Reybrouck, *Congo*, 259.

208 Ibid., 299.

209 Ibid., 296–98.

210 Citado em "Alleged Assassination Plots Involving Foreign Leaders, an Interim Report of the Select Committee to Study Governmental Opera-

tions with Respect to Intelligence Activities", Senado dos Estados Unidos, 20 de novembro de 1975 (US Government Printing Office, Washington, dc: 1975), 53. Disponível em: www.intelligence.senate.gov/sites/default/files/94465.pdf.

211 Thomas, *The Very Best Men*, 221. Ver também o Relatório do Senado, "Alleged Assassination Plots Involving Foreign Leaders" [Supostos planos de assassinato envolvendo líderes estrangeiros], 57.

212 Em 26 de agosto, Dulles assinou um telegrama enfatizando que a "remoção" de Lumumba era prioritária; isso foi interpretado por agentes da CIA no Congo como um "meio ilícito de indicar que o presidente queria que Lumumba fosse morto". Ver o relatório do Senado, "Alleged Assassination Plots Involving Foreign Leaders" [Supostos planos de assassinato envolvendo líderes estrangeiros], 15–16.

213 Para uma discussão a respeito do Projeto MKUltra, ver Thomas, *The Very Best Men*, 211–12, e Stephen Kinzer, *Poisoner in Chief: Sidney Gottlieb and the CIA Search for Mind Control* (Nova York, ny: Henry Holt and Co., 2019). Há hoje muitas informações desclassificadas acerca do programa ilegal. Tratava-se de uma vasta operação internacional, que durou bem mais de uma década. Além de fazer experiências em "Johns" involuntários do comércio sexual (que eram em sua maioria, mas não todos, negros, segundo Thomas), a CIA fez também testes em prisioneiros, viciados em drogas e em seus próprios funcionários, com consequências fatais. Esta não foi a primeira vez que Gottlieb preparou toxinas para matar um líder estrangeiro. Em 1955, ele preparou uma toxina que Zhou Enlai consumiria de sua tigela de arroz na Conferência de Bandung, promovida por Sukarno. No fim, a operação não foi realizada. Veja Kinzer, *Poisoner in Chief*, 133–134.

214 Van Reybrouck, *Congo*, 304.

215 Thomas, *The Very Best Men*, 222–24.

216 Van Reybrouck, *Congo*, 306–08.

217 Ibid., 336–39.

218 Dallek, *An Unfinished Life*, 357.

219 Ibid., 367.

220 Zubok e Pleshakov, *Inside the Kremlin's Cold War*, 245–53.

221 Simpson, *Economists with Guns*, 51.

222 Jones, *Indonesia: The Possible Dream*, 197.

223 Ibid., 144.

224 Philip Short, *Pol Pot: Anatomy of a Nightmare* (Nova York: Henry Holt, 2004), 124–28.

225 Príncipe Norodom Sihanouk, *My War With the cia: The Memoirs of Prince Norodom Sihanouk*, como relacionado a Wilfred Burchett (Londres: Penguin, 1974), 110.

226 Short, *Pol Pot*, 128.

227 Thomas, *The Very Best Men*, 286–91.

228 Ibid., 207, 225–29.

229 Ibid., 294–95.

230 Ibid., 287–89.

231 Dallek, *An Unfinished Life*, 400. Eles não fizeram isso. Bowles considerou a ideia "amadora".

232 Simpson, *Economists with Guns*, 73–75.

233 Conselho Nacional de Segurança, "Urgent Planning Problems", 9 de junho de 1961, nsf, Komer Series, Box 438, Biblioteca jfk, citado em Simpson, *Economists with Guns*, 53.

234 Artigo da CIA para o Grupo Especial, 11 de dezembro de 1961 e 14 de dezembro de 1961, mencionado em frus 1964–1968, vol. xxvi, 234–35. Citado em Simpson, *Economists with Guns*, 75.

235 Thomas, *The Very Best Men*, 36–37.

236 Na época do golpe, Saddam Hussein estava exilado no Cairo, mas regressou ao Iraque logo em seguida (duas semanas depois, segundo Said Aburish) e levou a cabo torturas, e possivelmente assassinatos, durante o breve regime de Baath. De acordo com Roger Morris, oficial do serviço estrangeiro do Departamento de Estado que serviu no Conselho Nacional de Segurança para os governos Johnson e Nixon, assim como Aburish, Saddam trabalhava para a CIA enquanto vivia no Egito, mesmo que ainda não fosse uma figura de peso no Partido Baath naquela época. Ver Roger Morris, "A Tyrant 40 Years in the Making", *New York Times*, 14 de março de 2003; Bryan R. Gibson, *Sold Out? US Foreign Policy, Iraq, the Kurds, and the Cold War* (Nova York, ny: Palgrave Macmillan, 2015), 45–59; Said K. Aburish, *Saddam Hussein: The Politics of Revenge* (Londres, Reino Unido: Bloomsbury, 2000), 46–61; Geoff Simons, *Iraq: From Sumer to Saddam* (Londres, uk: Macmillan Press Ltd., 1994), 274–75.

237 Entrevista do autor com Zuhair Al-Jezairy, setembro de 2019.

238 Peter Dale Scott, "The United States and the Overthrow of Sukarno, 1965–1967", *Pacific Affairs* 58, n. 2 (verão de 1985): 249.

239 Diz a lenda na comunidade indonésio-brasileira, sobretudo em São Paulo, que a imigração teve início por volta de 1960, quando um piloto indonésio visitou o país pela primeira vez e começou a divulgá-lo para seus amigos e parentes.

240 Todas as informações a respeito de Ing Giok e da família Tan se basearam em entrevistas com o autor em São Paulo, 2017–2019.

241 Uma boa quantidade de países pós-coloniais foram nomeados de acordo com as mercadorias que exportaram para a Europa nos primeiros anos de contato. Exemplo: Argentina (prata), Costa do Ouro (atualmente Gana), Costa do Marfim, etc.

242 O texto original é *True Story and Description of a Country of Wild, Naked, Grim, Man-eating People in the World, America*, de Hans Staden (Andreas Kolbe Publishing, 1557, com xilogravuras). Para mais discussões sobre o texto, veja também Vincent Bevins, "The Correct Way to Be a Cannibal", *The Outline*, September 20, 2017.

243 Lilia M. Schwarcz e Heloisa M. Starling, *Brazil: A Biography* (Londres: Allen Lane, 2018), 86.

244 Thomas E. Skidmore, *Brazil: Five Centuries of Change*, 2ª ed. (Oxford: Oxford University Press), 83.

245 Jeffrey Lesser, "Negócios com a 'raça brasileira'", *Folha de S.Paulo*, 6 de junho de 1999.

246 W. Michael Weis, *Cold Warriors and Coups d'Etat: Brazilian-American Relations, 1945–1954* (Albuquerque, nm: University of New Mexico Press, 1993), 11, 21–22.

247 Schwarcz e Starling, *Brazil*, 450. É importante também notar que, em diversos aspectos, o Brasil foi uma nação anticomunista mais cedo e de forma mais entusiasta na Guerra Fria do que os Estados Unidos. Ver também Patto Sá Motta, *Em guarda contra o perigo vermelho*, 3.

248 Weis, Cold Warriors, 24–30; o uso da palavra "gringo" é meu – no português do Brasil, a palavra não tem conotação negativa.

249 Em seu discurso anual ao Congresso Nacional Brasileiro em março de 1953, Vargas falou sobre o apoio do Brasil às lutas pela liberdade e contra o colonialismo na Assembleia Geral da onu em outubro anterior. Ver Getúlio Vargas, Mensagem ao Congresso Nacional, Rio de Janeiro, 15 de março de 1953, 17–19. Disponível em: http://www.biblioteca.presidencia.gov.br/publicacoes-oficiais/mensagem-ao-congresso-nacional/mensagem-ao-congresso-nacional-getulio-vargas-1953/.

250 Weis, *Cold Warriors*, 71–75.

251 "Brazil Oil Monopoly Created by New Law", *New York Times*, 5 de outubro de 1953.

252 Weis, *Cold Warriors*, 77.

253 Ibid., 85. A nota de rodapé de Weis para isso é a seguinte: "Quanto aos objetivos e às atividades da USIS/Brazil, ver Trimble to Kemper, 28 de setembro de 1954, Arquivo 320, Arquivo do Rio Post, Arquivos do Departamento de Estado. A USIS recebeu 490 mil dólares em 1955, em comparação com 360 mil dólares em 1954".

254 Ibid., 128.

255 Telegrama do embaixador no Brasil (Gordon) ao Departamento de Estado, Rio de Janeiro, 28 de março de 1964, FRUS, 1964–1968, vol. xxxi, 187. Disponível em: https://history.state.gov/historicaldocuments/frus-1964-68v31/d187.

256 Bruce L. R. Smith, *Lincoln Gordon: Architect of Cold War Foreign Policy* (Lexington, ky: Kentucky University Press, 2015), caps. 8–10, caps. 12–13.

257 Ibid., 150–55, 202, 224. Há outras menções de sua interação no decorrer do livro, mas, desde que se conheceram na Segunda Guerra Mundial e o consultou sobre como ingressar na Harvard Business School, ele de certo era um "velho amigo" no começo dos anos 1960.

258 Ibid., 237.

259 Weis, *Cold Warriors*, 143

260 John Gerassi, *The Great Fear in Latin America* (Nova York: Collier Books, 1971), 83.

261 Marcos Napolitano, *1964: História do Regime Militar Brasileiro* (São Paulo: Congresso, 2014), 32–33.

262 Ibid., 33–38.

263 "Encontro no Brasil em 30 de julho de 1962", registros presidenciais, edição digital. Gravação da conversa hospedada pela Universidade da Virgínia em https://prde.upress.virginia.edu/vi/documents?uri=8010002.xml.

264 Thomas, *The Very Best Men*, 323. Estou assumindo que isso esteja baseado em uma entrevista que Thomas conduziu com Hogan ou Fitzgerald, já que a fonte citada por ele – John Ranelagh, *The Agency* (Londres: Weidenfeld e Nicolson, 1986) – para essa relevante passagem não contém menção alguma.

265 Sobre a caracterização como "avaliação de contrainsurgência", ver Weis, *Cold Warriors*, 156. Sobre as conclusões, ver "Report From the Inter-Departmental Survey Team on Brazil to President Kennedy" [Relatório da equipe de pesquisa interdepartamental sobre o Brasil ao Presidente Kennedy], *frus*, 1961–1963, vol. xii, 228.

266 Weis, *Cold Warriors*, 131.

267 Elio Gaspari, *A ditadura envergonhada* (Coleção Ditadura Livro 1), cap. 1, "O Exército dormiu Janguista", loc. 1088 de 13184, Kindle. Gaspari mostra que Walters não queria vir; certamente não se tratou de uma promoção, o que dá mais peso à suposição (largamente difundida no Brasil) de que ele foi enviado para "consertar" as coisas. Eu volto a Walters e suas memórias na última subseção deste capítulo.

268 Vernon A. Walters, *Silent Missions* (Nova York: Doubleday, 1978).

269 Dallek, *An Unfinished Life*, 522.

270 Schwarcz e Starling, *Brazil*, 501–07.

271 Weis, *Cold Warriors*, 161. A organização era o Instituto Brasileiro de Ação Democrática. Quando o governador pernambucano Miguel Arraes afirmou com credibilidade que a AID estava sendo usada nas eleições, os Estados Unidos retiraram a ajuda na região dele, e as tensões entre os governos pioraram.

272 Weis, *Cold Warriors*, 231. A seção de notas de rodapé faz referência a uma entrevista do autor com Miguel Osorio de Almeida, que foi enviado à União Soviética em 1963 para pedir o aumento do comércio. Disseram a ele que o Brasil estava na órbita dos Estados Unidos, e eles "não queriam ser misturados com o comunismo no Brasil".

273 Schwarcz e Starling, *Brazil*, 377.

274 Marly de Almeida Gomes Vianna, *Revolucionários de 35* (São Paulo: Companhia das Letras, 1992) 40–43. Mesmo quando o Comintern deu sua guinada mais radical em 1928, a organização nunca acreditou em uma revolução imediata nos países coloniais e semicoloniais, e a linha para os partidos dessas nações era evitar a todo custo o conflito aberto com outras forças nacionalistas, o que inclui a "burguesia" capitalista local.

275 Prestes, do Sul do Brasil, liderou uma marcha pelo país exigindo votos secretos, escolas públicas para todos e, tecnicamente, a derrubada do presidente Arthur Bernardes – ainda que os manifestantes intencionalmente evitassem o confronto com as tropas governamentais e procurassem mais arregimentar os soldados e cidadãos à sua causa. Prestes então se exilou por cinco anos e se tornou mais radical, buscando ingressar no Partido Comunista. No início, o PCB – e Moscou – não tinha tanta certeza quanto

a ele. Chamavam-no de caudilho "pequeno burguês", e como os comunistas se queimaram ao fazer alianças com nacionalistas na China, eles eram temerosos em aceitar uma espécie de Chiang Kai-shek brasileiro. Ele foi finalmente admitido apenas em 1934, quando o governo de Getúlio Vargas caminhava firmemente para o fascismo (Vianna, *Revolucionários*, 50-51).

276 Ibid., 117.

277 Esse relato da rebelião está baseado em Vianna, *Revolucionários*, 230-48.

278 *O Globo*, 26 de junho de 1935, 1ª ed. Citado em Vianna, *Revolucionários*, 132-33.

279 Rodrigo Patto Sá Motta, *Em guarda contra o perigo vermelho*, 223.

280 Patto Sá Motta, *Em guarda contra o perigo vermelho*, 60, 66-67.

281 Schwarcz e Starling, *Brazil*, 419-22.

282 Patto Sá Motta, *Em guarda contra o perigo vermelho*, 116.

283 Federico Finchelstein, *The Ideological Origins of the Dirty War: Fascism, Populism, and Dictatorship in Twentieth Century Argentina* (Oxford: Oxford University Press, 2014), 47-48.

284 Patto Sá Motta, *Em guarda contra o perigo vermelho*, 49-52.

285 Ibid., 169.

286 Weis, *Cold Warriors*, 20.

287 Patto Sá Motta, *Em guarda contra o perigo vermelho*, 156.

288 Fundação Getulio Vargas, CPDOC, "Verbete: Movimento Anti-Comunista (MAC)", resumo em: www.fgv.br/cpdoc/acervo/dicionarios/verbete-tematico/movimento-anticomunista-mac.

289 Patto Sá Motta, *Em guarda contra o perigo vermelho*, 149-52.

290 Napolitano, *1964*, 38-39.

291 *O Globo*, 25 de janeiro de 1964, reimpresso em Patto Sá Motta, *Em guarda contra o perigo vermelho*, 93.

292 Kinzer, *Overthrow*, 169.

293 Dallek, *An Unfinished Life*, 697-98.

294 Weiner, *Legacy of Ashes*, 225-26.

295 Sobre a trajetória de Johnson antes da presidência, ver Doris Kearns Goodwin, *Lyndon Johnson and the American Dream* (Nova York: Integrated Media, 2015), caps. 1–6.

296 Ibid., 175–77.

297 *Jornal do Brasil*, 13 de setembro de 1963, 6. Citado em Napolitano, 1964, 46.

298 Ordem do Dia do Exército, General Jair Dantas Ribeiro, novembro de 1963, impresso em General Fernando de Carvalho, *Lembrai-vos de 35!* (Rio de Janeiro: Biblioteca do Exército Editora, 1981), 375–77. *Lembrai-vos* é um volume editado de todos os discursos memoriais sobre a Intentona de 1936 a 1980. Chamo a atenção para a linguagem afetada e exagerada. Tal qual os policiais fazem nos Estados Unidos, a polícia e os militares brasileiros tendem a forçar demais, recorrendo a estruturas gramaticais misteriosas e vocabulário obscuro ao tentar falar formalmente.

299 Napolitano, 1964, 50, 61.

300 Telegrama do embaixador no Brasil (Gordon) ao Departamento de Estado, Rio de Janeiro, 28 de março de 1964, FRUS, vol. xxxi, América do Sul e Central; México, 187. Disponível em: https://history.state.gov/historicaldocuments/frus1964-68v31/d187.

301 Walters, *Silent Missions*, 77, 123.

302 A EBC do Brasil tem a transcrição completa e algumas fotos, "Discurso de Jango na Central do Brasil em 1964". Disponível em: www.ebc.com.br/cidadania/2014/03/discurso-de-jango-na-central-do-brasil-em-1964.

303 Benjamin Cowan, *Securing Sex: Morality and Repression in the Making of Cold War Brazil* (Chapel Hill, nc: University of North Carolina Press, 2016), 75–77.

304 Napolitano, 1964, 56–57.

305 Patto Sá Motta, *Em guarda contra o perigo vermelho*, 74. É notável que em suas memórias, Vernon Walters deixa claro que ele compartilha da maior parte dos pressupostos anticomunistas que acabei de esboçar aqui. Em primeiro lugar, ele acredita que, por causa do "precedente sinistro" da Intentona Comunista e do assassinato dos generais dormindo, eles tinham motivos especiais para se preocupar com os apelos de Jango aos recrutas. Em segundo lugar, ele renega os abusos ("zelo excessivo", diz ele) cometidos pela ditadura brasileira, afirmando, com aparente sinceridade, que podemos ter certeza de que as coisas teriam sido bem piores "caso o Brasil tivesse se tornado comunista". Em terceiro lugar, ele defende a crença (também enunciada por Nixon) de que "regimes autoritários de direita eventualmen-

te desapareçam sempre. Os regimes comunistas, quando tomam o poder, nunca mais o abandonam". Walters, Silent Missions, 371-89.

306 Aqui e abaixo eu ampliei o linguajar e a abordagem usados em meu texto de 12 de outubro de 2018 para a *The New York Review of Books*. Ver Vincent Bevins, "Jair Bolsonaro, Brazil's Would-be Dictator", NYR *Daily*, 12 de Outubro de 2018.

307 FRUS, 1964-1968, Volume xxxi, América do Sul e Central; México, 198. Telegrama do Departamento de Estado à Embaixada no Brasil, 31 de março de 1964.

308 Bevins, "Jair Bolsonaro, Brazil's Would-be Dictator".

309 Ruth Leacock, *Requiem for Revolution: The United States and Brazil, 1961-1969* (Kent, Ohio: Kent State University Press, 1990), cap. 11.

310 General-de-Exército Pery Constant Bevilaqua, Alocucao do representante das Forças Armadas, 1º de dezembro de 1964, impresso em *Lembrai--vos de 35!*, 381.

311 Leacock, *Requiem for Revolution*, 197.

312 Napolitano, 1964, 62. Para uma análise acerca das respostas soviéticas ao golpe, ver Gianfranco Caterina, "Um grande oceano: Brasil e União Soviética atravessando a Guerra Fria (1947-1985)" (PhD diss., Fundação Getulio Vargas, 2019), 267-75. Moscou registrou somente críticas brandas à postura anticomunista do novo governo e expressou o desejo de continuar desenvolvendo as relações bilaterais entre os países.

313 *The Afro-Asian Journalist*, Djakarta 1964, 1-1964, n.1, visto na Faculdade de Estudos Orientais e Africanos da Universidade de Londres.

314 Documentos desclassificados da Europa Oriental apontam que Zain era membro do Comitê Central do Partido Comunista, e Martin Aleida confirmou isso. Todavia, Francisca disse que nunca conversou de fato sobre suas atividades partidárias específicas nessa época, apesar de ser óbvio o time do qual ele fazia parte. Assim, eu o chamo aqui apenas de uma "figura influente de esquerda". Depois no texto, discuto seu papel no partido. "Memorando de negociações com o chefe-adjunto do Departamento de Relações Internacionais do Comitê Central do PKI, Camarada Zain Nasution, em 30 de junho de 1965", Stiftung Archiv Parteien und Messenorganisationen der ddr im Bundesarchiv (sap-mo-barch) dy 30 / iv A2 / 20, 66. Citado em Baskara Wardaya e Bernd Schaefer (eds.), 1965*: Indonesia and the World* (Jacarta, Kompas Gramedia, 2013), 289; entrevista do autor com Martin Aleida.

315 Mortimer, *Indonesian Communism under Sukarno*, 125-26.

316 Jones, *Indonesia: The Possible Dream*, 260.

317 Para mais informações a respeito do *The Afro-Asian Journalist*, ver Taomo Zhou, "The Archipelago Reporting Global: The Afro-Asian Journalist Association, the Indonesian Left, and the Print Culture of the Third World, 1963–65" *Medium*. Disponível em: medium.com/afro-asian-visions/the-afro-asian-journalist-association-the-indonesian-left-and-the-print-culture-of-the-third-7f6463b185b0.

318 Karl, *Mao Zedong and China in the Twentieth-Century World*, 109–13.

319 Sugiono, um professor da escola teórica do PKI, apresentou uma tese acerca da abordagem populista do partido, que consistia em postular o "aspecto dual do Estado" – um sendo "pró-povo" e o outro "antipovo". Ele ficou realmente desapontado quando os ideólogos na Coreia do Norte a rejeitaram como "não marxista", mas os indonésios certamente não abandonariam sua filosofia por isso. Recontado em John Roosa, *Pretext for Mass Murder: The September 30th Movement and Suharto's Coup d'Etat in Indonesia* (Madison, WI: University of Wisconsin Press, 2006), cap. 5.

320 Esses números – respectivamente, 3 milhões para membros plenos e 20 milhões para filiados – vêm do PKI e têm sido amplamente reproduzidos por historiadores e também por funcionários dos Estados Unidos. Ver, por exemplo, Wieringa, *Propaganda*, 5, e Robinson, *The Killing Season*, 8. Em 1964, Guy J. Pauker chegou a uma estimativa entre 25% e um terço dos eleitores registrados em um artigo da Rand Corporation intitulado "Perspectivas comunistas na Indonésia", e isso só condizia com o número de 16 milhões de filiados, e não 20 milhões. É difícil precisar o quanto – se houve – a contagem dupla ocorreu nessas estimativas.

321 Sobre a agitação do PKI para as eleições parlamentares sob a Democracia Guiada, ver Mortimer, *Indonesian Communism under Sukarno*, 120–22. De uma maneira mais ampla, o Capítulo 2 deste volume conta com uma explicação da decisão do partido de ficar bem próximo a Sukarno durante esse período.

322 Jones, *Indonesia: The Possible Dream*, 265.

323 Simpson, *Economists with Guns*, 117.

324 "Crossroads for Sukarno", *New York Times*, 30 de maio de 1963.

325 Simpson, *Economists with Guns*, 88–89. 14. Ibidem, 121.

326 Ibid., 121.

327 Jim Baker, *Crossroads: A Popular History of Malaysia and Singapore* (Cingapura: Marshall Cavendish, 2010), loc. 4000–4088 de 8869, Kindle.

328 Simpson, *Economists with Guns*, 34.

329 O depoimento de Magdalena é baseado em entrevistas ao autor com Magdalena Kastinah, em Solo, Indonésia, 2018–2019.

330 Simpson, *Economists with Guns*, 125.

331 Jones, *Indonesia: The Possible Dream*, 297.

332 Ibid., 299–300.

333 Simpson, *Economists with Guns*, 133.

334 Greg Poulgrain, *The Incubus of Intervention: Conflicting Indonesia Strategies of John F. Kennedy e Allen Dulles* (Petaling Jaya: Strategic Information and Research Development Centre, 2015), 247.

335 Jones, *Indonesia: The Possible Dream*, 321. Ver também Simpson, *Economists with Guns*, 131–34.

336 Jones, *Indonesia: The Possible Dream*, 325–26.

337 Weiner, *Legacy of Ashes*, 241.

338 Simpson, *Economists with Guns*, 134; entrevistas com o autor.

339 Jones, *Indonesia: The Possible Dream*, 343–44, 359–60.

340 Cópia da Carta de Renúncia, Howard P. Jones ao Presidente Johnson, 1º de novembro de 1964, Caixa 10, Artigos de Howard Palfrey Jones, Hoover Institution.

341 Convite para jantar em 18 de maio, Pasta: Subandrio, Caixa 18, Artigos de Howard Palfrey Jones, Hoover Institution.

342 Warren Unna, "Jones Was Sukarno's Pal", *Washington Post*, 17 de janeiro de 1965.

343 Warren Unna, "Our Man in Indonesia: Patsy for Sukarno or Unique Envoy?", *Los Angeles Times*, 17 de janeiro de 1965.

344 Para um resumo dos lampejos que temos, ver Robinson, *Killing Season*, 105–115, e Simpson, *Economists with Guns*, 139–58. A citação "Golpe prematuro do PKI" é de Edward Peck, secretário-assistente de Estado no Ministério das Relações Exteriores, em conversa com o alto comissário da Nova Zelândia em Londres (citado em Simpson, 144). "Diretor de guerra política" é de Simpson, 158. "Certeza virtual" é uma citação da análise medida de Robinson de atividades prováveis, 110.

345 Howard Jones, apresentação na conferência do chefe da missão de 1965, "American-Indonesian Relations" [Relações Americano-Indonésias], Artigos de Howard P. Jones, Hoover Institution, Box 22, HI. Citado em Simpson, *Economists with Guns*, 157.

346 Roro Sawita, "Tanah, *Landreform* dan Kemelut 1965", em *Melawan Lupa: Narasi-Narasi Komunitas Taman 65 Bali* (Denpasar, 2012), 3–13; Wieringa, *Propaganda*, 89–90.

347 Taomo Zhou, "China and the Thirtieth of September Movement", *Indonesia* 98 (outubro de 2014): 35.

348 Simpson, *Economists with Guns*, 165–66.

349 Zhou, "China and the Thirtieth of September Movement", 48–49.

350 Ibid., 49–51. Zhou aqui interpreta esta passagem como um tipo de contorno antecipado da abordagem que se desenvolveu no Movimento 30 de setembro, mas aparece no contexto de uma discussão sobre o que o PKI poderia fazer caso Sukarno morresse ou fosse tirado de cena. Ao ler a mesma conversa, concluí (tal qual Geoffrey Robinson) que Aidit poderia estar falando sobre um plano de contingência para um futuro sem Sukarno, ou realmente apenas falando de forma extemporânea sobre como eles poderiam conseguir mais poder sem provocar a direita. O que considero mais interessante sobre a troca China-Indonésia em 1965 é que os comunistas chineses parecem frisar a necessidade de se preparar para a possibilidade de uma luta violenta e desconfiam que a direita apoiada pelos Estados Unidos poderia tentar tomar o poder. A própria Zhou conclui inequivocamente que Mao não arquitetou o Movimento 30 de Setembro.

351 Robinson, *The Killing Season*, 112.

352 Simpson, *Economists with Guns*, 156.

353 Ibid., 154.

354 Memorando preparado para a Comissão 303, FRUS 1964–1968, vol. xxvi, 110. Disponível em: https://history.state.gov/historicaldocuments/frus1964-68v26/d110.

355 George Ball Telephone Conversation (Telcon) with McGeorge Bundy, 16 de agosto de 1965, Artigos de George W. Ball, Mudd Library, Princeton, nj. Citado em Robinson, *The Killing Season*, 103.

356 Citado em Robinson, *The Killing Season*, 110. Sua nota de rodapé para o documento é a seguinte: "Neville Maxwell, um acadêmico britânico, descobriu o documento no arquivo do Ministério das Relações Exteriores do Paquistão. Sua carta não publicada de 5 de junho de 1978 para *The New York Review of Books* descrevendo o conteúdo do documento foi depois

impressa como Neville Maxwell, 'CIA Involvement in the 1965 Military Coup: New Evidence from Neville Maxwell', *Journal of Contemporary Asia* 9, nº 2 (1979): 251–52".

357 Roosa, *Pretext for Mass Murder*, cap. 1. Para a narrativa de 1º de outubro, sigo em larga medida o fluxo narrativo oferecido pelo depoimento de Roosa, apesar de não incluir quaisquer elementos exclusivos seus e controversos.

358 Roosa, *Pretext for Mass Murder*. O volume inteiro é dedicado a esse caso, recorrendo à extensa análise de documentos em vários idiomas.

359 Robinson discute uma série de teorias em *Killing Season*, 65–80. Resumi muito brevemente essas e adicionei algumas outras perguntas, sobretudo as feitas por Saskia Wieringa, sobreviventes (em entrevistas com o autor) e Subandrio (no volume dele, citado abaixo).

360 Benedict Anderson e Ruth McVey, "A Preliminary Analysis of the 1 de outubro de 1965, Coup in Indonesia", Cornell Modern Indonesia Project, 1971.

361 Esta anedota foi passada a mim de segunda mão pelo chefe da Human Rights Watch, Andreas Harsono, na Indonésia, em 2018.

362 Soebandrio, *Kesaksianku tentang G30S*. O volume inteiro apresenta a explicação para essa teoria, mas as seções mais relevantes são os caps. 2 e 3.

363 Abdul Latief, *Pledoi Kol. A. Latief: Soeharto Terlibat G 30 S* (Jacarta, ISAI: 2000).

364 Perguntei diretamente à agência em 2019 sobre qual era seu papel. A resposta deles foi que, infelizmente, não havia nada de novo desclassificado.

365 Telegrama de informações de inteligência da CIA TDCS-315-00846-64, "US-Indonesian Relations" [Relações Estados Unidos–Indonésias], 19 de setembro de 1964, DDC, 1981. Citado em Robinson, *Killing Season*, 103.

366 Scott, "The United States and the Overthrow of Sukarno, 1965–1967", 245–49.

367 Soebandrio, *Kesaksianku tentang G30S*, 5.

368 Roosa, *Pretext for Mass Murder*, 114.

369 Harian Rakjat, 2 de outubro de 1965. A manchete diz: "Tenente-coronel Untung e o Batalhão Tjakrabirawa [Guarda Presidencial] salvam o Presidente e a República de um Golpe do Conselho de Generais", com o subtítulo "O Movimento 30 de Setembro é um movimento interno do Exército". Cópia fornecida pela Cornell University Library.

370 Entrevistas do autor com Aleida, 2018 e 2019.

371 Simpson, *Economists with Guns*, 181.

372 Scott, "The United States and the Overthrow of Sukarno, 1965-1967", 260.

373 *Angkatan Bersendjata*, 5 de outubro de 1965. Cópia fornecida pela Cornell University Library.

374 Memorando de conversa telefônica entre o secretário de Estado Ball e o secretário de Defesa McNamara, 1º de outubro de 1965, *frus,* 1964-1968, vol. xxvi, Indonésia; Malásia-Cingapura; Filipinas, 143. Disponível em: https://history.state.gov/historicaldocuments/frus1964-68v26/d143.

375 Telegrama da Embaixada na Indonésia para o Departamento de Estado, 14 de outubro de 1965, *frus,* 1964-1968, vol. xxvi, 155. Disponível em: https://history.state.gov/historicaldocuments/frus1964-68v26/d155.

376 Melvin, *The Army and the Indonesian Genocide*, 9-10, 25; entrevistas do autor com sobreviventes em Java Central confirmam também que eles ouviram essa linha de propaganda em veículos estrangeiros.

377 Wieringa, *Propaganda and the Genocide in Indonesia*, 102. Ver cap. 6 para o contexto sobre esse aspecto particular da propaganda militar referente aos eventos de 1º de outubro.

378 Ver Benedict Anderson, "How Did the Generals Die?", *Indonesia* 43 (abril de 1987): 109-34.

379 Simpson, *Economists with Guns*, 181.

380 Burke, *Revolutionaries for the Right*, 20-25.

381 Melvin, *The Army and the Indonesian Genocide*, 127.

382 Telegrama da Embaixada na Indonésia para o Departamento de Estado, 5 de outubro de 1965, *FRUS,* 1964-1968, vol. xxvi, Indonésia; Malásia-Cingapura; Filipinas, 147. Disponível em: https://history.state.gov/historicaldocuments/frus1964-68v26/d147.

383 Melvin, *The Army and the Indonesian Genocide*, 82.

384 Ibid., 89.

385 Ibid., 78.

386 Ibid., 143.

387 Ibid., 3, 72.

388 Ibid., 125.

389 Angkatan Bersendjata, 8 de outubro de 1965. Cópia fornecida pela Biblioteca Cornell. Esta ilustração é discutida em Melvin, *The Army and Indonesian Genocide*, 41.

390 Ibid., 1.

391 Telegrama da Embaixada na Indonésia para o Departamento de Estado, Jacarta, 20 de outubro de 1965, 0330Z, FRUS, 1964–1968, vol. xxvi, 158. Disponível em: https://history.state.gov/historicaldocuments/frus-1964-68v26/d158.

392 Telegrama, Jacarta para o Secretário de Estado, "1. PII Moslem Youth Leader", 21 de outubro de 1965, RG 59, Arquivos Centrais 1964–1966, Pol 23–9 Indon, Arquivos Nacionais e Administração de Documentos (NARA).

393 Memorando do Assistente-Especial do Presidente para Assuntos de Segurança Nacional (Bundy) ao Presidente Johnson, 22 de outubro de 1965, FRUS, 1964–1968, vol. xxvi, Indonésia; Malásia-Cingapura; Filipinas, 160.

394 Telegrama, Jacarta para o Secretário de Estado, 22 de outubro de 1965, "page two rumjbt". Cópia do documento original mantido na Biblioteca Presidencial Lyndon Baines Johnson fornecida por Bradley Simpson.

395 Simpson, *Economists with Guns*, 186–87.

396 Kathy Kadane, "US Officials' Lists Aided Indonesian Bloodbath in '60s", *Washington Post*, 21 de maio de 1990. Disponível em: www.washingtonpost.com/archive/politics/1990/05/21/us-officials-lists-aided-indonesian-bloodbath-in-60s/ff6d37c3-8eed-486f-908c-3eeafc19aab2/?utm_term=.d9f3a266673c.

397 Alguns autores haviam sugerido que a morte de Wisner foi, de algum modo, causada pelas consequências das ações tomadas por ele na Indonésia e em outros locais anos atrás. Seu filho Frank Wisner Jr. rejeita essa teoria e afirma também que ele provavelmente não lia o noticiário e não acompanhou os assuntos globais nos seus últimos dias. Entrevistas com o autor, 2018 e 2019.

398 Wieringa, Propaganda, 15, 87. A "maior organização muçulmana" é a Nahdlatul Ulama.

399 Melvin, *The Army and the Indonesian Genocide*, 168, 211. Para ler entrevistas com as testemunhas da violência, ver também Baskara Wardaya, "Truth Will Out" (Victoria: Monash University Publishing, 2013).

400 Telegrama, Jacarta para o Secretário de Estado, Joint Sitrep nº. 47, "Página 5 Rumjbt 272A S E C R E T", 6 de novembro de 1965, RG 59, Arquivos Centrais 1964–1966, POL 23–9 Indon, NARA.

401 Airgram A–545, Jacarta para o Estado, "Assunto: Suposta Confissão de Aidit Reportada em Asahi Shimbum é Aparentemente Falsa", 4 de março de 1966, RG 59, Arquivos Centrais 1964–1966, POL 23–9 Indon, NARA.

402 O evento era o *Konferensi Internasional Anti Pangkalan Militer Asing*, ou kiapma, em abreviatura. Entrevistas do autor com Martin Aleida, 2019.

403 Simpson, *Economists with Guns*, 196–97.

404 Telegrama 741 do Estado para Jacarta, 8 de dezembro de 1965; e Telegram 1605 de Jacarta para o Estado, 1º de dezembro de 1965, ambos em RG 59, Arquivos Centrais, 1964–1966, POL 23–9, Indonésia, NA. Citado em Simpson, *Economists with Guns*, 197; em discussões que se seguiram à publicação de seu livro mais recente, *Buried Histories: The Anticommunist Massacres de 1965–1966 in Indonesia* (Madison, WI: University of Wisconsin Press, 2020), John Roosa cita esse arquivo desclassificado para deixar claro que "o assassinato dos comunistas [foi] uma forma de provar aos Estados Unidos que eles mereciam" ajuda e investimento. O nascente regime de Suharto sabia que necessitava desse apoio de Washington. Quando foi pedido que desse uma breve explicação sobre o motivo do assassinato em massa, Roosa diz que "as mortes foram realmente desnecessárias em termos de política interna" e aponta para o contexto internacional para explicar a violência em massa. Veja o painel de discussão com a autora e Krithika Varagur, intitulado "Mass Murder and the Making of Our Times" [Assassinatos em massa e a construção de nossos tempos] e organizado pela Shelter and Solidarity.

405 Simpson, *Economists with Guns*, 198–99.

406 Ibid., 199.

407 Geoffrey Robinson, *The Dark Side of Paradise: Political Violence in Bali* (Ithaca, NY: Cornell University Press, 1995), 293.

408 Ibid., 251–54, 300.

409 Ibid., 273.

410 Ibid., 184.

411 Ibid., 301.

412 Airgram A–453, Jacarta para o Secretário de Estado, "Subject: U.S. Policy Assessment", 14 de janeiro de 1966, RG 59, Arquivos Centrais 1964–1966, Pol 2–3 Indon, NARA.

413 Roosa, *Pretext for Mass Murder*, 200.

414 Soebandrio, *Kesaksianku tentang G30S*, 41.

415 Wieringa, Propaganda, 35.

416 Legge, Sukarno, 402.

417 Simpson, *Economists with Guns*, 231–32.

418 Telegrama, Cingapura para o Secretário de Estado, "1. Vários Correspondentes Americanos", 17 de março de 1965, RG 59, Arquivos Centrais 1964–1966, Pol 15–1 Indon, NARA.

419 *"Amok"* é do Malaio, o que é simples o bastante para dizer, mas eu não queria confundir os leitores que provavelmente pensarão em "Malásia" quando ouvirem "Malaio".

420 C. L. Sulzberger, "Foreign Affairs: When a Nation Runs Amok", *New York Times*, 13 de abril de 1966.

421 Robinson, *Killing Season*, 138.

422 Para uma discussão sobre *amok* na imprensa dos Estados Unidos, ver Roosa, *Pretext for Mass Murder*, 26–27. Os episódios bem documentados de assassinato em massa na Indonésia até este ponto envolvem todos, até certa medida, atores estrangeiros e aconteceram durante o período colonial, as tentativas de reconquistar o arquipélago depois da Segunda Guerra Mundial e a ocupação japonesa (1942–1945).

423 Um sobrevivente e membro do partido, Sunaryo, lembrou que ele e alguns amigos consideraram tentar montar alguma resistência. Porém, foram impedidos pelos líderes do PKI em Solo. Entrevistas com o autor em Solo, 2018.

424 Sobre as afirmações de Sarwo Edhie, ver Robinson, *Killing Fields*, 339 (nota de rodapé 3); para uma discussão concisa das várias estimativas, ver Ibid., 119.

425 Wieringa, *Propaganda*, 132.

426 Ibid., 105, e entrevista do autor com Sumiyati e outras vítimas.

427 Para a melhor defesa do uso do termo para descrever os eventos de 1965–66, ver Melvin, *The Army and the Indonesian Genocide*, cap. 1. Ver também Helen Jarvis e Saskia E. Wieringa, "The Indonesian Massacres as Genocide", em *The International People's Tribunal for 1965 and the Indonesian Genocide* (Routledge, 2019).

428 Ragna Boden, "The 'Gestapu' Events of 1965 in Indonesia: New Evidence from Russian and German Archives", *Bijdragen tot de Taal-, Land- en Volkenkunde* 163, nº 4 (2007): 515–17; "Memorando sobre negociações com o Chefe-Adjunto do Departamento de Relações Internacionais do Comitê Central do PKI, camarada Zain Nasution, em 30 de junho de 1965", Stiftung Archiv Parteien und Messenorganisationen der DDR im Bundesarchiv (SAP-MO-BArch) DY 30 / IV A2 / 20, 66. Citado em Wardaya, 1965: *Indonesia and the World* (Jacarta 2013).

429 *Final Report of the IPT 1965: Findings and Documents of the International People's Tribunal on Crimes against Humanity Indonesia 1965* (Haia, Jacarta, 2016).

430 Christian Gerlach, *Extremely Violent Societies* (Cambridge: Cambridge University Press, 2010), 82.

431 Roosa, *Pretext for Mass Murder*, 13.

432 "A Gleam of Light in Asia", *New York Times*, 18 de junho de 1966.

433 Maior, *America's First Spy*, 192–94.

434 Kathy Kadane, "US Officials' Lists Aided Indonesian Bloodbath in '60s".

435 Robert McNamara, *In Retrospect: The Tragedy and Loss of Vietnam* (Nova York: Times Books, 1995), 215.

436 Ibid., 219.

437 Ibid., 270.

438 *Nhân Dân*, 7–18 de outubro de 1965. Acessado na Biblioteca Nacional do Vietnã em Hanói.

439 Estas são estatísticas oficiais de Hanói citadas aprovadamente por Christopher Goscha no *Vietnam: A New History* (Nova York: Basic Books, 2016), 329. Como argumenta Goscha em outras partes do livro, o governo vietnamita tendeu a subestimar – e não exagerar – os sacrifícios exigidos pela guerra nos anos subsequentes. Ver também Philip Shenon, "20 Years After Victory, Vietnamese Communists Ponder How to Celebrate", *New York Times*, 23 de abril de 1995.

440 Para uma discussão sobre o porquê de a guerra ter durado tanto, ver Goscha, *Vietnam*, 333–40.

441 Ibid., 329–36.

442 Burke, *Revolutionaries for the Right*, 148.

443 Boden, "The 'Gestapu' Events", 515.

444 Ibid.

445 Para uma discussão a respeito das reações internacionais em outros lugares, sobretudo na Europa, ver Gerlach, *Extremely Violent Societies*, 8085.

446 Para comentários oficiais e comentários da RDA, consulte Boden, "The 'Gestapu' Events", 51519.

447 Entrevistas com o autor, 2018 e 2019, Amsterdã.

448 Ratna Saptari, "Persecution through Denial of Citizenship: Indonesians in Forced Exile Post 1965", em Saskia E. Wieringa, Jess Melvin e Annie Pohlman, eds., *The International People's Tribunal for 1965 and the Indonesian Genocide* (Nova York: Routledge, 2019).

449 Thomas, *The Very Best Men*, 186.

450 LaFeber, *Inevitable Revolutions*, 166.

451 Para uma visão geral dessa época, ver Ralph Lee Woodward Jr., *A Short History of Guatemala* (Guatemala: Laura Lee, 2008), 140–50. Para um tratamento mais extensivo em espanhol, ver Ricardo Sáenz de Tejada, "Modernización y conflitos, 1944–2000", em Bárbara Arroyo et al., *Los Caminos de Nuestra Historia: estructuras, procesos y actores, Volumen II* (Guatemala: Editorial Cara Parens, 2015), 150–52.

452 Greg Grandin e Elizabeth Oglesby, "Washington Treined Guatemala's Mass Murderers – and the Border Patrol Played a Role", *The Nation*, 3 de Janeiro de 2019; Greg Grandin, "The Border Patrol Has Been a Cult of Brutality since 1924", *The Intercept*, 12 de janeiro de 2019.

453 Grandin, *The Last Colonial Massacre*, 73.

454 Foi John Roosa quem sugeriu que eu investigasse essa conexão e que originalmente afirmou para mim que os desaparecimentos foram usados pela primeira vez na Ásia em 1965. Para alguém sem conhecimentos especiais nesse tema específico, é difícil verificar ou provar que não houve o uso de desaparecimentos antes de 1965 na Indonésia. Assim, perguntei: "Você sabe do uso do desaparecimento em massa como forma de terror de Estado na Ásia antes da Indonésia em 1965?" aos seguintes especialistas: Noam Chomsky, Ben Kiernan, Alfred McCoy, Bradley Simpson e Baskara Wardaya. Nenhum deles conseguia se recordar de algum incidente que refutasse a tese de Roosa.

455 A respeito da chegada de Longan e da Operação Limpieza, ver Greg Grandin, *The Last Colonial Massacre: Latin America in the Cold War* (Chicago: University of Chicago Press, 2004), 11–12, 73–75. Para discussões sobre desaparecimentos na história da violência na América Latina no século XX, ver o ensaio introdutório de Greg Grandin, "Living in a Revolutionary

Time: Coming to Terms with the Violence of Latin America's Long Cold War", em Greg Grandin e Gilbert M. Joseph, eds., *A Century of Revolution: Insurgent and Counterinsurgent Violence During Latin America's Long Cold War* (Durham, NC e Londres: Duke University Press, 2010).

456 Martin Aleida, *Tanah Air Yang Hilang* (Jacarta, 2017), cap. 1.

457 Taomo Zhou, *Migration in the Time of Revolution* (Ithaca, NY: Cornell University Press, 2019), cap. 8, 163.

458 Ibid., 4.

459 Ibid., 167–68.

460 Ibid., 174.

461 Entrevista do autor com Sarmadji, Amsterdã, 2018. Ele descreveu seus anos vivendo em Pequim enquanto explodia a Revolução Cultural ao seu redor, mas sem engolfar exatamente estudantes indonésios como ele; Zhou, *Migration*, 176–78.

462 Zhou, *Migration*, 188–89.

463 Zhou observa no Capítulo 9 que Zhou Enlai também endossou a ideia de uma "Quinta Força" na Indonésia. A descrição da influência na Revolução Cultural está também nesse capítulo. Quero frisar de novo o ponto que afirmei antes, que, apesar de revisar ambas as exposições por parte de Taomo Zhou da última conversa pessoal de Aidit com Mao, sigo Robinson em discordar da interpretação dela de que essa troca prova que Aidit já havia formulado amplos planos para o Movimento 30 de Setembro, e compartilhou esse plano com Mao. Como Robinson, não acredito que as evidências que Zhou apresenta corroborem com tal teoria.

464 Schlesinger Jr., *Robert Kennedy and His Times*, 733.

465 Nota da edição: A capital era escrita como "Djakarta" até a ortografia indonésia ser atualizada em 1972. Este livro usa uma grafia moderna, exceto no caso de citações diretas.

466 Memorando de Conversação, Visita aos Funcionários do Departamento de Time-Life Inc., 5 de janeiro de 1967, RG 59, Arquivos Centrais 1967–1969, FN 9 Indonesia, NARA.

467 Robinson, *The Killing Season*, 209–25; entrevistas com o autor.

468 Procedimentos da Conferência de Investimento Indonésia, "To Aid in Rebuilding a Nation", 2–4 de novembro de 1967, RG 59, Arquivos Centrais 1967–1969, FN 9 Indonésia, NARA.

469 Short, *Pol Pot*, 135–45.

470 Em um documento de "lições históricas" composto no começo de 1977, Pol Pot observou o período de 1966 da seguinte maneira: "Caso nossa análise tivesse falhado, estaríamos em maior perigo do que [estavam os comunistas] na Indonésia. Porém, nossa análise foi vitoriosa, porque nossa análise estava correta, porque a maioria de nossos quadros estavam em contradição de vida ou morte com o inimigo; o inimigo procurou exterminá-los constantemente". Ben Kiernan, *Pol Pot Plans the Future: Confidential Leadership Documents from Democratic Kampuchea* (New Haven, CT: Yale University Press, 1988), 213–226. A citação aparece na página 218, e Kiernan me explicou o seguinte: "Por meio dessa declaração, Pol Pot comunicou que o Partido Comunista de Kampuchea, como ele o renomeou em 1966 após visitar a China, havia decidido pela luta armada contra o governo cambojano de Sihanouk, em vez de uma competição ou cooperação pacífica (ou seja, 'conviver com Sihanouk dentro do país'), como era a política dos comunistas indonésios em relação ao governo de Sukarno".

471 John Henrik Clarke, "Kwame Nkrumah: His Years in America", *The Black Scholar* 6, n° 2 (outubro de 1974): 9–16.

472 A noção de África "negra", é claro, é incoerente, e ela própria um produto da imposição colonial externa, mas certamente existiu como uma categoria geopolítica para observadores ocidentais no século XX.

473 Kwame Nkrumah, *Neo-Colonialism: The Last Stage of Imperialism* (Melbourne: Thomas Nelson and Sons, 1965), x–xi.

474 Kwame Nkrumah, *Handbook of Revolutionary Warfare* (Nova York: International Publishers, 1968), 42. Citado em Prashad, *Darker Nations*, 111.

475 Prashad, *Darker Nations*, 163–64.

476 Gerlach, *Extremely Violent Societies*, 86.

477 Weiner, *Legacy of Ashes*, 307.

478 "Covert Action in Chile 1963–1973" [Ação secreta no Chile 1963–1973], Relatório da Equipe do Comitê Selecionado para Estudar Operações Governamentais, Senado dos Estados Unidos, 18 de dezembro de 1975, 15. Disponível em: www.intelligence.senate.gov/sites/default/files/94chile.pdf.

479 Paul E. Sigmund, *The Overthrow of Allende and the Politics of Chile, 1964–1976* (Pittsburgh, PA: University of Pittsburgh Press, 1977), 297.

480 "Covert Action in Chile", 7.

481 Entrevistas do autor com Carmen Hertz, pessoalmente (Santiago) e por telefone, 2018 e 2019.

482 Orlando Millas, *Memorias 1957–1991: Una digresión* (Santiago: ChileAmerica, 1996), 162–63.

483 *Punto Final*, Año 1, 2 quincena de octubre de 1966, nº 14, 25.

484 *Punto Final*, Año 1, 1 quincena de marzo de 1967, nº 24, 21.

485 Tanya Harmer, *Allende's Chile and the Inter-American Cold War* (Chapel Hill, nc: University of North Carolina Press, 2011), 34–36.

486 Thomas, *The Very Best Men*, 36.

487 Bernard Eccleston, Michael Dawson e Deborah J. McNamara, eds., *The Asia-Pacific Profile* (Londres e Nova York: Routledge, 1998), 311–12.

488 Tyrell Haberkorn, "Getting Away with Murder in Thailand: State Violence and Impunity in Phatthalung", em Ganesan e Chull Kim, eds., *State Violence in East Asia* (Lexington, ky: University of Kentucky Press, 2013), 185–87.

489 Entrevistas do autor com Endang Tedja Nurdjaya "Nury" Hanafi, em Paris (2018) e por telefone (2019).

490 Harmer, *Allende's Chile*, 34–36.

491 Zhou, *Migration*, 173–74.

492 Scott Anderson e Jon Lee Anderson, *Inside the League: The Shocking Exposé of How Terrorists, Nazis, and Latin American Death Squads Infiltrated the World Anti-Communist League* (New York: Dodd, Mead, 1986).

493 Burke, *Revolutionaries for the Right*, 55.

494 Anderson e Anderson, *Inside the League*, caps. 1 e 2.

495 Barack Obama, *Dreams from My Father* (Nova York: Crown, 1995), 40.

496 Simpson, *Economists with Guns*, 20.

497 Obama, *Dreams from My Father*, 45–46.

498 Essas são as eleições parlamentares de 1967. Na época, os "socialistas" eram chamados de Federação da Esquerda Democrática e Socialista (Fédération de la gauche démocrate et socialiste ou FGDS).

499 Charlotte Denny, "Suharto, Marcos and Mobutu Head Corruption Table with $50bn Scams", *Guardian*, 26 de março de 2004.

500 Robinson, *Killing Season*, 209.

501 Napolitano, 1964, 70–85.

502 Napolitano, 1964, 86–90.

503 *El País*, "Atentados de direita fomentaram AI–5", 2 de outubro de 2018.

504 Foi o presidente Artur da Costa e Silva quem botou em prática o AI–5, e Médici o usou para lançar o terror ao assumir o poder. Veja Napolitano, 1964, 71–72, 91–95.

505 João Roberto Martins Filho, "Military Ties between France and Brazil during the Cold War, 1959–1975", *Latin American Perspectives* 198, vol. 41, n° 5 (Setembro de 2014): 167–183.

506 Sandra Kiefer, "Dilma Rousseff revela detalhes do sofrimento vivido nos porões da ditadura", *Correio Braziliense*, 17 de junho de 2012.

507 Sandra Kiefer, "Dilma Rousseff revela detalhes do sofrimento vivido nos porões da ditadura", Napolitano, 1964, 126.

508 Paulo Coelho, "I Was Tortured by Brazil's Dictatorship. Is That What Bolsonaro Wants to Celebrate?", *Washington Post*, 29 de março de 2019.

509 Tanya Harmer, "Brazil's Cold War in the Southern Cone, 1970–1975", *Cold War History* 12, n° 4 (Novembro de 2012): 659–681.

510 Memorando para o Registro, Washington, 27 de junho de 1970, *FRUS*, 1969–1976, vol. XXI, Chile, 1969–1973. Disponível em: https://history.state.gov/historicaldocuments/frus1969-76v21/d41.

511 Weiner, *Legacy of Ashes*, 308–10.

512 *El Mercurio*, 7 de setembro de 1970. Citado em Harmer, *Brazil's Cold War in the Southern Cone*, 664.

513 Harmer, *Allende's Chile*, 3.

514 Peter Kornbluh, *The Pinochet File: A Declassified Dossier on Atrocity and Accountability* (Nova York: New Press, 2003), 36.

515 Weiner, *Legacy of Ashes*, 310.

516 Não está claro se, de fato, se parecia com uma aranha, mas se tornou comum se referir a ele como o logo de "araña". Ver José Díaz Nieva, *Patria y Libertad: El Nacionalismo Frente a la Unidad Popular* (Santiago: Centro de Estudios Bicentenario, 2015), 80–82, acerca da origem do símbolo.

517 John Dinges, *The Condor Years: How Pinochet and His Allies Brought Terrorism to Three Continents* (Nova York: New Press, 2004) 18–20; Weiner, *Legacy of Ashes*, 310–13.

518 Entrevistas do autor com chilenos que eram jornalistas de esquerda e com oficiais militares de patente baixa na época, 2018.

519 Kristian C. Gustafson, "Re-examining the Record: CIA Machinations in Chile 1970", Biblioteca da CIA. Disponível em: www.cia.gov/static/d4e6ccob43a66a60efbca83b1ad0477f/CIA-Machinations-in-Chile.pdf; Relatório Hinchey, "cia Activities in Chile" [Atividades da CIA no Chile], Homeland Security Digital Library. Disponível em: https://www.hsdl.org/?abstract&did=438476.

520 Carmen Hertz, *La Historia Fue Otra* (Santiago: Debate, 2017), 45.

521 Harmer, *Allende's Chile*, 81–83.

522 Ibid., 78–79.

523 Ibid., 24.

524 Ariel Dorfman, "Salvador Allende Offers a Way Out for Venezuela's Maduro", *The Nation*, 11 de fevereiro de 2019.

525 Kornbluh, The Pinochet File, 119–20.

526 Harmer, "Brazil's Cold War", 660.

527 Ibid., 669–70.

528 Gabriel Warburg, *Islam, Nationalism, and Communism in Traditional Society* (Londres: Frank Cass, 1978), 130–35. O SCP prestou bastante atenção ao que aconteceu na Indonésia em 1965 e, por esta razão, tentou evitar o confronto direto, segundo Alain Gresh, "The Free Officers and the Comrades: The Sudanese Communist Party and Nimeiri Face-to-Face, 1969–1971", *Journal of Middle East Studies* 21 nº 3 (Agosto de 1989): 13. De acordo com o próprio SCP, 37 membros foram executados por enforcamento. Entrevista do autor com Fathi Alfadl, 2019, por *e-mail*.

529 A respeito da Operação Jacarta como parte da Operação Radar, iniciada em 1973, ver Graziane Ortiz Righi, "Angelo Cardoso da Silva: Herzog gaúcho", Comissão Nacional da Verdade (CNV) Processo nº 00092.000932/2013-01, Sistema de Informações do Arquivo Nacional (SIAN) do Brasil. A mesma afirmação, assim como a de que a Operação Jacarta tirou a vida de Vladimir Herzog, é feita na Comissão Estadual da Verdade Rubens Paiva (Assembleia Legislativa do Estado de São Paulo), CNV-SIAN. Para mais informações sobre o próprio Operação Radar, ver "Depoimento de Marival Chaves Dias", dividido entre BR RJANRIO CNV.O. dpo.00092000585201317, BR RJANRIO cnv.o.rce.00092000122201317, v.107/1, e br rjanrio cnv.o.rce.00092000122201317, v.106/2, no CNV-SIAN. Para várias referências à Operação Jacarta, ver "Relatório sobre a morte de João Goulart", Comissão de Cidadania e Direitos Humanos da Assemble*ia* Legislativa do Estado do Rio Grande do Sul – Subcomissão

para Investigar as Circunstâncias da Morte do ex-p*residente* João Goulart, CNV-SIAN. Sobre a declaração de que o ex-presidente Goulart foi monitorado no Uruguai como parte da Operação Jacarta desde 1973, antes da criação da Operação Condor, ver "Termo de declarações, que presta o senhor Mario Ronald Neyra Barreiro", 00092.000311/2013-10, CNV-SIAN. Sobre a "Operação Jacarta", em referência a uma ameaça feita contra um esquerdista chamado Jesse Jane, ver o "Relatório de Pesquisa para a Comissão Estadual da Verdade do Rio de Janeiro", CEV-RIO. Devo observar aqui de novo que não há qualquer *smoking gun* que prove que os militares brasileiros empregaram oficialmente a expressão "Operação Jacarta" internamente. Para provar ou refutar isso, seria necessário mais acesso a materiais militares. O que temos são relatos difundidos de que o termo foi usado (incluindo vários não citados aqui) e um relato em primeira mão do primeiro uso conhecido do termo em público, mais adiante neste capítulo.

530 Díaz Nieva, *Patria y Libertad*, 176–79. Sua origem croata me deixou interessado, se ele poderia ter ligações com a extrema direita naquele país, que era ativo no começo do Bloco Antibolchevique de Nações e da Liga Anticomunista Mundial, mas, de toda forma, não consegui achar qualquer prova. Díaz Nieva escreve que Domic era "leitura quase obrigatória" para os chilenos de direita na época. Para um exemplo inicial da produção de Domic sobre a Indonésia, ver Juraj Domic, *Fundamentos de la Praxis Marxista-Leninista en Chile* (Santiago: Vaitea, 1977), 33, em um artigo de 1969 culpando o PKI por sua própria destruição. Segundo Manuel Fuentes Wendling, chefe de propaganda do Patria y Libertad, Domic e Wendling falavam já em 1970 em pintar 500 mil *slogans* nas paredes do Chile – naquele momento, com o objetivo de dar apoio ao candidato presidencial Jorge Alessandri. Isso é recontado em Manuel Fuentes Wendling, *Memorias secretas de Patria y Libertad y algunas confesiones sobre la Guerra Fría en Chile* (Santiago do Chile: Grupo Grijalbo-Mondadori, 1999), 61–76 e 320–25. Eu me correspondi com o líder do Patria y Libertad, Roberto Thieme, por *e-mail* em 2018. Quando perguntei sobre "Yakarta", ele só respondeu que "nenhum chileno, à esquerda ou à direita, se preocupa ou conhece a história de Jacarta". Durante uma entrevista em 2018 em Santiago, Orlando Saenz Fuentes, que atuava na direita no começo da década 1970, contou que era bem provável que o responsável pelo grafite fosse o Patria y Libertad.

531 *El Rebelde*, 25–31 de janeiro de 1972, nº 14. Acesso em Biblioteca Nacional de Chile, Sección Periódicos.

532 Carlos Berger, "La conspiración derechista está tomando vuelo", *Revista Ramona*, 22 de fevereiro de 1972. Acessado em Biblioteca Nacional de Chile. Berger afirma que o Plano Jacarta foi entregue à direita chilena por "el gerente yanqui de Purina" ou "o chefe ianque de Purina". Na época, a Ralston Purina era uma empresa de alimentos para animais de estimação no Chile de propriedade de Rockefeller e Edwards.

533 Entrevista do autor com Patricio "Pato" Madera, Santiago 2018; "Patricio Madera: un muralista patrimonial de la histórica Brigada Ramona

Parra", *Radio Universidad de Chile*. Disponível em: https://radio.uchile.cl/2018/07/17/patricio-madera-un-muralista-patrimonial-de-la-historica--brigada-ramona-parra/.

534 Hertz, *La Historia Fue Otra*, 65–73.

535 Harmer, *Allende's Chile*, 182–83.

536 Weiner, *Legacy of Ashes*, 315.

537 Harmer, *Allende's Chile*, 237.

538 Luis H. Francia, *A History of the Philippines: From Indios Bravos to Filipinos* (Nova York: Overlook Press, 2010), 223.

539 Entrevista do autor com Joma Sison. Fiz uma reportagem sobre o PCF do *Washington Post* em 2018 e tive o contato de seu "Bureau de Informações". O bureau me aconselhou a enviar um *e-mail* a Sison com minhas perguntas, e esta é sua resposta completa relativa a 1965 e sua consequência sobre este pensamento:

Eu observei e aprendi as lições sobre como cerca de 3 milhões de membros do PKI e a maioria dos ativistas de massa ativos foram facilmente massacrados (segundo o comando estratégico encarregado da matança) sem qualquer resistência efetiva porque o PKI não tinha exército popular e se encontrava totalmente exposto aos seus inimigos por sua NASAKOM e atividades eleitorais. Claro, a lição do massacre indonésio em 1965–1966 influenciou meu pensamento nos anos seguintes.

Desde então, tenho pensado que, em última análise, é fatal para um partido comunista se expor principal ou completamente antes da tomada do poder político. Assim, o PCF é clandestino desde a sua fundação em 1968 e tem se preservado e crescido em força por mais de cinquenta anos, apesar de todos os planos estratégicos para destruí-lo e da restauração total do capitalismo na China, o colapso da União Soviética e outros fatores que fizeram o imperialismo estadunidense e o sistema capitalista mundial parecerem eternos, como se a luta histórica entre a burguesia e o proletariado tivesse chegado ao fim para sempre.

540 Stanley Karnow, *In Our Image: America's Empire in the Philippines* (Nova York: Random House, 1989), 380.

541 Alfred McCoy, "Dark Legacy: Human Rights under the Marcos Regime", artigo entregue na Universidade Ateneu de Manila, 20 de Setembro de 1999. Disponível em: www.hartford-hwp.com/archives/54a/062.html; Karnow, *In Our Image*, 356–60.

542 Entrevistas do autor com Pedro Blaset e Guillermo Castillo, Santiago 2018. Como observei antes, Jacarta não foi o local da violência mais intensa

e visível. Se algum marinheiro chileno viu cenas de corpos espalhados por toda parte, pode ter sido em outro lugar ou pode estar apenas contando histórias de terror de segunda mão. Houve, por exemplo, relatos de "cabeças jogadas ao longo da estrada" em Aceh. Ver Prashad, *Darker Nations*, 154.

543 Harmer, "Brazil's Cold War", 673.

544 *Puro Chile*, 12 de julho de 1973; Veja também *El Siglo*, 8 e 9 de julho de 1973, para relatos da declaração de Godoy Matte. Em 1º de agosto de 1973, Orlando Millas, oficial do PCCh, escreveu sobre suas próprias experiências na Indonésia e usou as palavras do político nacionalista para afirmar que a direita chilena desejava reproduzir o massacre de 1965–66 apoiado pela CIA. Ambos os jornais da Biblioteca Nacional de Chile, Sección Periódicos.

545 *Las Noticias de Última Hora*, 3 de Agosto de 1973, na Biblioteca Nacional de Chile, Sección Periódicos.

546 Ver especialmente *El Mercurio*, 14 de Julho de 1973. Ainda que o artigo não seja assinado, a linguagem usada aqui é bem semelhante à usada por Juraj Domic em um texto anterior, "Modelo indonésio de golpe de Estado comunista", publicado na *Revista PEC* (Janeiro/Fevereiro de 1973), que foi depois publicado como um pequeno livro intitulado *Modelo indonésio de golpe de Estado comunista* (Santiago do Chile: Vaitea, 1975). É também notável que, em 7 de setembro, o radialista Sergio Onofre Jarpa comparou a situação com Jacarta em 1965. Republicado em 10 de Setembro de 1973, um dia antes do golpe. Biblioteca Nacional de Chile, Sección Periodicos.

547 Harmer, *Allende's Chile*, 133.

548 Mary Helen Spooner, *Soldiers in a Narrow Land: The Pinochet Regime in Chile* (Berkeley, CA: University of California Press, 1999), 31–35.

549 Ibid., 35–36.

550 Patricia Politzer, *Altamirano* (Santiago, Melquíades, 1990), 132.

551 Por muito tempo, a teoria de que Allende não puxou o gatilho foi amplamente divulgada, e muitas pessoas, sobretudo fora do Chile, ainda assumem automaticamente que a situação foi essa. Esses rumores continuaram por uma boa razão, mas podemos deixá-los também de lado por uma boa razão. O suicídio de Allende foi testemunhado por um membro de sua equipe médica, Patricio Guijón, que havia voltado ao quarto onde estavam hospedados para levar uma máscara de gás como lembrança para seu filho. O rifle em si trazia as impressões digitais de Allende. Entretanto, a teoria de que Allende foi assassinado pelos militares foi alimentada por sua viúva, Hortensia Bussi de Allende. Embora Bussi de Allende tenha aceitado originalmente o testemunho de Guijón a partir de sua nova posição no exílio na Cidade do México, três dias depois ela se retratou e insistiu que seu marido certa vez lhe disse que o único jeito de deixar La Moneda seria "morto, mas

lutando". Essa versão revisada da morte de Allende ofereceu mais conforto a seus apoiadores, especialmente fora do Chile, e foi difundida por nomes como Pablo Neruda, o poeta chileno vencedor do Prêmio Nobel que sucumbiu ao câncer apenas doze dias após o golpe. O testemunho de Guijón agora é amplamente aceito como o verdadeiro curso dos acontecimentos naquele dia. Este episódio é recontado em Mary Helen Spooner, *Soldiers in a Narrow Land: The Pinochet Regime in Chile* (Berkeley e Los Angeles, CA: University of California Press, 1994), 40–44, 50–54.

552 Ouvi este discurso no Museu de la Memoria y los Derechos Humanos em Santiago, Chile, mas também está disponível *online* em www.bbc.com/mundo/noticias-america-latina-45458820.

553 Harmer, "Brazil's Cold War", 680.

554 *La Segunda*, 21 de setembro de 1973.

555 Ibid., 660.

556 Dinges, *The Condor Years*, 3.

557 Nota de Inteligência, Escritório de Inteligência e Pesquisa do Departamento de Estado, "Coup in Chile Reveals African Mistrust of US", 10 de Outubro de 1973, Box 2198, RG 59, NARA.

558 Dinges, *The Condor Years*, 158.

559 Spooner, *Soldiers in a Narrow Land*, 45–47.

560 Entrevista de Luciano Martins Costa com o autor, São Paulo (2018) e por telefone (2019).

561 Dinges, *The Condor Years*, 110–25.

562 Para uma discussão sobre a estranha ascensão dos "Chicago Boys" no Chile, veja Spooner, *Soldiers in a Narrow Land*, 108–10.

563 Ibid., 12.

564 Benny Widyono, *Dancing in Shadows: Sihanouk, the Khmer Rouge, and the United Nations in Cambodia* (Lanham: Rowman & Littlefield, 2007), 25.

565 Short, *Pol Pot*, 216.

566 Sihanouk, *My War with the CIA*, 130.

567 Wieringa, *Propaganda*, 140.

568 Do filme *Sekeping Kenangan (Fragment of Memory)*, de Hadhi Kusuma, produzido por Komunitas Taman 65 (Indonésia, 2018).

569 A respeito do planejamento de contingência dos Estados Unidos em Portugal, incluindo *links* para documentos governamentais agora desclassificados, ver "Document Friday: The US Military Had 'a Contingency Plan to Take Over' Portuguese Islands!?", *Unredacted: The National Security Archive Blog*, 19 de Novembro de 2010, acessado em Outubro de 2019. Disponível em: https://unredacted.com/2010/11/19/document-friday-the-us-military-had-a-contingincy-plan-to-take-over-portugal/.

570 Irena Cristalis, *East Timor: A Nation's Bitter Dawn* (Londres: Zed Books, 2009), loc. 1582 de 8861, Kindle.

571 Cristalis, *Timor Leste*, loc. 1523–3162 de 8861, Kindle.

572 Westad, *The Global Cold War*, 283–84.

573 Burke, *Revolutionaries for the Right*, 107–15.

574 Mário Sérgio de Moraes, *O ocaso da ditadura* (São Paulo: Barcarolla, 2006), 74.

575 "Dom Paulo Evaristo Arns: O Cardeal do Povo", *Historia Imediata*, 1979. O relatório explica a Operação Jacarta no contexto da repressão militar contra a qual o cardeal lutou.

576 Finchelstein, *The Ideological Origins of the Dirty War*, 3 e caps. 1, 2 e 6.

577 Ibid., 115 (sobre antissemitismo), 124 (sobre Citibank e Ford) e 127 (sobre ateísmo).

578 J. Patrice McSherry, *Predatory States: Operation Condor and Covert War in Latin America* (Lanham: Rowman & Littlefield, 2005), 188.

579 Greg Grandin, "Living in Revolutionary Time: Coming to Terms with the Violence of Latin America's Long Cold War", em Greg Grandin e Joseph M. Gilbert, orgs., *A Century of Revolution: Insurgent and Counterinsurgent Violence During Latin America's Long Cold War* (Durham, NC: Duke University Press, 2010), 22.

580 Finchelstein, *The Ideological Origins of the Dirty War*, 127.

581 McSherry, *Predatory States*, cap. 2 (na conexão com os exércitos "que ficam para trás"); Dinges, *The Condor Years*, 129, 220.

582 Dinges, *The Condor Years*, 11.

583 Ibidem, cap. 7.

584 McSherry, *Predatory States*, 207–08. "Messiânico", usado na página 213, descreve autoridades argentinas e estadunidenses.

585 Para um relato em primeira mão das condições dos indígenas forçados a trabalhar nas fazendas da Guatemala nos anos 1970, ver o famoso testemunho de Rigoberta Menchú. Rigoberta Menchú e Elizabeth Burgos, *Me Llamo Rigoberta Menchú y Así Me Nació La Conciencia* (Siglo XXI Editores: México, 2013).

586 McSherry, *Predatory States*, 210.

587 Henry Giniger, "Guatemala Reds Say They Slew Envoy", *New York Times*, 30 de Agosto de 1968.

588 Grandin, *The Last Colonial Massacre*; Michael McClintock, *The American Connection, Vol. 2: State Terror and Popular Resistance in Guatemala* (Londres: Zed Books, 1985), 60; LaFeber, *Inevitable Revolutions*, 171–72.

589 Entrevista do autor com Miguel Ángel Albizures, Cidade da Guatemala, Novembro de 2018.

590 James Dunkerley, *Power in the Isthmus: A Political History of Modern Central America* (Londres: Verso, 1988), 375. Sobre a ascensão dos sandinistas na Nicarágua, ver cap. 6, "The Nicaraguan Revolution: Origins", no mesmo volume.

591 Carlota McAllister, "A Headlong Rush into the Future: Violence and Revolution in a Guatemalan Indigenous Village", em Grandin and Joseph, *A Century of Revolution*, 276–80.

592 Por exemplo, ver os dois volumes de Michael McClintock sobre esse assunto. Michael McClintock, *The American Connection, Volume I: State Terror and Popular Resistance in El Salvador* (Londres: Zed Books, 1985) e *The American Connection, Volume II: State Terror and Popular Resistance in Guatemala* (Londres: Zed Books, 1985).

593 Ben Kiernan, "The Demography of Genocide in Southeast Asia: The Death Tolls in Cambodia, 1975–79, and East Timor, 1975–80", *Critical Asian Studies* 35, nº 4 (2003): 585–597.

594 Westad, *The Cold War*, 490–92.

595 Goscha, *Vietnam*, 395–96.

596 Widyono, *Dancing in Shadows*, 5; Entrevista ao autor.

597 Ibid., 28.

598 Marlise Simons, "Army Killings in Indian Village Shock Guatemala", *Washington Post*, 24 de Junho de 1978.

599 Sobre o apoio taiwanês e israelense aos militares guatemaltecos nessa época, ver Anderson e Anderson, *Inside the League*, 136–37; e Milton Jamail e Margo Gutierrez, "Guatemala: The Paragon", em NACLA *Report on the Americas* 21, nº 2 (1987): 31–39.

600 Anderson e Anderson, *Inside the League*, 110.

601 "Washington Bullets", de *Sandinista!*, the Clash, 1980.

602 Eline van Ommen, "Sandinistas Go Global: Nicaragua and Western Europe, 1977–1990" (PhD diss., London School of Economics and Political Science, 2019), 37–38.

603 Westad, *The Global Cold War*, 339–43.

604 McSherry, *Predatory States*, 207–11.

605 À medida que a percepção da ameaça revolucionária na América Central crescia de 1978 em diante, a ditadura de Pinochet aumentou o número de bolsas de estudo oferecidas a membros das Forças Armadas salvadorenhas e guatemaltecas, com foco particular no treinamento de polícia contrainsurgente oferecido pelos *carabineros* chilenos (polícia armada). O envolvimento das ditaduras chilena e argentina nos conflitos armados na Guatemala e El Salvador é o tema da pesquisa em andamento do doutorado de Molly Avery no Departamento de História Internacional da London School of Economics.

606 Anderson e Anderson, *Inside the League*, 146–47, 206–07.

607 McSherry, *Predatory States*, 207–11.

608 Em 1983, a CIA concluiu que os Contras nunca poderiam obter de fato uma vitória militar. Ver LaFeber, *Inevitable Revolutions*, 301.

609 LaFeber, *Inevitable Revolutions*, 305–07.

610 McSherry, *Predatory States*, 218.

611 Ignacio González Janzen, *La Triple A* (Buenos Aires: Contrapunto, 1986), 95–100. Essas passagens são citadas também por Juan Pablo Csipka em *Los 49 Días de Cámpora* (Buenos Aires: Sudamericana, 2013), 115–16.

612 Biographic Sketch, Roberto D'Aubuisson, Novembro de 1980, Pasta El Salvador (01201981-05301981) [5], Caixa 30, Exec Sec, NSC Country File, Ronald Reagan Presidential Library.

613 Anderson e Anderson, *Inside the League*, 135–37.

614 Ibid., 194.

615 Raymond Bonner, "What Did Elliott Abrams Have to Do With the El Mozote Massacre?", *The Atlantic*, 15 de Fevereiro de 2019.

616 LaFeber, *Inevitable Revolutions*.

617 Entrevista do autor com Josefa Sánchez Del Barrio, Ilom, Novembro de 2018.

618 Entrevistas do autor com Antonio Caba Caba, Cidade da Guatemala e Ilom, Novembro de 2018.

619 Para um resumo completo do genocídio perpetrado pelos militares guatemaltecos contra os Ixil, ver os depoimentos registrados durante o julgamento de Efraín Ríos Montt em 2013. Sentencia por Genocidio y Delitos Contra los Deberes de Humanidad Contra el Pueblo Maya Ixil, dictada por el Tribunal Primero de Sentencia Penal, Narcoactividad y Delitos contra el Ambiente "A", Guatemala, 10 de Maio de 2013.

620 Entrevista do autor com Clara Arenas, da AVANCSO, Cidade da Guatemala, 2018.

621 John Otis, "Efraín Ríos Montt, Former Guatemalan Military Dictator Charged with Genocide, Dies at 91", *Washington Post*, 1º de Abril de 2018.

622 *Guatemala: Memory of Silence—Report of the Commission for the Historical Clarification, Conclusions and Recommendations*. La Comisión para el Esclarecimiento Histórico (CEH) constatou que "mais de 200 mil" pessoas foram mortas, sendo 93% das vítimas de violência militar; A AVANCSO, Asociación para a Avance de Las Ciencias Sociales na Guatemala, estima o número total de vítimas em 250 mil, sendo desses a maioria indígenas mortos em massa no campo e 45 mil do número total de "desaparecimentos", que frequentemente tirava a vida de indivíduos visados nas cidades.

623 John H. Coatsworth, "The Cold War in Central America", em *The Cambridge History of the Cold War*, vol. 3, eds. Melvyn P. Leffler e Odd Arne Westad (Cambridge: Cambridge University Press, 2010), 221.

624 Widyono, *Dancing in Shadows*, Part I.

625 LaFeber, *Inevitable Revolutions*, 309.

626 Micah Zenko e Jennifer Wilson, "How Many Bombs Did the United States Drop in 2016?" Postagem do blogue do Council on Foreign Relations, 5 de Janeiro de 2017.

627 Westad, *The Global Cold War*, 396, 405.

628 Tom Burgis, *The Looting Machine* (Nova York: PublicAffairs, 2016).

629 Relatório para Países e Assuntos Selecionados, Fundo Monetário Internacional.

630 Wright, *Color Curtain*, 206.

631 Escrevi uma dissertação a respeito dos efeitos da política de taxas de juros do Federal Reserve no início dos anos 1980 sobre o peso da dívida e os programas de desenvolvimento. Sei como o tema é complicado e não vamos tratar disso agora.

632 Gautam Nair, "Most Americans Vastly Underestimate How Rich They Are Compared with the Rest of the World. Does It Matter?", *Washington Post*, 23 de Agosto de 2018.

633 Branko Milanovic, "Income, Inequality, and Poverty during the Transition from Planned to Market Economy", *World Bank Regional and Sectoral Studies*, cap. 3. Disponível em: www.gc.cuny.edu/CUNY_GC/media/CUNY-Graduate-Center/PDF/Centers/LIS/Milanovic/papers/Income_ineq_poverty_book.pdf.

634 Branko Milanovic, "For Whom the Wall Fell?", *The Globalist*, 7 de novembro de 2014.

635 Agradeço a Matt Kennard e Phil Miller do Declassified UK por chamarem a minha atenção para o caso do Sri Lanka depois da publicação da primeira edição de capa dura deste volume, e a David Gladstone, alto comissário britânico no Sri Lanka no fim dos anos 1980, por falar comigo em dezembro de 2020. Como resultado, optamos por adicionar o país à lista da página 332 e ao mapa nas páginas 330-331; em seu livro *A Sri Lanka Tempest: A Real Life Drama in Five Acts* (Oxfordshire, Reino Unido: Wotton Underwood, 2017), David Gladstone escreve que a "solução" empregada para esmagar a comunista Janatha Vimukthi Peramuna (JVP), ou a Frente de Libertação do Povo, estava baseada explicitamente no programa de assassinatos em massa de 1965 na Indonésia. David Gladstone escreveu que um ministro sênior disse a ele, em 1989, "que o presidente havia decidido impor a 'solução indonésia'", o que significava matar e fazer desaparecer todos os jovens que pudessem apoiar a JVP. O que se seguiu foi um programa de assassinatos em massa, óbvio até para o representante do governo britânico no país, que viu corpos à beira de estradas e flutuando em rios. Ver as páginas 97–100, 183; David Gladstone lembra que foi o ministro da Defesa Ranjan Wijeratne o primeiro a lhe falar sobre a "solução indonésia" na época, que também foi explicada usando o "princípio de Herodes", baseado na história bíblica. "Se você matar pessoas suficientes, você matará as pessoas que quer." Gladstone diz que, com o desenrolar do massacre, ele tentou levantar a questão tanto com os governos estadunidense e britânico, mas seus relatos caíram em ouvidos moucos. Ele disse que seu homólogo estadunidense, o embaixador James W. Espanha, contou a ele que a palavra de Washington era: "Consideramos [o presidente] Premadasa um governante forte, e ele é exatamente o que queremos naquela parte do mundo". Gladstone acredita

que os assassinos em massa no governo do Sri Lanka foram encorajados pela posição dos Estados Unidos na Guerra Fria. "Eles sentiram que tinham carta branca, que os Estados Unidos olhariam para o outro lado, desde que estivessem matando comunistas". Entrevista do autor, 2020.

636 Westad, *The Global Cold War*, 387.

637 Sobre a "tendência global forte e generalizada em direção ao neoliberalismo desde os anos 1980", ver Jonathan D. Ostry, Prakash Loungani e Davide Furceri, "Neoliberalism: Oversold?", documento do fmi questionando a eficácia dessa tendência política. Disponível em: www.imf.org/external/pubs/ft/fandd/2016/06/ostry.htm.

638 Robert Wade, "Escaping the Periphery: The East Asian 'Mystery' Solved", Instituto Mundial de Pesquisa em Economia do Desenvolvimento da Universidade das Nações Unidas, setembro de 2018.

639 *Prison Songs Nyannyian Yang Dibunkam* (Bali: Taman 65, 2015).

640 Esta história foi contada pela primeira vez no excelente documentário curto de Step Vaessen, *Indonesia's Killing Fields*, para a Al-Jazeera.

641 Eu citei esta fala neste formato em "Jair Bolsonaro, Brazil's Would-be Dictator", *The New York Review of Books*, 12 de Outubro de 2018. A entrevista original de 1999 foi para a tv Bandeirantes e está amplamente disponível no YouTube.

642 Celso Rocha de Barros, "Bolsonaro representa facção das Forças Armadas que ganhou poder com a tortura", *Folha de S.Paulo*, 22 de Outubro de 2018.

643 Gerlach, *Extremely Violent Societies*, 28.

644 Ibid., 74.

645 Ibid., 41.

646 Soe Tjen Marching, *The End of Silence: Accounts of the 1965 Genocide in Indonesia* (Amsterdã, Holanda: Amsterdam University Press, 2017). Ver a introdução para uma discussão a respeito da extensão desse estigma ainda presente na sociedade indonésia.

647 Melvin, *The Army and the Indonesian Genocide*, 6.

648 Wieringa, *Propaganda*, 2.

649 Parte disso foi adaptado do meu artigo "Stuck in the Shopping", *Popula*, 18 de Dezembro de 2018.

650 "Foreign Researchers' Access to TNI Museums Restricted", *Jakarta Post*, 9 de Fevereiro de 2018.

651 Recentemente, ela estava delirando sobre o *Realismo capitalista*, de Mark Fisher.

SOBRE O AUTOR

Vincent Bevins é um premiado jornalista e correspondente. Cobriu o Sudeste Asiático para o *Washington Post*, reportando de toda a região e prestando especial atenção ao legado do massacre de 1965 na Indonésia. Antes, havia atuado como correspondente brasileiro do *Los Angeles Times*, também cobrindo partes próximas da América do Sul, e, antes disso, trabalhou para o *Financial Times* em Londres.

Entre as outras publicações para as quais escreveu, estão *New York Times*, *The Atlantic*, *The Economist*, *The Guardian*, *Foreign Policy*, *New York Review of Books*, *Folha de S.Paulo*, *The New Republic*, *The New Inquiry*, *The Awl*, *The Baffler*, a revista *New York* e N+1. Vincent nasceu e foi criado na Califórnia e passou os últimos anos morando em Jacarta.

Fontes: Adobe Garamond Pro e Avenir Next
Papel: Ivory LD 65 g/m2
Impressão: Graphium